《少年儿童研究》家庭

中国青少年研究中心家庭教育

U0679736

智慧父母
成就孩子美好未来

名家访谈篇

主编　刘秀英

中国出版集团

现代出版社

图书在版编目（CIP）数据

智慧父母成就孩子美好未来：名家访谈篇 / 刘秀英

主编 . -- 北京：现代出版社，2018.9

ISBN 978-7-5143-7343-1

Ⅰ . ①智… Ⅱ . ①刘… Ⅲ . ①家庭教育－文集 Ⅳ .
①G78-53

中国版本图书馆CIP数据核字(2018)第202769号

智慧父母成就孩子美好未来：名家访谈篇
《少年儿童研究》家庭教育精华本

主　　编：刘秀英
责任编辑：杨学庆
出版发行：现代出版社
通讯地址：北京市安定门外安华里504号
邮　　编：100011
电　　话：010-64267325
　　　　　64245264（传真）
网　　址：www.1980xd.com
电子邮箱：xiandai@vip.sina.com
印　　刷：北京市艾普海德印刷有限公司
开　　本：710×1000毫米　　1/16
印　　张：30.75
字　　数：439千字
版　　次：2018年9月第1版　　2020年1月第2次印刷
书　　号：ISBN 978-7-5143-7343-1
定　　价：88.00元

出版说明

　　《少年儿童研究》杂志是由中国青少年研究中心等单位主办的国内外公开出版的国家级教育刊物。杂志创刊于 1988 年，今年恰好 30 岁。

　　30 年来，《少年儿童研究》杂志以服务少年儿童健康成长为宗旨，结合社会需求，与时俱进，不断调整杂志的内容，以更好地服务社会、服务读者。

　　自 1995 年起，杂志确立"父母的难题就是我们的课题"的办刊方针，在传播现代的家庭教育理念、科学的教子方法方面发挥了重要作用。

　　家庭教育是一门科学，是关系千家万户的事情，也与国家的未来发展紧密相关。家庭教育的实施者是家长，但是需要专家给予科学的指导。如何将专家的智慧转化为家长可以读懂的通俗化的文章，让杂志成为专家的研究成果与家庭教育实践之间的媒介，《少年儿童研究》杂志采用了一种很好的方式—采访专家，杂志的记者站在读者的视角与专家对话，将读者困惑的问题求教于专家，在与专家探讨的过程中，将专家的语言通俗化，使读者阅读后能够很快了解"为什么"和"怎么做"，让专家的研究成果发挥社会作用，指导家长的家庭教育实践。

　　让我们感动的是，一大批有社会责任感的与教育相关的专家在繁忙的研究、教学工作之余，抽出时间接受本刊记者的采访；让我们欣慰的是，《少年儿童研究》一代代的记者认真研究专家学家的研究成果，吸纳、消化专家的智慧，在高水平服务读者的同时，提高了自己的理论水平、工作水平，与专家共同努力形成了一批熠熠闪光的采访文章。这些文章虽然有的离今天已经有一段时日，但是经受住了时间的检验，读来仍然令人回味，观点弥新，方法依旧具有指导作用。

30 岁，《少年儿童研究》杂志正处于风华正茂的年华。《少年儿童研究》杂志 30 年的发展，要感谢专家贡献智慧，感谢读者的陪伴，感谢每一个曾经在《少年儿童研究》杂志社工作过的同人。

在《少年儿童研究》杂志创刊 30 年之际，我们回望了 30 年的积累，翻开旧杂志，将那些闪光的珍珠捡拾在一起，编写了这本《智慧父母成就孩子美好未来·名家访谈篇》，希望专家的思想不被埋没，在指导家庭教育的实践上再次发光发热；也相信这些思想和积累必定会成为我们再出发路程上的基石。

目录 CONTENTS

第一章

好的关系胜过许多教育

好的关系胜过好的教育

——访李子勋

> 李子勋，原中日友好医院副主任医师，家庭心理治疗师。自1990年开始从事心理咨询及家庭心理治疗至今已有多年，在家庭教育及心理治疗方面颇有建树。本刊记者就"建立有效的父母联盟"的问题采访了他，希望他能够在理论上给大家讲一讲夫妻合作的重要性和具体方法。

重要的是有效性，而不是正确性

少年儿童研究：在教育孩子的过程中，我们中国的传统常常倡导夫妻"一个唱红脸，一个唱白脸"，您作为家庭心理治疗方面的专家，认为这个观点是否正确？在教育孩子方面夫妻的意见是否要一致？

李子勋：作为一个研究心理学的人来看，夫妻是否要意见一致，或者是否要一个唱红脸，一个唱白脸，这些并不重要，重要的是有效性。在教育孩子的时候，如果夫妻一个唱红脸，一个唱白脸能够很好地教育孩子，也不是不可以。

少年儿童研究：如果夫妻意见一致，是否会在教育孩子方面更有效一些呢？

李子勋：其实夫妻完全一致是不太可取的。太一致了，孩子就没有了可选择的权利，他基本上就是生活在一个单一的模式下。这样的孩子大多无法了解人的多样性，以及在多样的人群中自己该怎样选择，怎样生存。

少年儿童研究：夫妻是否应该经常保持不一致呢？

李子勋：也不是。我认为夫妻的一致和不一致应该有一个摇摆，让孩子能够看到人的意见的可变性，因此有一些选择。比如，父母亲说孩子在上课的时候玩游戏是不可以的，但是在放学以后玩游戏就是可以的，这就是让孩子知道自己的行为在某一种情形下是可以的，在另外的情形下就不可以。

少年儿童研究：这样做有什么好处吗？

李子勋：这种教育不是一种单调教育，而是一种情景教育。通过教育孩子会懂得在这个情景下可以做什么，在那个情景下不能做什么。这样做比告诉孩子做什么是对的，做什么是错的要好一些，丰富一些。

少年儿童研究：您的意思是说，夫妻态度一致是对的，关键是情景不同？

李子勋：我觉得夫妻在教育孩子方面保持一定的差异比较好，但这种差异不是对立的差异而是程度上的差异。假如妈妈说这件事情一定是不能做的，但爸爸说其实这件事情在某种情况下是可以做的。夫妻之间这样的配合就比较好。这样可以使孩子从一种极端的情景里面释放出来，他可以做出自己的选择。像有的孩子要买某一件东西，妈妈可能说这个东西绝对不能买，而爸爸可以说这件东西还是可以买的，但是需要家庭经济状况好转一些的时候再买。这样就使孩子的情感得到了缓冲。

父母应该在很生动的、很丰富多彩的情景里理解孩子。所以，父母之间表现出程度的差异是可以的，而且是有益的。这与夫妻建立有效同盟不矛盾。

同盟是情感的联结，而不是态度的联结

少年儿童研究：您认为什么样的家庭更适合对孩子进行好的教育呢？

李子勋：我觉得互补型的家庭更好一些。什么是互补型的家庭呢？也就是说，一个家庭里，男女有性别的、个性的、知识的、文化的、经验的等多方面的差异。如果父母都能够在孩子面前表现出这种差异的丰富性，这对孩子将是有益的。如果夫妻之间为了保持一致而放弃前面所说的各种差异，孩子就无法从家庭中学习到与人交往的知识方法。

少年儿童研究：孩子的成长是先从家庭开始的，如果家庭里的交往模

式太单一，孩子在家庭中就无法学到人际交往的知识和方法。

李子勋：是的。假设父母在家庭中表现出了各种差异，但又不是互相对立的，这样孩子就可能在一个环境下接受多重的意见，在这样的环境里长大的孩子具有很大的灵活性。他会懂得很多东西看起来是对立的，但实际上也是并存的。这些东西不一定是父母告诉孩子的，而是在生动鲜活的生活中体验出来的。比如，一个家庭里的父亲很爱拍照，母亲可能会觉得这个爱好很费钱，但做母亲的不会在孩子面前反对父亲，这样孩子就学会了在父母亲面前找到自己的位置，他慢慢就会表现出与父母不同的、第三人的个性了。

少年儿童研究：现在也有许多家庭矫枉过正，为了保持夫妻教育孩子态度上的一致性，往往爸爸说一件事不行，妈妈也赶快说不行；爸爸说这件事很好，妈妈也赶快说很好。

李子勋：这个观点在教育学上可能很站得住脚，认为父母教育方式一致性很高，但从心理学的角度来看，这样不利于形成孩子的选择意识，没有养成孩子自我决策的习惯。因此，我们不强调意见一致，也不反对，关键要看情景。

少年儿童研究：夫妻在教育孩子方面意见一致与建立有效的父母同盟是一回事吗？

李子勋：建立有效的父母同盟，关键的不是如何对待孩子，而是做父母的要给孩子一个感觉，让孩子觉得父母的情感很稳定。心理学上讲"同盟"是指"情感联结"不是指"态度联结"。其实，在家庭里面决定很多事情，不在于他们的态度如何，而在于家庭成员之间情感联结的情况。比如，如果妈妈和儿子比较亲密，大家就会觉得在处理许多事情上妈妈和儿子的意见常常是一致的。在这里主要是情感起了作用，因此，妈妈或儿子在处理各种问题的时候，常常会和对方站在一个阵线上。就像如果一个你喜欢的人要和你去香山，你会觉得很好，而如果另外一个你不喜欢的人要和你一起去，你或许会说香山很没劲。

少年儿童研究：从心理学上看，夫妻情感稳定，对孩子有什么作用呢？

　　李子勋：夫妻情感稳定，孩子就很难破坏这种情感。一般情况下，孩子很容易夸大父母之间的矛盾，他并不是有意这样做的，但在无意中，他很容易感到爸爸妈妈之间的不一样，他会无意夸大家庭的矛盾。父母产生了问题之后，他会有更大的空间来生存，来提出自己的要求。孩子其实最讨厌父母完全一致。假设父母的感情很好，他们很接受对方，这就使孩子没有机会与母亲或父亲一方结盟来孤立另外一方。

　　少年儿童研究：在我们已经收集到的各种案例中，常常发现有些家庭里就是母子结盟、母女结盟或父子结盟、父女结盟，而让父母中的另外一方靠边站，甚至攻击对方。

　　李子勋：所以，当孩子过了5岁以后，成年人一定要让孩子感觉到，夫妻之间的情感胜过父母与他的关系。这就是心理学上所说的最大的同盟。这种同盟才会让孩子摆正自己在家庭中的位置。但现在最糟糕的，阻止孩子成长的问题就是您所说的这种情况。

　　少年儿童研究：那么您认为父母与孩子之间应该是一种怎样的关系呢？

　　李子勋：心理学上和家庭心理治疗中一再强调"家庭的边界"，即一代人有一代人的边界，父母要和孩子之间保持一定的边界。有了这种边界意识以后，父母对孩子也会宽松很多，知道孩子长大了以后会和父母一代有很大区别，因此父母不会把自己的意愿强加给孩子。这就是"边界意识"。当然有的夫妻虽然情感很好，但却天天打麻将，这样的家庭里长大的孩子，就没有接受到一个正向的教育，他自然也无法健康成长。所以，在保持良好夫妻关系的同时，父母还要给孩子做出榜样。

过度教育，破坏了良好关系

　　少年儿童研究：我记得您曾经提出过"好的关系胜过好的教育"这一观点，这个观点是否和父母同盟有很大关系？

　　李子勋：这是家庭心理治疗中特别强调的一点。现在很多家庭教育已经超越了关系层面，一些家庭为了达到教育意见的传达，宁肯破坏跟孩子之间的关系，表现在形式上就是不顾与孩子之间的情感关系，而去强迫孩子做某些事情。

少年儿童研究： 可是父母也许会想，我的这些教育都是为了孩子好啊！

李子勋： 是啊，父母的一些教育观点看起来都是正常的，甚至是非常正确的，但这些正确的观点未必适合自己的孩子。父母们从爱的观点出发，强行让孩子接受他们的教育，结果却破坏了与孩子之间的关系，使孩子与父母亲之间产生了对抗。比如，父母跟孩子说你一定要好好学习，将来要考个好学校，等等，这些话本身并没有错，但当父母说话的时候，孩子是埋着头的，或者干脆扭到一边去。这时，不管父母说什么，孩子已经在对抗了。为什么会这样？就是因为孩子与父母之间没有形成良好的关系。这种良好的关系被过度的教育破坏掉了。

少年儿童研究： 在您的家庭心理治疗过程中，是否经常发现这样的家庭？

李子勋： 这样的家庭简直太多了。我们在进行家庭心理治疗的时候，看的就是关系，而很少听父母或者孩子说什么，关键靠观察。一家人来这里后，我们会通过观察发现一家人之间的关系。比如，孩子是挨着爸爸坐，还是挨着妈妈坐，还是两个都不挨；父母说话的时候，孩子看着谁，孩子哭的时候，父亲和母亲哪一方反应更大。从这种关系格局中我们会发现家庭中存在的问题。

少年儿童研究： 父母与孩子相处的时候应该注意什么？

李子勋： 最应该注意的就是距离和尊重。父母与孩子要保持一定的距离，只有有了距离，才能够做到尊重。当孩子5岁以后，父母要逐渐和孩子划清界限。国外一些教育者认为中国的家庭教育分化不良，父母和孩子就像是一个人，两代人的关系和责任不清楚。在西方心理学中，特别强调亲密关系的距离，没有距离是比较难受的，表面上看很好，但实际上很不舒服。同样，夫妻之间也是应该有距离的。

少年儿童研究：那么夫妻之间应该注意些什么呢？

李子勋：夫妻要在孩子面前尽可能掩饰双方的不和谐和冲突。夫妻在面对一个问题的时候，不要过分关注对错，要多注意是否有效。强调对错是一种压力。当夫妻之间有了冲突，要尽快化解，尤其不能吵架以后几天都不说话。孩子生活在这种不正常的氛围里面会很难受。

少年儿童研究：感谢您的谈话，您的分析会给父母们带来许多启示，谢谢。

访谈

在家庭中培养良好的沟通模式

——访施钢

> 施钢，中国农业大学心理素质教育中心主任，国家二级心理咨询师，中国心理卫生协会会员，北京高教学会心理咨询研究会理事，中央电视台、北京电视台特邀心理专家。

孩子其实是在模仿大人的言谈举止，可以说是大人教会了孩子去顶嘴

少年儿童研究： 您觉得什么样的孩子会顶嘴？

施钢： 应该说什么样的孩子都会顶嘴。3—6岁是孩子出现顶嘴现象比较多的阶段。这个年龄的孩子开始顶嘴是一个比较自然的现象。

这个自然可以从几个层面来解释。第一，孩子在3岁之前，他开始学语言的时候，他还不会顶嘴。随着孩子语言功能的增强，他开始学会了反问，他的模仿能力也强了。大人说话的语气、语调，他能够灵活地运用了。有时这个语气一变化就让成人有了孩子顶嘴的感觉。其实这是很自然的事情，是孩子沟通能力评议功能更加发达、更加健全的一个标志。

第二，是孩子本身的自我意识、自我概念更加健全了。他有了"我"跟"外人"的区分之后，必然要突出"我"的这一面，所以他还要用一些办法把"他"跟别人区分开来，这也是一个很自然的表现。

第三，表现在孩子的情感上面。这时候孩子的情感也更加丰富了。他能够用这种顶嘴来表达自己不满的情感。从这三个角度来看，这是儿童发展到这个阶段的一种很自然的现象。

少年儿童研究： 这种顶嘴对孩子的成长有什么不利的影响吗？

施钢： 要说有不利的一面，也不能怪孩子。孩子是一张白纸，他其实

是在模仿大人的言谈举止，可以说是大人教会了孩子去顶嘴。孩子什么时候会顶嘴？就是父母说话比较严厉的时候，他也开始学习这种语气。一旦他学会顶嘴实践后，发现觉得这种方式能够刺激到大人做出更强烈的反应，他在心理上就有这样的反应：哎，这个好玩！我这么说话我妈妈爸爸反应更强烈，对我关注更强。很多孩子在心理上有时候就特别希望用各种方法去引起成人的注意，当顶嘴的沟通方式奏效的时候，他就会时常采用这种方式。孩子开始可能是为了表达不满，或者是大人说话很严厉的时候才顶嘴，后来有可能是在父母和颜悦色说话的时候他还是采用顶嘴这种方式去讲话。

少年儿童研究：就是刺激家长，让他们来更多地关注他？

施钢：对。所以他慢慢地就强化了这样一个行为。这是我对孩子顶嘴总体的一个感性认识。

少年儿童研究：您上面说的是3—6岁的孩子情况。但很多父母觉得更让人头疼的、更应该重视的是孩子十几岁时候的顶嘴，他们的这种顶嘴可能比3—6的儿童更成熟一些，语言组织也更机敏一些，就会让家长觉得：这孩子怎么会这样？因为3—6岁的时候，家长还是能够把孩子管住的嘛。

施钢：我前面讲的3—6岁的时候，孩子更多是模仿、学习，开始表达情感。而青春期的孩子顶嘴，就是跟青春期逆反有关系了。我觉得是沟通模式出了问题。有两种原因，一种是本身这个家里面的沟通模式就不良。这个家庭的主导性沟通模式可能就是挑剔、指责。比如妈妈可能埋怨爸爸的时候，总会说"你为什么这个没有干好？你看你做点儿什么都不行！"他们家沟通模式的主体就是指责。然后这个孩子就可能用顶嘴的方法来作为他自己的沟通方式。顶嘴和指责的沟通模式是一样的。

另外一种原因就是，青春期逆反是正常的。我们现在的家长对处在青春期孩子的很多心理反应、心理感受的确不太重视。我们总是盯着孩子在学校表现好不好啊？学习成绩怎么样啊？优秀不优秀啊？

当然客观原因是父母本身的工作很忙，因为孩子青春期的时候，多半父母的年龄在40岁左右，事业正好在爬坡的过程当中，各方面都很较劲的时候。他们自己的工作就牵扯大量的精力，就很难有机会很细心、很周到地体会孩子心理上的变化。比如这时候孩子开始对异性有懵懂的好奇和向往，性别意识决定他有很多东西其实是需要被理解的。或者他自己本身处在一个冲突当中，他的情绪就不稳定。因此，需要家长给予更多的耐心，如果家长缺少这方面耐心的话，那引发的就是顶嘴，也就是俗话说的"打嘴仗"。

一个孩子如果给父母的感觉是不怎么顶嘴，这个家庭的沟通模式肯定要优化一些

少年儿童研究： 也就是说孩子有时顶嘴与他所处的环境、心理都有很大的关系？

施钢： 有关系，跟他的年龄和心理特征是有关系的，跟家庭教育，跟家庭的沟通模式、环境也是有关系的。

少年儿童研究： 我们在做这个话题的时候，调查了一些老师和家长，很多老师都说学生不太爱跟老师顶嘴。有的家长也说我的孩子挺好的，不怎么顶嘴。就是说顶嘴这种现象好像并没有像我们想的那么多？不怎么顶嘴是不是意味着他的家庭可能沟通模式会更好一些？或者说他自己不愿意把这种东西透露出来？

施钢： 从统计学的意义上来讲，我觉得一个孩子如果给父母的感觉不怎么顶嘴，那他本身家庭的沟通模式肯定要优化一些。那么整个成长过程当中的沟通模式优化，带来这个孩子本身的沟通模式可能就比较好，这是肯定的。因为孩子大部分的社会行为模式都是从家里学来的。

也不排除孩子有个体的差异，性格上的差异也会带来一些沟通上的差异。有的孩子比较讨巧，有的孩子比较直率，但是纯粹的个性差异一般不会引发太多的人际问题，因为了解、熟悉了这种性格差异之后，大家就会觉得这个孩子讲话就那样，基本上是可以被接受的。

当然，顶嘴现象还有可以让家长宽心的一点，是也有角色上的原因。

人的社会化决定了一个个体会有自我保护和自我防御的功能，表现在人际沟通上就是孩子容易对自己很熟悉的人顶嘴，因为他们在爸爸妈妈面前感觉最安全，所以孩子可以少戴一些面具，他就变得更率真一些。这就是人的社会适应自然引发的一种现象。

少年儿童研究：也就是说当孩子这个年龄，他知道对不同的人有不同的方法？

施钢：对不同的人他会有不同的方法，面对父母他就相对会有安全感，就是对爸爸妈妈不管怎么样，他都不会受到伤害，都不可能付出难以承受的代价。但是他对于其他人，比如说对老师这些和他有利益冲突的人的时候，孩子就会自发地自我保护，他会知道怎么做更合适一些。

少年儿童研究：那也就是说孩子顶嘴不能算是种一定要改的习惯？家长不能一味地把孩子顶嘴归结为坏习惯是吗？

施钢：可能还真不能这么讲，顶嘴到底也不算是一个好习惯。无论是怎样形成的，都可以说是一种沟通模式不良的表现，这种沟通模式在人际环境中是不太容易让人接受的，也容易引发一些人际冲突和矛盾。甚至可能导致人际关系紧张，这就对孩子的成长带来损伤了。所以，如果自己的孩子过多地表现出顶嘴现象，是要引起父母重视和反思的。改善的办法不能是单纯地管教孩子，应该从自身的沟通模式上找找原因，家庭里沟通模式的改善会自然带动孩子沟通模式的改变。

少年儿童研究：有的孩子跟妈妈顶嘴更多一些，有的孩子跟爸爸顶嘴更多一些，您觉得为什么会出现这种差异呢？

施钢：可能会有这么几种情况，一般来讲在家庭当中，会出现一个大家挺不能理解的现象：谁管得越多，跟谁顶嘴就越多。这是数量上的问题。比如说，他的爸爸跟他一天不说 10 句话，他也没机会跟他顶嘴了。妈妈一天跟他说 100 句话，如果孩子顶嘴的概率是 10% 的话，也会出现 10 次顶嘴的现象。所以，对比上就会感觉孩子容易跟妈妈顶嘴，这显然是基数不同带来的一个数量上的问题。

另外和沟通模式有关，如果爸爸的沟通模式好一点儿，妈妈的沟通模式出点儿问题，那只能是和妈妈更难沟通。

还跟社会功能有关系，一般来讲，妈妈的角色使她对小孩的关心多，从管的角度来说，有压迫就有反抗，管得太多，孩子自然反抗得就比较多。那爸爸社会分工不一样，他不去管孩子，那受反抗的机会就少得多。

少年儿童研究：但是有这样一种情况，就是孩子跟妈妈在一起的时间比较多，然后跟妈妈的关系很好，爸爸也不怎么管他，但是他跟爸爸之间总是有一种顶牛的状态？

施钢：这个不奇怪，这个孩子会想：平常不管我，你现在又管我。这是一种很正常的心理行为反应。孩子会认为妈妈说话有资本，爸爸说话没有资本。

少年儿童研究：还有一种情况，就是孩子被爷爷奶奶带大，他跟爷爷奶奶的关系很好，但他不敢跟爸爸妈妈顶嘴，他跟爷爷奶奶顶嘴。

施钢：这是我刚才说过的，他总跟谁在一起，在谁面前就会少一些自我防御，表现就会更本真一些。

如果做父母的调整了自己的谈话方式，孩子顶嘴次数可能就会下降

少年儿童研究：对待孩子顶嘴这种现象，家长如果听之任之，那会有一个什么样的后果？

施钢：当然不能听之任之啊，我觉得既然是沟通出现问题，就要有所改变。比如说，如果我们做父母的调整了自己的谈话方式，可能孩子顶嘴次数就会下降，那么就会带动孩子的改变。如果不再用指挥性的、管教式的态度对待，愿意听他怎么讲，愿意让他表达、跟他去商量。父母的方式改变了，孩子的方式也会改变。

少年儿童研究：如果始终在不良模式下沟通会出现什么样的结果呢？

施钢：两种结果。一种情况是如果成人对孩子态势很强，孩子顶嘴的情况会改变。但是可能会导致孩子从此以后拒绝交流，跟父母之间关了沟通这扇门。效果上是达到了，孩子不顶嘴了，或者说是表面上屈服了，你说什么我都答应，但实际上未必去履行。这种"阳奉阴违"的现象，时间

越长，孩子跟父母之间的对抗就越深，很可能会引发其他问题。

还有一种情况是适得其反。因为孩子如果是个性特征很强烈的人，那么你管他越厉害，他就越反抗，然后效果就可能会更坏，会使亲子关系逐步恶化甚至破裂。

少年儿童研究： 这种不良模式的沟通方式会对孩子以后或者孩子自己组建的家庭有什么样的影响呢？

施钢： 首先，孩子随着年龄增长，他的社会化程度逐步提高，表现就会越来越成熟，单纯的顶嘴一定会有所改观。青春期逆反阶段，孩子特别想要平等，想要独立，想要自由，但是当时他又处在一种被管制状态下，他就反抗这些东西，所以这还是青春期特有的一个现象。一般随着年龄的增长，这种情况都会有所缓解。但是这种不良的沟通模式，还会对他以后的人际关系和家庭生活产生影响。他在家庭生活当中对爱人，或者以后对自己的孩子可能会是指责型的、挑剔型的沟通模式。

少年儿童研究： 您要是遇到孩子跟您顶嘴，会怎么对待呢？

施钢： 在我家，孩子跟我顶嘴的机会少。我很注意说话的方式，不让他有顶嘴的机会。真要出现孩子顶嘴的时候，我一般不会立马做出反应，我会表达我的感情，这是心理学教过的方法，如果孩子话说得很不好听，我会说：孩子，你这么讲话我会很伤心。或者告诉他：你这么讲，让我有什么感觉。我会告诉他我的情感。父母不必去跟孩子在语言上较劲，只是表达自己真实的情感，就会对孩子有影响。事后我也会尽快去跟他沟通，因为孩子的注意力很容易转移。因此我一定会在相隔最短的时间找个机会跟他谈，比如我说：刚才为什么那样跟爸爸讲话呢？

少年儿童研究： 有很多父母不大会像您一样这么会表达，会生气，可能会和孩子冷战。

施钢： 冷战不好。解决冲突最好的办法就是准确地表达自己的感受，这是第一步能做到的。如果再进一步，是能够去解读和接纳对方的感受，我会跟孩子说："爸爸很伤心。"然后再说："刚才是不是做什么事情，你也很生气。"这样是最好的。既能表达自己的感受，也能够解读和接纳孩子的感受。

　　少年儿童研究：这种方法对五六岁的孩子和青春期的孩子一样适用对吗？

　　施钢：全部适用。说到这我要加一句，青春期问题突出是因为前面的问题没有解决好，这是一种积累。如果前面的问题解决得就比较好的话，那么青春期的问题就相对会少。它是一个连续的反应。如果前面处理不好，就有可能在青春期那一段突然爆发。

　　少年儿童研究：您现在在大学工作，研究的是大学生心理，能否得出一种结论：孩子在儿童期或是青春期同父母之间的沟通有问题会影响到大学时期？

　　施钢：这是一个必然现象，而不是一个结论。因为孩子的成长是连续的，所以在大学期间暴露出来的很多问题跟他整个家庭教育，跟他小学、初中、高中就读学校的环境和文化氛围都会有非常强的正相关。在我们学校的咨询室里会经常见到学生的父母，会发现很多大学生在学校表现出来的问题和他们的父母表现出来的问题有很强的关联性。

　　无论是 3 岁往后的孩子的顶嘴还是青春期的孩子的顶嘴，都是孩子发展过程当中的一种社会学习、一种模仿。很多时候是父母或成人强化了这种行为的严重性，所以才会很忧虑

　　少年儿童研究：当孩子在跟父母顶嘴的时候，我们发现有时是孩子在要求一种独立，他们认为有些事情他们自己就能做的，但是父母对孩子总是不放心，然后对孩子什么都要面面俱到、事无巨细地要去管，这对孩子的成长是不是也有直接的影响？

　　施钢：当然啊。为什么这么讲，我们心理学有句话叫作：剥夺了孩子成长的权利。就是父母过多地越俎代庖，其实就是让小孩丧失了各方面的能力。而且他会有很强烈的自卑感，就是不做主的那种感觉。这样的孩子往往在青春期问题上表现得会更突出一些，就是父母包办太厉害，孩子其实对这样的行为是很逆反的。给孩子这种教育最好的方法就是让他去尝试，让他自己掌握本领。这才是最有效的做法。所以作为父母，老担心孩子做不好而不让他去做，那他就永远不会做好。

少年儿童研究：有些专门从事教育方面研究的专家也说：孩子顶嘴，不要一味地管他。因为孩子在跟父母顶嘴的过程中，可以培养孩子的思辨能力，这是不是有道理呢？

施钢：任何事情都有其两面性，没有什么事情是绝对不好的。但是，用这样一种方法来锻炼孩子的思辨能力，我觉得有一点儿得不偿失。可能失去的是一种非常重要的人际之间语言沟通的模式。养成这样一种沟通方式将来就会无端地丧失一个和谐的人际关系，这对孩子将来一定是有害的。刚才我讲到了这种沟通方式一旦养成，会让孩子形成一种挑剔、指责习惯，如果产生这样的后果，宁可不让他用这种方式来锻炼思辨能力。大人可以多一点儿耐心，尝试和孩子讨论问题，用讨论的方式锻炼思辨能力会好很多。

少年儿童研究：我们对于孩子顶嘴不能一味地制止，而是要考虑孩子也有他的合理的想法和做法。您觉得用什么样的语言来告诉家长更能让他们接受呢？

施钢：第一，不要把这个事情看成很严重的问题。这是我们成人的思维习惯，或者说是家长意识在作祟！因为我们希望孩子乖，孩子听话，是家长在争取自己的权利。无论是3岁往后的孩子的顶嘴还是青春期的孩子的顶嘴，它都是孩子发展过程当中的一种社会学习、一种行为模仿。如果家长本身由于担心而过度关注反而会强化孩子的这种行为。

第二，孩子这种顶嘴现象是带有他的年龄特征的，随着孩子年龄增长，他自己就会慢慢消除这种行为。但是如果用错误的处理方法往往会强化行为反应。

第三，教育孩子一定要尊重其自然性。现在我们国家家庭教育当中最大的问题就是：我们太容易把成人世界判定的好和坏、对和错、优秀和不优秀用到孩子身上。很多时候是家长太争强好胜，太在意自己的面子，使其对孩子的教育增加太多的附加值，这种带有太多成人期望的教育是有压力的，这种爱就不是无私的，而是有条件的。

　　"爱"只有当它纯自然、纯无私的时候才最有力量。加了过多的条件、过多的期望的时候，这种爱往往就会产生负面的效果。这正是很多家长心里很困惑的一种现象："为什么我们那么爱自己的孩子，孩子却不领情？"爱的方式不对是会产生问题的。我真的是觉得我们有很多的家长在家庭教育中容易步入"好心办错事"的怪圈。原本不是"问题的问题"被大人成人式地放大了，我也感慨，原本快乐的童年被"望子成龙的美好愿望"而承载了太多的东西！使孩子失去了快乐、健康成长的环境。

建立依恋关系需要高质量的情感投入

——访王争艳

> 王争艳，首都师范大学教育科学学院心理学系副主任、教授，研究方向为儿童青少年的个性、社会性发展，特别侧重于考察婴幼儿的气质、依恋发展的行为特点及生理基础。

依恋关系是稳固、长久的情感联结

少年儿童研究：王老师您好。在家长的认识中，依恋关系很重要，但是相对抽象，您能为我们分析一下何为依恋吗？

王争艳：从广义上来讲，依恋关系是指特定两个人之间的情感联结。当然通常意义上是指母亲和孩子之间很深的情感联结，它相对稳固并且时间长久。

少年儿童研究：这种情感联结具体是怎样体现的呢？

王争艳：比如母亲离开孩子时，孩子可能会表现出与母亲的分离焦虑、寻求亲近母亲等，这是具有生命基础的情感联结。通常情况下，孩子也会主动地去寻求母亲的接触、支持等，一般来说这种情感联结是与生俱来的，并且有所倾向。除了母子之间，成人之间也有这种表现，比如伴侣之间也是抗拒分离，寻求接近的。

少年儿童研究：我们知道，婴幼儿时期依恋关系的建立非常重要，那么在孩子上小学后，依恋关系是怎样发展变化的？

王争艳：早期依恋的发展经过 4 个阶段。

0—3 个月是无差别的反应期，看见或听见任何人都会向其方向转去，眼睛随着他的移动而移动，向这个人靠过去，对他露出微笑和咿呀语等。

3—6个月是有差别的社交期，对其他人仍是友好的，但对母亲或其照顾者的反应越来越频繁，做出专门反应。

6个月至两、三岁是依恋关系明确期，对自己的反应开始更具有选择性，对在陌生人身边感到不安，把母亲或其照顾者作为安全基地，觉察到母亲是一个独立的个体，出现分离焦虑。

2—3岁是交互关系形成期，逐渐能够对母亲或其照顾者的行为先后因果作出推断，理解影响他们离开或出现的因素，分离焦虑下降，真正的伙伴关系开始。

孩子3岁之后就没有再划分阶段了。但也有人加入了第五阶段。在这个阶段，孩子寻求和维持亲近的倾向在减弱，亲子关系变得更加抽象。因此，依恋主要反映的是早期母子间关系质量的好坏。研究者认为，早期依恋表征一旦形成，并在外部环境中持续和固定下来，那么它在个体一生的发展中都会很少发生变化，它操纵着外部意识，指导着其与父母关系中的行为，并影响着随后关系中的预期、策略和行为。这点就像精神分析学强调的早期经验，它对孩子今后各个方面都会有影响。

我再来解释一下何为内部工作模式。内部工作模式是一种行为方式或者行为模板。比如经典的"陌生情境"实验，它测试了在陌生情境下孩子离开母亲后的反应。实验最终划分为几种不同的依恋类型，我们以回避型的孩子为例。这个类型的孩子在母亲走后，处在陌生情境中，能够自己探索，忽视分离，无视与母亲的重聚，他不表现出主动寻求，母亲回来后也并不表现需要她的安慰。

表面看来孩子是很独立的，但实际从情感角度来讲，这类孩子长大后也会以这种风格，跟与他有亲密关系的人交往。比如他谈恋爱的时候，他可能就表现为对自己绝对信任，对别人不信任；所以可能出现的结果是，要么不肯谈恋爱，因为他不相信别人，很难进入倾慕关系的状态；如果谈，恋爱对象也很难走进他内心。这种自幼形成的行为方式在影响他，这是他与养护人之间的依恋关系的折射。

由此可见，依恋关系在小学阶段的发展，实际是依恋发展的稳定性和可变性的问题。一般情况下如果他的家庭环境相对稳定，那么依恋类型相对是稳定的。但是当个体在生活中遭遇一些事情的时候，依恋关系会被修改或者调整。个体的依恋心理表征不是一成不变的，在受到诸如创伤、虐待、亲人的缺失及新的依恋关系的产生时，都有可能会发生改变。

少年儿童研究：环境会影响依恋发展的稳定性，那么是否可以这样说，稳定的外部环境是有利于依恋关系发展的？

王争艳：如果从孩子的角度来讲的话，不论他与母亲形成了一种安全型的依恋，还是不安全型的依恋，这都是母亲给予他的对于这个环境的适应性选择。为什么孩子形成了回避型依恋呢？从专业角度看，这是不安全依恋类型，但是就个体生长的环境来看，这是孩子不得已采取的一种适应性的生活方式，以应对这种特定发展。因为母亲在教育孩子的时候，她的一些特定教养行为，导致孩子必须采取这种方式来应对它。

依恋是有其生物学根源的。母爱有一些天生的因素，那么孩子跟母亲情感也有这样的一些生物基础。从依恋发展来讲，遗传对依恋并没有太大的影响，而更主要的是母亲的看护方式在起作用。

母亲在依恋关系中处于主体地位

少年儿童研究：您认为母亲在依恋关系中是处于主体地位的吗？

王争艳：对。依恋本来就是母亲和孩子之间的情感联结，所以母亲的养育行为是依恋关系建立好坏的最关键点。母亲以什么样的方式、言谈举止去跟孩子互动交流，母子间便会形成某种类型的依恋关系。其次母亲自身的依恋情况也会影响她和孩子的依恋关系。

少年儿童研究：这如何解释呢？

王争艳：比如这个母亲小时候被她母亲带大，那么她母亲一些特定的行为方式，可能使她养成了一种不安全的回避或者焦虑的依恋，那么这个母亲也会用这种方式带自己的孩子。依恋关系在一定情况下具有代际传递性。

少年儿童研究：母亲自身的依恋情况可能较难改变，那么在养育行为上母亲更应该注意哪些方面呢？

王争艳：母亲在养育上要尽可能敏感、反应一致。母亲的敏感性是指母亲准确感知婴儿的信号，并对这些信号做出快速和恰当的反应。平常我们说一个人很敏感可能带有贬义，但在这里，敏感是指母亲能够及时迅速识别孩子的信号，很快发现孩子是不是有什么不对劲的地方，并对孩子的情况做到及时回应，然后帮助孩子解决困难和问题。

此外，母亲还需要反应前后一致。即我今天对孩子反应是这样的，明天我还是这样。但是我们有些家长今天高兴了心情好了，把孩子又搂又抱，明天可能工作不顺心，就对孩子不理睬，这就是对孩子行为情况反应不一致，这是教养的忌讳。因为孩子是困惑的，这种不良情绪给他带来了压力，并且他不知道何时应该跟父母交流，他把握不了父母的情绪，那么这样就会影响依恋关系的建立。

可以这样比喻：母亲的敏感性就像一个有经验的司机在开车时对微小的、不明显的变化的感知。即使注意到的是很小的、不熟悉的声音，她也不会放过，她的思想会处于略微的警觉状态，关注所有的相关变化。

少年儿童研究：就是说家长最好一直保持敏感性与反应性都比较稳定的状态。

王争艳：那当然。稳定的养育行为会使孩子形成一个稳定依恋关系。除此之外，敏感性还体现在母亲对孩子的信号能够准确地理解，比如说这个哭了，原因可能有很多种，要对他的种种原因加以判断，这就需要我们家长很细心。所以我说要做一个敏感的妈妈，"敏感"就要求母亲对孩子高质量地看护。

少年儿童研究：有的孩子并没有得到很好的看护，比如留守儿童。

王争艳：对，留守儿童是我们目前关注的一个很大的问题。这些孩子还很小的时候，妈妈把他就留下给爷爷奶奶带。如果爷爷奶奶能够担负起母亲的责任，那么这个孩子也可以形成依恋，他的依恋对象是他的爷爷奶奶，更进一步说，主要是奶奶或者姥姥，在这种情况下这个孩子是不会受到影响的。

少年儿童研究：就是说这种隔辈教养可以给孩子建立较好的依恋关系？

王争艳：它是一种补充。

少年儿童研究：还是不如母亲亲自教养好？

王争艳：对，因为我们总体发现，不单是留守儿童，包括在城市里也有很多类似情况：爸爸妈妈去上班，孩子由爷爷奶奶带，爷爷奶奶在绝对时间上花的比爸爸妈妈时间会多一点儿，但是从孩子跟母亲的依恋质量与跟爷爷奶奶的依恋质量相比来看，孩子还是跟妈妈更好一点儿。

少年儿童研究：有的母亲确实没有时间或者机会亲自抚养孩子，那么这种缺陷还能弥补吗？

王争艳：与其弥补，不如预防更好一些。当问题出现了再去改正它是挺困难的。生活当中我们也会看到，小时候形成的创伤经历都比较难改变，所以我更提倡预防。做家长的应该了解一些相关知识，而且及早做一些准备。比如说参加一些简单的培训，看一些书，让自己在这方面有一些意识，比如妈妈可能根本意识不到某种行为叫作前后反应不一致，或者对孩子健康信号不敏感，等等。这些很具体的事情经过一些简单培训你就能够意识到，这就是值得的。

互动中的身体接触质量更高

少年儿童研究：父母跟孩子之间如果关系很好，都会有很多身体接触，那么身体接触对依恋有怎样的影响？

王争艳：在心理学上，有一些学者认为母亲跟孩子之所以能够建立这种情感联结，就是因为母亲能够给予孩子一些温暖的接触。这是一种二级强化。有一个很著名的实验是这样的，一只小猴子生下来后，先不让它跟母猴接触，而是把它放到一个笼子里。笼子里有一个金属猴和一个布猴。金属猴脖子上挂着一个奶瓶；布猴没有奶瓶，但是它毛茸茸的，与真的猴子触感是一样的。实验发现，这只小猴子除了吃奶时会去金属猴子那里，大部分时间都会跟布猴在一起。这个实验说明接触是很重要的，所以母亲给孩子的爱抚安慰，对我们来讲就是跟孩子互动，多花时间陪孩子，这对孩子成长是有利的。通过对动物的研究发现，身体接触是很重要的，但是在人类的研究中，单纯的身体接触并不占据首要位置。关键就是我刚才说的，最重要的是母亲的养育方式。

少年儿童研究：有的孩子从小没有跟父母生活在一起，在他长大后，在跟父母接触的过程中似乎很不习惯跟父母有身体接触，就算有，也让人觉得很客气。

王争艳：这种接触更多是从道义、礼节上出发的，而不是从情感上自然地融入。这种现象很多。有一个小孩，他小的时候妈妈工作很忙，就把他寄养在姥姥家里。孩子从小在姥姥家长大，上小学时才到妈妈身边。他特别清楚地记得，8岁的一天，家里来了客人，没地方住，妈妈要跟他在一起住。和妈妈睡在一起的那晚，他一夜都不能安眠。因为他的对象依恋就是他的姥姥，而不是他的妈妈。他跟妈妈没有形成这种近距离接触的习惯。

少年儿童研究：哪种身体接触的方式更好？

王争艳：我觉得要建立跟孩子的这种安全、高质量依恋，是需要在亲子互动中进行的。跟孩子在一起交流互动、做游戏或者讲故事，一起来共同做一些事情。这不一定非要搂搂抱抱才可以，虽然搂抱也是一种方式，但不是最重要的。用高质量的互动进行接触更好，因为在这个过程中，双方不仅有身体的接触，而且可以进行交流，父母经常与子女沟通，对大一些的孩子来说是更有效的。

统一教育观念有利于依恋关系发展

少年儿童研究：现在，很多家庭都是祖孙三代，这对依恋关系有何影响？

王争艳：姥姥和妈妈具有代际传递性，她们的教养方式是比较一致的，而奶奶和妈妈的情况就不一样了，而且奶奶或者说姥姥带孩子，是对依恋关系建立的一种补充和替代，相比较而言，如果出现了两个重要看护者，那么这两个看护者有良好的关系也很重要，因为如果两个成人对孩子的养育意见不一致，那么在教育过程中势必会产生对孩子的"争夺"，而且在这种情况下，孩子一般都会在场，那么孩子会觉得很不舒服。

少年儿童研究：因为孩子也不知道听谁的了？

王争艳：对，或者说，如果孩子的两个重要看护人矛盾很深的话，对孩子会有很不好的影响。我见过一个案例，这个小孩才上小学，家里所有的事情都是奶奶说了算，孩子从小也是由奶奶一手带大，他其实也跟妈妈亲，但是他又不太敢。

少年儿童研究：他怕他奶奶怪罪是吗？

王争艳：他怕奶奶怪他。有的时候，妈妈回来了，他兴冲冲地就开门去了，其实大家很高兴，然后一会儿他奶奶就开始训斥他，去吧！找你妈去吧，别找我！你想这样的孩子能不痛苦吗？

所以后来这个孩子就不敢表示出对妈妈好了，只要奶奶在场，就一切都听奶奶的："不要妈妈，你走吧，不用你管我。"但实际上他还是挺想跟他妈妈在一起的，但是他不敢。因为他跟奶奶挺亲的，他不想对不起奶奶。

我们说有时候孩子会形成多层依恋，即对妈妈是一种依恋，对爸爸是一种依恋，或对奶奶是一种依恋，那么什么情况下可能会更好一点儿？就是这几个看护人的目标、思想、行为方式和营造的家庭氛围越一致，越没有冲突，对孩子发展就更有利一些。如果几个重要抚养人之间有矛盾，那对孩子形成依恋就不利。因为孩子在家庭里，毕竟是比较弱小的，他能够反驳谁或是批评谁？他只能接受，慢慢地，他的心理负担会很重。而依恋系统的核心功能是安全基地和缓解痛苦，依恋关系对个体在压力条件下的情感和生理反应有调节作用。长期不良的依恋关系会使表达压力反应的主要系统—自主性神经系统受到影响，对孩子的心理健康不利。

此外，父母或看护人的敏感性和支持性以及母亲的抑郁情绪、父母婚姻质量等家庭因素还会影响儿童的皮质醇水平。内分泌系统的皮质醇是肾上腺在应激反应里产生的一种类激素，可以平衡身体的压力反应。在亲密关系中，皮质醇水平对于社会压力和支持更为敏感，看护者的照看质量影响着儿童皮质醇的变化，从而直接影响儿童对压力的反应和调节能力，进而影响儿童的身心发展。因此，家长营造和谐良好的家庭气氛，不让孩子受困于成人之间的矛盾，无论对依恋关系的建立还是对家庭的稳定而言都是很重要的。

自主性的发展不会影响依恋关系

少年儿童研究：小学是依恋关系发展比较稳定的时期，进入青春期后是不是就改变了很多？

王争艳：是的，因为青春期时又开始建立新的亲密关系。在研究的角度上，亲子依恋只是具有中等程度的联系性、稳定性，不是百分之百能够运行，因为每个人生活不一样，社会环境对他还是有影响的。

少年儿童研究：孩子到了青春期似乎就跟家长不亲了。

王争艳：问题是这样的，从12—13岁开始，孩子的生活范围扩大，认知能力在提高，交际圈在扩大，所以这个时期有一个很重要的任务就是自主性的发展。自主性的发展和依恋有很密切的关系。现在学界有两种主张，一种主张，尤其是精神分析学派的，他们认为自主性的发展必须要从依恋的框架下挣脱出来，就是说原来孩子是依恋家庭的，跟母亲关系非常好，然后慢慢会开始疏远，而且必须要经过这种疏离，才能达到自主化。但实际子女与父母的依恋关系并不会受到影响，这种分离是孩子心理发展的需要，他跟父母之间的关系并不会因此而产生本质的恶化。

还有一种观点认为不一定必须经历分离才能达到个体化或者自主性，这其中有性别的差异。特别是对女性而言，很多女性在依恋父母的同时，又发展自主性，可能最后会发展到依恋伴侣。它是一种延续，这个过程中女儿不一定要跟家里对抗，出现心理断乳，而男孩子反应可能更激烈一些。

少年儿童研究：在这个过程中，父母的形象已经不再是以前那样高大了。

王争艳：对，原来孩子把父母放到绝对权威的位置，很理想化，父母是最好的。对于一个小学生来讲，你说他爸爸不好，他会非常气愤。但是对一个高中生来讲，他可能就能够接受，虽然感觉不舒服。这就是说，去理想化开始出现了，这样一种认知表明思维能力的提高，孩子已经不再盲目地崇拜父母，能够很客观地分析父母。父母这时在孩子心里已经是一个普通人的状态了，从情感上来说，可能孩子会有重新审视父母的标准，就需要跟父母拉开距离，高中生对父母的这种反思是最多的。

少年儿童研究： 在现实生活中有很多这样的情况，孩子长大后，又会对家产生依恋，有所谓的"情感回归"。

王争艳： 对，在青春期的疏离化过程结束后，他会慢慢恢复到一个正常的发展状态。每个人都有一个自我成长的过程，不断地去反思，直到能够接纳、理解、客观看待周围的一切，然后开始进行自我修正。所以家长在这个时候要承认孩子的自主，发展他的自主观，让他体会到自己的这种价值。这个时候家长要做的就是在教育方式上有适当的改变。

离异家庭：做好孩子的精神抚慰工作

少年儿童研究： 有的夫妻离异后，又组成新的家庭。有一个案例是这样的：女孩在6岁的时候爸妈就离婚了，在重组的家庭里，新妈妈对她很好，但是这个孩子就是开不了口叫她"妈妈"，而且这个孩子很早就恋爱了。

王争艳： 这个例子是一种情况，我所知道的是另外一种情况：这个母亲就是看不惯孩子的父亲，并且觉得带孩子也是多余，妨碍了她赚钱，妨碍了她的工作生活，后来这个女儿跟母亲非常的敌对，最后她选择不谈恋爱、不成家。

少年儿童研究： 这就走向另外一种极端？

王争艳： 对。她也尝试着谈过恋爱但是不能成功，因为她从小已经形成对这种亲密关系的恐惧，家长并没有给孩子一个很好的婚姻范本，并且没有十分细心地去安抚孩子的精神创伤。所以单亲家庭的家长一定要注意对孩子的精神抚慰，使他们能够对人际关系有足够的安全感及信任感。

少年儿童研究： 在依恋关系中有一种很特殊的情况，就是收养。那么这种收养行为应该在孩子多大年龄进行比较合适？

　　王争艳：收养孩子的最佳年龄是在 1 岁以前，就是孩子在 7 个月至 2 岁之间的依恋产生时期。国外的研究表明，1 岁以前进行收养的孩子不会影响其健康发展。

　　少年儿童研究：毕竟还是有很多收养行为是发生在孩子 6 岁以后的，这种情况下应该注意什么？

　　王争艳：这种情况下，孩子跟家人相处可能非常客气，不像一家人。家长可以从两方面注意，一方面是收养的父母要有心理准备，就是说养父母要比亲生父母带孩子会付出更多。另一方面是要学习，接受一些培训，比如收养孩子的时候，应该有哪些注意事项，有哪些养育技巧需要提前掌握，而且要特别针对这种被收养孩子的特征进行学习，比如要收养的孩子之前的背景情况等。有了这些准备，如果出了问题，可以带孩子共同接受指导。一定要做好充分的准备之后再去收养，否则对双方都是伤害。

亲子依恋　儿童健康成长的源泉

——访李玫瑾

> 李玫瑾，中国人民公安大学教授，研究生导师。中国警察协会学术委员，中国青少年犯罪研究会副会长，中国心理学会法制心理学专业委员会副主任。主要研究领域：犯罪心理学，未成年人违法犯罪心理研究，侦查中犯罪心理画像研究。

2011 年，在中国人民公安大学犯罪学系专家的指导下，山东省高级人民法院少年法庭指导小组对 2009—2011 年审理的部分未成年犯罪案件开展实证分析，采用多种形式探寻未成年人违法犯罪的根源。这项研究发现，犯罪的原因林林总总，但如果从共性的角度看，家庭教育的缺失是最为关键的，其他还包括学校教育的推波助澜和被社会的边缘化。为此，本刊请李玫瑾教授就这一问题进行深入的阐述。

父母教而不当是产生行为问题的主要原因

少年儿童研究：报告提到，80% 的未成年犯来自健全的家庭，但他们却走上了犯罪的道路，怎样理解这句话的含义呢？

李玫瑾：我觉得孩子的问题是三种原因造成的，一是生而不养。这在整个社会中比例不高，相对人数比较少。二是养而不教。很多富二代就是这样，只给钱，没有道德、人格等方面的指导。三是教而不当。这一类最多，也是我积极呼吁的心理抚养。

比如，药家鑫的案件就说明了家庭教育不当的后果。当药家鑫被问到"从小到大，父母在你耳边唠叨最多的是什么"时，他说："我真的想不起来了，我在去自首的路上，我和我妈讲，你不要给我爸打电话，我真的很怕他。"妈妈说："孩子你不知道，你爸爸实际上很爱你，他为你感到骄傲。"药家鑫说："直到这个时候，我才知道，我爸爸是爱我的。"这句话给我印象最深。

我们研究这些，是要分析为什么这样的家庭造就了这样一个儿子。一个马上要大学毕业的孩子，就这么一个简单的交通事故，他连一句简单的"你疼不疼"的问候都没有，连一点儿沟通意识都没有，上去就是8刀。药家鑫说"我怕她记我的车号"，我说："瞎掰，那么黑，哪里找纸和笔呀？"而且，我们知道正面被撞是特别疼的，这个女孩当时疼得连话都说不出。药家鑫连一点儿怜悯之心都没有，他心里有的就是弹钢琴。父母教了知识，给了物质，但是孩子遇到问题不能替别人考虑，这是教育的失败。

后来，药家鑫还对父母说了一段让人感动的话：你们养我这么大花费这么多，我一点儿没有报答你们，我先走一步。以后我们还做父子，希望我能投胎做父亲，你做儿子，我来报答你。

我觉得，全社会根本没有明白如何从一个案子当中解析问题在哪里，总是贴上"官二代""富二代"之类的标签。这个案子是非常好的家庭教育的案例，严父慈母，中国最典型的家庭教育模式，看似非常成功，却完全失败。失败在哪里？不值得总结吗？！

少年儿童研究：山东一个14岁女孩，因为抗拒学校的剪发令而自杀，有些媒体谴责学校的规定，我们觉得这种报道非常情绪化，是误导家长的。学校是可以对发型有规定的，人们对此应该有价值共识。

李玫瑾：在我看来，这个女孩的母亲太迁就孩子了，已经养成了女孩特别自我的性格。一个人在社会中是不可能所有的事情都按照自己的意图去做的。孩子成长要懂得克制自我，审时度势。连这点儿挫折都不能容忍，早晚都是会跳楼的。

偷窃、逃学、喝酒都是有可能违法犯罪的一些征象

少年儿童研究：以前认为，不要把小学生拿别人的东西说成是偷，要

淡化孩子偷的概念，不要贴标签。到底应该怎么看待？

李玫瑾：在我们调查中，偷窃的百分比是相当高的。在少管所，盗窃罪是排第一位的，其次是抢劫和抢夺，而且这类人中很多曾经偷盗。偷盗的平均年龄比较小，只有12.2岁。

在中央电视台"今日说法"栏目中有这样的案例，一个孩子原是贵州人，被父母带到广州打工。10岁时，他就把所有街坊都偷遍了，电饭锅、自行车，什么都偷，偷完就卖钱。在点评时，我觉得孩子开始偷，最早都是为了吃。这个孩子应该是在生活上得到的照顾不到位，他破坏性的第一表现就是拿偷来的东西换吃的。那些家里条件好的孩子多是抢，偷的少，因为他不缺。

未成年犯中，还有一些是父母基本不管，6岁之前，父母不管，上学以后的共性是坐不住。学习是需要踏实读书的，坐不住的孩子到了小学五六年级就不想学习了。违法的孩子当中，有一部分智力水平也不错，为什么不学？孩子的生活照顾不到位，居无定所，没有养成好的习惯，到了学校，习性也很难改变。

我认为孩子上小学一年级，就应该告诉他，如果看到有特别好的东西，不可以偷偷拿回来，这是不好的行为，从小明确这种观念。父母还要告诉孩子：当你和同学发生冲突的时候，你可以在门口摔跤，但是你打他的眼睛就是违法的。这样孩子才能知道哪些行为是合理的。日本老师允许孩子打架，但是不能拿工具，不能有严重伤害行为。

少年儿童研究：偷窃、喝酒、抽烟等行为为什么在犯罪的走向当中特别重要？为什么在12岁和13岁这个年龄段出现这么多问题？

李玫瑾：也许你们是想关注大多数正常的孩子出现偷窃怎么办，其实偷窃只是一种迹象，背后的原因是不一样的。但是当出现偷拿东西，尤其是夜宿不归、逃学等情况时，基本就说明孩子之前的教育有问题了。逃学并不是简单的厌学，而是之前很多性格观念教育不好，积攒到一定程度的爆发。老师发现孩子逃学，只是把他叫回来好好学习是没有用的，必须强制他回到学校，强制教育对这类孩子非常重要。

这里我想说明一下，这个调研不是问那些未成年犯是什么时候开始违法的，先做了什么，后做了什么。我们是罗列出细化的未成年人违法犯罪当中的不良行为，让每个孩子回忆发生的时间。我们是想找到不良行为集中出现的点在哪里，而不是这个孩子自身到什么年龄发生什么样的行为，有的孩子第一步就是抢劫。通过这种方式，我们可以了解到这类人群当中，每种不良行为出现的年龄点。

少年儿童研究： 那么，这些行为在犯罪当中起了什么作用？比如13岁的孩子就抽烟、喝酒会是一种走向犯罪的标志吗？

李玫瑾： 这些都是征象，不是原因。喝酒本身就像我们发烧或者浑身发冷，是症状。我不想问发烧对他到底有什么影响，而是研究为什么会发烧。《中华人民共和国未成年人保护法》规定，不允许18岁的孩子独自饮酒。如果群体出去喝酒，很容易惹是生非，会有犯罪的倾向性。

如何判断不良行为的严重性呢？我们罗列了20种行为，如果具备7种或者10种以上，就说明问题很严重了。但是如果只喝了点儿酒，并不能说明什么问题，也许只是家里人爱喝酒。

少年儿童研究： 发生逃学的平均年龄是12.6岁，也是比较早的。

李玫瑾： 我们做过50多人的访谈，问逃学的原因，最多的是厌学，因为自己学习跟不上，受到老师的批评和打骂。很多少年犯连初中都没有毕业。

根据正常人的智商分布，同龄人当中大约有1/3的人不费劲就能上大学，剩下的就比较困难。现在很多地区可能是6所高中、2所职业学校这样一种分配比例。但是如果按照智商水平的分布，应该让更多的孩子进入职业学校，拥有职业技能，找到自我的价值。这样才不会使一些孩子饱受学习的痛苦，出现叛逆逃学等行为。

对孩子来说母亲代表温暖，父亲代表力量，两者缺一不可

少年儿童研究： 国外有研究说，婴儿在5个月的时候，就能感受到父亲和母亲爱的不同，抱的方式不同。孩子小时候和父亲建立不起好的情感

关系，以后也很难接受的。那么，在孩子幼年时，父亲的教育是否也和母亲的教育同样重要呢？

李玫瑾：当然是这样的。孩子早年的情感依恋，是先和一个人特别亲，周围可能有很多亲人，但是把父母弄混就乱套了。妈妈的抚育、喂奶、身体的味道，与孩子的吃和温暖感是联系在一起的。

我访谈过很多比较严重的暴力事件，都是死刑犯。在回答"在6岁之前和谁睡觉"这样的问题时，有好几个都说是和爷爷睡觉，父母不在，奶奶也没有。我感到很意外，就想到了中医讲的孩子是"纯阳之体"的说法。我有这样的假设，纯阳之体和阴结合比较好，用女性的柔来培养孩子的依恋情感。父亲是玩耍的陪伴，不是抚养的陪伴，真正的爱、柔软、好的气味还是需要母亲给予。

承德一个14岁的男孩子杀了一个36岁的出租车女司机，还强奸。我当时分析这个作案人至少二十七八岁，没想到抓到时发现还不到14岁。我不能理解，担心会不会是别人作案，让他顶包。后来大量证据都指向他。这个孩子小时候就和爷爷睡，很多暴力犯都有这个特点。后来，得知他父母出去打工也没有什么能力，妈妈卖淫，爸爸在门口看着。14岁的男孩为什么残酷对待36岁的女司机，实际上是把对妈妈的怨恨迁移到被害人身上。

这个男孩学习本来挺好的，到初三就不上学了，因为老师不让他谈恋爱，还让那个女生不理他，孤立他。知道他的家庭情况后，我就明白怎么回事了，家是不完整的。我们研究犯罪心理，不能光看他自己是怎么说的，一定要看他的经历，这个经历是真的，不是假的。所以，孩子早年一定要有妈妈的温暖。

当孩子大一些了，母亲很多事情都做不了，比如踢球，玩蹦高，这时父亲可以做很多事，当孩子有不安全感的时候，父亲就是一座山。欺负问题最严重的是中学，这时父亲和孩子锻炼，教给他自我保护的方法，孩子会对父亲特别崇拜。父爱更能帮助孩子面对外部的压力。我给很多父亲讲，孩子幼年，你们陪伴就行了，到初中一定要花时间，带着孩子去做妈妈做不了的事情。

有人说幼儿园一定需要男老师，我并不同意这件事，幼师就应该是女性，第一，女老师不会伤害孩子，第二，女老师处理问题一般比较温和。到了初中还是一定要有男老师的。

给每个家庭更多养育孩子的时间

少年儿童研究：我们推论一下，依恋关系建立不好的，大部分也不会出问题的吧？人的缺失是很普遍的情况，如果出现这样的问题，后天可以弥补吗？

李玫瑾：很难弥补。我遇到一个事情，15岁的女孩和七八个男孩发生关系，经常不回家。父母是纪检干部，都快急疯了。原来，女孩是奶奶带大的，与父母不住在一起，八九岁才回到父母身边。妈妈说："我和女儿说什么她都不听"，我无奈地说："当然了，你又没有养育过她，还是送回她奶奶那里吧，没准奶奶的话她还听。"

我认为中国需要很多学者呼吁，不要小看家庭，给母亲更多养育孩子的时间。孩子在幼小的时候，妈妈不要到异地打工，孩子在18岁前之前爸爸不要离开家庭。尤其是孩子青春期，最需要一些特别的关注。为什么一定要爸爸的教育，爸爸有一种力量，有一种责任。最好在政策层面要有立法的保护，比如，孩子在12岁之前，女同志绝对不能在异地工作，本地优先录取。孩子青春期时，妈妈依旧在身边，爸爸这时候回来。爸爸一直都在就更好，因为爸爸看着孩子长大，有感情，不容易打孩子，下不了手。总之，我希望在孩子18岁之前，父母都不要离开，给孩子一个完整的家。

也许有人疑惑，孩子的青春期没有爸爸的作用真会出问题吗？我的回答是：肯定会有问题，只是不一定显现出来。过去很多人住平房，爸爸不在，街坊的叔叔阿姨都可以替代，基本能感受到温暖和安全感。现在住楼房，家里缺一个就是不完整，没有替代的。

一位妈妈是报社总编，给我打电话，说女儿几年不和自己说话。孩子的爸爸是流浪诗人，经常不在家，女儿是妈妈一手带大的。妈妈说，12岁之前女儿特懂事，但是到青春期就不行了，开始不说话。我说是因为家里缺少一个男人的角色。妈妈没办法，只好打电话叫舅舅来。舅舅住了半年，女儿性情立马就改变了，快乐一些，有什么事也和舅舅说。但是后来舅妈住院了，舅舅只好走了，女儿又开始不说话。到现在高二，还这样，有什么事情只和妈妈写纸条，比如要交学费之类的。每年春节，流浪诗人爸爸回来的日子，孩子情绪会好转。可是不久，爸爸就又走了，孩子又开始发脾气。

少年儿童研究：我们原来对依恋的理解没有那么深，听后感到很震撼。也许有很多父母都不了解您这个观点，看来犯罪的研究也是对教育的研究。

李玫瑾：以前，这种情况并不严重，"文化大革命"那么乱，全家一个购粮本，家里人哪也去不了，都在一起。再乱再穷，爸爸妈妈都在身边，家是完整的。现在的情况完全不一样，很多人的情感匮乏。

很多研究教育的关注智力，我会想一个人为什么犯罪，原因肯定不在现在，只能追溯早年的心理养育。我们研究的都是出现严重问题的，一起起案件都说明一个人的情感不正常，对社会充满愤怒，很多都是来源于6岁之前没有完整快乐的家庭生活。人格的核心是情感，我到很多学校讲，就是想把这种理念传达给大家。

当然，对于那种生而不教的情况，必须要有配套的法律，这些孩子长大进城，没有技能和知识，家庭也不完整，就很容易成为犯罪的潜在因素。如果国家有配套的社会福利机制，例如管孩子中饭和早饭，对于农村来讲，父母一定都会让孩子来上学的。这就是法律程序的方法，不是教育的方法。很遗憾，我们现在还没有一套完整的未成年人法律体系。我希望有更多的人呼吁，积极推动进行这一系列有意义的工作。

（中国人民大学犯罪学系刘慧娟老师对此文亦有贡献。）

用亲子沟通的视角解读孩子的学业成就

——访池丽萍

> 池丽萍，中华女子学院心理学教授，主要从事家庭心理学、发展心理学研究，先后主持国家社会科学基金项目、教育部人文社会科学基金项目等。在《心理学报》《教育研究》等国内外权威刊物发表学术论文60余篇。

为什么所有学生接受了同样的学校教育，学业成就却不相同？在池丽萍教授看来，学业成就的高低不能全部归责或归功于学校和教师，父母与儿童的沟通以及对儿童的学业指导是预测孩子学业成就的重要因素。

父母的倾听能力比表达能力更重要

少年儿童研究：沟通就是相互说话，这是普通人的理解。作为研究者，怎么全面描述和界定亲子沟通的好与不好呢？

池丽萍：亲子沟通指家庭中父母和子女通过信息、观点或态度的交流，达到增强情感联系或解决问题等目的的过程。作为研究者，我们对于沟通的理解更加立体和丰满。我们认为，家庭是一个由全体成员及成员之间相互关系组成的动态网络结构。父亲、母亲和子女分别作为网络中的一个元素。亲子沟通发生在元素之间，即父子和母子之间，这就形成了家庭系统中亲子沟通的三个元素和两个关系（父子和母子关系）。同时，家庭系统中各种关系可能会相互影响，如父子沟通影响母子沟通。因此，考察亲子沟通的情况应该从元素、关系和系统三个层面进行。

其中，元素层面主要关注家庭成员的沟通能力，关系层面考察父子和母子沟通的质量，系统层面描述父子沟通和母子沟通的协调程度。这三个层面上的良好表现和三个层面之间的较好匹配是有效亲子沟通的保证。

根据这样的理论模型，我们编制了亲子沟通量表，在小学生当中施测。统计结果表明，父母的倾听能力对提高亲子沟通质量、建立良好的沟通关系有显著影响。沟通涉及注意他人所思、所感的能力，对父母而言，困难的不是说而是听。

少年儿童研究：那是不是说，父母只要耐心听孩子讲述，而且正确理解了孩子的意思，就能促进亲子沟通？

池丽萍：不完全是这样的。在亲子沟通领域，还有一项最受关注的研究内容，就是亲子沟通模式，它是指亲子沟通过程中表现出的稳定、抽象的沟通行为特征。模式有很多分类和角度，我介绍一种最常见的模式划分方法：我们从两个角度来看待沟通，一个角度叫概念取向，另一个角度是关系取向。两个角度可以组合出不同的沟通模式，如概念取向高而关系取向低、概念取向低而关系取向高、两者都高或都低。我们用前两种最常见的模式举例子。

具体地讲，两个人就某个问题发表看法，也许双方的观点不一样，间或还会发生争论，但是两个人都能就问题本身畅所欲言，这就是概念取向高，而关系取向低的沟通。相反，如果有一方或者双方在发表意见时总要考虑双方的地位或身份而不能畅所欲言，那就说明两人之间的沟通是概念取向低，而关系取向高。这类例子最常出现在地位不平等的两个人之间。比如，师生交流时，学生经常顾虑："我的想法和老师不一样，说出来老师会不会不高兴呢？"或者"我的想法肯定错了，还是不要说了"。这类沟通中基本就是双方都在考虑和对方的关系，谈话的内容不是由讨论主题决定的，而是由彼此的关系决定的。这是两种不同的沟通模式，说的是同一主题的事情，但是谈话的进程是完全不一样的。

现在，我们把这两种模式放在家庭的亲子沟通当中，假如孩子向家长询问一道数学难题，概念取向高的家长会这样做：我们来讨论这个题目，看看是求面积还是求周长。在关系取向的沟通模式当中，家长可能会说：你怎么连这个都不会啊？这样的家长首先涉及的是这个题目之外的事情，会站在权威的角度来评判孩子。这样的做法往往会对孩子的产生很大的负面影响。

少年儿童研究：您所说的这一点，普通家长也许是很难意识到的。那么，这两种沟通模式的家庭对孩子长大后的人际交往有什么不同影响吗？

池丽萍：国外有人做过相关的研究，他们调查在这两类沟通模式家庭中长大的孩子，了解这些孩子有了选举权的时候会投票给哪一个党派，原因是什么。来自高概念取向家庭的孩子会说：我会投给某某党，因为我拥护它们的执政纲领。而高关系取向家庭的孩子往往并不关注党派执政纲领的内容，他们更关注的是候选人的个人特征和成长史，比如，白人还是黑人？男性还是女性？这个人是否和自己生活中的某些事件发生过联系？至于他主张什么并不重要。

我们可以通过对广告的理解来辨别这两种模式。有的观众很注重代言人是谁，这就是典型的高关系取向沟通的结果。有的观众就无所谓是谁代言，主要看的是产品的功效，或者看说明书。这样的人本身就是一个习惯概念取向的人，往往在沟通过程中不需要知道是谁说的这个话，只关心说话的内容是什么。

亲子沟通质量影响孩子的学业成绩

少年儿童研究：孩子的学业成绩与亲子沟通质量是否有关联呢？

池丽萍：我们通常将父母看作孩子的"第一任老师"，强调父母是儿童知识建构的促进者，而这种促进正是通过亲子沟通实现的。国外的研究发现，高质量的亲子沟通与儿童学业成绩存在显著相关。在研究和比较不同学业成绩儿童的亲子沟通之后，我的感受是，与学业优秀的儿童相比，学业较差的儿童的亲子沟通中，父母有明显的"一言堂"倾向，孩子的表达机会很少。

我发现，大部分学习较差的儿童的父母在为孩子讲解题目时都表现出这样的模式，即从头到尾讲题目的每一个细节，而不关心孩子哪里不懂，也不允许孩子出现超越这个速度和进程的提问或建议。讲解完毕，父母就理所当然地认为孩子已经听懂了，然后再不加分析地批评和指责孩子的错题部分。

研究过程中，为了证实这一点，我们会在父母离开后向孩子确认："刚才妈妈给你讲的，你明白了吗？"孩子说："没有。"我们再问："那你怎么没有跟妈妈说呀？"孩子回答："她也没问呀。"这也从侧面表明，学习较差儿童的父母的人际敏感性较差，一般不关注交流对象的感受和可能的反应。他们评价沟通效果的标准是单向的，即自己的观点和想法是否完整表达出来，而不是沟通双方是否达到解决问题和交流想法的目的。

我们考察过在一个完整的亲子沟通过程中父母和儿童谈话在数量上的差异，并比较了学业较差和学业优秀儿童亲子沟通中谈话的数量。统计结果表明学习较差儿童父母与子女在沟通中谈话字数的比例约为 6 ∶ 1。相比之下，学业优秀儿童亲子沟通中谈话字数比约为 3 ∶ 1。由此，我们初步断定，与学业优秀的儿童相比，学业较差儿童亲子沟通中，更多由父母来说，而儿童发表观点的机会很少。

少年儿童研究：在您以往的研究中发现，父母受教育程度和沟通能力有密切关系。那么，对于受教育程度不高的家长而言，怎么和孩子沟通才能促进孩子的学业发展呢？

池丽萍：在研究当中，我们发现有的家长虽然没有能力指导孩子解答习题，但是能够给孩子解题的信心和鼓励。

给我印象深刻的是，一个女生的妈妈只有小学文化水平，自己数学很差，她帮助女儿的方式就是给女儿抄错题。每次考试后，妈妈就把孩子试卷上的错题抄下来，让孩子拿着去请教老师。孩子在学校问明白之后，回家再给妈妈讲一遍。这样的过程会让孩子非常受益。

我曾问这位妈妈："你是怎么监控孩子确实是问了老师呢？万一她只是问同学了呢？"妈妈说："不管孩子问谁，只要她自己能懂就好。"妈妈也很聪明，她每次都让孩子拿着自己抄写的那个题目去问。因为老师讲题有一个习惯，就是会在题目上画线或者列数学公式。妈妈看到这样的标记也可以确认孩子是请教过老师的。这位妈妈的求知欲望很强，每次都认真听孩子的讲解，努力掌握知识。

这个好习惯坚持不懈，女儿的学业自然非常好。这位妈妈的作用就是激发孩子的主动性。我觉得同样是受教育水平低，但是，能否把孩子教好的最大差别就在于此。

少年儿童研究：如果家长没有时间和精力辅导孩子学业，给孩子选择课外班。在这种情况下，如何让家长能够理解沟通真的对孩子学业有很大的作用？

池丽萍：很多小学生的家长会陪着孩子上课外班。我觉得，从亲子沟通的角度看，这是非常有好处的。家长尽管没有完全掌握学科知识，但是能够知道孩子在学什么，体会到学习的辛苦。当孩子感到困难和苦恼的时候，家长可以安慰孩子。一旦孩子发现父母特别能够和自己平等沟通，就会减少和大人的对立情绪，进而更专注于学习本身。家长陪读让孩子感到自己有了一个学习的同伴，增加了亲子沟通的话题。

少年儿童研究：现在有一种说法是学校主要负责知识学习，家长主要负责情商和做人方面的培养；学习是孩子自己的事情，父母不应该参与。您怎么看待类似的观点？

池丽萍：在我看来，家长对孩子的学业指导包括内容指导和方法指导。这是在弥补学校教育的欠缺。学校里的学生实在太多，老师难以做到因材施教。有些孩子已经超过老师要求的标准，不再需要家庭的额外辅导。有些孩子没有达到，就需要更多的课外补习，要么是上辅导班，要么是家长提供学业指导。

这里的学业指导行为是一个广义的概念，不仅指父母和孩子共同参与某种学习活动（如阅读、参观、绘画、学习字母、完成某项认知任务等），也包括父母对儿童学业行为的监控和监督行为。这是儿童在学校之外接受的与认知发展和学业有关的教育活动，也是家庭教育功能实现的过程。这些经历能培养孩子的学习兴趣，促进儿童学业成功，而且能够减少父母低收入和低受教育水平对儿童学业成功的消极影响。国外学者对欧裔美国儿童和华裔美国儿童的追踪比较研究发现，华裔的父母花费更多时间进行学业指导，使得孩子的成绩好于欧裔的儿童。

而且，很多的学业监督，比如做作业的时候不要随便动其他无关物品；遇到难题先认真思考，不要马上问别人；解题时圈画重点词；等等，这些都是学习品质的培养，和我们常说的情商很难完全区分。表面上看，家长是在指导孩子怎么解题，实际上也是教给孩子今后生活中思考和解决问题的有效方法。

父亲的教育参与对孩子学业影响很大

少年儿童研究：实际生活中，多数家庭中母亲与孩子的沟通要远远多于父亲和孩子的沟通。这对于孩子学业和心理发展有什么不同影响吗？

池丽萍：我在研究中特别关注在家庭当中父亲和母亲角色的差别。根据沟通目的和指向的不同，我们可以将亲子沟通区分为以解决问题为目的的"问题指向沟通"和以增进亲子关系为目的的"关系指向沟通"。一般也可以看成沟通的两个功能。

我发现男性和女性在人际沟通方面是有差别的，男性更注重问题是否解决，女性更在意双方的关系。一般来讲，孩子会和妈妈的关系更好。父亲很爱孩子，但孩子们感受不到。我们的调查研究也证实，在情感沟通方面，父亲一般都会比母亲做得差一些。

国内外的很多研究已经证实，父亲的参与对孩子学业成就的影响很大。原因主要有两方面，第一，父亲的思维方式和母亲不一样。父亲擅长工具性沟通，学习这件事是特别典型的工具性沟通，就是为了解决问题。父亲的这种思维模式如果能传递给孩子会非常好，比如，解题时只考虑已知条件是什么、未知条件是什么，不想那么多和解题本身无关的事情，比如题目好难，要一个小时才能完成，要不要问同学之类的。第二，父亲参与比母亲一个人要好很多。母亲一个人的力量有限，她已经考虑很多生活问题了，就没有那么多的时间和精力关注孩子的学习过程。

少年儿童研究：您谈到的父子沟通和母子沟通，这两者之间是一个什么样的关系？

池丽萍：衡量家庭中的沟通系统是否良好，我们会看父子沟通和母子沟通之间的关系。面对一件事情，孩子选择和妈妈讲还是和爸爸讲，这样就能判断出父亲和母亲在孩子心中的地位是否是平衡的。从研究的结果看，各种类型都是存在的。其中有的情况值得家长们予以重视。

比如，有的家庭中，母亲和父亲的沟通地位差别很大。爸爸很少参与教育，管孩子的次数少，但是沟通的效果非常好，尤其是涉及学习的问题。这种情况说明，父亲在孩子身上的投入比较少，但是孩子很在意父亲的意见。妈妈为孩子付出很多，孩子却不在意妈妈的评价。这种情况容易造成孩子"两面派"的个性特征，长大后有可能变成在不同人的面前，表现就会完全不同。也就是我们前面提到的那种关系取向高的人，对任何事情的态度缺乏客观标准，完全取决于不同的对象。

少年儿童研究：这种情况给父母的启示是什么？普通家长能意识到自己这样的行为给孩子带来什么影响吗？

池丽萍：父母如果希望孩子长大后成为有独立见解、不盲目从众、勇于坚持自我的人，就最好不要去拿双方的关系来压制孩子，让孩子被迫在父亲面前这样表现，在母亲面前又是另一种表现。这样的管教方式就是在一遍遍强化孩子：说话一定要看人，做事一定要看人。一个人的能量是有限的，过多关注对象是谁，对内容的关注自然会减少，会影响事情的完成质量。

当然，很多家长意识不到这些，家长看不到那么远的事情，他们想到的只是，现在有没有人能管得住我的孩子。我认为，家长要清楚，孩子总是关注和大人的关系时，基本上会忽视自己真正想要的是什么。现在，大学心理咨询中心接触的很多案例，都是那些不知道自己想要什么、内心迷茫的孩子。

少年儿童研究：亲子沟通的确要引起大家的足够重视，那么您对父母有什么样的建议呢？

池丽萍：我们认为，儿童学业成就与家庭背景有关，学业失败有其家庭成因，父母不能总是"到学校里"或者"问老师"自己家孩子为什么学习不好了。这个家庭成因的核心就是亲子沟通问题，此外还包括专门的学业指导方式、父母学历等影响。

因此，我的建议是，第一，父母要在观念上明确，改善亲子沟通能力和提高亲子沟通质量是克服家庭学历水平较低这类劣势的有效途径。第二，父母要培养自己的倾听能力，这不仅是指少说多听，更是指要保持积极倾听的态度，理解孩子说话的含义和其背后的观念，不要妄下结论，做真正了解自己孩子的家长。同时努力学习如何有效回复孩子，并使对话不断深入。第三，父亲应承担家庭教育的责任，增加与儿童的日常沟通，主动参与学业指导，每周留出与孩子交流的固定时间。

第二章

家庭教育的首要
任务是心理抚养

访谈 心理咨询为家庭教育导航

——访马健

> 马健，北京师范大学教育学硕士，国家二级心理咨询师，心理健康倡导者，悉心致力于家庭成长和亲子教育的研究、讲演和咨询，著有《心理师为家庭导航》等。

随着社会发展，人们对心理咨询行业有了一定认识。作为家长，遇到教育方面的困惑，如何借助心理咨询师的帮助，让孩子更好地成长呢？凭借多年积累的学识和经验，马健老师将为大家提供一些指导。

很多家长是孩子出了问题才来咨询，实际上遇到孩子获奖这样的好事也应该来咨询

少年儿童研究：您认为孩子遇到什么样的情况，家长可以求助于心理咨询师？

马健：对于咨询，很多家长是孩子出了问题才来。其实，如果家长重视孩子教育问题，在孩子成长过程中的任何一个环节都需要咨询。比如，青春期容易叛逆是孩子发展过程中必然出现的。有的家长认为无所谓，只要孩子学习成绩没有大幅下降，按时上学，就可以了。其实青春期孩子是有一些共性的问题的，比如性教育的问题，如果父母不知如何讲述，可以请咨询师针对这些问题和孩子沟通，解除某些心理困惑。这对孩子的一生都有重要意义。

我正准备接待一个不愿上学的初一学生，家长在电话里说，可能和父母离婚有关系。孩子3岁时，父母离婚，孩子和老人生活在一起。其实，

父母离婚时，就应该去咨询如何对待孩子的问题，而不是等到孩子不愿上学了才来咨询。坦率地讲，这肯定不是一两次能解决的问题。不愿上学是个大问题，况且，孩子现在都13岁了。这10年的时间，内心产生了多少积怨呢！

这里，我想补充一点，孩子有了好事，比如升入重点学校、获奖了，也应该来咨询。我们认为只要有变化，人就有压力。比如，一个在普通小学就读的孩子考上北京四中，孩子是不是能适应在人才济济的环境中学习，应该做好什么样的准备，父母可以请专业咨询师给些提示。

少年儿童研究：您觉得家长对咨询有哪些误解吗？

马健：一些家长对咨询认识有点儿偏差。比如，孩子早恋了，家长就对咨询师说：你来帮我不要让孩子早恋了。我们咨询是不会否定孩子情感的，我们会和孩子交流：为什么会恋爱？在情感中得到了什么？家庭中是否有这样的欠缺？我们会分析情感中美好的内容，再分析情感的利弊。我们不对孩子的感情进行评价，只是探讨。只有这样，孩子才能对自己的行为有更多的思考和判断。

我提一点儿建议，父母要学一些心理学的知识，发展心理学是每个家长的必修课，它会揭示人从出生到死亡每个阶段可能遇到的问题。

少年儿童研究：社会有一些免费的心理咨询电话，如果要当面咨询，大多是要收费的，有些家长不能理解。

马健：心理咨询有免费的也有收费的，家长要根据效果来选择。我们可以找到许多免费的咨询电话，一方面需要了解这些咨询为什么是免费的？是提供给实习生实习的，还是有组织团体支持的公益活动。另一方面，家长要认识到咨询是一种劳动，收费是合理的。有的家长认为：到医院的精神科，人家给我开药了，你这有什么，不就是说说话吗？这样的家长还没有理解咨询师在咨询过程中付出的劳动。一般而言，社会上的咨询机构、咨询中心都是收费的。通过双方交流，安排合适的咨询师来解决孩子的某些心理问题。

孩子的行为问题是家庭问题的一种症状，我提倡父母和孩子一起做家庭治疗

少年儿童研究：咨询时，一般是父母单独来，还是和孩子一起来？一个疗程的咨询大约有多少次？

马健：一般是家长带孩子来，有时孩子是被父母逼着来的，到了这里就是不说话。所以我们会征求孩子意见，是否介意父母在场。如果孩子不愿意，我们会请家长到另外的房间。因为孩子有很多话不愿意当着父母面说，但愿意和咨询师说，因为是陌生人，有安全感。咨询老师不会随意告诉家长，都会很策略地给家长做一些分析。咨询师一般会根据实际情况与家长协商咨询的次数，还要看进展状态适当调整。

少年儿童研究：在咨询中，家长和咨询师很容易达成共识吗？我觉得孩子的问题越大，和家长沟通越难。

马健：一般而言，孩子的行为问题是家庭问题的一种症状，稍微探究一下，就能发现家庭教育的问题。所以，我们特别提倡家庭心理治疗，在咨询师的帮助下，重新对家庭生活状况进行评估，倾听孩子内心的声音。

有了咨询人员的介入，整个谈话的氛围就改变了，每个人更愿意如实地表达自己。咨询师可能会把某个成员的话重新解读一下，这往往有助于相互的交流。因为有时不是每个人的语言都能表达自己真实的内心，也许别人的理解是不一样。

我觉得和家长的沟通不是特别难，除非家长有一些人格问题。当然，家长的文化背景不同，咨询师会注意调整和不同的人用不同的沟通方式去交谈。有些家长看起来挺霸道、不讲理，但咨询师首先是接纳，分析他为什么会这样，了解其背后的故事。这种情况下，家长会吐露自己的心声，毕竟每个人都希望被别人理解。

经常在媒体中出现的心理咨询师未必能最有效地解决孩子的问题

少年儿童研究：看来对于家长而言，孩子出现问题，求助心理咨询师

还是一个很好的途径。如何寻找到合格的心理咨询师呢？

马健：家长一定要找到合格的心理咨询师，第一，看他有没有资质，就是劳动部颁发的心理咨询师证书。家长来咨询，工作人员要出示咨询师的资质和学历证书复印件。第二，咨询师要介绍自己的背景，学什么专业，有什么样的学历。虽然学历不能代表一切，但也是家长要考虑的内容，科班出身的，理论知识相对要扎实一些。第三，要看家长和咨询师第一次交流后的印象。双方事先要签一个协议。也有的咨询师说保证10次解决问题，我觉得这样的承诺欠妥，咨询需要双方努力，不是谁单方面做个保证就可以达到目的的。

常规咨询，开始时一周一次，最多两次。第一次建立关系时间长一点儿，一个半到两个小时，以后，每次一个小时。再往后，可安排两周一次，进而一个月一次。一定要给来访者思考和成长的时间。这样思想才能稳定下来，双方一定是探讨的，不能有强迫的意味。来访者感到从中受益了，他会遵守时间前来咨询的。

如果某个咨询师告诉家长：一次三四个或四五个小时，给你把问题搞定。我会对此画"问号"了，时间太久，人的思维会疲劳。来访者是要自己理解和领悟的，不是告诉他应该怎么做，就万事大吉。

作为咨询师，在这个过程中会防止移情现象，就是来访者对咨询师形成心理依赖。有的学生原来没有自信，在这里得到鼓励，感受到尊重和关爱，就离不开咨询师了，特别愿意来，一周好几次。这时，咨询师就不能只考虑挣钱，因为这样对孩子成长是不利的，要让孩子相信自己的能力。

少年儿童研究：有的家长看到电视中经常出现某个心理咨询师，就觉得找这样的专家咨询才是最有效的，您觉得是这样吗？

马健：找那些经常在电视中露面的心理专家咨询，是基于对专家的熟悉和信任，我认为要慎重。第一，他们的时间比较紧张。第二，专家在电视媒体上的表现，和私下咨询是有很大区别的。我接触电视媒体多年，点名找我咨询的客人也很多，但坦率地告诉大家，我的咨询能力比不过我们中心多年潜心于咨询的老师。我也提供给他们一些接触媒体的机会，但他们要么不能满足媒体的需要，要么感觉做咨询更有自信。

在镜头前，心理学家分析某个人是什么样的，什么是对，什么是错。真实的咨询不是这样的，咨询是一个陪伴的过程，而不是把一切都分析得清清楚楚，讲得头头是道。而且，电视不可能长时间录制。一般在两三个小时，要有流程的。而且，这样的心理咨询师收费比较高。

有很多咨询师是非常专业的，很温和地谈话，但不适合上电视。电视媒体是要求讲话的语速和表现力的。

总之，大家不要认为上了电视，经常露脸，就一定是最好的咨询师。要选择适合自己的心理咨询师。

访谈

阻断网络欺凌从家庭开始

——访陈钢

> 陈钢，浙江师范大学儿童文化研究院副研究员，传播学博士。主要研究儿童与传媒、传播社会学，教育部人文社会科学研究青年项目"健康传播对小学生健康观的影响及介入策略"课题负责人。

欺凌在现实生活中并不少见，多发于未成年人时期，对于这种面对面的欺凌行为，已有大量研究对其进行分析及干预。但是由于社交范围的多样化，未成年人开始更多地在网络社会中进行互动，传统社交中的某些行为也就会复制到虚拟社交中，网络欺凌是其中一种，在不同的条件下，它呈现出不一样的情况和特点。

网络欺凌，不常见并非意味着不普遍存在

少年儿童研究：在平时的生活中，我们更多能够观察到现实欺凌行为，比如校园暴力等，网络欺凌行为似乎在我国并不是很明显，不少家长认为网络欺凌离孩子还是有距离的。

陈钢：其实网络欺凌的情况远比我们所意识到的普遍。之所以产生认识上的错觉，首先是由于我们了解和关注不够，网络欺凌具有高度的匿名性和隐蔽性，再加上被欺凌者大多保持沉默，很多老师和家长自然难以了解其中的真实情况。

其次，随着网络移动终端技术的发展，网络欺凌行为更容易进行，家长越来越难以察觉。比如很多孩子的手机都能上网，不需要通过电脑就可进行。孩子间的手机沟通更容易把家长和老师排除在外。

最后，我国对网络欺凌缺乏有效的法律监管。如果发生网络欺凌，大家并没有很强的意识将其诉诸法律，相关的曝光率要低于现实欺凌，家长了解得自然较少。

事实上，就当下来看，由于我国儿童网民的不断增加，网络欺凌现象会愈演愈烈。孩子只要上网，就有很大可能卷入网络欺凌事件中，受到伤害或者去伤害别人。

频率是判断网络欺凌存在的最重要指标

少年儿童研究：由于各种原因，中国家长对于"网络欺凌"比较陌生，什么是"网络欺凌"？

陈钢：网络欺凌至今尚未有公认的精准定义，但是广义而言，网络欺凌指个人或群体借助互联网和手机等网络传播技术，通过文字、图片、音视频等形式故意、反复攻击他人的行为。这些行为在现实中多发于未成年人之间，因此狭义而言，我们可以将欺凌者和被欺凌者限定在未成年人之间，那么网络欺凌就是未成年人群体或个人利用互联网和手机等网络传播技术，故意、持续地通过文字、图片、音视频等形式折磨、威胁、伤害、骚扰、羞辱其他未成年人的攻击性行为。这样界定后，我们就找到了网络欺凌最应当关注的对象，即未成年网民。

少年儿童研究：那网络欺凌有哪些常见形式呢？

陈钢：网络欺凌的形式多种多样，可简单概括为以下9种：第一是恐吓；第二是网络上的谩骂；第三是骚扰，欺凌者通过手机、电邮或实时通信工具等不断发出低俗的或令人厌烦的信息，对受害者实施有意的攻击；第四是诋毁，使受害者受到误解，人际关系恶化；第五是嘲讽；第六是揭私，比如把某人的隐私或一些令其尴尬的照片、短片或声音放上网供人浏览、下载；第七是排挤，利用各种各样的理由将受害者排斥在他们的社交圈子外；第八是伪装，即冒用某人的身份在网上散布一些不利于此人名声的言语，使其形象受损；第九是附和，这类人有很多，他们在网上附和其他人，一起取笑受害者。

少年儿童研究：一些家长反映，有的孩子在班里的 QQ 群中互相谩骂，这属于网络欺凌吗？

陈钢：判断网络欺凌行为是有相应的研究标准的。第一，一定有欺凌者和受凌者双方，有时还有旁观者，彼此间可能认识，也可能陌生。第二，网络欺凌要透过电子通信工具，如网站、手机、电子邮件、BBS、博客、网络视频、聊天室等。第三是频率，这是最重要的判断指标。这是指这种行为不是偶然的一次行为，而是反复行为，应该在三次或以上。如果只发生一两次一般不算是网络欺凌，必须反复进行的才算，比如网络游戏中的偶然的对骂不算网络欺凌。否则什么都算作网络欺凌，反而使真正的网络欺凌淹没其中，让家长和老师找不到应该关注的核心问题。第四，网络欺凌在动机上是故意的、有意识的甚至是深思熟虑的。第五，在内容上对受凌者辱骂、中伤、嘲讽、骚扰等，目的就是要使其心理上不舒服。

网络欺凌双方的特点与家庭环境关系密切

少年儿童研究：在您的研究过程中，会接触到有"欺凌"行为和"被欺凌"行为的孩子。他们分别都有什么特点？

陈钢：由于网络欺凌相对隐秘，有时很难发现谁是欺凌者，谁是被欺凌者，要准确归纳他们的心理特点和行为特点不那么容易。就目前相关研究发现，有欺凌行为的孩子往往具有以下一些共性：第一，从社会交往来看，他们在人际互动上与他人合作性普遍不高，不大愿意接受同伴的想法，很多人在现实交往中不太受同伴欢迎。转而在网络中进行宣泄。第二，从人格特质来看，他们较为外向，易冲动、易愤怒，有较强的自我中心，很少站在受凌者的角度，体会对方所受的伤害，他们多数觉得自己的行为只是在开玩笑，有人甚至觉得很有趣。

被欺凌的孩子也有普遍特征：从社会交往来看，不易融入团体之中，有社会性逃避倾向，易受排挤；从人格特质来看，这些孩子往往柔弱、缺乏活力、缺乏自信、较常不快乐、内向害羞。此外，他们对于自我评价较低、朋友数目较少，也较不受欢迎，从家庭环境来看他们更多来自社会经济地位相对较低的家庭。

少年儿童研究：为什么具有上述特点的孩子会更容易发生网络欺凌行为呢？

陈钢：这是孩子发展过程中内因和外因一起作用的结果。目前，初中时期的孩子是网络欺凌的高发人群。中国台湾地区和大陆的相关研究都证实了这个事实。中国台湾地区一项规模较大的调查发现，初中生经历过网络欺凌的比例近七成。这与这个年龄段的孩子心理发展有很大关联，他们要证明自己，性格不稳定，攻击性比较强。

此外，跟初中生人际交往重点的转移也有关。这时，孩子的人际交往重点已经由以家庭为主转变为以同伴交往为主。遭遇网络欺凌时，他们基本上都不会跟家长说，除了担心家长会禁止自己上网外，他们还想证明自己已经长大了，这件事情如果家长介入会让自己还像个"小孩子"一样向家长告状，在同龄人中很没面子，因此他们往往隐瞒被欺凌的事实，使得欺凌现象不断扩散。

少年儿童研究：那么欺凌者和被欺凌者的关系能够转变吗？

陈钢：会的，有一种解释叫欺凌的循环，也就是网络欺凌受害者也为网络欺凌者的比例是相当高的。包括3种转化：一是传统情况中的被欺凌和网络欺凌的转化，网络欺凌中的欺凌者有不少人是传统欺凌中的受欺凌者，因为在现实生活中难以反击，转而在网络中进行攻击和报复。二是网络欺凌和网络被欺凌的转化。三是旁观者在欺凌和被欺凌之间的转化，旁观者也会落入欺凌的循环，变为欺凌者或者是受凌者。

少年儿童研究：网络欺凌有性别之分吗？是男生更多参与一些，并处在强势地位，而女生参与少吗？

陈钢：网络欺凌行为是一种有意用来保护资源的特殊方式，涉及未成年人之间的地位与权力、认同感、安全感和竞争问题，是一些孩子试图获得和保持其优势的方式，很多孩子试图通过网络欺凌来满足自己的成就感，实现在现实生活中很难甚至不可能实现的目标。

初步的研究已经发现，与男性相较，女生更容易身陷网络欺凌事件之中。网络欺凌事件的受害者更多的是女孩，同时，女孩也较喜欢通过网络对他人进行欺凌。男孩的网络欺凌常常反映出强烈的控制他人的欲望，这是一种有意用来保护资源的特殊方式，以建立他们的统治地位。女孩往往使用隐蔽的方法骚扰受害者。在现实生活中，男孩可以通过拳脚相加来展示自己的权力，女孩就更喜欢用隐蔽的方式来侵害他人，网络欺凌恰恰更容易满足女孩的这一需求。在网络欺凌中，男孩更多是谩骂恐吓，与现实生活中相似，女孩更多是从人际关系方面对受害方进行排挤，将被欺凌者排斥在社交圈外。

不容忽视的第三方：未成年旁观者

少年儿童研究：在您看来，旁观者是很重要的一个人群吗？

陈钢：是的，作为网络欺凌第三方的旁观者的角色是很重要的。有个术语叫作涟漪效应，指的是在网络欺凌中，旁观者对于事件的加害或被害人未必认识，一旦认识，那么凭借社会关系而起的传播力量不容小觑。旁观者的力量在于，透过社会关系的传播力量，造成的巨大杀伤力。此外，有些旁观者会主动进入其中，倒向欺凌者，把事态进一步扩大，还有的倒向受凌者，为其辩驳安慰。网络欺凌数量庞大，转帖等行为都是属于介入的行为，是一种被动介入。

在这其中，很多旁观者不支持被害者，反而支持加害人。随着欺凌的时间拉长，有更多的旁观者甚至会加入这个行列，这是网络欺凌杀伤力剧增的重要原因。当然，为正义发声也是旁观者涉入网络欺凌的又一个重要因素。但这样的涉入也易引发连锁反应，如燎原之火愈演愈烈，甚而不可收拾。

少年儿童研究：在很多人的意识中，孩子似乎很少组织特别有规模的欺凌活动，也鲜有集体受凌的机会，那么是否可以说，网络欺凌的影响在现阶段，更多在相对小的范围内进行呢？

陈钢：这其实是最重要的问题之一。网络欺凌乍一看来只涉及较小范围的孩子。但是网络中存在着数量巨大的第三方—旁观者。旁观者无疑是牵动网络欺凌会否持续或再扩大的重要关系人，形成"沉默的螺旋"。沉默的螺旋是指旁观者面对两种不同意见的时候，发现跟自己持同样意见的人是少数，而相反意见的人是多数，那么他很有可能改变自己的意见，因为他害怕被打击，害怕被孤立。就会倒向人数多的一方，这样就使得支持一方观点的人越来越多，另一方的人越来越少。这与从众、盲从社会心理导向有关。相当数量的孩子由于辨识能力有限，容易作为旁观者不知不觉地介入网络欺凌中。可以说，旁观者的涟漪效应导致了网络欺凌杀伤力呈几何级数剧增。

而且随着我国儿童网民不断增加，遭遇网络欺凌的儿童势必也会不断增长，网络欺凌的影响范围也会不断扩大，所以要及时将网络欺凌纳入家长的视野。

家庭是防范网络欺凌的第一课堂

少年儿童研究：家庭和家长在网络欺凌中扮演了怎样的角色？起到了什么作用？

陈钢：在以前的儿童教育中，主阵地学校毫无疑问被认为是"第一课堂"，而家庭等教育场域被认为是"第二课堂"，然而在反网络欺凌教育中，家庭正在从以往的"第二课堂"向"第一课堂"转变。

我们知道，家用电脑的购买一般都以家庭为购置单位，其衍生的媒介使用行为顺理成章地也以家庭为主要场域，所以儿童的上网行为很少在学校发生。即使许多儿童拥有便携的手机，但在校时间都被结构化的学习活动占满，在校使用手机的时间十分有限，再加上老师对学生使用手机普遍持不赞成甚至禁止的态度，许多儿童在校使用手机只能处于"地下状态"，所以儿童使用手机、iPad等机动性高的媒体也更多地发生于家中。家庭成了儿童网络行为与网络态度养成的首要场所，换句话说，也是反网络欺凌教育最能施力的地方。家长在儿童的反网络欺凌教育中正扮演着越来越积极的角色，而不只是课后家庭作业的检查者。

与传统欺凌相似，家长教养方式不当，以及监控孩子行为的能力不足，都可能导致孩子产生侵犯或欺凌行为。许多网络欺凌加害人早年曾在家庭受到父母的欺凌，经由社会学习，他就会将自原生家庭所学习到的互动行为模式带到网络情境中，成为一名施凌者。

少年儿童研究： 家长可以做些什么？

陈钢： 网络欺凌行为和不健全的亲子关怀关系之间关联甚密，家庭支持系统很大程度上影响了一个儿童是否会进行网络欺凌行为，保护儿童免受网络言语或心理攻击是家长的必要责任。家长首先要让孩子了解欺凌行为的非法性即可能触及的法律责任，接着制定合理明确的规范，鼓励、要求孩子遵守。其次，减少孩子接触暴力电视、电玩的机会，提供其他正当休闲活动供其选择。积极教导他们正向的社会技巧、合宜的人际关系相处模式，并给予高度关怀、尊重和接纳。

由于儿童在网络使用上和家长之间存在着差距，他们担心家长会限制甚至禁止他们上网或使用手机，或者认为家长的干预会导致更大的报复而使情况更糟，所以遭遇网络欺凌的儿童很多时候不愿意告知父母。因此家长除了鼓励孩子遭遇网络欺凌时主动告知之外，还应通过他们的言谈举止分辨识别网络欺凌事实是否存在。比如遭受网络欺凌的儿童常有以下表现：当家长走进房间时关闭电脑显示屏、对自己的上网行为保密、情绪波动大、感到沮丧或无故哭泣、失眠或做噩梦、变得反社会、学校作业有不完成现象、吃饭没有胃口甚至胃疼等。父母若能从孩子的异常表现发现端倪，及时发现儿童遭受欺凌或是对别人施以欺凌的征兆，适时介入处理，是预防网络欺凌事件发生的事半功倍的第一步。

另外，在网络世界中，相较成人而言，儿童往往处于新技术的领先地位、新观念的引领地位甚至新规范的制定地位。因此，"向孩子学习"是反网络欺凌教育中家长必须要履行的实实在在的行动。同时，家长应该正确评价网络技术，不能因为网络欺凌的发生而责怪网络技术，更不能因噎废食一味禁止孩子上网。家长应当懂得更多的技术知识，知道孩子何时以及如何使用互联网。比如家长在了解了通信新技术后就会知道，自己一味满足孩子的要求，给孩子配置高端手机等行为，使其具有工具便利性，反而容易让孩子更容易遭受网络欺凌。

许多家长对孩子们使用电脑感到不安，其实通过引导儿童以一种尊重、理解、负责的态度去使用网络技术，是可以减轻网络欺凌对儿童的负面影响的。在当下，儿童更需要的不是限制、禁止而是规范和教育。因为儿童的媒介识读能力并非与生俱来的，也不会随着儿童年龄的增长而自动养成，而是有赖于从小循序渐进的教导与学习，这样才能更好地培养孩子们鉴别和应对网络欺凌、保护自己的能力。

当然，需要注意的是，任何法律和技术工具都难以杜绝网络欺凌的发生。无论孩子在网上还是生活中受到欺凌，家庭的及时关怀都是不可取代的。

访谈 内向的孩子不是社交恐惧者

—— 访徐继红

> 徐继红，国家卫生计生委科学技术研究所副研究员，清华大学心理学博士后。主要研究方向为儿童青少年认知发展与学习、青少年行为与心理健康、脑与数学认知、决策与情绪等。先后参与多项国家级、省部级课题，已在国内外学术期刊上发表论文 30 余篇，并参与编写中小学《健康教育》系列教材等。

您的孩子是否大多数情况下更喜欢安静、独处？他是否只有几个好友，在集体聚会中是"沉默的少数人"？您是否也曾力劝孩子让他开朗、积极地去交朋友，但孩子很为难甚至退缩……如果您有上述的疑问，徐继红老师对于内向孩子的解读会对您有所启发。

家长要全面认识内向型的孩子

少年儿童研究：徐老师您好。我们平常总能看到家长和老师对一个孩子有如下评价："这个孩子很内向，需要开朗一些"，"这孩子天生就内向，改不了"，等等。这样的结论很矛盾：内向看似无法改变，但又可以改变。性格内向究竟指的是什么？

徐继红：这个问题实际说的是内向所属的概念范畴。内向属于人格特质的研究问题，在心理学上是指气质指向性的一种。如果人的言语、思维和情感常指向于内者为内向，也就是说内向是人格的一种类型。人格包括性格和气质等方面，其中气质是天生的、稳定的、无法改变的，但性格是可塑的，会受到后天环境的影响。我们平常总能听到的"这个孩子性格很内向""这孩子天生就内向"等，其实是从人格的不同角度对内向进行的描述，都不全面，我们要综合孩子的气质和性格等来全面理解内向型的孩子。

少年儿童研究：为什么会有人格上内向和外向的区别呢？

徐继红：在针对内向的研究中，心理学家艾森克指出内外向实际是遗传在起作用，受基因的影响而产生，反映了人对刺激天生的敏感性。这一点我们可以进行内外向的对比来说明。

艾森克认为内向和外向不仅可以根据行为区分，还可以根据人的生理构成来区分。大量证据表明，内向者比外向者对刺激更敏感。也就是说，当出现外部刺激时，内向者的唤醒更迅速、更强烈，这表明内向者神经系统的兴奋过程占优势，即使非常微弱的刺激也可以唤醒脑皮层，而且唤醒度很高。而外向的人则相反，大脑皮层的唤醒度比较低，要非常强的刺激度才能唤醒大脑皮层的兴奋状态。

有一个例子能很好地说明这个观点，外向的人在嘈杂的环境中不会觉得不舒服，因为只有嘈杂的音乐声或活跃的刺激才能让他的大脑兴奋起来，但内向的人本身大脑就处在一种兴奋的状态，这样的环境就会让他觉得很吵，头昏脑涨，因为这种刺激超过了他能承受的限度。而在观看慢节奏的电影或听舒缓的音乐的时候，外向者很快就厌倦了，因为他们不太容易被这样微弱刺激唤醒，相反，内向者在这样的环境中会觉得更加舒服自在。

很多人把内向作为一个价值判断，并且带有贬义，这是一种对人格解释的歪曲。内外向没有好坏之分，需要扬长补短达到人格的完善

少年儿童研究：我们经常在教师评价或家长评价中听到如下反馈："这个孩子很好，就是不太爱说话，太内向了"，"希望孩子能够积极主动一些，不要内向"。很多内向的孩子也在怀疑甚至自责，考虑是不是要努力变得外向一些更好。从这些外部评价和自我评价看，内向更倾向于贬义词。实际是这样吗？

徐继红：性格、气质没有好坏之分，而是各有利弊。内向者有内向的优势，外向者有外向的优势。例如，内向的人更善于思考、对问题体验深刻，善于钻研，注意力高度集中，富于创造性，富于想象，做事认真负责，善于观察，对刺激反应比较灵敏。内向的人比较安静，不喜欢社交，比较

含蓄、稳重，等等。很多有天赋的人、名人等都是性格内向的人，如一些科学家、艺术家、作家等。

很多人之所以会觉得外向更好，可能是因为外向的人更喜欢社交，有很多朋友，比较开朗，兴趣较多。而内向型的人被认为是"一个安静、退缩、内省的人，不喜欢交往而喜欢读书。他自我保守，除了亲密朋友外，与人的距离较远"。

其实，很多父母对内向性格有误解或者不够理解，总认为内向就是"退缩、沉默寡言、犹豫不决、悲观忧郁、自我苛求、离群"等，实际是把内向等同于懦弱、羞愧等负性词汇。这种思想无形中传递给孩子，会给孩子造成"内向就是不好"的错觉。在这样的观点影响下，内向的孩子会表现出不自信、自卑、退缩等行为。

少年儿童研究：在复旦大学投毒案中，主犯林森浩被贴上"内向的人"的标签。网评中有人用林森浩的内向和受害人黄洋的外向进行对比，还有人将多年前的马加爵案件与此案对比，认为内向的人"不善交往，内心敏感，但是惹急了后果很严重"。实际情况如何？内向儿童真的不擅长与他人交往吗？

徐继红：实际情况并非如此。人们只是看到了表面现象，而忽视了林森浩背后更严重的心理问题。复旦投毒案之所以跟"内、外向"联系在一起，是因为内、外向是最容易被人觉察和判断的。一般人认为不善交往、少言寡语、敏感等就是内向，而林森浩本身就是这样一个人。所以很容易把他的杀人行为与他的内向性格联系起来。当然，不能否认事件的发生与他的性格有很大的关系，但并不像人们所夸大的那样。我个人认为心理不健康，如过分好胜、自卑、自尊受挫等多种心理问题无法得到及时解决才导致了他的杀人行为。由此可见，心理健康对一个孩子的发展是至关重要的。

少年儿童研究：这样看，很多人是把内向和社交恐惧混淆了。

徐继红：不喜欢与人交往，这是内向人的一个特点。但内向不是对社交恐惧，害羞才是对社交的恐惧。虽然内向的人容易害羞，但内向不等于害羞。内向是不知如何对刺激（包括社交刺激）做出反应，也就是说有时候孩子不知道如何与人交往，而不是害怕与人交往。内向的孩子在安静、低调的环境中更为自在，在与人交往中更多是在倾听，而不是高谈阔论。很多人把内向作为一个价值判断，并且带有贬义，这是一种对人格解释的歪曲。把性格分为内、外向并不是一种贴标签的行为，我们强调的是内、外向没有好坏之分，需要扬长补短达到人格的完善，这是家长应该树立的观念。

美国总统奥巴马曾被认为是一个内向的人，他现在也与人交往得很好，在公众面前演讲也做得很好。所以内向的孩子尽管不喜欢与人交往，但多锻炼，多创造机会，也能够建立起很好的人际关系。

家长为了让内向的孩子更加开朗外向，强行让孩子进行社交，会给孩子带来沉重压力

少年儿童研究：部分家长认为孩子不善交往是因为锻炼不够，会失去很多机会。因此给孩子创造很多在公共场合展示自己的机会，如让孩子当众表演特长，以融入某个圈子；让孩子跟陌生人聊天，给孩子"练胆"；让孩子当班干部，处理众同学的事务及纠纷；等等。这些方法是否合适？

徐继红：很多家长会发现，孩子在外面不善交往，比较内向，放不开，而在家里或者熟悉的地方却比较放得开，也比较开朗。前面提到，内向的孩子不善于交往是因为他们不知道如何应对新的刺激，这可能与孩子的情绪或经验有关。在家里都是熟悉的人和环境，他们知道如何应对各种问题，主动性和自信心就增强了，交往的积极性就会提高。因此，让孩子多参加集体活动，多提供各种表现自己的机会，就会让他们在活动中得到锻炼。

但这件事的前提是要讲究一个度。例如，如果孩子不愿意当着那么多人的面表演节目，家长也不要逼迫孩子。如果逼迫的话，只会让孩子更不愿意在众人面前表演，还会使孩子对这样的环境产生压力和排斥。孩子如果不表演，就面临着对不起家长的期待的局面；如果表演，又违背了自

己的心意，而且还怕表演不好受到大家的嘲笑，处在了一个非常自责的境地中。

少年儿童研究：这种自责会让孩子对自己的社交能力更加怀疑。

徐继红：是的。内向的人比较敏感，家长如果事事都要求孩子变得外向、好交际，孩子慢慢会形成只要有陌生人在场，就有可能紧张，因为他将"见到陌生人就紧张"这件事情泛化了，并且形成了一种惯性。孩子会认为，如果他和家长在一起，一出现陌生人就可能会让他抛头露面，他马上就会紧张，会更加排斥陌生人或者人多的地方。所以，家长要鼓励孩子社交，而不是逼迫孩子社交。

少年儿童研究：但是"开朗、好接近、社交能力强"是在当今社会立足的重要能力，内向的孩子岂不是很难在社会上立足？

徐继红：以往我国的社会氛围具备高语境文化的交际特点。这种语境下的交际文化中，强调内隐、含蓄，个人的反应很少外露，讲究圈子，要求较高的人际关系紧密度，重视承诺，等等。这样的文化传统下培养出来的人是偏内向的。但现今社会要求倾向于美国等低语境国家的交际特点，要求个人特点外显、明确，反应外露，人际关系不那么密切。这确实更适合外向的人生存，对于内向的孩子形成挑战。这是目前无法改变的趋势。这就需要家长有意识地去让孩子与社会和他人产生联系。孩子会慢慢跟着改变，虽然不能变成外向的人，但起码能够适应社会。

孩子内向但不等于孩子不会交朋友，内向的孩子同样拥有良好的人际关系。

少年儿童研究：有家长反映，自己的孩子由于内向，只有两三个交往比较好的伙伴，认为这样不好，家长希望孩子交更多朋友，更合群一些。这样的想法合理吗？

徐继红：家长希望孩子多交朋友，更合群，这个想法没有错。中国本来就是个集体主义国家，讲团结、合作。但内向的孩子更喜欢跟内向的孩子在一起玩，因为外向的孩子的兴趣点或活动注意力跟内向的孩子不同，如果跟很多外向的孩子在一起，内向的孩子就会比较被动，甚至会有种被隔离的感觉。因此，父母可以选择和鼓励孩子与内向的孩子一起玩，在玩耍中产生共同语言，然后再慢慢地扩大朋友圈会更好一些。

少年儿童研究：内向的儿童会排斥集体生活吗？

徐继红：这个问题的正确说法应该是内向的孩子需要慢慢融入集体生活。当他们进入一个陌生的环境，面对一群陌生人的时候，他们需要更多的时间来适应和反应。因为他们的性格决定了他们不可能像外向的孩子那样很快融入新环境中。当他们感觉周围的一切是安全的、不可怕的，就会慢慢融入集体生活中。而且很多内向的孩子在集体活动中会表现得很出色，例如，有的孩子跳舞跳得很好，有的孩子画画很棒，等等。

而且，尽管内向的孩子不能很快跟很多人打成一片，但是因为他们很踏实和稳重，更容易被大家喜欢，给人稳重感。他们中的很多人名利观念不重，这种不善争斗的特点倒会让人产生希望能够接近的想法。也许在短时间内他们不会"呼风唤雨"，但是经过长时间的接触，他们身边会留下来很多信任他们的好朋友。

少年儿童研究：还有一种社交情况，即在学校中内向的孩子似乎更容易遭受校园欺凌，因为他们"老实、胆小、不敢声张、害怕报复"。当内向的孩子遇到校园欺凌时应该怎么做？

徐继红：孩子在学校中与同学相处总会有摩擦，有冲突，甚至被欺负，这是人际交往中相对极端的一种情况，有些家长看到自己的孩子受到欺负，不问缘由就帮孩子出面解决冲突，久而久之会让孩子产生依赖性。内向的孩子不太会反抗，如果让孩子当时去严厉指责欺凌者，他可能做不到。即使家长教了他，当一个很强势的人站在他面前的时候，他还是说不出来也不敢说。即使家长在旁边，也是如此，这就是内向孩子的一个特点。

我认为正确的做法应该是跟孩子一起分析发生冲突的原因，找到被欺负的源头，在了解情况之后鼓励孩子自行找到处理和解决问题的办法，家长适当给予些建议即可。最重要的事情是要化解孩子的委屈和恐惧，教会孩子自我保护的方法。

家长要更新观念，让内向的孩子更好地发展自己的社交能力

少年儿童研究：家长需要调整哪些观念及行为，或从哪些方面进行引导，让内向的孩子更好地发展自己的社交能力？

徐继红：我认为有以下几点：

1. 更新自己的观念。内向和外向没有好坏之分，要善于发现孩子的优点，肯定孩子的进步。有的家长在咨询中反映，他的孩子跳舞时动作总是记得比别人慢。但家长没有发现，当孩子真正掌握这个动作时，他会比那些很快掌握动作的外向孩子表现得更好，对细节的把握更加准确。家长要认清孩子人格的特点，允许孩子按照自己的节奏成长。

2. 做孩子的榜样。父母是孩子性格的第一位影响者。如果家长都是比较内向的，在家也较少交流，与人交往也比较被动，孩子就会模仿家长的行为，变得不善言谈。家长如果意识到是因为自己内向失去了一些机会，就要刻意去营造适合孩子交往的环境和机会，并注意要从自身改变。

3. 主动与孩子交流。对内向的孩子，父母应主动与他交流，用眼神、抚摩，都可以让孩子感到温暖和安全。通过慢慢沟通感情，让孩子认为与人交往不是一件可怕的事情。多交流、多沟通其实是最有效的锻炼内向孩子社交能力的方法，因为这是人际交往中最重要的一环。先让孩子与父母能够很好地沟通和交流，再一点儿点儿去扩展交际的范围。

4. 鼓励孩子多与同龄人交往。同伴是孩子形成良好性格和学会为人处世的最好老师。当孩子在社交中表现出合群时，要及时鼓励、强化、增强他的自信心。也可以创造一些条件让孩子多与同伴接触，如内向孩子喜欢安静，喜欢读书，可以召集几个志趣相同的孩子组成读书会，等等。

5. 营造和睦的氛围，不要给内向的孩子太多压力。偏内向的孩子有一个特点，他会认真完成每一项任务，有时会出现完美主义倾向，给自己很大压力。如果压力过度，很可能产生强迫行为，但家长不知道这是强迫行为，可能会从内向的孩子"爱琢磨、太过于讲求完美、较真"等性格角度

去解释，这是不好的。我们需要从孩子的行为和性格多种因素上找原因，要分析行为背后究竟是什么造成的，不要孩子一出现问题，就去指向性格。

6. 让内向的孩子知道如何表达自己。内向的孩子对于在社交中表达自己有一定的困难，家长要培养孩子的这种能力。可以找一个孩子愿意倾诉的对象，最好是家长跟孩子成为朋友，让孩子说说心里话。

另外，写日记是一种很好的能够让内向孩子表达的方式。在写的过程中，孩子进行了心理表露，也能锻炼表达能力。

7. 让孩子学会正向的心理暗示。内向的孩子在与人交往的过程中很容易不自信，需要不断去强化自己的信心，这样才能逐渐成为一个性格完整的人。

访谈

家庭教育的首要任务是心理抚养

——访李玫瑾

> 李玫瑾，中国人民公安大学教授，研究生导师。中国警察协会学术委员，中国青少年犯罪研究会副会长，中国心理学会法制心理学专业委员会副主任。主要研究领域：犯罪心理学，未成年人违法犯罪心理研究，侦查中犯罪心理画像研究。

李玫瑾教授的专业是研究犯罪心理学，她对家庭教育的看法及角度也较为特别。在大量的相关研究后，她的体会是，孩子出现行为问题或心理问题，如逃学、撒谎、网瘾、顶撞父母、离家出走等，多发生在12—18岁。但是这一年龄段的行为问题和相关的心理问题都源于12岁之前，并且源于父母对孩子的抚养方式。

孩子对父母有情感依恋，父母才能发挥心理影响力

少年儿童研究：从您的研究看，所有的犯罪都能找到其童年的心理根源吗？

李玫瑾：是的。人的心理发展有顺序性，未成年人的心理问题有滞后反应的现象。任何生命都是过程，任何过程都有开始，人的命运取决于早期。人的成长大致有三个时期，即1—6岁，6—12岁，12—18岁。12—18岁时人已经进入青春期，其独立意识与逆反心态就决定了这一时期已经不是家庭教育的优势时期，所以，家教的最佳时期是12岁之前，即依恋期。在依恋期中，1-6岁又最为关键。由于人的心理发展具有逻辑的进程，所以，人在成年时出现的许多心理问题往往源于未成年时期。发生在2007年美

国大学校园的一起枪击案，枪手赵承熙的犯罪心理就属于在未成年时期（8岁）因移民而造成了心理创伤，这种心理创伤导致他在23岁无故杀人。这一案例告诉我们：人在幼年最重要的需要之一是安全感，对一个幼小的孩子来说，熟悉的环境、亲切的伙伴比豪华的房屋和汽车更容易让孩子形成阳光与健康的心理。否则，父母的一切努力都会成为泡影。

少年儿童研究：您提出对孩子的教育关键在于早年的付出，孩子和父母形成良好的依恋关系非常重要，怎么理解？

李玫瑾：依恋是非常重要的，依恋就是我不需要任何条件，我心甘情愿地听你的。我们国家的一个情况是，很多农民离开故土去城市，孩子就交给农村的老人。城市的家庭中父母工作忙，就把孩子托付给幼儿园或者老人。这两种情况都会破坏依恋情感的形成，导致孩子缺乏稳定可靠的依恋对象。

很多家长不重视孩子依恋情感的发展。如果一个母亲在孩子出生后，就把他送回老家，由老人抚养，到孩子上学时再接回来，这个孩子和母亲可能会有终生的隔阂。而且孩子在青春期时，很难管教。如果父母和老人有冲突，孩子可能从心理上恨父母，因为幼年时缺少对父母的情感依恋。所以，对孩子的教育关键在于父母在孩子幼年的付出，让孩子产生依恋的情感。这样父母就对孩子形成了一种心理影响力，或者说心理资本、心理控制力。

心理控制力和其他控制力是不同的，领导对下属只是权力控制，下属服从你只是一种上下级关系，并不是心里真的喜欢你。如果大人对孩子没有心理影响力，那么孩子就很难接受大人的管理。父母对孩子的心理影响力能够持续到青春期。

少年儿童研究：在你的研究中，犯罪问题和依恋是有重要关联的吗？

李玫瑾：在人的成长过程中，决定犯罪的因素很复杂。我把犯罪分为人格问题和心理障碍两大类。有人格问题的人，基本上是只要有条件，他随时都会犯罪，重复犯罪。他犯罪是必然的，他的人格障碍是天生的，没有道理。也许父母都很正常，孩子就很坏，父母管不了，为他花多少心血也无法感动他。这种人根本无法形成对他人的依恋情感。这种情况中反社会人格是比较典型的。

更多的情况是另一种，由于在早年没有良好的依恋关系，父母又缺乏正确的性格培养。这类孩子在6岁前没有情感依恋对象，6—12岁时，无人管教，几乎是自生自灭，那么到18岁时，心理就会出现问题，对社会冷漠、残忍。

孩子一定要有固定的依恋对象，寄宿制幼儿园和学校不利于儿童情感发育

少年儿童研究：您强调父母亲自参与孩子的早期教育，现实中常有老人或者保姆带孩子的情况。如何看待呢？

李玫瑾：如果孩子由保姆照看，保姆必须是固定的，从孩子出生到大，保姆不能换。保姆替代了母亲的作用，孩子的依恋对象是有的，不是没有。尽管保姆和妈妈同时存在，但是依旧可以看出，孩子依恋的是谁。有两种情况，如果孩子和妈妈一起睡觉，即使有保姆带，孩子还是依恋妈妈，因为有身体接触。如果孩子和保姆睡觉，那么，可以肯定这个妈妈在孩子心目当中没有特别重要的作用。

祖父母带孩子，作为孩子的依恋对象，也不比妈妈差。如果是姥姥照看孩子，对孩子来说，姥姥几乎就等同于妈妈，因为妈妈和姥姥在情感和行为上都相互肯定，可以互相替代，成为孩子的依恋对象。如果奶奶和妈妈共同照看孩子，孩子可能会出现两难选择，不知谁最值得自己依恋。因为生活中总是会有一些婆媳关系不好的情况。这种孩子到青春期时会有叛逆，他想回避两个女人之争。当然，如果婆媳关系好，孩子就不存在困惑。

少年儿童研究：这个问题有这么严重吗？现实中很多父母恐怕没有意识到。

李玫瑾：我们从专业角度看，的确是这样的。我对很多同志说：你现在是处长，你不当，明天就有人干，没关系。但是作为父母，你不干，就没有人能替代，做母亲更是如此。

还有一种情况需要说明，如果一个孩子从小放在老人家，到孩子6岁

时，最亲近他的人去世了，这就很麻烦。因为依恋是从出生持续到12岁的，孩子依恋的对象不能中断。如果中断，孩子会有心理创伤。

所以，让老人带孩子，不要把所有事情都交给老人。因为一旦老人逝世早的话，孩子很容易出现严重的心理障碍。而且，带孩子的老人最好是身体非常健康，等到孩子十七八岁，至少15岁以后再离开，就没有问题了。在农村，父母外出打工，孩子交给老人，跟着爷爷。孩子8岁时，爷爷去世了，这个孩子就失去依恋对象。这时，孩子回到父母身边，就会觉得陌生。从环境到人，孩子都会有陌生感。于是，孩子很容易和父母不亲近，他就一个人外出闲逛，上网成瘾，走向犯罪道路。

少年儿童研究：对于小学生的父母来说，还可以弥补以往对孩子的照料吗？

李玫瑾：依恋是在12岁之前，小学阶段有一个弥补过程。毕竟在12岁之前，孩子从生理上和身体的外形上，都没有成年，还是很弱小，特别需要身边有亲人的陪伴，所以花时间陪伴孩子是非常重要的。等孩子到青春期，即使父母想陪他，孩子也不让陪了。父母可以白天很忙，但是晚上一定要陪孩子入睡。我是反对孩子上寄宿制小学或者幼儿园的。

有一项研究，在第二次世界大战中受到创伤的孩子，被送到寄宿学校，由国家抚养。这些孩子智力没问题，但是性格有缺陷，自卑封闭，刻意表现，等等，很多孩子都存在情感障碍。人们发现，尽管在学校环境下，但是孩子仍然缺少依恋的对象。依恋就是在第二次世界大战后有关战争孤儿的研究引发出来的概念。

在现代社会当中人们有一个最基本的认知。钱是挣不完的，人生有很多种活法，孩子就是你的，社会是大家的。父母要知道，自己真正的责任在哪里。

少年儿童研究：父母离婚是否就意味着孩子失去依恋对象？

李玫瑾：离婚一方面是孩子的依恋感被破坏，另一方面是给孩子造成了心理恐惧，是生活环境的变化。离婚会让孩子内心矛盾冲突，回避恐惧。

当然，依恋只是一个起点，依恋是教育的资本。但是，如果孩子很依恋父母，而父母没有教育水平也很麻烦。

6—12 岁，父母要同时发挥作用。12 岁之后，父亲的作用就更加重要

少年儿童研究：您认为父亲在孩子成长中的作用是什么？

李玫瑾：我认为孩子在 6 岁之前，依恋的对象就应该是母亲。让孩子真正依恋父亲，应该是在青春期前后。因为父母两人的角色是有分工的，母亲更多是生活照顾，父亲更多是行为榜样。父亲更多在社会当中，可能为人处世心胸更宽一些，不会那么啰唆，具体细致。这些正好和母亲形成互补。

孩子进入青春期，走向社会的时候，更多需要父亲的影响。对父亲的依恋，我认为，主要体现在尊重上。父亲要在孩子心中有权威感。6 岁之前母亲最重要，6—12 岁，父母要同时发挥作用。12 岁之后，父亲的作用就更加重要。

少年儿童研究：父亲的行为榜样如果有缺陷的话，孩子会有很大影响吗？

李玫瑾：这里有一个具体案例：2009 年 1 月，从事废品收购工作的熊振林连杀 8 人后逃离，在火车站办理假身份证准备逃跑时被公安局抓捕。被杀害的 8 个人中，年龄最大的 66 岁，最小的 2 岁。2 月 9 日，湖北省随州市中级人民法院宣判，熊振林故意杀人罪成立，判处死刑，剥夺政治权利终身。

熊振林在作案的过程中，对情人表现得很依恋，当情人说你脸上怎么有伤时，他内心也很感动。但是情人拒绝和他结婚时，他就把情人杀掉了。在这个过程中他有有人性的地方，也有特别残忍的地方。为什么呢？就是因为他在整个成长过程中总缺少父亲的榜样。

熊振林的母亲是教师，前夫跳河自杀后，又和一个文化层次低于自己的工人结合，感情不是特别好，母亲经常住在学校。从这个经历，可以大致地判断出这个女人很需要男人的依靠，在孩子心目当中，母亲软弱，甚至委曲求全。熊振林更多是和母亲在一起，母亲照顾他是没有问题的，感

情也不错。所以，从后来的情况看，他有情有义的一面。之所以残忍，是因为他是以女性的心理方式来对待女性，没有以男性心理来对待女性。他既想得到妻子，又想跟着情人。如果情人和他结婚，这一边确定了，他就踏实了。可惜他两方面都没有得到，于是产生了仇恨，他的心态就是他母亲心态的折射。

我认为，如果一个母亲离婚后再婚，就要好好过日子，照顾孩子，让家庭具备完整的家庭功能。有一些家庭尽管结构上健全，但是功能上没有，这是非常可怕的。就像熊振林的家庭，父亲在家里非常窝囊，也就是阴盛阳衰的家庭，孩子就非常容易变态。他一方面想替男人出头，另一方面，他又不能对母亲不满。一个是他依恋的对象，另一个是他想帮忙的对象。因此，他走向社会后，对女性就是充满矛盾的状态的，离不开女人，又恨女人。很多男性罪犯都是这样的家庭出来的孩子。

母亲如果不再婚，就要坚强一些，让孩子看到母亲坚毅的那一面，替代父亲在孩子成长中的作用。那么，尽管是单亲家庭，母亲能兼顾这两方面，孩子也会非常出色。

我们有些研究是比较浅显的，比如依恋父亲，这个概念不是特别合理。国外有调查，犯罪人说母亲好的占多数，说父亲不好的也占多数。也就是说，在家庭中父亲的残缺，或者说父亲角色的残缺，父亲功能的残缺，是导致男孩出问题的重要原因。

一个人言语迟钝，不善表达，很容易形成社会性交往障碍

少年儿童研究：我们看到一些罪犯是那种性格内向、言语迟钝的人，这种性格和犯罪有什么必然关系吗？

李玫瑾：人的情感发展会影响言语发展，而言语发展会影响社会性发展。社会性发展好的孩子愿意和人打交道，这样就能避免在内心积聚心理障碍。言语迟钝，表达不善，一定是情感较少的。因此父母一定要注重孩子的言语表达。

有的孩子说："我不知如何和别人玩到一起去。"如果这个孩子能言善

辩，说一会儿，别人可能就接纳他了。如果他不会说，但是有特别的资本，比如玩具、某种绝活等，也会比较快地和伙伴交往。可惜，孩子年龄小，具备这两样的也比较少，所以常常不知所措，有被人排斥的感觉。

为什么一些内向的人会出现很可怕的行为？首先，早年的言语迟钝增加面对这种局面的困难，形成了社会性缺陷。孩子会觉得，我害怕和人打交道，于是就转向自己玩。这样孩子越发展，就越封闭。孩子在独自娱乐的时候，没有干扰，注意力集中，稳定，他内心的活动很丰富，学习也很好。而且他遇到不顺心时，也不马上表现出来，但内心并没有画句号。其实言语是人的一种内心的宣泄，如果他不表达，并不等于没有，他自己在心里说。久而久之，某种过激的反应就会付诸行动。这就是我们所说的言语的社会性发展不良，导致的孩子的行为问题。

少年儿童研究：有人可能会问："我也很内向，会不会出问题？"

李玫瑾：内向的人，如果他身边的人很好，生活顺利没有大问题。如果身边没有朋友，就有可能做出极端的事情。如珠宝店杀人的黄勇，他就属于不善言语的，从小在家里就是一个多余的人，在成长过程中他饱尝孤独。

人的心理发展是有一个顺序的，12岁之前，主要依恋对象是父母，12—16岁，依恋对象是同伴中同性别的人，同性恋就是心理发展在这个阶段出现了问题，16岁以后异性相恋。如果一个孩子在12岁之前没有得到父母的关爱，12岁之后又遭到同性伙伴的排斥，那么他再交异性朋友就非常麻烦。异性交往是要努力揣摩对方的心理的，可以说交往的难度是越来越大的。很多和性有关的男性犯罪，大部分都有上述这些障碍。

如果了解这些过程，很多犯罪心理一看就明白了，这些都是一个必然的过程。所以，我告诫父母，要注重和孩子的语言沟通。孩子上小学以后，要让孩子走出去和伙伴交往，教给孩子基本的处世方法。有时孩子会主动问，有时孩子可能不敢说，父母要细心观察。如果不陪伴孩子，父母是很难了解到孩子内心的各种困惑的。

青少年问题严重，是因为大部分家庭是分离的，农村家庭分离，城市也如此。这是很让人焦虑的事情。有些父母是很好的人，有教养，可就是管不好孩子。我对他们说：你们管得太晚了。父母说孩子小时候可乖了。我说，就是他乖的时候，你没有好好引导，觉得什么都放心了，不去参与孩子的教育问题，等到了青春期就很麻烦了。

父母一定要学会对孩子说"不"

少年儿童研究：家庭变故和父母溺爱都有可能令孩子走向犯罪。您认为哪一个更严重？

李玫瑾：溺爱影响最坏，观念和性格的培养和溺爱都是冲突的，性格就是社会行为的培养。这孩子真聪明，老师一讲就会了，这是智力行为。这孩子做事很急，这叫气质。这些都是先天的，不是性格。这孩子特别自私、冷漠、宽容，这些是性格。性格中最基本的方面是，是否任性，是否冲动，是否自私，是否娇气，是否愿意承担责任。在孩子小时候，体现最多的就是冲动和任性。当发现孩子因为不合理的事情而闹的时候，父母不让步，这就是性格培养。

溺爱是没有是非的爱。对孩子的过错可以包容，是指有耐心，而不是迁就。耐心是父母不放弃对孩子的教育，孩子不爱听，也要说，让孩子早晚明白是非的界限。这和那种"你不爱听，我就不说了"是完全不同的。溺爱无法让孩子形成自我控制。

少年儿童研究：您认为孩子6岁之前，最晚不能超过10岁，父母一定要学会说"不"，为什么？

李玫瑾：人生中的生与死，相遇与离别，快乐与痛苦，从来都是成双成对地出现，成长中的孩子也必须经历"成对"的教育，必须让他经历心理上的"强化"与"负强化"。所谓"负强化"就是在孩子成长中对他说"不"！是让孩子有痛哭一番的经历……

我常讲：父母若在6岁之前（最晚别超过10岁）对孩子说"不"，尽管他会因为你的拒绝感到痛苦，但最多也就是痛哭一番，严重些就是哭得气噎、哭得在地上滚来滚去。可是你若等他12—14岁之后的青春期，再开始对他说"不"，他不会再简单地哭闹，他会离家出走，会服毒自杀，会跳楼威胁，因为那时候他已经有对付你的各种能力和选择来了。曾有记者问我"为什么那么小年纪的孩子会自杀"，我回答：那是因为孩子只知道你爱他，他在利用你的爱威胁你，他并不知道死的真正含义。

我遇到许多无助甚至绝望的父母，他们面对自己养大的孩子却突然发现孩子的陌生与可怕，曾经非常乖巧的孩子突然变得狰狞。当他们无奈地向我诉说孩子的问题时，我只有一个感受：为时已晚，他们错过了心理教育的最佳时间。

我还经常从新闻渠道听到或看到种种令父母心碎、父母痛苦的报道：仅因母亲对儿子上网的责骂，年仅12岁的儿子喝农药自杀；仅因为老师批评几句，学习出色的女孩居然跳楼自杀。为此痛不欲生的父母状告网络经营者，状告学校。每当此时，我都想对可怜的父母说：知道吗？这种结局是你们自己造成的，你们是主要的责任人。真相，多数时候很残忍。

少年儿童研究：一些孩子在青春期是会有一些逃学、抽烟等反社会行为，是不是就意味着孩子会走向犯罪道路？家长如何判断呢？

李玫瑾：人在青春期会有一些反社会行为。反社会行为和反社会人格完全不是一个概念。我们社会认定的一些社会准则和习俗，比如小孩不抽烟等，只要孩子故意做相反的事，都叫反社会。这里的社会是指社会规则。人在青春期会有一个探索阶段，故意做一些违反规则的事情。到青春期结束就又完全正常了，这叫作反社会行为的自然消退。

家长如何判断自己孩子是否会走向犯罪道路呢？主要有两方面：一是这个孩子从来没有离开过父母的视线和身边，有依恋；二是父母本身是正直的人，从观念到行为都不会做坏事。家长只要做到这两点，孩子就不会出大问题。

幼年时的耳闻目睹决定孩子的观念，父母在孩子面前不要做任何坏事

少年儿童研究：对小学生来说，您认为父母应关注什么问题？

李玫瑾：主要有两方面，一是孩子上学能否坐得住。有些孩子活泼好

动，只要不逃学就行。如果孩子特别好动，我建议用教孩子画画的方式使孩子静下来。上小学的孩子只要静下来 30 分钟不动，就符合要求。因为孩子如果坐不住，就学不好，如果学不好，就不愿在课堂待着，稍微大一点儿，到五六年级就可能逃学。逃学是最带有违法犯罪倾向的行为。二是他有没有被人欺负。受人欺负的孩子往往以后容易抑郁自杀，导致孩子出现严重的心理障碍。这个障碍会影响他的发展。

此外，对于那种肆无忌惮的孩子，父母要管教。凡是那种在学校称王称霸，欺负别人的孩子，家长也是比较霸道的。有的父母会认为，自己孩子凶一点儿不会吃亏，但是他在不吃亏的情况下，往往没有自我控制能力。我要告诉一些家长，你的孩子在占便宜的同时，会吃大亏的，自我控制能力低的人特别容易走向犯罪道路。

少年儿童研究：有的父母本身就人格分裂，在家和在外完全不同，这样会给孩子带来什么影响呢？

李玫瑾：虽然依恋很多家庭都能做到，但是人品很好，不是很多家庭能做到的。如果从好坏人来评价，很多父母绝对称不上是好人。比如，上海袭警案的杨佳，他的母亲对他非常好，绝对是一个好母亲。杨佳之所以到这一步，就是母亲的人品不好。如果论母爱，他母亲可以打 5 分，如果谈人品，也就 2 分。

有些家长教育孩子很现实，说如果有人欺负你，你就打。我认为这样不对，因为一旦打开了，你让他不打是很难的。教育孩子要让孩子知道，什么是对错，要做对的事情。别人欺负你，你可以到老师身边玩，找个大的同学交朋友，避免被欺负。父母要教给孩子一些合理的方式。霸道的孩子学习都不太好，父母会认为学习不好没关系，只要他不被人欺负。但是，他欺负别人欺负够了，一定会出问题。父母一定要坚守正道，孩子只是吃眼前亏，但是不会吃长远亏。不要让孩子什么便宜都占到，占便宜这种理念很容易让孩子吃大亏。

少年儿童研究：我们经常会发现，作为成年人在同一事情面前的做法大相径庭，如出租车司机，有的在遇到乘客遗忘钱财在车上时，会非常认真地寻找失主或将钱财主动上交给公司；而有的司机则不吭不响，只要没有人回头来找，钱财就归个人所有。在现实生活中，这种人与人的差距经常被人们视为"人的素质"。但您认为这不是人的素质问题，而是人的观念差异问题。如何理解呢？

李玫瑾：素质一般是指个人是否具有做某事的能力和潜质。这种能力或潜质多源于天生的属性。而决定一个人做某事还是不做某事，其判断与选择的关键却在于人的观念。

观念，是人的一种看法。只是这种看法往往发生在"观"的同时或"看"的同时。人们通常认为，孩子的看法是在父母对其教育，对其讲道理之后才会形成。但多数人不知：孩子在听得懂"道理"之前，他已经在形成某种看法。如果孩子在幼小的时候生病，他的父亲或母亲轻轻地走近他身边，用温暖的大手摸摸孩子的额头，轻轻地坐在他身边，给他掖紧被子，陪伴着他……这种情境中长大的人当其身边有人生病时，他也会以同样的方式照顾别人；我们有太多的行为是我们自己也不知道为什么会如此行为的，这就是父母身教的影响，当然，随着年龄的增长，我们不仅有看到的观念；还会有"听"到的观念，这就是父母的唠叨，父母强调的，父母坚持的东西，如"咱人穷志不短""人活脸树活皮"等，这些话语待孩子成年后都会成为其做人的观念，甚至他会用这种话语再去教育自己的孩子。

许多成年人做完某种不良之事后会出现"于心不安"的感觉，这种不安感就源于人内心的观念存在。有人在某事面前会说："这种事打死我也不能做！"这一定是与他的观念相冲突的事。心理学家弗洛伊德在分析人为什么会出现潜意识时，经常提到"观念"，他认为，观念不仅在人清醒的时候对人的内心具有约束力，甚至在人睡着时，仍然检查着梦中的情况。所以，观念是人内心的一种重要的自我管理的力量，也是自我约束的力量。

我们讲人要积德，这是佛教的一种说教，做好事、做正经人是一个人积德的过程。父母在孩子面前不要做任何坏事，就叫积德，父母的行为就是给孩子看的，每一次的行为都是一个画面，会印在孩子的脑海中，形成观念。

所以，为了孩子的健康成长，父母一定要注重自身的修养。同时，也告诫那些成天担心孩子出问题的家长，只要你们相亲相爱，相互尊重，家庭和睦，只要你们在日常生活中遵德重礼，遇到问题时处理有理有节，你们身边的孩子是差不到哪儿去的。

访谈 让孩子快乐地"当自己"

——访蔡燕苏

> 蔡燕苏，中国心理学会会员、国家二级心理咨询师。北京杨苏心理咨询机构资深心理咨询师。

当父母不由自主地把自己的孩子与别人家的孩子进行各种比较时，他们可能不知道，不恰当的比较带给孩子的并不是向上的动力，常常会让孩子抵触、反感甚至厌倦。那么，如何做才是真的对孩子好，如何做才是真正的有利于孩子发展的教育，为此，我们采访了咨询师蔡燕苏老师。

每一个孩子都有自己的特质和个性，所以每一个孩子都应该从他自己实际的基础上发展，而不是做别的孩子的复制品

少年儿童研究：许多父母都爱拿自己的孩子和别人家的孩子做比较，大部分都是拿人家孩子的优点比自己孩子的缺点。请问这种比较的弊端有哪些？

蔡燕苏：首先，拿自己的孩子与别的孩子做任何比较，对于孩子自信心的形成与培养都是有害的。当着自己孩子的面赞扬别的孩子，贬低自己的孩子，使孩子更加认为自己是一个毫无价值的人。这样的态度对孩子的教育十分不利，它会使孩子放弃努力，认为自己永远是一个失败者。

少年儿童研究：其实家长在做比较的时候，可能并不是真的认为自己家的孩子不如别人家的，他们只是想以此激励孩子。这种激励有效吗？还是说对某些孩子有一定的效果？

蔡燕苏：或许妈妈拿自己的孩子和别人家的做比较，目的是想让孩子

感到差距从而产生一种刺激，好让孩子从此发奋学习。但是，这种办法对于缺少鼓励、缺乏自信心的孩子来说，只会更加打击信心。

对于一些经常受到鼓励的孩子，如果通过分析别人家孩子是怎样做得那么好的，和孩子一起学习别的孩子的优点，而不是简单地比较可能是有一定的激励效果的。从强化角度来说，怎么样能够鼓励一个孩子正确行为增加，或者错误行为减少，似乎也是一种学问。比如在他们做得好的时候不忘鼓励，在有些问题的时候施以惩罚。这些也一定是就事情和行为本身的。特别是不要将训斥直接对人，甚至上升到人格层面。

举个例子，曾经有一位大学生来访者，因为感觉自己不够努力，非常焦虑地前来咨询，自述每天学习 8 个小时，但是总觉得自己还是很懒惰。原来她的情绪状态很大程度同妈妈对自己的特别期望有关。尤其是谈到妈妈经常拿自己和别的孩子比较，居然几次情绪失控，流下眼泪。妈妈有一个习惯，喜欢去邻居家串门，因为对方家里有个和自己女儿大小差不多的孩子，回来就会滔滔不绝地开始习惯性比较："你看看别人，特别努力。你看看你，一点儿也不用功。"到了大学以后，这样的电话还会追到学校来："你身体怎么样？别生病了耽误学习，人家孩子都努力考研究生呢，你可不能给我丢人。"一次，来访者终于忍无可忍，给妈妈提了问题："你难道只关心我有没有给你丢脸吗？难道不能心疼一下我吗？"电话那边的妈妈沉默了。

每一个孩子都有自己的特质和个性，所以每一个孩子都应该从他自己实际的基础上发展，而不是做别的孩子的复制品。

其次，总拿自己的孩子与别人的孩子做比较会产生一种可怕的暗示的力量，这个暗示的力量会扩大孩子的缺点，模糊孩子的优点，让孩子以为缺点在他身上是难以动摇的。

少年儿童研究：这种暗示为什么有这么大的力量呢？

蔡燕苏：儿童在青春期前，特别是上学以前，对于父母这两个重要的人是持一种模仿甚至是崇拜权威的态度。有些心理学派甚至认为，对于一个还未形成主观自我意识的青少年来说，一直是身体里的"父母自我"在帮助他们认识和评判自己。所以，父母说自己是什么样的人，孩子自然也就深以为然。这也可以用心理强化来解释。所谓强化，从其最基本的形式来讲，指的是对一种行为的肯定或否定的后果。重复得多了，孩子就真以为自己一无是处，是父母也是自己眼里那个最不好的孩子。

少年儿童研究：根据孩子的年龄不同，是否这种比较也有不一样的后果呢？就我们所看到和了解的，似乎年龄小的孩子对父母的这种比较还不算很反感，越是到了高年级，孩子的反感越大。这是不是和孩子的身心发展有很大的关系？

蔡燕苏：其实并不是年龄小的孩子不会反感，而是他在吸收一种暗示的力量，这种暗示让他的缺点在成长，孩子的成长过程也是他的缺点不断成长的过程，甚至让孩子成为一个自己都不喜欢的人。当孩子年龄稍长判断力变强的时候，他会讨厌比较，却不知如何应对自己的缺点。

少年儿童研究：也就是说，任何年龄的孩子被比较，都会对心理有不良影响。但我们也看到：大多数孩子都被比较过，有的孩子似乎没太被影响，通俗地说，是"麻木了或不在乎"，从对孩子内心的挖掘来看，是不是这样的孩子心理更强大一些呢？还是说他们已经学会了自动忽视家长的想法？

蔡燕苏：就像之前我们提到的，人们自我意识蓬勃发展是具有阶段性的，这几个阶段分别是1.5—3岁；4—5岁；青春期。在这三个阶段中，父母对孩子的教育，对他们将成为什么样的人有着非常关键的作用。每个孩子都会在成长过程中形成不同的自我保护方式，这就是我们所讲的人类用于防止自己免受伤害而逐渐进化出来的所谓防御机制。有人是回避问题，有人则自动忽略，还有人会将一切行为理智化，以减少情感上的需求和"痛感"。所谓"麻木或者不在乎"就是自我选择少受伤害的结果，实际压抑了很多情绪而不自知，甚至成为今后心理问题的来源之一。

> 家长以为孩子会把"好孩子"当作榜样激励自己，但是，这种办法对于缺乏被鼓励，缺乏自信心的孩子来说，只能更加打击孩子的信心，对孩

子的危害更大

少年儿童研究：喜欢做比较的家长有什么样的特点？他们本身的心理大致是种什么样的状况？

蔡燕苏：喜欢做比较的家长通常会缺乏耐心，对于孩子给予过高的希望，或把自己的一些未完成的理想寄托在孩子身上，缺乏和孩子的交流和沟通，有可能陪孩子的时间也比较少，没有从孩子的角度去考虑孩子的问题。

比如前面讲到的大学生朋友，经过一个学期的咨询，我与她建立了良好信任的咨询关系后，才对她的整个家庭有更深一步的了解，她的妈妈是一个好强的人，即使现在已经40多岁，每次业务比赛和考试也非常认真复习，不愿意输给刚刚毕业的年轻人。但是自己在年轻的时候，因为发挥不好，没有能够考取大学。有些时候虽然非常努力，还是感觉到自己的能力和学识方面不如他人。那些自己没有实现的成为人上人的心愿最终就落在了自己孩子肩上。有些家长非常强势，希望孩子必须按照自己的想法来成长，还有些其实是对自我一些无法弥补的错误一直耿耿于怀，将改正它们的希望寄托在了孩子身上。

少年儿童研究：这和我国文化中的东西有些关联，大家都喜欢关注他人的生活，很少明白做好自己。外国的父母是不是不太有这种比较的心理呢？

蔡燕苏：外国的父母更多的是拿孩子的现在和自己的过去比较，只要看到孩子的努力就是一种进步。而中国的文化追求出人头地，就是总要超过别人。

少年儿童研究：家长可能会问出人头地不好吗？人总是要往高处走的。

蔡燕苏：我们一向喜欢用自己孩子的短处去比较他人的长处。这种方法并不科学。当然，这需要家长比较好地察觉自己的期望是否真的过高，而无法接受孩子有任何不如别人的地方。还有就是对自己的孩子的能力有一个比较客观真实的认识。最需要注意的是，作为大人，我们无法替代孩子生活，更不能以自己的期望给孩子套上无情的枷锁。毕竟，健康和快乐是每个幸福生活的人最基础的需求。

少年儿童研究：比较都是负面的吗？是不是也有正面的，或是如何转化为正面的？毕竟我们国情如此，如果让家长完全放弃比较，恐怕很难。是否有因势利导的方法呢？

蔡燕苏：比较也不全是负面的，如果想发挥比较的正面作用，更多的要比较孩子自己的现在和过去，要比较孩子这次比以前做得好的地方，让孩子建立自信。其次要分析比较某些做得不好的地方，帮孩子找出原因和症结而不是批评孩子为什么总是做不好。

曾经有一位家长来咨询。他的孩子上学期学习不错，这个学期突然成绩就下降了，还经常被老师留堂，罚抄作业，排名从班里的前几名变成了十几名。家长非常不理解，责问儿子为什么成绩变差了，排名落后了，别人都在往前赶，他则退步，云云。儿子什么也没有解释，只是很委屈地说：你怎么只知道学习？最后通过咨询师和家长一起分析，和孩子进行了有效的沟通，才发现孩子的学习状态其实是因为新学期换了班主任造成的。小孩子存在适应问题，也有对过去班主任的留恋，再加上新老师的一些做法孩子不太认同，直接影响了学习的动力和效果。这说明了解孩子的真实想法，找到原因和症结才是治标又治本的方法。

如果家长善于发现孩子微小的努力而去更多地鼓励孩子，相信家长和孩子都能体会到孩子进步带来的快乐

少年儿童研究：给孩子做纵向比较，让他自己认识到在逐渐进步就好，但家长往往掌握不好这个尺度，对这样的家长应该给什么样的建议？

蔡燕苏：家长往往会急功近利，要求孩子在短期内改掉所有缺点，注意不到孩子的微小的朝进步方向所做的努力。如果家长能善于发现这些微小的努力，更多地鼓励孩子，相信彼此都能体会到进步带来的快乐。

孩子的能力是一点儿一点儿成长的，所以一定要循序渐进，一步一步

来。假设一个孩子"遇到困难时比较急躁"，最大的可能是这个困难对来他说"太大"了，自己没有办法克服，所以很焦急。一个办法就是父母将困难分解成若干小步骤，一步一步来，不要过于着急，有时候过程比结果更重要。

少年儿童研究：当然还有一种情况可能比较少，但是也存在。那就是：只觉得自己家的孩子好，别的孩子都不如自己的孩子，这种心态对孩子的成长是否有利？

蔡燕苏：作为少数情况这也是存在的。这样的比较对孩子的伤害不小于前一种比较，这样会使孩子与别的孩子的交流沟通出现问题，让孩子产生一种盲目的优越感而缺乏对别的孩子的尊重，无法真正认清自己的优缺点，不利于孩子的成长的。直接夸孩子的好，不如夸孩子在这个过程中所做出的努力。

少年儿童研究：家长在做比较的时候往往忽略了许多个性化的东西，比如性格不同、智商不同、家庭环境不同、教养教育方式不同。如何让家长意识到这些而不是单纯批评孩子呢？

蔡燕苏：确实，教育孩子首先要承认的就是孩子的差异，每一个孩子都有自己的长处和特点，每一个孩子的天资是有差别的，学习事物是有快有慢的，学习成绩也是有好有坏的。有的父母也明白这些道理，可眼看着孩子不如别人，很多父母往往还会逼着孩子这样做、那样做，从不考虑孩子的感受，结果，给孩子的内心带来了极大的伤害，甚至因此影响孩子的一生。台湾地区著名漫画家蔡志忠先生教育孩子的信念是让孩子快乐地"当自己"一辈子。给孩子过高的期望，强迫孩子达到自己能力以外的目标，会让孩子感到迷茫。好父母要尊重每个孩子的特性，帮助孩子在生活中找到自己的路，留给孩子一个自由的空间，让孩子尽情地成长，快乐地学习。

访谈

惩罚是手段，不是目的

——访吴娟

吴娟，北京阳光华仁心理服务中心资深心理咨询师，北京心理卫生协会理事。

让孩子不能干自己喜欢的事情，或者让孩子去做他不喜欢的事情，这都是惩罚

少年儿童研究：在教育孩子方面，有段时间社会上对赏识教育谈得比较多，很多家长认为多表扬孩子可以培养孩子的自尊心和自信心，那么，表扬多惩罚少的做法会有什么样的后果？

吴娟：我接触到很多家长，特别接受"赏识教育"，会大量地表扬孩子。很多父母认为表扬孩子就是赏识教育。其实赏识教育更核心的内容是不仅能赏识自己，还能够赏识别人。从孩子的角度，就是让孩子能发现周围人的好，可以虚心向别人学习，接受别人比自己强。

在赏识教育中，父母要经常夸别的小孩，当然，一定要真实，像"这个方面你做得比那个小朋友好，那个方面他做得比你好"，要很真实地告诉孩子，让孩子听到别人好的时候也高兴，而不是气馁和灰心。如果父母能够坦荡地这样做，孩子也会觉得这是天经地义的事情，他就会向之学习而后成为自己的行为，也就是"习得"。

如果一味地赏识和表扬孩子，孩子可能会以自我为中心，他的眼中可能没有别人，一切都围绕着自己。另一种可能是，孩子做的一切都是为了表扬，为了讨别人喜欢。这样的孩子不会太关注事情本身，他做任何事情

都是为了让父母、老师表扬。有的孩子的抗挫折能力就特别弱，我们曾经遇到过很多这样的人，他们很优秀，比如说考试总是前5名的学生，老师、家长对他们的表扬都比较多。到了社会上，领导没有表扬他，他就会认为这是非正常的，他可能会对工作产生倦怠，会和领导起冲突，等等。实际上，"不表扬"是一种常态，"表扬"是偶尔的。经常被表扬的人可能会形成这样一种习惯：如果我在人群中得不到表扬，就会认为自己很失败。

少年儿童研究：在孩子的成长过程中，会经常犯错，或大或小。针对错误用什么方式处理？

吴娟：与表扬相比，惩罚要少用。必须惩罚的时候再惩罚，但不是不要惩罚。因为从不惩罚肯定不好。教育学家常说：好孩子是夸出来的，夸给了孩子一种力量、自信心。但是如果误读了这一点，认为对待孩子所有都是夸，在不该夸的时候也去很牵强地夸孩子，那么孩子可能会对表扬这种方式淡漠了，或者认为表扬对自己没有什么意义，或者会特别在意表扬。

如果家长不想让孩子的某些不好的行为发展，比如孩子可能会在街上发脾气，孩子为了得到玩具可能会坐地上不走或者哭闹，或者让家长难堪；又比如孩子和别的小朋友打架，不分享玩具，不分享友情等等，那么家长可能就要适当地有一些惩罚。但是我建议家长不要马上惩罚，而是要先跟孩子讲这样做是不好的。孩子懂不懂没有关系，家长要将这一点告诉孩子，时间长了，孩子会慢慢明白这些话的意义。

当然，也有这样的孩子，家长再三对他讲某些做法是不好的，他也不听，这时候就需要惩罚，但是我建议不要体罚，因为体罚会造成一些创伤。孩子的记忆不仅只是大脑的记忆，还有身体的记忆，体罚孩子会让他很痛苦。比如可以对犯错的孩子说"你去坐到那个椅子上反省一下""你今天不能玩""你今天不要看电视了"等，让孩子不能干自己喜欢的事情，或者让孩子去做他不喜欢的事情，这都是惩罚。

惩罚要以达到目的为主，避免体罚、辱骂等带有攻击性的行为。因为孩子有时候是没有分辨能力的，家长或者老师如果说"你真丑""你真不好""你这个孩子真讨厌"等话，孩子可能会记一辈子。所以，大人要就事情本身进行惩罚，而不是针对孩子。比如在用语言惩罚的时候，家长可以说"你这件事情做得不好，但是你还是妈妈的好孩子。如果你把这件事做好，妈妈会更喜欢你"等这样的话，而不是说"你就是一个讨厌的孩子"。

少年儿童研究：也就是说是对事不对人。但是有时候家长掌握不好这个"度"。家长在特别愤怒的时候容易控制不好自己的情绪，这时说话就比较重，可能会做出一些伤害孩子的事情。

吴娟：这是父母的原因。如果父母控制不了自己的情绪，那又为什么去要求孩子控制情绪呢？我认为父母怎样处理事情，孩子就会学父母的处事方式，这远比跟他说要怎么做重要得多。

少年儿童研究：父母与孩子之间的冲突有时发生在孩子大一些的时候，比如上了小学三四年级或者更高年级。这个时候家长可能就不能简单地用语言等方式去惩罚孩子了。

吴娟：当然。不同年龄的孩子惩罚的方式肯定不同。因为孩子在不同的年龄段有不同的需求和特点，家长要根据孩子的特点改变方式。

少年儿童研究：有家长曾经问过我们：自己的孩子犯了错误，家长怎么说也不改。男孩子在学校会有类似打同学这样的暴力行为，家长和老师都批评他，但是孩子就是不改，家长有时候就不知道用何种方法来改变孩子的行为。

吴娟：这是因人而异的。有的小孩暴力是源于他从小成长的环境，可能父母解决矛盾的方式是暴力的，比如肢体的碰撞，那么孩子也会习得。另外一种是孩子被爷爷奶奶带大，一切违抗我意愿的都是不好的。孩子磕到哪儿了，爷爷奶奶会一边打磕了孩子的地方，一边说："打这里，这个不好。"如果家长认为什么事都是别人的不好，那么一旦孩子遇到意愿与自己相反的事情，比如其他孩子不跟他玩，或者抢了他的玩具，他可能就会用这种暴力的行为来处理问题。打架是一种现象，背后是什么问题我们要探讨。有的孩子打架是"习得"，他学习别人用拳头来解决问题。还有的孩子很自私，从小以自我为中心，不允许别人哪怕是合理的要求，这种孩子到了学校肯定适应不了，就可能会发生冲突，就可能用暴力的方法解决问题。

有的孩子精力特别旺盛，上课总是有小动作，怎么也静不下来，父母就应该特别增加他的体育运动，每天应该抽出一个小时甚至两个小时，让他大量运动。

在表扬与惩罚之间有很多别的方法，惩罚的前提是许多方法都无效，比如教育无效、沟通无效，那么家长可以采取惩罚的措施，看看有没有效果。

少年儿童研究：这就是说在惩罚的时候一定要找原因，看看是否要用惩罚的方法，也许惩罚是解决不了问题的。家长需要分析，找出原因，有的家长不问青红皂白，认为孩子犯了错误就要惩罚。

吴娟：如果孩子犯了错误就惩罚，那么孩子学会的也是这样，比如对他以后的配偶、孩子、同事、朋友，只要与他有分歧，他就会惩罚别人，可能是不理别人，或者拒绝和别人工作。

家长要观察惩罚的效果。对于有的孩子来说，惩罚同样无效，总是惩罚孩子，孩子就疲沓了。适当地惩罚是好的，但是要因事而异，因孩子的情况而定。其实，平时的沟通是最重要的，孩子要学会用沟通用理性去解决问题。孩子如果犯错了，可以先教育，教育无效再惩罚。这些做法的目的都是让他为自己的行为负责，表扬也是自己得来的，不是别人推给你的，得到惩罚也是由于做了不该做的事情，要为自己的行为负起责任。这样孩子以后在做事前会先想：这个责任我能不能担得起？我要是去打人这个后果我能不能承受？包括孩子将来长大到了社会上，与别人起冲突要打架时，他会想：打了人会不会进监狱，会不会把人家打坏？我能不能承担这个责任？我认为这个是惩罚的真正目的。

少年儿童研究：在惩罚孩子的时候，我们不能只考虑眼前，还要想到这种惩罚对他将来的影响。很多父母都非常注意孩子目前的情况，很少想到这些做法对他将来的工作、婚姻有何影响。

吴娟：有这样一句话："幸福的家庭都比较相似，但是不幸的家庭各有各的不幸。"如果一个家庭有问题，肯定会在孩子的身上表现出来。比如有的父亲打孩子，孩子长大后说："我的成功源于我父亲小时候打过我，我没有走歪路。"而有的父亲打孩子，孩子后来的情况特别糟糕，他说是由于父亲的打骂，自己才变得不好。这说明不同的人，人格本身各有特点，在外界刺激相同的情况下，有的人就不把这些当回事，他会觉得：虽然爸爸打我、骂我，但是我能感觉到爸爸的爱。只要他能够感觉到爱，那么他会觉得爸爸打他是可以原谅的。他长大后会认为爸爸应该打我，要不我还会犯错。而如果孩子感觉到家庭没有温暖，没有亲情，这时候即使不打他，他都会觉得人与人之间是冷漠的。

少年儿童研究：您刚才所说，孩子的家庭背景不一样，性格特点也不相同。比如对待孩子撒谎，不同的孩子就要有不同的对待方法。撒谎是个错误，大人觉得需要一些惩罚，那么我们怎样才能做到在处理方式上分别对待？

吴娟：如果是一个内向的孩子，那么应该更多让他内省。因为内向的孩子喜欢自己思考问题，要讲道理让他自己琢磨，让他自己悟出道理，比如告诉他撒谎会造成什么样的后果。

还有的孩子注重伙伴的评价，如果他撒谎，伙伴认为这样是不好的，他就会减少这种行为。

家长要找出孩子撒谎的原因，如果是父母撒谎造成的，家长应该从自身改变开始，而不是从改变孩子开始。孩子撒谎有时是因为家教过严，逼得孩子不得不撒谎。有过这样一个例子，一个孩子只要用一点儿钱，妈妈就要盘问很久：你拿钱干什么？你要怎么用？如果孩子想要些钱，他没有钱，跟小朋友在一起的时候会很尴尬，他就会说是老师要求交的费用。孩子的思维很简单，他可能下一次还会用这种方法。还有一种情况是，孩子接触的环境中有人撒谎，对他也是一种影响。一定要按个例来说，不能一概而论。

少年儿童研究：在学校里，老师会罚犯错的学生，比如孩子今天没有写作业，老师就会让他写10遍，这是很经常的惩罚方法。对有的孩子就挺管用的，罚一两次就不会再犯。但同样的方式对有的孩子就不管用，老师罚完后他还是不写作业。老师就很无奈，只好找孩子家长，但是家长也没有办法。这是为什么？

吴娟：因为父母给孩子从小的影响就是父母的话可以妥协，可以无效，比如他想要某件东西，父母不给，但是他一哭闹，父母就给了。那么孩子在应付老师的时候也可以这样，因为他已经把这些行为固化，他得到了他要得到的。如果孩子耍赖，但是一直得不到他想要的，他就不会再耍赖。他可能会跟妈妈商量说："妈妈，我爱吃这个，我能不能得到一个。"同样，我们看惩罚写作业这个行为，父母或者带他长大的人，在孩子小的时候说话是无效的，像开始拒绝后来又同意了，或者大人说话不算数，或者大人的行为让孩子觉得大人说的话是可以打折扣的，那么他就会想：你让我写我就写，写完了我还可以按照我的想法做。因为他觉得这点儿惩罚不算什么。

美国有一种教育理论：环境是第一位老师，父母是第二位老师，老师是第三位老师。一个人不能摆脱环境，他不可能摆脱文化、时代这种大环境给他的烙印，第二就是父母给他的小环境，第三是老师。老师可能说为何同样的方法对有的孩子有用，对有的就没用，因为老师是比不过大环境和家庭环境对孩子的影响的。

> **如果孩子是因为年幼无知犯了错误，父母是不应该对孩子惩罚的，因为孩子是在犯错误中进行学习。但是如果孩子是明知故犯，就要让他承担后果**

少年儿童研究：有时候孩子犯错是教育问题，有的可能就是孩子淘气。比如孩子在屋里玩球，把家里的东西打碎；或者在不该做一件事的时候，他却做了，造成一些不良后果，像有的孩子玩火，他并不知道事情的后果。这个时候家长对这种情况的惩罚应该怎样处理？

吴娟：我在"成长在线"做过一期节目，有这样一个案例：一个小男孩的妈妈是下岗工人，给别人当保姆。这个孩子上小学，他特别喜欢一辆小赛车，他看别的同学都在玩，但是没钱买，只能远远地看着，心里很痒。有一次他跟妈妈逛商场，发现小车放在柜台上没人管，就偷偷拿回了家。后来他妈妈看到很奇怪车是从哪里来的，他如实道来。他妈妈对他的惩罚是什么呢？妈妈说：好，这个车你特别喜欢，我也很内疚我没有能力给你买这样的车，但是你是不能拿别人东西的，再穷也不能拿别人的东西。现在既然你已经拿了，你要怎么办？首先你要去告诉售货员你做了什么事，然后打工还钱。妈妈让孩子去卖报纸，一点儿点儿攒钱还这个玩具的钱。孩子找到那个售货员承认了错误，后来补上了钱。这位妈妈用的是这种惩罚，但是这个惩罚一点儿都没让孩子觉得自尊受到打击，而且他永远学会了别人的东西是不能拿的，他用自己的劳动去偿还这笔钱。其实劳动是惩罚吗？劳动是让孩子学会自己用这种方法可以获取自己喜爱的东西，实质上这已经不是一种惩罚，而是一种培养，培养孩子怎样获得自己想得到的东西，这是在帮孩子解决问题，帮他开拓思路，我认为这是更有意义的。

少年儿童研究：刚才我们讲到孩子在家玩耍无意间将东西打坏，可以用这种方式，比如让孩子做家务作为补偿。

吴娟：是的，家长还可以想为什么孩子要在家里玩球？孩子已经几岁了？他知不知道在家里打球是不合适的。有的孩子是因为年幼不懂，玩球把东西打坏，父母是不应该惩罚的，因为他是在犯错误中进行学习。他有过一次就知道下次不能这样了，他从玩中学会在家里打球是不妥的，我应该在外面玩。

但是如果孩子是明知故犯，我相信这个孩子一定是在家庭中犯了错误后，从来没有自己承担后果。如果孩子做任何事，产生的后果都有人帮他去摆平，那么任何错误对他来说都无所谓，因为后果对他来说没有关系，他不用对后果承担责任。所以，对明知故犯的孩子，就要让他学会承担后果。

少年儿童研究：如果在惩罚孩子的时候，父母双方有矛盾，父母有不同的方式，这种情况如何解决？

吴娟：这是父母的问题，父母要达成统一，要用一种方式。哪怕不能达成统一，起码一个人先执行，如果无效再用另一个方法，不要在孩子面前表现出两种对立的方式。如果对立，那么孩子不听任何一方都是很自然的。

让孩子善于习得乐观

——访马丁·塞利格曼

> 马丁·塞利格曼，美国宾州大学心理学教授，美国心理学会前主席。主要从事习得性无助、抑郁、乐观主义、悲观主义等方面的研究。于1998年创立积极心理学，研究如何生活得快乐、成功、有意义。著有《真实的幸福》《活出最乐观的自己》《认识自己接纳自己》《教出乐观的孩子》《持续的幸福》。

在很长时间里，心理学都是从抑郁等角度来研究人的心理世界并力求改造矫正。而塞利格曼教授提出心理学除了关注心理疾病，更应该关注正常人的心理健康。他力求从积极心理角度，使用精确的测量和各种正向的方法提升个人幸福感，并且将这种理论及方法延展到家庭教育领域，为广大的家长和儿童工作者提供新的视角和行动指南。

父母不恰当的教养方式是孩子产生习得性无助和悲观的来源之一

少年儿童研究：塞利格曼教授您好。"习得性无助"的研究开拓了心理学研究的新领域，您能简略为我们概括一下这一理论与个人发展的关系吗？

马丁·塞利格曼：1967年，我在研究动物时发现，起初把狗关在笼子里，只要蜂音器一响，就给狗施加难以忍受的电击。狗关在笼子里逃避不了电击，于是在笼子里狂奔惊叫。多次实验后，蜂音器一响，狗就趴在地上，惊恐哀叫，也不狂奔。后来在给电击前，把笼门打开，此时狗不但不逃，而是不等电击出现，就倒地呻吟和颤抖。它本来可以主动逃避，却绝望地等待痛苦的来临，这就是习得性无助。这一项研究显示，反复对动物施以无可逃避的强烈电击会造成无助和绝望情绪。

细心观察，我们会发现：如果一个人总是在一项工作上失败，他就会在这项工作上放弃努力，甚至还会因此对自身产生怀疑，觉得自己"这也不行，那也不行"。而事实上，此时此刻的我们并不是"真的不行"，而是陷入了"习得性无助"的心理状态中，这种心理让人们自设樊篱，把失败的原因归结为自身不可改变的因素，放弃继续尝试的勇气和信心，比如孩子会认为学习成绩差是因为自己智力不好等。

少年儿童研究：*孩子同样会存在那么多的失败体验，产生习得性无助吗？*

马丁·塞利格曼：我可以举一个例子。弟弟想要模仿姐姐搭积木，但是姐姐的动作太快了，弟弟赶不上她。每一次将积木推倒的过程都会让这个男孩生气，爸爸看到他很沮丧，就试图安慰他。爸爸这样说的："你做得真好，我觉得你做得太棒了，我喜欢你做的东西，我觉得你是最好的火箭制造家。"但是儿子说："才不是，我做得很差，我是个笨蛋，从来就没有做对过一件事。"爸爸说："这不是真的，只要你拿定注意，什么事都能做成。让我帮你做吧，我会帮你做一个能够飞到月球的火箭，它会是世界上最快的火箭，而且它是属于你的。"儿子说："好吧，帮我做一个，我做的从来都不会成功。"

这位爸爸十分疼爱孩子，而实际上，他在整个过程中犯下了三个错误。第一，爸爸说的每件事几乎都不是真的。第二，为了让孩子高兴，他主动帮孩子做了一个现阶段他没能力完成的东西。爸爸传达的信息是：当事情发展到不是你所想要的状况时，你就放弃让别人来解救你。为了建立儿子的自信，爸爸反倒教他无助。第三，也是最严重的错误：这位爸爸没有对儿子解释失败的原因提出反证。我们可以看到，儿子从最糟糕的方面来看待挫折，他不仅坚信这种悲观的原因，并且用消极的方式应对。而爸爸没有意识到这种悲观对于孩子的伤害。

少年儿童研究：*也就是说，父母不当的教养方式是孩子产生习得性无*

助、产生悲观的重要来源？

马丁·塞利格曼：部分是这样的。从本质上说悲观是一种心灵防护方式，这种方式具有巨大而毁灭性的后果，包括情绪沮丧、退缩、较低的成就感，甚至不健康的身体。经过研究，可以更精确地说，悲观的来源主要有 4 个：基因，父母的悲观，从父母、老师或教练那里得来的悲观性的批评，征服和无助的经验。我们都不希望孩子悲观，希望孩子拥有较好的自尊，但是父母经常会混淆一些事实，比如对于自尊的理解。

在与抑郁的成人和儿童一同工作时，我发现抑郁的人有 4 种问题：行为上被动犹豫且无助；感情上忧愁悲哀；生理上常有饮食睡眠困扰；认知上觉得生活无意义，自己无价值。这些结果同样可以为普通父母提供借鉴，如果孩子觉得忧伤，那属于自尊中的感觉层面，但是孩子觉得自己无价值，那么就反映出他与现实世界交往存在的困难。而我们需要的不是鼓励儿童"感觉满意"，而是教导他们"表现满意"，即不要着重缓解情绪，因为刻意缓和心情沮丧，会使得孩子更难感觉满意，帮助孩子逃脱失败的感觉会让孩子更难得到征服感，鼓励廉价的成功，会付出昂贵的代价。父母要做的，是告诉孩子怎样做才能走出不良情绪，找到快乐。

ABC 乐观教养模式帮助孩子找回乐观的自己

少年儿童研究：关于如何教孩子习得乐观，您有具体的指导意见吗？

马丁·塞利格曼：关于乐观，认知治疗与宾州预防计划均有 4 项乐观的基本技能。第一个技能是在你感觉最难过的时候，要尝试指认出闪过脑海里的那些想法，这些想法虽然不太能被感知到，但会严重影响你的情绪与行为。这项技能被称为"捕捉思维"。第二个技能是对这些思维进行"评估"，也就是说，要明白自己所说的话产生的想法未必是正确的，并且要收集证据来证明。第三个技能是在坏事件发生时找出"更正确的解释"，来挑战自己的自动思维。这就需要对自己的解释风格进行修正。第四个技能是化解灾难性的思维。要正确评估最害怕的事情发生的可能性，以便可以有精力来修正问题，而不是处于不真实的恐惧幻想中。家长要拥有乐观的认知技能，并且将这些技能融入自己的思维方式中，再传达给孩子。

少年儿童研究：让孩子捕捉自己的自动思维似乎有比较大的困难。有的孩子会认为跟自己说话是很奇怪的事情，为什么要关注跟自己说话的内容呢？

马丁·塞利格曼：让孩子了解自己的内在对话，对他们认识不合理信念有很大帮助。并且最重要的一点，家长要指出"对自己讲话"是完全正常的，并且是每个人都有的行为。并且这有可能说出了自己真正的需要，家长要让孩子知道这一点。

在孩子觉察了自己的内在对话后，可以做这样的练习。可以让孩子想一件不好的事情，并且让孩子想象一些可能发生的状况，并让他假设每件事都发生在他的身上，然后请他将可能对自己所说的话大声说出来。比如："你在上学的途中，注意到有一群小孩，对你指指点点。你心里想：……"这样孩子会把自己的说话内容写成一个清单，这样他就可以认识到，自己的感觉并非无中生有，也不是由发生在他身上的事所决定，而是在事后对自己所说的话才使他有了某种心情。他如果觉得生气、悲哀或是害怕，是因为某种思维触发了感觉，一旦他能够找到那个思维，他就可以改变自己的感觉。

少年儿童研究：接下来我们要怎么做？

马丁·塞利格曼：艾伯特·埃利斯与阿伦·贝克共同建立了认知治疗，发展了"ABC模式"，这个模式同样可以应用到儿童的乐观习得中，让他们学会建构乐观的自己。其中，A（Adversity）—代表不好的事件，不好的事可以是任何负面的事件，比如假期不愉快，与同学吵架，等等；C（Consenquence）—代表负面事件的后果（负面的感受、行为），时常看起来好像不愉快的时间立即且自动产生后果；但是埃利斯认为B（Belief）—代表负面事件发生时内心自动化的悲观想法、解释，才会引发某种特殊的后果。所以习得乐观的第一个步骤是找出ABC之间的联系，捕捉自己的信念。最有效的方法是写ABC日记。

ABC日记分为3栏：第一栏必须尽量将不好的事描述详尽，记下人物、时间和地点。但不要写原因，这一栏的功能不是评估；第二栏要写想法，记录自己对不好的事情是如何解释的，比如"他认为我很幼稚""事情总是不会成功"等，并且利用百分制计分，以 0 分表示对看法一点儿都不信，100 分表示完全相信；第三栏写后果，这里要写下事后的感觉，或者是对这件事经历过的每一种感觉，同样百分制计分，分数越高表示感觉越强烈。写下后要检查确定每一种感觉和行为与你对自己行为所持有的想法有关，并且指出触发这些情绪的特殊信念。

对于孩子可以使用相对简化的方法，举个例子，我们可以使用口语的方法来让孩子举例。

不好的事：今天是我的生日。我请了班上很多小朋友来玩。吃完蛋糕后，有一些朋友就开始偷偷地小声讲话，并且不肯告诉我他们在讲些什么。

想法：他们这些笨蛋。这是我的生日，他们还在小声说我坏话，我真希望没有请他们来。

后果：我对他们十分生气并且问妈妈我可不可以叫他们回家。

那么可以根据这个例子向你的孩子提问：例子中的男孩为什么会生气？如果他想那些孩子说悄悄话是因为他们邮寄惊喜礼物给他，那个男孩会怎么想？等等。当孩子能够理解这些问题并且认识到其中的不同和连系，我们就可以进行下一步。

让孩子拥有正确的解释风格，并且学会精准反驳不合理信念

少年儿童研究：上面提到的过程很具体，其目的是要让孩子学会正确看待和解释自己的一些不合理观念对吗？

马丁·塞利格曼：是的。更确切地说，是要教会孩子解释的风格。如果认为教孩子说"这不是我的错，我没有做这件事"就可以帮他们更好地过日子，那就错了。我们有各种各样的解释风格，但是归结起来大概有以下几类：永久性—事情的起因会继续下去；暂时性：起因是可改变的或者是过渡性的；普遍的—起因会影响很多情况；特殊的—起因只会影响特定情况；个人的：起因就是我；非个人的：起因是其他人或其他情况。当我

们相信言行失败是由于自身的愚蠢所造成的时候，多数人都有这样的感觉，这是人格化的、永久的和消极的解释。这其中最重要的层面是对于永久性的解释。要告诉孩子不是事情发生了就一成不变，我们可以通过行动来改变状况。

少年儿童研究：在这之后我们应该继续怎样做？怎样来纠正这些不合理信念及解释呢？

马丁·塞利格曼：我们要教孩子学会反驳悲观。第一要收集证据强迫自己考虑两方面的可能性，减轻认知偏差。第二是做出选择，看看是不是有其他的路可以走？是不是大家只是在轻松地开玩笑而不是攻击我？第三是化解灾难，即正确地评估影响。比如很多悲观者爱想："万一……"当这么想的时候，问自己以下三个问题：1. 无论发生的概率多小，什么是可能会发生的最糟糕的情况？2. 问自己发生的可能性有多高？有什么方法可改善？3. 可能发生的事中最好的是什么情况？一旦得出三个结果，我们就可以教孩子进行第四步，即将精力投入在最有可能发生的情况上，解决它就好了。

学习冲突也是消解悲观的必需

少年儿童研究：在生活中，除了来自我们自身的困惑，我们是无法避免他人间的冲突的，尤其是父母间可能会当着孩子产生冲突，这也会造成孩子的悲观吧？

马丁·塞利格曼：是的。过多冲突，或是过于毁灭性的冲突对孩子是不利的。研究显示，成人甚至以非语言的方式，彼此不同意看某一节目也会让幼儿感到不快乐。但是冲突经验是学习如何处理冲突所必要的，也就是说，冲突也是需要学习的。这样既可以保护孩子，又可以让孩子在这里体会成长，去除悲观。

少年儿童研究：那应该怎样处理这些冲突呢？

马丁·塞利格曼：在研究中我们总结了一些家长应该遵守的指南，可以供家长们使用。

· 不要在孩子面前使用暴力，包括摔东西或是用力地关门，这样的举动会使孩子很害怕。

· 不要在孩子的面前以永久性和普遍性的方式批评你的配偶。例如："你爸爸这一辈子都会不值一文钱""你妈妈是个自私的女巫"。

· 不要对你的配偶持"不理睬政策"而以为孩子不会注意到，孩子会感觉到这种不和谐，就像能听到大声互骂一样。

· 不要强迫孩子在父母之间做出选择喜欢谁。

· 不要在孩子面前争吵，除非你打算在争吵中结束争吵。

· 用正面的字眼表达你的心情，用坚定自信的方式而不要用侵略性的方式来表达。

· 尽量控制气愤，放慢脚步，花些时间让自己冷静下来。

· 在孩子面前解决冲突并且和好，这样会使孩子了解冲突是爱情中自然的部分，并且是可以解决的。

· 如果在孩子面前批评配偶，请用批评特殊行为的言语而不滥用总括性、个人性的言语。例如："当你爸爸工作很忙时，他就会这样发脾气""当你妈妈花这么多时间时，我就会生气"。

· 不要将孩子扯进某些话题。与配偶约好，你们争吵时，有些争吵内容不要让孩子知道。

访谈 教会孩子正确应对冲突

——访童小军

> 童小军，中国社会科学院大学社会工作学院副教授，美国丹佛大学社会工作专业博士。长期致力于儿童福利和儿童保护问题研究，积极投入儿童福利和儿童保护的公益活动，并倡导儿童福利和儿童保护政策的改善。

最近媒体频频曝光发生在青少年之间的欺凌事件，引起了全社会的关注。作为孩子的父母，既担心自己的孩子成为施暴者，更担心孩子成为受害者。家庭教育中如何避免孩子遇到类似事件，遇到之后又该如何处理？

校园欺凌是青少年很容易在情绪失控的情况下做出的非理性行为

少年儿童研究：童老师，您好！最近媒体披露了很多起青少年暴力事件，对这种暴力行为，媒体统称为"校园欺凌"。"欺凌"的定义是什么？有很多事件并不是发生在校园里的，为什么这样归类呢？

童小军：心理学上将校园欺凌分为直接欺凌和间接欺凌。其中直接欺凌包括肢体欺凌和言语欺凌，间接欺凌则指通过散播谣言、利用人际关系、煽动他人恶意对待等方式，将受欺凌者排除在某个团体之外。随着网络的普及，以将欺凌视频或受欺凌人的行为公布在网络上为特征的网络欺凌，也成为一种主要方式。校园欺凌，不是指你和我因为什么矛盾打了一架，而是指一个人或一群人对他人实施的肢体、言语或精神上的伤害和攻击。所以校园欺凌不只是肢体上的暴力行为，有些非肢体的欺凌对孩子的伤害也很大。

这些事件发生在中小学学生身上，多发生在校园楼梯拐角、厕所、寝室或由校园延伸开去的上下学路上，所以我们都称之为"校园欺凌"。校园暴力的范围很广，"校园欺凌"是校园暴力的一部分。

少年儿童研究：欺凌这种现象是如何发生的？我们可以看到在不同的国家、地区，尽管文化、经济发展、教育程度有很大的区别，但欺凌现象都存在着，原因是什么？

童小军：校园欺凌是青少年很容易在情绪失控的情况下做出的非理性行为。最直接的原因是在孩子们成长过程中，没人教他们如何应对、处理同伴间的冲突，他们不知道该如何宣泄自己的情绪，最终选择了暴力这种方式。

欺凌事件是一个人童年时期不可避免会遇到的遭遇。孩子在青春期前、青春期甚至延迟到青春期后期，都有可能遇到这种现象。这个时期的人格发展、心理成熟会促使青少年寻找自我认知以及旁人的认可，以此来证明自己的存在和存在的价值。他希望能知道"我是谁"。要解决这个问题，最直接的就要在同伴中得到认可。孩子不像成人那样通过思想的成熟与否来找到自己在人群中的位置和价值，不论是情感还是肢体上，他们都希望自己是控制或强的一方，用这种强大来证明自己是赢家，体现自己存在的价值。这种情况是一个普遍的、全人类每一个人都要经历的阶段，这就是为什么不管是发达、不发达或是发展中国家都存在着这种情况的原因。

少年儿童研究：现阶段的同伴欺凌案例比起以往是越来越多了呢？还是因为媒体报道的增加才使得我们知道得越来越多？

童小军：就普遍性来说，的确比起十几、二十年前要多一些，这与整个社会大环境也是有关系的。相对来讲，以前的人们更中规中矩，约束也多一些，惩罚、代价都更高一些。现在孩子的个性较之以前要张扬，而且教育环境较之以前也有所不同。不过，同伴欺凌现象当然不好，但现在这种情况实际是正常的。

好的亲子关系意味着孩子会有比较正常的与人交往能力，也就较少通

过强势的、暴力的方式来解决问题

少年儿童研究：青少年的欺凌行为与家庭环境有什么关系吗？

童小军：从家庭角度来看，如果父母教育孩子的方式、父母与他人交流的方式很粗暴，孩子出现欺凌别人的现象会更自然也更厉害一些。但不是绝对的。

少年儿童研究：就是说如果家长的性情温文尔雅，孩子也可能会有欺凌他人的情况出现？

童小军：对，因为这是这个年龄段的孩子特有的现象。他们不成熟，尤其到了青春期，孩子们的情绪容易冲动，但又不太会控制情绪，遇到问题会选择暴力方式解决。比如一个孩子可能平时一直都很好，但有一天与别人发生矛盾了，那么男孩子很有可能通过武力来解决。

少年儿童研究：如果家庭中亲子关系比较好，是不是在欺凌方面孩子的处境会好一些呢？

童小军：家庭对这些行为肯定有影响。好的亲子关系意味着孩子会有比较正常的与人交往的能力，一般也就较少通过强势的、暴力的方式来解决冲突的问题。家庭关系好，特别是青春期的亲子关系好说明家长对孩子的叛逆、自我追求处理得比较好，这种处理方式可以潜移默化地影响孩子。

如果亲子关系好，尽管家长不是专家，也不见得懂心理学，但因为处理得当，孩子就可以安全度过这个阶段。家庭中专制、放任的教养方式最有可能造成学生的不良行为，孩子模仿父母的攻击行为，偶尔做出越轨行为也得不到有效纠正。久而久之，欺凌者习得了攻击和伤害行为，被欺凌者习得了逆来顺受的应对方式。

作为少年儿童工作研究者，我们提倡要培养孩子的生活技能。这种技能不是指学习劳动技能，而是指怎么处理与同伴之间的矛盾；不愿意的事情怎么说"不"；如果与他人有感情上的隔阂，如何不用冲突的方式跟对方去表达；另外就是自我情绪的控制。这种教育可以让孩子用正确的方式与同伴交往，获得同伴认可。

少年儿童研究：我们看到有的孩子还没有到青春期，年龄比较小，也会遇到这种同伴欺凌情况。

童小军：年纪小的孩子，我们说的小学四年级以下，欺负人的情况会比较少，情节也不是很恶劣。9岁以下，甚至12岁以下，在欺凌事件中常常是被欺负的。如果去欺负别人的话，情节也不会太严重。但女生有可能会有，因为女生发育早些。女生欺凌现象主要的是冷落被欺凌者，不让大家理那个人，更多的是一种心理或者情感上的欺凌，也是一种强势的体现。欺凌者归根结底是要表达自己的能力、控制力以及存在感。

少年儿童研究：欺凌事件双方的孩子有什么特征吗？哪些孩子容易成为欺凌对象？哪些孩子容易成为欺凌者？

童小军：无论是欺凌者还是受欺凌者，多少都有些显性特征。欺负者通常在同龄人中身材较强壮，也更成熟。而受欺凌者则相对弱小，比同龄人略显幼稚，这种孩子很容易被控制。还有些容易成为受欺凌者的，是班级里"被拒绝的学生"。他们通常课间时也一个人待着，明显缺乏必要的社交能力，或内心有些自卑。

另外，在家庭经济条件、成绩比较一般的群体里，那些家境优越、成绩出色受老师喜欢的孩子，或其他某方面特别突出的，也容易招来其他人的忌妒而成为被欺负对象或是被孤立者。如果孩子在某个群体中特别出众，家长也要多加注意。

还有一类就是比较淘气、喜欢招惹别人、有些令人讨厌的行为习惯的孩子也容易成为校园欺凌的对象。

少年儿童研究：孩子在成长过程中，难免会产生些负面情绪，家长如何引导让他们通过正常的渠道宣泄，而不是用其他不良方式发泄？

童小军：这个年龄段的孩子精力旺盛，确实需要正面引导。最常用的方法就是鼓励孩子运动，最好是有组织的、团体中的运动。一方面这种方式是正向的，孩子有强身健体的需要，另一方面也有利于学会团队合作。当然，自己运动，比如篮球投篮等也有利于情绪的发泄，但在集体当中的运动会更加有效。

好的家庭关系有助于孩子处理各种同伴交往中出现的问题

少年儿童研究： 目前国内外对校园欺凌有什么应对措施吗？

童小军： 国外做得比较好的方面是全民普及相关知识。学校、家长、全体市民都知道有校园欺凌现象的存在。一旦发生类似情况，就会有人专门提供帮助，是有一套机制的。他们教育孩子遇到欺凌要学会求助，知道找谁求助。如果哪个孩子认为自己被欺负了，会报给专门负责这种事情的人员，这些人员通常是受过专门训练的社工。

同时，有些国家有全方位的有效的措施。在发达国家，基本不存在青少年辍学问题，所以在学校内这方面的设施投入很多，在不涉及学生隐私的情况下，角角落落都安上监控，操作监控的人也比较专业，这就防止了很多事故的发生。另外，在教学中每个单元、每个学期有专门课程进行相关教育。

我们国家目前还停留在对这个现象的研究层面。学校老师和大量的教育工作者对校园欺凌到底给孩子带来什么，认识还不是很清晰，相应的措施几乎还不具备。如果孩子被欺负了，只能由自己或家长告诉老师。而老师没有受过专门训练，处理之后有时反倒激怒被告状的孩子，引来下次更加严重的欺凌。另外我们没有相关体系，也就是没有儿童保护体系。学校和社区没有专门做这项工作的人，没有专业的人，也没有专业的方法。曝出来一件事，大家便只关心这一个问题，所有的看法都是支离破碎的。我国目前还没有从制度层面形成儿童保护体系，大众对于曝出来的案例，认为是个案，其实是应该得到重视的社会问题。

少年儿童研究： 看来在目前这种情况下，家庭的作用还是必须要加强的。

童小军： 好的家庭关系有助于孩子处理各种同伴交往中出现的问题。一个家庭中不仅仅是亲子关系要好，夫妻之间、长辈之间，周围亲戚朋友的沟通都应是充满友善和关怀的。家长要给孩子建立一个比较好的样板。孩子在外面遇到了问题，如果家庭环境很好的话，孩子也容易康复。

要让孩子觉得父母是最可信任的，受到欺凌愿意告诉父母。父母要把事件详细了解清楚，然后看自己怎样做才能帮到孩子。不要只是简单地报告老师，因为如果没有处理好，被老师批评的孩子可能会加倍报复，孩子以后反而再不敢对家长讲了，因为他知道父母虽然护着他但不能真正帮到自己。

少年儿童研究：有的孩子受到欺凌后回家不说，家长就一直不能发现，其实孩子的心理或生理已经受到了伤害。作为家长如何能够及早发现孩子的异常？

童小军：孩子被欺负后能够跟家长诉说，心里就不会积压太多东西。如果孩子回家不说，可能意味着家长与孩子平时的沟通就有问题。比如有的家长会说："你不知道打回去啊？"或说："为什么不欺负别人只欺负你呢？"家长一定要让孩子明白：如果你遇到问题，父母会无条件帮助你。

孩子在学校如果被孤立、欺负，大都会有所表现。外在的表现比如衣服被拉扯过、身体外部有伤痕、个人物品丢失或损坏这是比较容易被发现的。情绪低落、睡眠障碍甚至不想上学也是很重要的表现。另外，有的孩子零花钱突然要求增加也要引起家长的注意，有可能就是遇到了抢劫等问题。

少年儿童研究：如果孩子遇到了被欺凌这种事情，家长应该怎么安抚孩子、解决问题呢？

童小军：每个孩子情况不同，没有一个统一的应对方式。父母可以根据自己孩子的情况，采取有效的措施。比如，比较强壮的父亲可以出面护送一下孩子；也可以和对方的父母沟通，共同解决，毕竟大多数家长都是讲道理的。当然其中也需要沟通技巧，不是去兴师问罪，而是双方要解决问题。如果涉及抢劫等重要的案件就要报警。家长需要有更多的智慧，承担起更多的责任。

少年儿童研究：现在很多学校的班级的老师家长都建立了微信群，是不是可以一起讨论这方面的问题呢？

童小军：如果欺凌事件真有发生，不建议在微信这种平台上讨论。因为家长没有接受过应对这类事件的培训，更多的是一种自然的反应。被欺负一方的孩子家长可能更多的是愤怒，实际上他更需要有人指导如何处理这类事情，他很难做到先把孩子安慰好，再去找对方家长在双方态度都很温和的情况下进行沟通。

如果遇到这种情况，最好是双方家长面对面解决问题，尽量不牵扯他人。所以，微信群不太适合，处理不好可能会激化矛盾，带来更大的问题。

少年儿童研究：欺凌对孩子今后的成长有影响吗？有很多成年人在回忆童年生活的时候，有欺凌事件的记忆，但他们认为长大后会忘掉当时那种被伤害的心境，所以对孩子遇到类似事件不是很在意。这种想法显然是错误的，欺凌毕竟不是小孩子之间的打闹。

童小军：第一，有些人青少年时期经历的欺凌可能没有严重到一定程度。第二，可能这些人的家庭环境比较好，给了孩子很好的抗逆力。孩子虽然在外受了欺负，但回到家后又处于一个正常的环境当中。尽管如此，欺凌也应该是被禁止的，因为这种情况是因人而异的，这个孩子没有被欺凌到出现问题，不意味着别的孩子也没问题。作为整个人群而言，哪怕有一个人有这个风险也是应该避免的。

少年儿童研究：对大部分孩子来说，他们既不是欺负人的也不是被欺负的，只是欺凌事件的旁观者，如果孩子看到了这种事件，对其心理也会有冲击。家长应该教育孩子怎样看待这种现象？

童小军：见证暴力的都是受害者。家长对孩子谈到这种事情时首先要明确是非观念，要让孩子知道这种现象为什么不对。然后告诉孩子一定在有暴力的场合注意自己的安全，而不是在自己能力不够的情况下去劝解或制止。尽量不围观，因为某种程度上围观也是一种参与。根据事态具体情况去报告老师或其他可以解决这种事情的人员。成人介入不会有什么风险，但同龄的孩子则不一定。

当孩子跟家长述说见到的欺凌现象时，家长要和孩子多了解一下欺凌产生的原因，比如为什么有的孩子会被欺凌，家长要给孩子进行分析，看看是什么原因导致了欺凌现象的出现。同时最重要的是还要了解孩子对这种事件的感受，同时要对感受有回应。有的孩子可能会说："特别害怕，都不想去上学了。"这个时候要给孩子安抚，如果可能的话，可以和学校、家长委员会等取得联系，共同商量如何教育学生，消除类似现象，给孩子安全感。也有的孩子会同情被欺负的一方。甚至也会出现孩子站在欺负者一方的情况，认为对方太讨厌了就是该接受教训。不论是哪种情形，家长都要认真对待不能简单应付，一定要有正确价值观的引导。让孩子知道，行为再讨厌的人也不能打。这是做人的底线，当然首先家长自己要具备这个理念。

第三章

父母情绪稳定
有助于建立孩子的
安全感

母亲要学会抛开负面情绪

——访王春芝

王春芝，北京心理卫生协会会员，北京市青少年法律与心理咨询中心特聘心理咨询专家，长期从事青少年教育与心理咨询工作。

父母是孩子的第一任老师，而在我国的许多家庭中，教育孩子的主要责任往往偏重于落在孩子的母亲身上，孩子从出生之日起，就在母亲的教育态度和自身情绪的影响下逐渐成长。可以说，儿时母亲的态度和情绪对孩子性格的形成乃至一生的命运都起着十分重要的作用。

母亲的态度和情绪对孩子性格的形成，乃至一生的命运都起着十分重要的作用

少年儿童研究：王老师，自从我们杂志的家教咨询热线开通以来，很多父母（其中绝大多数是孩子的母亲）都打来电话询问有关教育孩子过程中所出现的问题和困惑，其中有相当部分都是关于孩子厌学、焦躁、任性等问题。在交谈中我们发现，这些所谓"问题孩子"的母亲在与孩子生活的过程中几乎都不同程度地带有紧张、焦虑、急躁等负面情绪，严重的甚至发展到打骂孩子、摔东西等行为。可想而知，孩子的问题很可能就是由母亲的这种不良情绪反应所激发的。您作为心理咨询师，又多年从事青少年心理健康研究，对这个问题，您是怎么看的？

王春芝：在我所接触的案例中，这类问题也普遍存在。父母是孩子的第一任老师，有什么样的父母就有什么样的孩子。而在我国的许多家庭，教育孩子的责任偏重于落在孩子的母亲身上。孩子从出生之日起，就在母

亲的教育态度和自身情绪的影响下逐渐成长。可以说，儿时母亲的态度和情绪对孩子的性格形成乃至一生的命运都起着十分重要的作用。

少年儿童研究：也就是说，只有母亲的情绪快乐自信，孩子才会有一个优质的成长环境。

王春芝：是的，这种优质的情绪环境是由母亲的生活态度、价值取向和个性品质决定的。如果母亲个性本身就积极向上、快乐自信，无形中便会感染孩子，无论遇到什么问题，都会用一个积极的态度去面对，不会因此而影响孩子的心理。

但是在现代社会，人们的生活节奏加快，工作紧张，本来就需要一个很好的心理适应过程，再加上做母亲的人到中年，正好孩子在上小学五六年级或中学，这一时期正是我们所说的"更年期遭遇青春期"，母子二人有时会闹得水火不容。同时，这也是母亲最苦最累的时期：丈夫忙事业，放在家里的时间自然就少；自身工作压力大，工资不高，有的妈妈还可能面临着下岗，而家用花销又很大。这就追溯到根本——母亲经常快乐不起来，愁事烦事非常多。

少年儿童研究：那么母亲的情绪究竟会给家庭和孩子带来什么样的影响，您能讲讲您印象比较深刻的个案吗？

王春芝：那要看母亲的情绪是什么性质的。良好的正面的情绪反应自然会带给孩子健康快乐的生活环境，来自母亲的积极的言传身教会潜移默化地影响孩子，使其形成乐观向上的生活态度。反之，母亲本身就有因为工作或婚姻生活的不和谐而带来的消极情绪，再加上对孩子片面关注分数的焦虑，肯定会给孩子带来痛苦的情感体验，如烦躁、焦虑、恐惧、忧郁等。孩子长期感受不到爱，必然会形成各种问题。

曾经到我这里咨询过的一个女孩儿，14岁，是被学校推荐来咨询的。刚来的时候情绪波动非常大，这个孩子在校学习时精神严重不集中，成天就想寻开心，因为太压抑了。她说她不想回家，一回家就难受，曾多次离家出走。这种孩子如果没有自己本身的毛病，就可以断定，问题出在她父母那儿。果然，我说："让你的父母到我这儿来一趟好吗？"孩子说："他们还可能走到一块儿？平时他俩根本就合不来，一说话就吵，还是让我妈自己来跟您说吧，平时她管我。"后来，孩子的母亲果然一个人来了。从她一进咨询室的门，我就看出她的脸色很不好，且情绪焦躁不安。她一上来就急匆匆地问我："老师，是不是我女儿又犯了什么事儿？"从谈话中，我了解到她这两年一直是处在情绪十分低落的状态。先是夫妻的性格越来越合不来，丈夫经常忙得晚上不回家，她总怀疑他是不是有了外遇，所以一看见他就气不打一处来，张口就想骂他。接着就是女儿自上中学以来成绩一直下滑得厉害，甚至还发展到逃学旷课的地步，说她她不听，那就打她，孩子便跑出门不回家。

这位母亲已进入更年期，本来心情就容易疲倦、烦躁，对丈夫的猜疑使她一见丈夫就找碴儿，家中永远处于备战状态，点火就着。孩子感受不到丝毫家庭温暖，心情压抑，成绩自然不会好。孩子已上初中，母亲的焦躁情绪分散了她的精力，孩子就拼命看言情小说，渴望从小说的情节中找回温馨的感觉。书看多了，加上孩子分辨力不强，就到外面去交朋友，出现了旷课、逃学的情况。

我和这位母亲说，如果你不调节自己的情绪，改善家庭生活氛围，就只会把孩子从你身边推走，推向社会。

少年儿童研究：看来，母亲的负面情绪无论是从内在心理还是外部环境都会对孩子产生消极的影响。

王春芝：对，孩子已经形成一种条件反射，回家一看见母亲就烦。特别是母亲只片面关心孩子分数，而忽略了孩子心中真正需要的关爱。母亲本身就焦虑暴躁，孩子考好了不说，考坏了就大骂，从不鼓励孩子。最后，这女孩儿已经发展到一说玩儿，就什么都不顾，只要能寻找快乐，付出一切也在所不惜。就这样，这位母亲消极的态度引发了夫妻间的矛盾，夫妻间的矛盾又加深了她的不良情绪反应，这种情绪反射到孩子身上，势必对孩子的心理产生直接影响，这是一个方面。

另一方面，正如前面我所说的，一个人的情绪好坏，也是由他的观念决定的，受其价值取向的控制。一个典型的个案是，一个女孩在上小学之前是在农村姑姑家长大的，上小学时才回到城里父母家。孩子的母亲一直有重男轻女的观念，孩子又不是在自己身边带大的，心中就带些别扭的情绪。孩子从农村来到城市，总带些不太卫生的习惯，再加上孩子的姑姑对孩子特别好，孩子回到严厉的母亲身边，感情上难免有些生疏，不肯叫"妈妈"。这些从一个孩子的角度看来，都是可以理解的。但这位母亲不能忍受，从孩子一回来，她就带有很反感的情绪。这很快表现为母亲对孩子过于严厉，学习成绩必须优秀，容不得孩子犯一点儿小错，动辄就打骂。女孩在母亲的压力下长大，小的时候不敢反抗，稍大一些，就每天尽量晚回家，减少与母亲正面接触，回家一吃完饭就回到自己屋里锁上门，父母怎么叫也不出来。

后来女孩上了初中，开始和男同学有了些交往。这位母亲发现后，认为她"早恋"，和孩子的父亲连夜地审问她。孩子不承认，母亲就大骂女儿是"婊子""流氓"。她显然是处于一种非常焦虑、愤怒的情绪状态，拼命打孩子。孩子死也不承认，打急了，就跑到厨房拿出一把刀，对母亲说："你再骂我一句，我就把你杀了！杀完你，我就自杀，我要和你同归于尽！"

少年儿童研究：这种情况太危险了。

王春芝：是啊，幸好这位母亲看情况不妙就及时住了口，才避免了一场悲剧。后来，她找我来咨询时哭得厉害。我说，在那种危急时刻你很理智，用一种软化的方式来处理，既然你有这个办法，那其他问题也都好解决。母亲说："我就看不惯她那样，毛病一身又不会讲话，你说她将来到社会上怎么办？"我说，你说的都有道理，可孩子天生就是这样吗？她在她姑姑那里，是怎样的表现呢？"她姑说村里的人没有说她不好的，活泼开朗，聪慧大方。可怎么一回到我身边就变了一个人呢？"做母亲的开始思考："看来我脾气是过于急躁，对孩子有偏见，有些重男轻女……"

这就是典型的由于观念的问题而造成的母亲负面情绪的爆发。

少年儿童研究：在这种情况下，母亲只有转变观念，才能改变情绪，以一个正确的价值取向来影响孩子的成长。

王春芝：后来孩子真的好了，她父母都非常感谢我。我说不是我，而是你们改变了观念调整心态才救了孩子。

> 母亲们在完善自己的同时，更要善待自己，把对外界、对孩子的注意力挪到自己的身上，关注自身的身体，自身的情感体验。不会善待自己的母亲，更谈不上善待孩子

少年儿童研究：不好的观念引发消极的情绪，良好的观念也必然会带来正面的情绪体验。要想让一些母亲抛开原有的负面情绪，而改用积极的态度去处理事情和教育孩子，并非一件容易的事。就像那些母亲抱怨的：家里、工作的烦事那么多，我们怎么快乐得起来呢？

王春芝：各家都有难念的经，现在做母亲的的确是太不容易了。她们一方面要做好本职工作，并不比丈夫轻松；同时又要负责家庭琐事的安排，特别是把孩子的教养义务沉重地担在肩上。一件事顾及不到，都可能会变成终身遗憾。因此母亲们在完善自己的同时，更要善待自己，把对外界、对孩子的注意力挪到自己的身上，关注自身的身体和情感体验。不会善待自己的母亲，更谈不上善待孩子。给我印象比较深刻的是我的父母，他们虽然没有什么文化，可确实教会了我们怎样做人。所以我认为真正带来快乐的就是作为人的快乐，这是做人所必备的素质。记得小时候我父母就是在干活的时候，还经常哼着小曲儿，虽然劳累，但心里快乐。他们从不强求孩子什么，只是告诉我们做人要正直、诚实。那时，我们经常举办家庭晚会，用个帘子在炕上拉个幕，就在一起吹拉弹唱，一家人就是穿打着补丁的衣服也高高兴兴。最后，我们五个孩子，四个都考上了大学。可见，快乐的父母和温馨的家庭环境，对孩子健康成长起了重要作用。所以母亲是否有一个好的情绪，不在她文化的高低，而在于她是否有好的性格、好的心态。

少年儿童研究：是这样的，现在好多母亲不是为了自己的事忧愁焦躁，大部分还是为了孩子，而这种情绪又反过来给孩子造成怎样的影响呢？

王春芝：我认识的一位母亲，女儿都上初中了。有次去她家做客，吃饭时菜上来后，她指着一盘西红柿鸡蛋对丈夫说："这是女儿爱吃的，你可不要吃。"说着就把菜摆到女儿面前。我说："您对女儿可真关注啊。"她焦急地说："怎么能不关注呢？她爸那么忙，一切不都是我操心？我得天天督

促她学习，又要让她身体好，身体不好，将来怎么上大学呀？说实话，只要孩子能考上大学，我死都可以。"

少年儿童研究：那给孩子压力可太大了。

王春芝：这就属于过度关注孩子，爱到极致，弄得母亲成天焦灼不安，生怕有一点儿闪失耽误了孩子，结果反而对孩子是一种伤害。后来，那孩子脾气变得非常不好，厌学，最后连高中都没考上。

> 情绪是能够被人察觉的，内在的情绪引发外在的效果，必然会影响到家庭氛围的和谐。虽然有的母亲可能不会在短时间内完全解决情绪问题，却可以做到让孩子不易察觉

少年儿童研究：那么，母亲负面情绪的表现是什么呢？

王春芝：负面情绪一般都是通过语言或行为体现出来的。另外也表现出对孩子评价很低，认为孩子什么都不行。讽刺，挖苦，否定一切，而不看孩子身上闪光的一面。这对一些父母来说也是一种发泄，他们认为，自己是爱孩子的，这样也是为了孩子好。

少年儿童研究：据有关的研究调查，有一半以上的父母打孩子其实都是自己情绪的一种发泄，而非真正从理智上教育孩子。

王春芝：的确如此，母亲的不良情绪反应与发泄往往严重影响了儿童的个性发展。一般来说，母亲的情绪表现为急躁、焦虑，孩子的性格则多表现为冲动、暴躁，情绪不安；母亲的情绪表现为忧郁、压抑，则孩子的性格多表现为冷漠，忧郁，他们会认为"妈妈不爱我了"而产生自闭心理；而暴躁的母亲，孩子也同样会暴躁、恐惧，性格冲动，容易离家出走。

少年儿童研究：我们应该给母亲们一些什么建议，或者说，母亲应如何疏导自己的这些负面情绪呢？

王春芝：我想这不光是母亲一个人的问题，父母双方都是需要注意的。母亲要保持健康的心态，学会调节自己，这对自身，对孩子，对整个家庭来说都是非常重要的。第一，母亲要学会善待自己，认同自己对家庭、对

事业、对孩子已有的付出。另外，要肯定自身的长处，把对外界，对孩子的关注移一些到自己身上，关心对生活、对完善自身成长的体验。

第二，母亲要学会善待孩子，认可孩子的每一项努力，每一点儿进步，肯定孩子的能力，尊重适合孩子自身个性发展的成长道路。

第三，培养孩子的责任感，尊重孩子作为家庭中的一个成员，并使其学会承担作为家庭成员所应承担的责任和义务（如适当地分担母亲的家务劳动），并培养孩子独立解决问题的能力。

第四，学会与家人，与孩子沟通和诉说。好多母亲往往不相信孩子有能力理解大人的困难，同时也害怕这种诉说会影响孩子的情绪。这就要求父母根据不同孩子的性格和能力选择不同的沟通方式。要知道，孩子往往比您想象的更聪明，更渴望与父母相互沟通与理解。他们对父母的失望往往也在于他们认为父母很难理解和信任自己，这当然就要求母子双方在互助中有一个诚恳的态度。

第五，丈夫也要进行配合。一般情绪不佳的人都会比较自卑，所以母亲要提高自信，就需要最亲近的人来帮助。并且，夫妻之间的相互支持，相互鼓励，共同承担责任也是家庭和睦的重要因素。

最后要说明的是，情绪是能够被人察觉的，内在的情绪引发外在的效果，必然会影响到家庭氛围的和谐。虽然有的母亲可能不会在短时间内完全解决情绪问题，却可以做到让孩子不易察觉。这就要做到：

1. 为人父母提高自身的认知，学会控制。发脾气前要先想想自己心情不好的原因是什么？如果发泄会带来什么后果？是否有利于问题的解决？

2. 一旦意识到自己的情绪即将发作，可向孩子说明你的心情不好，可能需要双方都冷静一下，自己出门散步，或单独在屋中为自己冲杯热茶。

3. 事先告诉家人和孩子，妈妈现在进入更年期了，脾气可能会不太好，有时也许会控制不住，但这并非我本意，妈妈是爱你的，万一我出现这种情况，希望你不要计较，等等。增进家人之间的相互理解与体谅，既不会引发矛盾，也不会给孩子反馈不良的信息。

父母的情绪决定孩子的心情

——访雷秀雅

> 雷秀雅，北京林业大学人文学院心理学系副教授，硕士研究生导师，曾在日本留学工作 14 年，从事心理学研究近 20 年。

孩子在学习上的马虎不是孩子犯了什么错误，只是他在认知加工过程中出现的问题，这和品德没有什么关系

少年儿童研究：我们在工作中会接触很多父母，他们非常关心孩子的学习，向我们反映最多的问题包括：孩子马虎、不细心，写作业慢，等等。还有的父母不明白为什么孩子做特别简单的题还会出错。他们希望专家或者老师，给他们方法让孩子改变这种马虎或不细心。从您的角度看，该让父母怎么看待这样的问题？

雷秀雅：我们接触这方面的例子也是很多的。我们知道，在心理学中，有发展心理学这门专业。发展包括人的心理发展的成熟，也包括思维认知的成熟过程。孩子在成长过程当中的思维模式、信息加工也是包括在内的。比如我的女儿上小学三年级的时候，写阿拉伯数字"8"总是倒着的，"5"总是反着的，大概有半年的时间才慢慢改过来。孩子对外来的信息会有个知觉定式，比如她最早进入大脑的可能有个和"8"很相像的图形，当她看到"8"的时候，就会和这个图形去衔接，然后在输出的时候就会按原有的思维定式去输出了。

少年儿童研究：也就是说，孩子最初看到和"8"相近的图形是倒着的，当她看到"8"的时候就想到了那个图形，写的时候就会写倒了。

雷秀雅：对。这和孩子的知觉定式有关。所以父母不用着急，也不要急着让孩子一定要马上改过来。这种情况可能会影响孩子一个时期的学习成绩，但孩子的这种定式是会自己调整的。如果父母在这个阶段性急，方法又不得当，会有副作用，导致孩子紧张。孩子一紧张就有可能把这个输出结果改过来了，但其他的又错了。在孩子认知过程中出现短时期的问题，父母应该给予正确的提示，但不能过于强化。否则孩子会紧张，情绪会不安、恐惧，会导致犯更多的错误。

少年儿童研究：有的父母特别爱说孩子"你看你和别人有同样的学习条件，为什么比人家差"。这种说法有道理吗？

雷秀雅：这就是个体差异，而且孩子接触信息的种类和量也有所不同。有的孩子学习成绩不佳是因为马虎，学习上的马虎不是孩子犯了什么错误，只是他在认知加工过程中出现了问题，这和品德没有什么关系。如果父母常常从品德上否定孩子，批评孩子做事不认真，学习不努力，反倒容易造成孩子的不安。这种不安带来的负面影响，有时是一个阶段的，有时可能是一生的，孩子长大后会自卑，缺乏自信，等等。

> **对于性格内向的孩子，你越关注他的学习成绩，他的成绩越下降。因为他容易紧张和不安。但外向的孩子，如果不关注他的学习，他的成绩就会下降**

少年儿童研究：对于如何改掉孩子的某些坏习惯，很多教育专家都谈到过与孩子制定契约这种方法。我们也常常给父母提这方面的建议。但总会有父母说他们使用过这样的做法，但最后没有达到预期的目的。

雷秀雅：制定契约实际上是做父母的在教育孩子时的一种技巧、一种技能。在运用这种技能的时候要考虑孩子自身的条件。我的观点是：对性格外向什么事都愿意和父母说的孩子，契约的效果就比较好；但对于性格比较内向的孩子，效果就不是特别好。心理学有个比较经典的试验：对不同性格的孩子，关注他们的学习，其学习成绩的上升和下降是有所不同的。

性格内向的孩子，你越关注他的学习成绩，他的成绩越下降。因为他容易紧张和不安，希望获得自由宽松的空间。但外向的孩子，如果不关注他的学习，他的成绩就会下降，越关注他，越鼓励他，哪怕是批评他，效果都会非常好。

有个上小学二年级的男孩，是同事的孩子，在我们办公室写作业，大家都不想打扰他，没人和他说话。然后他就过来对我说："阿姨，我的铅笔没有削。"我就帮他削。等我削完拿过去一看，他的铅笔盒里有好多削好了的铅笔。这就是因为没有人关注他他做出的反应。

所以对不同的孩子要用不同的方法。

什么东西最能影响孩子？不是父母的语言，而是父母的态度和情绪

少年儿童研究：许多父母很想把孩子教育好，但总觉得没有很好的方法。有的读者就对我们说：你们杂志上的方法我都试了，怎么不管用？

雷秀雅：在日本有种人被称为"教育妈妈"。这种称呼是带有讽刺性质的。因为这种"妈妈"照本宣科，她们在教育孩子的过程中很少有属于她们自己的成熟、朴素的东西。现在有许多教育孩子的书籍和报刊，这些妈妈就看大量的书籍，通过书本提供的方法来教育孩子，但是书中所讲的共性的东西不一定适合自己的孩子，生硬地照搬照做，不仅达不到教育目的，还有可能起到相反的作用。

少年儿童研究：我们曾探讨过父母与孩子之间的关系，得出这样的结论：好的关系胜过许多教育。您对此怎么看？

雷秀雅：心理学的试验表明，什么东西最能影响孩子？不是父母的语言，而是父母的态度和情绪。父母说出来的担忧和表情表现出来的担忧，哪个更能影响孩子？是表情。所以父母一定要注意自己的情绪。

如果父母无法控制自己的情绪，或者是非标准不清，就教育不好孩子。

成人在社会上会有对社会的判断，有情绪的波动，对某些社会现象有自己的看法，但最好不要把这些带到孩子面前，尤其要避免带到幼小的孩子面前。

我知道这样一个例子，有个十六七岁的孩子对妈妈说：第一，你不要指望我考上大学；第二，你不要指望我将来会结婚生子。她妈妈听了这话很难受。通过了解我发现这个孩子想考电影学院的导演系，而且她写作很有天分。但她的其他成绩不太好。她妈妈经常会对她讲：能考上电影学院导演系的人都是有背景的，你肯定不行。她不是分析孩子的学习状况，寻求适合孩子的发展道路，而是强调其他的东西，这就是父母在实际判断中的失误。这种失误会影响孩子对自己未来道路的选择和判断。我们可以教育孩子接受现实中某些东西的存在，但不能影响我们自己的情绪。特别是有些现状不是针对我们某个人的，我们要尽的是自己的努力。

少年儿童研究：现在的孩子学习压力挺大的，很多父母想给孩子疏解压力，但又不知道什么方法好。有时关心不当可能会形成另外一种压力。

雷秀雅：压力是升学制度带来的，这是社会问题而不单纯是心理问题。父母如何做孩子的工作？可以从行为上让孩子进行放松。父母不要用过多的语言去解释，有时语言表达不好，可能适得其反。可以带着孩子逛逛街，散散步，带着孩子进行些放松运动，做些游戏，这对父母和孩子都有好处。我给女儿解压最好的办法就是一起跑步。行为上的放松是效果最好的，比你告诉孩子"别太累了歇会儿吧"要好。因为有时父母过于用语言表示关心，孩子会想：爸爸妈妈这么关心我，我得努力，不然对不起父母的期望。反倒有了更多的压力。

所以我坚持这样的观点：父母的情绪，父母的态度决定了孩子的心情。

父母有时也要有点技巧，比如想带孩子出去打球，但孩子不想去，就可以对孩子说："妈妈想打球了，和我去吧。"孩子会觉得自己要照顾妈妈，就会去了。这样孩子和妈妈都放松了。

其实父母也是很矛盾的，孩子学多了怕孩子累，特别是那些学习比较好的孩子的父母。孩子玩会儿又怕影响功课。

少年儿童研究：有时父母就是这样：怕孩子不把学习当回事，又怕孩子把学习太当回事。父母的这种心态是不是也不正常？

雷秀雅：父母的这种矛盾心理是正常的。其实孩子对自己的学习是有个期待值的，在自己期待的范围内就不会在意，是会自己调整的。孩子年龄越大越会这样。其实最可怕的是那些学习好，但遇到问题就采取过激行为的学生。这种情绪的低落会导致他许多心理问题的爆发。

大多数处于青春期的孩子不愿意和父母交流，不愿意和老师交流，但和同伴的交流不会出现任何问题。如果同伴关系不出现什么问题，父母就没有必要太担心

少年儿童研究：青春期孩子的逆反也让很多父母不知所措，不知道该如何对待和教育才能让孩子顺利度过这个时期。

雷秀雅：青春期孩子的逆反或者说反抗是肯定会出现的，只是早晚而已，当然也会有程度的不同。有的孩子表现得不是很激烈，但是没有反抗是不正常的。个体在自我意识形成的过程当中，要在环境中寻找自己的位置，肯定会和权威也就是孩子眼里的父母、老师发生冲突。如果没有这样的过程，就永远找不到自己的位置。

我女儿是个非常乖的孩子，但她在青春期的时候也是有反抗的。比如她对我有意见，但不跟我吵，她对她爸爸发脾气：我的事情凭什么她做主？我刚知道的时候也很吃惊，然后就和她谈。

青春期的孩子，一半是成人一半是孩子。父母如何对待自己，孩子们也很矛盾，既希望父母把自己当大人一样对待，有时又希望父母把自己当孩子。父母面对这种情况有时就不知道怎么办了。我在日本的时候做过这方面的辅导，很多父母也犯过错误：当父母把孩子当成朋友去和他谈心交流的时候，不能做得过度。如果太把孩子当朋友、大人，孩子会觉得父母不爱他了。孩子在这个时期除了需要足够的尊重，还需要特别多的关心。

少年儿童研究：父母应当怎样和青春期的孩子沟通呢？有的孩子回家就进自己房间，和父母很少交流。

雷秀雅：首先父母要了解，孩子在这个时期出现这种情况是正常的。大多数青春期的孩子不愿意和父母交流，不愿意和老师交流，但和同伴的

交流不会出现任何问题。如果同伴关系不出现什么问题，父母就没有必要太担心。

比如有时我的女儿会和我拥抱，说她很难受，我就不勉强让她说为什么，这么大的孩子肯定会有各种不愿意和父母谈的事情。我只会给她一些安慰。有的父母面对这种情况会很担心，想知道究竟是怎么回事，其实没有必要。

还有很重要的一点是：一定要让孩子知道，父母爱他，他不孤独。其实孩子的许多过激行为都是由于情绪过激引起的。如果孩子知道父母爱他，哪怕受批评，被惩罚，但他不恐惧不孤独，就不会产生过激情绪。这是每个父母都应该明白的一个道理。

少年儿童研究：父母如何让孩子感受到这种爱，也是需要方法的。因为很多人都是在成年之后才感觉到父母的爱心，在童年时期是没有感受到的。这有自己的感悟，但肯定也与当时父母的表达有关。

雷秀雅：我们在批评或惩罚孩子的时候一定要让他们知道为什么，知道他们所犯的错误是应该被批评和惩罚的。但是有个原则：不能使用暴力，尤其是女孩子的父母要注意，爸爸是绝对不能打女儿的。女孩子希望在父亲那里获得的尊严要比在母亲那里大得多。女孩子有时可能会在母亲面前承认自己的某些错误，但绝不愿意在父亲面前承认。父亲对女儿的影响，特别是情绪的影响是非常大的。

少年儿童研究：我们在与父母的接触中有这样的发现，如果父亲对孩子教育不得当，似乎比母亲教育不得当后果更严重，是不是因为父亲比母亲更强势，所以孩子的感触更为深刻？

雷秀雅：如果说父亲是靠山，母亲就更像温暖的怀抱，寻求不到温暖与依靠不到靠山，显然程度是不一样的。所以我认为最好的状态是父母和孩子一起成长。

少年儿童研究：可能有的父母会想：我都这个年纪了，还需要成长吗？

雷秀雅：这个成长不是指学业，而是指对孩子的理解，对自己的理解。人生的历程都是渐进和发展的，在每个年龄段都是如此。

扬长补短，避免教育上的完美主义

——访郭召良

> 郭召良，北京师范大学心理咨询与心理测评博士，昭良心理总裁。

不要用看成人的眼光来看孩子，要以儿童发展的眼光看待儿童

少年儿童研究：我们有很多家长在教育孩子的时候，往往求好心切，希望孩子的缺点越少越好。这种心情我们都能理解，但是有些家长会把孩子的某些特点当成缺点，希望孩子改正。您对此怎么看？

郭召良：家长之所以觉得孩子有缺点，是因为他们认为在孩子身上存在着许多问题。而家长眼中看到的问题，实际上是孩子心理发展阶段必然会出现的东西，是和孩子的年龄有密切关系的。随着年龄的增长，孩子的心理会慢慢发生变化，逐渐成熟，有些问题会随之解决的。比如有的家长说自己孩子坐不住，上课或写作业时脑子总开小差，好动。这在很大程度上与孩子的年龄有关。孩子的年龄越小，注意力集中的时间越短，孩子的年龄越大，注意力集中的时间越长。因此，对不同年龄的孩子，要求其注意力集中的时间应有所不同。

很多时候，家长是以看待成年人的眼光来看待孩子。如果以儿童发展的眼光来看儿童，有些问题就不那么令家长困扰了。随着年龄的增长，有些问题是可以迎刃而解的。

家长要清楚地知道自己家的孩子与同龄孩子相比是什么样的。但在比的时候家长往往有一个误区，就是把自己的孩子与最优秀的孩子比较，其实应该是与多数的孩子相比较。按照统计学来说就是看平均数，看看大多

数孩子平均能坐多久，而不是找那个坐的时间最长的，要考虑孩子的发展阶段和发展水平。

前面所说的是属于智力或是说能力层面的，另外家长还要关注孩子的道德层面。比如有的孩子拿家里的东西或金钱，这让家长很生气。实际上年幼的孩子没有物权这个概念，还不是很了解哪些东西是不能随便自己拿的。我们传统上很看重道德，家长很在意孩子拿家里的钱或是物品。有句话是这样说的："小时偷针，大了偷金。"其实这具有泛道德化的倾向。告诉孩子以后不要拿就可以了，没必要提高到道德的层面看这种事情。

少年儿童研究：这种情况大概是多大年龄孩子具有的特点？

郭召良：通常是幼儿园年龄阶段的孩子会具备这种特点。但是如果父母没有特别教导过不要随便拿家里的钱或是拿别人的东西，在小学生中还是会存在这种情况的。

同样与年龄相关的还有孩子撒谎。撒谎是因为低年龄孩子有时分不清什么是真实什么是想象的。

与一味杜绝孩子撒谎相比，培养孩子自信、有担当更为重要

少年儿童研究：但是我们也会看到，有的孩子即使是已经到了 10 岁左右，仍然会撒谎，这可能就不是因为年龄的原因了。

郭召良：撒谎的原因其实很复杂。我们提倡孩子应该诚实，但不是说完全不撒谎。我们自己有时也会撒谎对吧？面对撒谎这件事，要区别动机、目的和意义。其实家长对孩子撒谎很生气，有时不在于撒谎本身，而在于自己被欺骗了，成为撒谎的受害者。由于孩子撒谎使得家长不能了解到真实的情况，所以家长很气愤。

撒谎的人是因为不能面对真实，不敢把真实的东西呈现给别人。从心理学更深层面来讲，是一个人有没有自信的问题。有的谎言对他人不造成伤害和妨碍，只是对自己某种不尽如人意的掩饰。

少年儿童研究：家长除了因为自己受了欺骗而生气，还有一种对未来的担心，怕孩子发展下去撒谎成了习惯，成为一个不好的人。

郭召良：很多从事教育或心理工作的人都知道，撒谎有时是孩子想躲掉因为做了错事有可能受到的惩罚，本能地要保护自己。如果一个孩子长大后连谎都不会撒，也是很值得忧虑的。因为有的事情是需要灵活掌握的，中国有句话：报喜不报忧。这难道不是撒谎吗？这种撒谎实际上是一种担当，是儿女希望父母不要有更多的忧虑。谎言有善意的和恶意的。很多事情并不是非此即彼，要让孩子区别各种情况。

避免撒谎一是要让孩子有自信，自信是对缺点的接纳和对优点的肯定。二是要教会孩子勇于承担。人必须要有责任感，这是更深层次的要求。这是我们要对孩子培养的品质，而不是单纯去教育孩子不要撒谎。真正的教育核心不是简单的诚实不诚实，也不能都提高到道德的高度，从心理学来讲，所有的道德问题根本上还是心理问题。

世界上没有全能的人，只有多能和少能的人。追求完美可以，但要求孩子完美是错误的

少年儿童研究：很多家长在要求孩子的时候，难免有完美主义的倾向，总希望孩子需要坐得住的时候就沉稳安静，需要与外界打交道时就外向张扬，有时就觉得孩子性格过于单一。

郭召良：从心理学角度来讲，人是具有各种不同的特点的，有了这种特点相对就不具备那种特点。有的家长求全，当看到孩子外向活泼、喜欢热闹的时候，就会嫌孩子不太安静沉稳。发现坐不住的时候，家长就会说：你看人家孩子坐得多好。可是能坐得住的孩子，他们的家长又会觉得自己的孩子不够活泼，见了人说话的时候不大方，不爱打招呼。

再比如学习，孩子可能数学好的时候，语文有问题；语文学好了，英语又不太好了。也有的时候，孩子可能各科成绩都不错，但体育或者音乐科目成绩不好，或是不爱和别人交流，也有可能生活能力不行，等等。

我们要明白的是：世界上没有全能的人，只有多能和少能的人。只要探索的范围足够宽，每个人总能找到自己的不足。在家长的视线范围之

内，学习、才艺、人际、道德品质，家长希望孩子都能做好，实际这是不可能的。即使有的孩子暂时做到了，但家长随之又会有更高的要求，所以说，家长看到的孩子的缺点是基于完美主义的要求，这样的目标是不可能实现的。一个既外向活泼又内向沉稳的人，作为孩子来说基本是不存在的。能够内外兼修一般是成年人的事情，是到了大学阶段后的人生修炼的结果，在青少年阶段还是本性的东西比较多，因为他们自我控制能力比较弱。

家长可以有要求和训练，不能总是埋怨。也就是说可以追求完美，不能要求完美，要求孩子完美是错误的。我们除了强调教育的作用之外，还要承认差异。如果认为孩子某些方面需要改进，从教育的角度，可以有适当的要求和适度的培养与训练，来帮助孩子发展，但家长不能因此着急，非要逼迫孩子如何如何。有时家长越着急，孩子做事越犯怵。

我们谈到人的发展时，要看两个方面：一是现状，二是目标。家长往往只是从目标来要求孩子，比如把目标定在100分，而不去看孩子的现状可能只是20分。我们心理学要求是从出发点来看，可能过去10分，现在20分就已经是进步了。从这样的心态来看孩子，才会对孩子提出适当的要求。

少年儿童研究：家长有时会对孩子的优点视而不见或是习以为常，觉得那都是应该做到的，而总是把孩子的不足之处拎出来。

郭召良：那么孩子为什么有好的方面和不好的方面呢？心理学认为人有95%的潜能没有发挥出来。

少年儿童研究：对啊，所以家长就希望孩子多多开发这部分潜能。有的家长会认为我的孩子之所以还没有达到某个高度，是因为没有找到好的教育方法，一旦找到就是可以实现要达到的目标的。

郭召良：这种说法是没问题的，潜能是可以靠教育来开发的。教育可以促进潜能变为现实，还可以激发更多的潜能。问题是父母是否愿意去做？愿意花多长时间来做？比如我们在做高考咨询的时候会发现有很多孩子希望考到北大清华。我们或许能帮助一些孩子实现这个目标。但有一个条件：别的学生可能需要3年，而这个学生也许需要7年，他要走的路要比别人长。那么他还愿意去做吗？

时间是有限的。人的精力也是有限的。我们要认识到潜能的可能性与实际训练及发展的有限性。孩子如果把时间都用在 A 方面，肯定就要忽略 B 或 C 的方面。

少年儿童研究：既然时间有限，家长就会想：那你还不把这有限的时间用在该做的事情上，比如赶紧去学习。为什么还要浪费时间呢？还总要玩或是打游戏、看电视？

郭召良：这就是孩子的特点。孩子在童年这个阶段，很多东西对他们来说就是玩。举个例子：家长带孩子去姥姥家，走在路上，家长会奇怪：孩子为什么不好好走路？放着大路不走非要去走马路牙子，为啥他要走高的地方或是哪儿有水往哪儿踩？实际上是孩子没有赶路的意识，他没有我要从 A 点走到 B 点，要完成走过去这个任务的意识。他只是想怎么把这个走路过程变得丰富一些，有意思一些。在孩子刚上学的时候，我们的教育课程要丰富生动，所谓寓教于乐才符合其心智特点。这是由儿童心理发展阶段决定的。随着年龄的增长，孩子的心智会增长。打个比方，如果把小学六年级的心智看作 100，那么到了初中就会到 120。100 会用于学习，多出来的 20 就可以发展其他方面。

缺点的背后往往就是优点，家长要教会孩子如何发展自己的优势，而不是要做一个全能的人

少年儿童研究：孩子的优点、缺点和特点这几方面彼此的关系是什么样的？

郭召良：心理学认为：缺点的背后就是优点，比如调皮捣蛋的孩子精力充沛，不爱社交的人爱思考问题。以孩子的学习为例：内向的人比较喜欢独立思考、独立解决问题。而外向的孩子遇到学习问题时善于求助。当然如果过于极端还是需要做些改变，独立思考是优点，但过度就可能没有效率，这时就需要调整为多一些独立思考，少一些求助，适当发展。喜欢

得不到就求助的学生也要适当多些独立思考。

少年儿童研究：缺点的背后是优点，这不绝对吧？

郭召良：是绝对的，所有的缺点都是这样的。凡事都是有利有弊的。

少年儿童研究：有的孩子很暴力，特别爱和同学打架、喜欢打人，背后能有什么优点呢？

郭召良：正像我们前面说过的，这种孩子精力体力比较充沛。如果孩子打了自己的同伴这肯定是缺点，但如果打了坏人呢？所谓的优点、缺点要看放在什么位置上来说了。比如高个子打篮球有优势，但做宇航员就是劣势。再比如说坚持是优点，但过于坚持在有的时候就是顽固。有这样一句话：有阳光的地方就有阴影。那么同样有阴影的地方也一定有光明。因此家长不要把孩子的那些缺点看得一无是处。

少年儿童研究：孩子有时就是这个度掌握不好，家长也往往在教育孩子的时候容易走偏。

郭召良：家长需要做的实际是成分的调配，但要根据孩子的具体情况。不能指望一个在学习上只有 20% 向外界求助的孩子，他的向外界求助的意愿达到 50%，因为基数就在那儿了。许多东西不是"有"和"无"的问题，而是"多"和"少"的问题。一个内向的人需要一些外向的素质特征，做必要的补充。

家长要教会孩子如何发展自己的优势。无论是一个国家在世界上，还是一个人在社会上，生存之道是如何发挥自己的优势。要寻找自己做得最好的那部分，而不是要做一个全能的人。

少年儿童研究：如果是这样，家长肯定希望孩子把学习放在第一，充分发挥或是努力增加这方面的优势。

郭召良：把学习放在第一没有错，但我们家长要塑造的是人才。就像根雕一样，要看看这个材料适合做什么样的作品。所有的成长都是基于天赋和秉性。要学会分析自己孩子的特点。不要总盯着他的缺点，家长要明白的是自己孩子哪方面的优势可以有助于他在社会上更好地生存，找到立足之地。要懂得扬长补短。而有的孩子的优势可能不完全是在学习方面。

少年儿童研究：发挥优势或是寻找特点，那么有没有本来是特点，但在家长看来是缺点的东西？

郭召良：家长常常对孩子的优点视而不见，把焦点盯着缺点上。实际上家长应该做的一是应该寻找优点，巩固长项。二是找出缺点背后的优点。我们的社会并不是只需要高智商的人才，具有热情、忠诚等人格方面优势的人同样是社会需要的。有的时候家长不是很清楚培养孩子的目标是什么。社会工作不是靠天才支撑的。家长最大的问题是基于愿望而不是基于现实。当孩子不尽如人意时就会失望焦虑，会放大孩子的缺点，甚至把本来属于孩子的特点当成缺点。

少年儿童研究：家长有时会忽略遗传的问题。我们经常会听家长说自己孩子哪些方面有缺点，如果认真询问一下家长，他们才会意识到原来孩子和家长有很相像的方面。

郭召良：这个"像"实际是两方面：一是遗传的因素。二是学习的因素。孩子会模仿父母的言行。其实我们所谓给孩子做咨询实际是对家长的教育进行咨询。遗传的东西很难改变，我们没必要做更多的求证和探讨，只是让家长了解有这样一个事实就可以了。比如我们不用讨论这个孩子的冲动来自哪里，而要讨论如何让这个孩子克制自己。我们只负责如何通过教育来达到我们的目标，主要的还是家长要注意自己的言行规范。

家长要把眼光看得远一些，不一定要胜在一时。从教育的角度看，要明确目标，从现实开始起步，在自己孩子现有的基础上努力，能达到什么程度就做到什么程度。

调整教育方式，避免完美教子的负面影响

——访訾非

> 訾非，北京林业大学人文学院心理学系主任，硕士研究生导师。致力于完美主义研究，有《完美主义研究》等著作。

在教育孩子的过程中，许多父母有追求完美教子的趋向。他们或是希望孩子处处优秀，给孩子提出了很高甚至是苛刻的要求，或是给孩子极为周到的关怀，希望孩子拥有完美的生活环境，无忧无虑地长大成人。可以说，愿望是美好的，但在执行过程中，是否真的能达到其要求？这种环境下的孩子心理状况如何？为此我们采访了对完美主义有很深入研究的訾非老师。相信他的观点及其研究成果会对父母有所启示。

许多父母希望子女按照自己想象的方式发展，对子女进行简单化的干涉和规训，久而久之，孩子缺乏为自己设定恰当的目标的能力，往往是目标极高，行动上却犹豫不决

少年儿童研究：訾非老师您好！完美主义者是什么样的？他们有着什么样的特点？

訾非：对完美的偏好和追求是人类与生俱来的能力。完美主义者追求完美的行为多种多样，但有一个共同特征：就是以获得完美感或消除、回避不完美感为显著表现。

从人类追求完美意识的发展历程，我们可以发现：每个人都是偏好完美的。但凡事过犹不及，所谓"完美主义者"对完美的要求显然比普通人高得多，而且他们对完美的要求甚至脱离了实用功能的层面。他们并非在

为了生活得美好而追求完美，而是为了达到极度完美的形式而追求完美。

我归纳出4种完美主义人格的心理动机：是其所是，十全十美，最佳，越来越好—这是完美主义者对自己、对别人、对事情的绝对标准。具体解释分别就是"事情必须跟我想的一样""每件事都应该完满无缺""我必须做得最优秀""事情应该越变越好"。

少年儿童研究：具体到教育孩子上，我们发现有些父母就有这种趋向。他们对孩子特别关注，希望孩子各方面都优秀。而且很多家长都相信勤能补拙，认为孩子只要努力、用功就能达到目标。但事实是很多孩子达不到家长的要求。家长的这种要求会给孩子带来什么样的影响？

訾非：对孩子完美的要求其实不仅仅来自家长，也有学校、社会的因素。其出发点是好的，希望孩子全面发展。但人的能力在很大程度上是由先天决定的，先天的一部分决定了现在的状态。有的孩子是达不到父母的要求的。比如有的孩子数学不好，但家长认为门门功课都必须学好才能考上好学校，于是就在数学上下很大的功夫。如果家长能够比较客观地面对自己的孩子，即便不能完全消除那种对完美的追求，至少能够反思。实际上做到这点确实很难，我自己是学心理学的，也是在学习以及接触大量相关案例之后，才对此有所认识和反思。

少年儿童研究：我们在和家长接触的时候发现：孩子越小，家长的期望越大，而随着孩子年龄的增长，有些家长对孩子逐渐有了比较理智的认识。但在孩子年龄很小的时候对孩子的高标准要求会有什么样的结果呢？

訾非：我经常给一些中学生做心理咨询，发现那些孩子到了高年级之后，即使家长已经对孩子要求不高了，孩子却自己放不下了，他们总觉得自己不够好，因为在小的时候他们已经被父母塑造出来了，一旦达不到设定的要求就会很焦虑，觉得自己没有价值。孩子可能要到自己有了孩子或是在工作中才能够逐渐脱离完美主义倾向。

孩子在青春期或青春后期有一个志向确立时期，有些孩子的志向会很高。如果这个时候家长根据孩子的实际情况降低了原有的期望，孩子会觉得家长看不起他。他并不认为家长要求低了就会有所放松，家长对要求的降低反倒会强化孩子对自己的高要求。我们发现青春期或青春后期出现的心理障碍早在四五岁时就埋下了，后来是被放大了。许多父母希望子女按照自己想象的方式发展，对子女进行简单化的干涉和规训，在子女内心形成一种潜意识：我满足父母的要求，就是对的，否则，就是错的，应该遭到惩罚或谴责。也有不少父母给子女设定了一些他们自己也未必能达到的标准，要求子女无条件地执行。久而久之，孩子缺乏为自己设定恰当的目标的能力，往往是目标极高，行动上却犹豫不决。

所以，在孩子幼年的时候，家长对待孩子的态度极为重要。如果家长做法极端就会影响孩子以后的正常发展，追求完美就属于极端的做法。

还有一种是属于反向的完美主义。这类父母对孩子没有要求，孩子想怎样就怎样。什么事情都由孩子自己选择，父母不介入。这是另一种方式的追求完美：怕孩子受伤害。父母觉得对孩子提要求、批评孩子会让孩子心理受影响。这种父母会觉得孩子的世界应该是快乐的，完全阳光的。这是一种心理上的完美主义。但是这种孩子长大了不太能适应有压力的生活环境。有的孩子对父母的过度放任不满，反而会自己给自己设定苛刻的要求，变成完美主义者。

因此，父母对子女过度干涉，过度保护和控制，父母因子女所作所为的不完美而对其进行严厉的惩罚，都会影响孩子以后的发展。

任何事情都有一个程度，如果完美主义的追求超出某种限度，是会让孩子崩溃的

少年儿童研究：家长的这种完美主义要求是从哪里来的呢？天性如此吗？

訾非：家长的完美主义分为几种。

有一种完美主义是来自社会的压力。因为这个社会重视学历、文凭，导致父母对孩子学业有过高要求。当一个家庭没有好的社会地位和社会关系，没有足够的经济能力，父母往往希望孩子通过读书来改变他们的生存

处境，而当今的中国社会，学生的学业竞争是很残酷的。家长对孩子的要求高也是出于无奈。

还有的家长属于有人格缺陷，我们称之为强迫性人格障碍。这种人格障碍就是以追求过分的完美为特点的。我们给有完美主义之类的心理问题的学生做咨询时，追溯其父母的人格特点，经常发现至少有一方是有强迫性人格障碍的。虽然这种病理性的完美主义者在人群中的比例大概只有百分之几，但是在有完美主义问题的学生中，父母有强迫性人格障碍的数量远远超出这个比例。这说明完美主义可以通过遗传和心理上的作用传递给下一代。

有这种人格障碍的家长很难尊重孩子自己的选择。比如有一个母亲，要求孩子必须按照妈妈的要求做事。6岁孩子早上穿什么衣服都不能有自己选择的权利。

少年儿童研究：这和完美主义有什么关系呢？这是家长的控制欲吧？

訾非：控制欲就是强迫性人格的一种表现，完美主义也是强迫性人格的一个典型特点。在这种母亲看来：孩子必须按照我的要求去做，否则这个世界就坍塌了。她会觉得孩子今天想穿短袖，着凉了怎么办？在这种焦虑之下，妈妈对孩子吃什么、穿什么、说什么话，一举一动都非常在意。

少年儿童研究：天气凉提醒孩子穿衣服不是家长应该做的吗？毕竟孩子判断能力弱。

訾非：关键是这个孩子已经是小学生了，孩子到了六七岁，他应该有对天气的判断能力了。如果家长认为天气会冷，可以提醒孩子带件衣服装在包里，孩子觉得冷了可以穿上，而不是完全否定孩子的选择。孩子的想法必然有他的理由，只要孩子的想法不是很离谱，就要尊重他们的选择，家长要保护孩子的主见。如果孩子事事都必须听妈妈的，连早上穿什么衣服、吃什么早饭这样的事情都决定不了，他们长大后找工作、找对象怎么会有自己的主见呢？

少年儿童研究：完美主义父母教育出来的孩子长大后是会变成完美主义者呢还是反其道而行之？

　　訾非：两种情况都会有，关键是看这个孩子有没有从中获益。如果一个母亲控制孩子，孩子按照母亲的要求学习，模仿母亲的行为，如果成绩好，老师评价高，他就会觉得这种控制是对的，那么也会同样对待他自己的下一代；如果按照母亲的要求做了但学习还是一塌糊涂，自己也不讨老师和同伴的喜欢，他就认为这是没用的了。我们的学生中遇到更多的是前一种。但任何事情都有一个程度，虎妈狼爸的教育方式，对有的孩子可能适用，因为孩子的心理状况、精神承受能力不同。我们家长有时就只看到了那些成功的。如果完美主义的追求超出某种限度，是会让孩子崩溃的。这就是为什么我们看到尽管有人很成功但还是走向了崩溃。

　　少年儿童研究：家长会认为自己可以借鉴这些成功家长的做法。

　　訾非：这些家长有时是不了解实际情况。强迫的教育方式教育出来的孩子，确实会有个别成功的，但绝大多数并非如此。在目前我们这种考试制度下，即使是那些考得不错的学生，他们靠的是记忆，对书本里的知识没有任何反思，拼命记到脑子里。所以有的大学生尽管考试成绩很好，但难以有多少创造力。亚裔虎妈、美国耶鲁大学教授蔡美儿出版过一本《虎妈战歌》，她自豪地介绍如何以"中国式"教育方法管教两个女儿：骂女儿垃圾、要求每科成绩拿 A、不准看电视、琴练不好就不准吃饭等，这种教育理念引发了国际性的教育大讨论。当然，也有不少人肯定这种方法，认为虎妈式教育会培养出更加"优秀"的孩子，让他们以后对自己也能高标准严要求，在竞争中出人头地。

　　但同时，类似的高标准教育所产生的负面后果，在心理咨询室中屡见不鲜：某女士为自己 6 岁的儿子报了 9 个以上的培训班。她认为现代社会竞争太激烈，不能让孩子输在起跑线上，否则就会影响孩子的前途。于是，这个孩子每天放学后都被逼着一个接一个地参加培训班直到睡觉，周末也被安排得满满的。后来这个孩子表现出一些古怪的行为，比如：一次，他在学校乘电梯，当电梯门打开时他发现鞋带没有系好，便一定要系好才进电梯。同学们把他拉进电梯，他在挤得满满的电梯内执意要俯下身去系鞋带，绝不肯等到电梯开门出去再系。这个孩子已将父母的完美主义要求内化为人格的重要成分。母亲认为不报满学习班就会被社会淘汰的恐惧感和孩子不系好鞋带就感到焦虑，是不是如出一辙呢？这种焦虑显然不是出于人类天然的完美偏好，而是蕴含着他们对成就、权力、赞许的渴望，或者是对于失败的担心和对于被人疏离的恐惧。换句话说，完美主义者的那些不切实际的标准：比如一定要不论时间场合把鞋带系好、文章检查数遍绝不能有一个错字、英语单词必须一天背得比一天更多……其实是基本需要的"替代品"。他们太需要得到父母的肯定和赞许，太需要确保不被淘汰的安全感了。

那种总觉得孩子做得不够好、安全感比较低、自信心比较弱、对孩子的信心不强的父母需要重点调试。对这部分家长，要开阔他们的视野，不仅仅局限在眼前，而是要考虑孩子更长久的未来

少年儿童研究：完美主义父母教育出的孩子，出现心理问题的概率是不是比较高呢？

訾非：是的。当然，心理问题有很多种，完美主义教育即使没有导致心理疾病，它也有其他的负面。这么教育出来的孩子可能很成功，但是没有什么创造性。东方国家或地区普遍这样：孩子学得很认真，考试成绩也很好，但也相对缺乏创造性。而且这么教育出来的人缺乏主人翁精神，遇到什么不平事他们也不会站出来，为自己考虑得很多。前一阵子教授说我们的教育是培养"精致的利己主义者"，指的就是这种情况。

少年儿童研究：有的父母在生活上溺爱孩子，但在学习上严格要求。两种完美主义可能同时存在，其后果是否更严重？

訾非：这两种东西结合在一起，最容易出问题。孩子如果生活上被照顾得很好，那么自理能力会差，自我的信心是弱的，有可能会造成生活和人际上都很低能。可能头脑很聪明但其他方面很差，内心既自大又懦弱，碰到事情就会犹豫不决患得患失。其实家长也不愿意孩子成为这种人，但这么做就会导致这种情况出现。

少年儿童研究：有的家长意识到了对孩子过高要求是不对的，也想改变，但往往控制不住自己。对这样的家长应该提什么建议呢？

訾非：我想打个比方：比如你脸上有个墨迹没有洗掉就出门了，一直就会很担心：别人肯定会看到的。但如果这个墨迹在别人脸上，你可能看过就看过了，不会再想。因为孩子在家长看来是自己的一部分，而且是自我中最好的、最重要的一部分，父母就会格外在意，自己的孩子有不足之处就很难接受。因为自我的追求完美，那么作为自己一部分的孩子也就必须完美。这在心理学上属于"自恋"。人天生很看重自己的东西，所以才会很纠结。所以人需要战胜自恋。如果一旦有了自己的孩子一定要比别人强的想法，就不可能不追求完美了。这其实也和人的修养有关。

少年儿童研究：如果说是修养，很多孩子的父母都属于高级知识分子，他们同样追求完美，难道他们修养不好吗？

訾非：人的修养未必和学历有关。他不是因为修养而进入某个社会阶层的，而是因为他适合这个阶层。有的人可能能说未必能做。有的教授面对学生的时候可能很有修养，因为学生没有刺激他的自恋，但他面对自己孩子的时候可能就控制不住了。很多所谓的中产阶级就是这样的一个状态。做父母应该具有的最重要的修养恐怕就是坦荡做人，这一点其实和父母属于哪个社会阶层没有关系。不过从心理咨询与治疗工作经历中，我发现中产阶级的父母最有完美主义倾向，尤其是教师、医生和工程师的家庭。我这些年接待的来访者中教师家庭的孩子是最多的。

少年儿童研究：除了您所说的中产阶级这个阶层，更多阶层的父母，完美主义倾向在教育孩子上也是有所体现的。父母除了不要过于自恋之外，在对孩子的要求上还要做什么？

訾非：那些要别人一定按照自己的要求去做、人格障碍非常明显、不理解别人、完全陷在自己的认识当中的父母，这种状态可能自己很难调整好，必须要接受咨询了。

另外有一种人，焦虑更多是来自社会。比如说，现在大城市很多单位进人要求本科要来自211学校，家长了解这种信息后，没法不替自己的孩子着急。对这部分家长我们要理解。因为重点中学、重点大学利益就在眼前，家长很难舍弃。在社会从整体而言没有形成公平淡定风气的情况下，我觉得很难对父母提出太高的要求。

需要重点调试的是那种总觉得孩子做得不够好、安全感比较低、自信心比较弱、对孩子的信心不强的父母。孩子如果考了一个不错的成绩，他会想：如果再多考几分的话，就能够上一个更好的学校。这部分家长可能对人生的理解比较肤浅，会认为考一个顶尖的大学就比考略次一级的荣耀，而这种肤浅体现在生活的方方面面。对这种家长我们会说：可能你忽略了的东西，对你的孩子更有价值。也许这些父母忽略的是孩子的兴趣，尽管进了一个名校但孩子的人生可能丢失了更重要的内容。对这部分家长，要开阔他们的视野，不仅仅局限在眼前，而是考虑孩子更长久的未来。

少年儿童研究：如何调整心态呢？有的孩子考了 99 分，家长会说：如果你再认真一些，不就满分了吗？有这种想法的父母还是很多的。

訾非：是的，很多父母就是这样对待孩子的考分的。从我在大学咨询中心工作的经验来看，对于考分的完美主义要求虽然成功一时，背后的隐患还是相当大的。例如有的孩子在小学阶段考得很好，甚至总考第一。但这些孩子到了大学之后很多就会出现心理问题，甚至有的考试总通不过。他们不是智力问题，因为他们进入大学之后，领先的优势不再，于是开始失落，觉得没有前途，甚至觉得考个十几名还不如考倒数第一。考倒数第一会表明一种姿态：我不在乎这些，从而在心理上表现出优势。理智上他知道在强人很多的地方很难再保持强势，但在感情上接受不了。所以说孩子总考第一有时可能不是好事，成绩一贯优异也不见得是好事。

少年儿童研究：如果父母想调整自己的完美主义倾向，改善这种状况，您会提什么样的建议？

訾非：咨询中我们会告诉家长：总是第一的孩子发展得不一定很好，他们缺失了一些东西。培养孩子有爱心、探索精神、勤奋是最重要的。比拿第一重要。如果家长真的想改变这种情形也好办：看我们的教育目标在哪里。如果教育目标摆正了，比如说要培养有智慧的孩子，那么家长思路就要开阔。有智慧的人能够经常探索新的知识而不是简单的分数比别人高，看问题全面、有判断力而不是受他人意见左右。

少年儿童研究：这种调试实际上就是从根本上改变教育孩子的方向：不要总盯着成绩，而要关注孩子能够成为一个什么样的人。

訾非：对，如果背离了教育的根本，那么看似完美主义的教育其实很不完美。改善父母的教养方式有几个地方值得注意。第一，避免自己的完美主义倾向对孩子造成影响，在孩子面前不要过分表现自己对失败的恐惧。第二，父母要允许孩子犯错，多将自己的关注点放在孩子取得的进步而非所犯的错误上，当孩子犯了错误，要帮助孩子从所犯错误中积极反思、吸取经验，使孩子从失败中学习人生哲理，这样会在潜移默化中引导孩子将更多精力放在追求成功上，而不是面对自己的失败战栗恐慌上。第三，在给孩子制定目标时，应是适当而非过高的，这样可以让孩子渐渐养成制定恰当目标的习惯，增加其通过努力实现目标的概率，享受到更多的成就感。这样培养出来的孩子也就自然不会变成过度追求完美的牺牲品。

教育不是万能的

——访钱志亮

> 钱志亮，北京师范大学教育学院副教授，硕士研究生导师。曾任职于北京师范大学亚太实验学校、北师大实验小学。兼任中国儿童安康成长专家委员会秘书长、中国教育学会中青年分会秘书长、中国家庭教育学会理事、北京家庭教育学会常务理事。

人力资源理论中"今天拥有优质教育资源、明天就支配优质社会资源"被社会广泛认可的今天，每个家长都希望自己的孩子上名校，获得优质教育资源，进而有好工作，享有优质的社会资源，可当前优质教育资源的有限性，是造成家长教育焦虑感的主要原因。另外，一些学者声称：中国孩子在受教育过程中逐渐被学校和家庭毁掉，对中国教育制度猛烈抨击，更加重了很多父母的心理无助感，他们对孩子的未来感到无比担忧。作为一个教育理论研究者，钱志亮老师深层分析了这一切现象背后的根源。

孩子的发展一定是基因和教育的共同结果，不能把后天的教育作用过分夸大

少年儿童研究：不能让孩子输在起跑线上，是很多父母的想法。您是怎样理解教育起跑线的含义的？

钱志亮：首先，我要更正起跑线的概念，起跑线不是在6岁，不是3岁，也不是0岁，而是在精卵子结合的那一刹那。生命是源自精子和卵子的结合，父母各给一个生殖细胞，注定孩子身上会携带父亲和母亲两个家族的种系特征。孩子的发展，一定是基因和后天的教育（或叫经验作用）

而导致的一种结果，不能把后天的教育作用过分夸大。基因决定了整个大脑发展的基本空间和模式。环境和教育只是外因，它们是通过基因这个内因来发挥作用，而且最终起决定作用的是内因。

我们的麻烦在于，家长过分夸大了教育在儿童发展中的作用，过度迷信教育。家长要有科学的儿童发展观，那就是：先天是前提，同时也要看到后天对一个人的影响。那些"没有教不会的孩子，只有不会教的老师"，"你可以不是天才，但你可以成为天才的父亲""教育有多大胆，孩子就有多高才"等说法，都是教育万能论的表现。

总之，儿童的发展就是潜能的表达和发挥，适时的和适宜的早期教育可以引发潜能，促进个体的发展，而过度过早的早期教育只能是延缓，或者说阻碍个体的发展。

少年儿童研究：家长如何判断自己对孩子的早期教育是适宜的，还是过度的？比如，到底该不该让孩子上课外辅导班呢？

钱志亮：对儿童的早期发展应该有一个正确的定位，就是蒙台梭利所说的四个方面，一是运动的发展，包括跑跳钻翻，摸爬滚接。二是感官能力的发展，视觉、听觉、触觉等综合发展。三是生活能力的培养，包括在家庭中的生活能力和在集体中的生活能力。四是初步的知识。现实生活中，很多家长都把知识学习、智力开发看作儿童发展的全部，这是大错特错的。教育必须是面向儿童的全面发展，不能仅仅为孩子升学做准备。

同时，孩子的早期教育又必须立足于三个角度：全面发展、和谐发展和终身持续性发展。所以，培育孩子真善美的价值观，发展生存能力，建立自信和自尊，学会与他人和谐相处与合作，形成良好的生活和学习习惯，丰富个性化的创造力和想象力，培养发现和解决问题的能力，激发好奇、探索、乐于学习的动机，使孩子充分享受成长的快乐，这才应该是家长追求的最大目标。离开这些谈孩子发展，都是一厢情愿的，本质上都是对孩子的折磨。

具体到是否送孩子上课外辅导班，前提有两条，一是孩子是否学有余力，幼儿园或学校的学习轻轻松松就掌握了，不费劲。二是，孩子不反感。

在这两个前提下，才能考虑上课外辅导班。

竞争是虚假的，父母焦虑的心态有时是无谓的，竞争是市场的炒作催生出来的结果

少年儿童研究：家长也许会想，我本身的遗传不如别人，后天再不多让孩子学习那不就更差了吗？

钱志亮：家长必须要清楚自己家孩子是不是读书的料，也许有人觉得我是先天遗传决定论者，不是这样的。但我必须强调先天因素在个体发展中的巨大作用，虽然龙他们家没有生龙（龙生九子，各不相同），但别人家就是生不出赑屃、螭吻、蒲牢、狴犴、饕餮……遗传定律难撼动；主观能动性也是内因的东西，儿童一生下来的探究反射的快与慢就反映了个体主观能动性的差异，说明主观能动性也有遗传成分。教育和环境都是外因，不可能起决定的作用，如果不把这些哲学问题弄清楚，胡搅蛮缠就会害家长、害孩子、害社会、害民族和国家。

家长动不动就告诉孩子"只要功夫深，铁杵磨成针"，记住：这里有一个前提，是铁杵。如果是一个棒槌，磨什么针呀，磨成牙签差不多了。中国有四大名绣，它们的共同特点是，当地都盛产丝绸。只有在质地缜密的绸缎上绣花，花才绣得漂亮。如果在麻袋上绣花，那就是基础太差，最多只能是个十字绣。所以，家长要因材施教，不能盲目强调孩子的主观能动性，这就会陷入主观决定论，是唯心主义的东西。

同时，家长要端正态度，弄清定位，想想自己当年种的是什么种子，你种的是辣椒，就别希望生出一个茄子。你给学校一粒小麦种子，却让学校给你培养一株玉米——我承认变异，但没有这么离谱的！

尤其是一些媒体对某些天才的炒作，7岁天才作家、哈佛女孩、我家笨笨上北大之类，更是增添了家长对教育的盲目狂热。

很多家长不考虑教育做的原材料加工，你家孩子和人家的孩子遗传一样吗？基因一样吗？不一样，你跟在后面起什么哄呀？有些家长总是生活

在一种望子成龙的幻觉之中，这是一种浮躁的心态，害社会，更害孩子。

少年儿童研究：您谈遗传的重要性，也许有人就说，那我们的孩子就没有机会进一步深造了吗？

钱志亮：英国的伊顿公学也不是所有人都能上的。西方走到今天，有300多年的历史，爷爷的爷爷小学毕业，爷爷的爸爸初中毕业，爷爷高中毕业，爸爸大学毕业，儿子读到研究生，所谓"三代洗血""五代培养一个贵族"，上一代人会为下一代奠定基础。经过几代积累之后，家族才会兴旺、民族才会人才井喷。我们现在的情况是爸爸只是小学毕业，但一下子要求孩子上大学甚至读研究生，有积累吗？家庭文化的积累就没有到这个地步，孩子成长的文化基础太脆弱。更何况中国自1840年以来，一直处在反抗列强侵略的战争之中，无数知书达理的仁人志士都投身到保家卫国的战争中去了，对中国的天才能人基因造成了大规模的生物性的破坏；中华民族只是在近几十年刚刚喘过气来，整个民族也在慢慢积累之中，量变积累到一定的程度才会有质变，要学会用哲学思辨的方式来解决问题。

我们今天的社会在不断变革，变革意味着资产和权力的重组，每个人都想占据更多的社会资源，但这是一个改良的社会，只能逐渐积累，改革不是革命，革命即便一夜改变身份，但由于缺少基础，不久还会失败的。所以，对今天的父母来说，只要自己的下一代比自己有一些进步就可以了，不要盲目和别人比，这才是一个理性的定位。

少年儿童研究：看来是很多家长没有客观看待自己的孩子，以致焦虑。

钱志亮：是的，不过市场的炒作也催生出家长的焦虑心态。我们家长要想一想，自己有必要把孩子搞成这样吗？一般人会想，我家孩子将来要读大学，但是社会有一个错误的导向，谁都想着让自家孩子将来都去读好大学。近30年，大学录取率涨了几十倍，2012年已达到75%了，大学生占同龄人口的比例涨了上百倍，依据这样的发展趋势加之人口萎缩，再过15年，孩子还愁没有大学上？家长根本不用操心孩子是否能上大学，于是就开始担心是否能上好大学。我认为这是家长的虚荣心太强了。所谓的好大学，从211到985，再到9所名校，读了名牌大学，就又挑专业。可以说，家长的虚荣心被市场炒作得急剧膨胀，当然那些社会培训机构不如此制造紧张气氛、传播焦虑情绪，他们到哪儿找市场？怎么生存下去？这些都说明很多家长都有从众心理，缺少自己的理性判断。

不要把教育当作社会问题的替罪羊

少年儿童研究：很多人把家长的焦虑和孩子的学业负担归咎于我们国家的教育制度不好，您认同这样的说法吗？

钱志亮：有些"公知"找不到根本原因，只好让教育制度来当替罪羊！有些人不承认自己内在的虚荣，不承认自己的无知，不承认基因作用的事实，不承认有些人不是读书的料的事实，当然会说是教育制度不好了。

我曾对有的记者说过：你们都是学校培养出来的，可你们现在每天围着学校转，一心想挖学校的阴暗面，稍有点儿事情就无限炒作，要把学校搞臭、把老师搞垮。原本学生对老师的爱，对学校的崇敬一点儿都没有了——别忘了，孩子成长是需要有诸如权威教师无私的爱和学校美好殿堂等来支撑的！社会所有的压力都集中到教育，教育的压力都在老师那里。其实，教师就是来料加工，关键是家长给的什么原材料，教师施加的影响就是个外因，如此而已，可是家长不承认这一点，社会也意识不到这一点。所以，我们的教师无辜地承受着极大的心理压力。

因此，我坚决反对社会出了问题都把责任归咎于教育。我不许任何人玷污我们的教育制度，我是中国教育制度坚决的捍卫者。

基础教育是公共资源，要因材施教，但是它也有很重要的一个任务，就是为上一级输送人才。有的看着人家孩子能进一步求学深造就总想着与人家比，甚至眼红，着急自家孩子怎么不行，这些家长们不去深挖内因，而是推卸责任说制度不好。国家要又好又快地发展，注定要靠教育，尤其是高等教育培养专业人才和拔尖创新人才，可是高等教育不是公共资源，公共资源是可分的，但非公共资源是不可分的，只能以能力为本位来分配。全世界中小学生能力测试，中国学生的成绩是遥遥领先的，有什么资格说我们的基础教育不如别人？我在中小学都工作过，这样盲目批评教育是错误的，这些人的心态就不对。

少年儿童研究：为什么有一些专家也批评中国的教育制度呢？

钱志亮：他们对中小学教育根本不了解，他们在中小学教过书吗？他们在国外的中小学工作过吗？没有这些经历，没有比较，就不要随意批判我们的中小学教育。有些所谓的专家不去挖掘每个家庭的根源，最后总说都是学校把孩子教坏了，我必须严肃地声明：我敢肯定从来没有哪所学校教学生去偷、去抢，学校都是教孩子积极乐观向上，学校大的方向没有错，德育为本，育人为先。只是有些家长把知识和升学看得太重了，这才是根源。

我觉得某些"公知"是别有用心的：他们否定医疗改革，他们否定住房改革，如果教育改革也被否定了，那就是全盘否定改革了。他们没本事找根源，就批评教育制度不行，更有甚者会推及政治制度。

当然也有一些教育专家不敢真实地面对家长和孩子的内因问题，害怕得罪家长，于是就糊弄家长、讨好家长，说"没有教不会的孩子"，认为孩子没问题，都是教育的问题。否则，谁来听他的课？谁来买他的书呀？

现在有些人以骂政府为荣，以攻击今天的教育制度、政治体制为荣，这是极其错误的导向，最终给社会带来的不是和谐，而是一种不稳定因素。知识分子要有最基本的常识、良心、操守和责任感，应该成为这个社会稳定的中间力量，应该帮助这个社会找出真正的原因和问题，不能人云亦云，最后把这个社会搅乱。所有的混乱，都是从意识形态开始的。我觉得这些人扰乱意识形态，最终很可能会扰乱社会，是要负责任的。

少年儿童研究：为了缓解家长的焦虑，还有人说，孩子的学习成绩和今后的社会成就没有直接关系，您认为这样说恰当吗？

钱志亮：这似乎是在讨好大众，安慰社会，为构建和谐社会做努力，但是不可取。"孩子的学习成绩和今后的社会成就没有直接关系"？这样说，不就等于告诉孩子"读书无用论"了吗？哪个孩子还会去好好读书？误导！绝对的误导！哗众取宠！

以前的时代也会有这样的情况，暴发户、投机倒把等趁机发了财，我儿时的没有读大学的伙伴确实有发了财的。但我敢肯定地说，在知识经济的"知本"社会里，这样的可能性以后会越来越小。一定要让家长清楚，未来的社会，尽管知识以信息的方式存在于地球的每一个角落，但是知识尚没有被转换为"生物信息"——尚无法以芯片的方式植入人脑，未来社会的知识还是非常重要的。知识是人类精神的食粮，知识就是力量。无论在什么时候，扎实的知识功底，广博的知识视野，合理的知识结构，良好的知识素养，都是教育所追求的目标，都是个体发展的基础。无知是一种素质吗？绝对不是！

总之，当前家长的很多焦虑都是社会人心浮躁的一种表现，我们应该以更科学严谨的态度对待今天的教育现状。

访谈 冷暴力比肢体暴力更可怕

——访宗春山

> 宗春山，北京市青少年法律与心理咨询服务中心主任，研究员。

冷暴力是近来开始被教育者关注的一个话题。究竟什么是冷暴力？对孩子成长的危害有多大？如何避免家庭教育中的冷暴力？

受暴力者有被轻视感、被指责感、被忽视感，能够带来这些消极情绪反应的行为，我们都应该放在冷暴力范畴里

少年儿童研究：宗老师您好！传统的教子观念中有"棍棒底下出孝子"之说。随着时代的发展、法律意识的健全和教育观念的改变，现在绝大多数家长都知道不能打孩子了。但是，当对孩子的某些行为不满意的时候，一些父母采取冷言冷语、不搭理孩子等方式。这是不是就是我们说的冷暴力？您对此怎么看？

宗春山：冷暴力这个概念实际上是一个舶来词，客观地说是多元文化下关于暴力的一个概念。这种暴力没有直接触及肉体，但是对精神上的伤害是极其严重的。法律法规明确禁止家庭、学校暴力事件发生，但对于冷暴力，并没有相关约束。即使法律有这样的条款，也不具有可操作性。

我们在父母心理课程里会让家长去体验，比如我曾经为一家三口做过一个这方面的体验，妈妈的眼泪立刻就下来了。

少年儿童研究：是什么触动了她呢？

宗春山：方法很简单，就是让这个妈妈坐在地上，这时她象征着儿童，

然后大人站在上面，用手指着她，只是指着但一句话不说，这个妈妈的眼泪"唰"就下来了。虽然用手指着她的人一句话不说，也没有打她，但她觉得心里很难受。我们又换了一种方式，让父母角色的扮演者转过身去，给了儿童扮演者一个后背，结果她更受不了了。这时我问她：你最想干什么？她说我想把他拉过来，转过身去还不如用手指着我。所以说，其实我们不用太局限冷暴力是哪种形式，更重要的是关注受暴力者的心理感受。

少年儿童研究：也就是说没有肢体的接触，也没有语言的攻击，只是一种姿态，这种姿态很有压力。

宗春山：对，受暴力者有被轻视感、被指责感、被忽视感，能够带来这些消极情绪反应的行为，我们都应该放在冷暴力范畴里。另外还有漠视，那更可怕。有时孩子看到父母对自己骂都不骂的时候，比挨了骂还难受。人的精神需求远远胜于物质需求，当他觉得自己的价值、尊严、人格受到侮辱、受到轻视的时候，可能比挨打还难受。

少年儿童研究：有的父母跟我们讲，说在他小的时候犯了错误，父母不打也不骂，就是不理他、冷落他。他觉得特别受伤害。为什么这种冷落要比肢体上的冲击给人的伤害更深呢？

宗春山：人的精神需求远远胜于物质需求，当他觉得自己的价值、尊严、人格受到侮辱、受到轻视的时候，可能比挨打还难受。

儿童有几个关键的成长期，1—3岁需要建立的是安全感；3—6岁这个阶段是培养一个人成就、自信的关键时期，需要建立的是自尊感；6—12岁需要建立的是独立感。特别是第二和第三个阶段，是心理健康形成的重要时期，这个时期对他的伤害可能对他来说是终生的。他会怀疑自己是一个没有价值、没有存在意义的人，这个创伤在后来的生活当中几乎是很难消除的。

到了青春期的时候，冷暴力同样是对孩子有很大伤害的。青春期的孩子处在一个成熟半成熟的状态，是人格形成的关键期。在这一时期，对他的冷暴力会导致他的反社会人格。他不知道自我的价值意义在哪里，他会用更极端的行为来引起别人对他的关注。青少年成长不同时期对于心理上的支持和需求虽然是不一样的，但是总的来说，他们在精神层面的需求是永远存在的。疏离和冷漠是对人最大的伤害。对人最大的惩罚是什么？把他关到监狱里面去。关到监狱里面难受的是什么？没有亲情，没有情感寄托。生理需求都没有剥夺，但精神需求被剥夺掉了。所以我觉得，精神上的伤害对人来说是终生的，甚至是致命的。

少年儿童研究：有的孩子小的时候可能挨打挺多的，但是长大之后他并不恨父母，跟父母还挺亲的。相反有些亲子间很客气没发生过激烈冲突家庭出来的孩子，可能跟父母更疏远一些。

宗春山：所以中国有一句老话说："打是亲骂是爱。"这虽然不符合我们倡导的教育观念，但在某种程度上，两害相权，"打"可能比冷暴力还好一些。孩子能感受到：你打我骂我了，说明还在乎我，还关注我。人的精神需求对于整个自我的建构起着至关重要的作用。

父母在愤怒或生气的时候，孩子能看出父母的态度。但父母没有表露出任何情绪时，孩子的感受是冰冷的，因为触摸不到父母的心

少年儿童研究：被打的孩子知道父母是在愤怒是在生气。而那种被父母冷落、置之不理的孩子，可能会不知道父母要表达什么，也不知道自己究竟犯了什么程度的错误。

宗春山：他永远在猜谜。其实父母在愤怒或生气的时候，孩子能看出来父母的态度。有时父母和孩子有激烈冲突时父母自己也会难受，甚至觉察到自己态度不好时会道歉。但是冷暴力中几乎没有这个道歉的过程，父母没有表露出任何情绪，孩子的感受是冰冷的，触摸不到父母的心。这个时候，父母把情感的大门关上了，孩子没有办法去穿越，他会非常痛苦。这种方式近乎对人的侮辱了，因为把孩子没有当成人对待，而是当一块砖头一块木头一样。

少年儿童研究：有时家长觉得打孩子是比较粗鲁的行为，所以才用不打而是不理来逼孩子反省。

宗春山：实际上冷暴力的方式更粗鲁。冷暴力比肢体暴力还可怕，最根本的还是儿童人权观的问题。我们只在打和不打的层面上探讨没有什么意义，父母要把孩子当成有尊严的人来对待才是最重要的。打不打孩子只是一个比较表层次的问题。没有正确的儿童人权观才是最可怕的。

少年儿童研究：哪些家长容易采取冷暴力这种方式对待孩子呢？

宗春山：第一种是本人曾经有类似创伤的，自己也是受害者。第二种是对自我内心关注不够的人，内心是苍白的，是空的，是冷的，不能时时刻刻去觉悟到自己内心的感受需求。第三种就是不爱自己的人。他在惩罚孩子的同时实际上也在惩罚自己。因为不爱自己，他永远对自己不满。

还有一种就是夫妻关系出问题了，孩子成为他的情绪配偶。比如可能是母亲，她要在夫妻关系当中获得她的情感需求和满足，一旦得不到，她就会惩罚身边与她有关系的人。而孩子在空间和心理上都是离她最近的人。

少年儿童研究：如果从根源上来寻找的话，家长对孩子实施这种冷暴力的原因是什么呢？为什么会采取这种方式呢？

宗春山：其实中国的文化本身就有部分虐童文化的色彩。看看古代的二十四孝。二十四孝也就是24个孝顺的故事，有8个是有关儿童的。最著名的就是"埋儿奉母"—为了节省粮食把谁埋了？把儿子埋了。"扼虎救父"中老虎出来了，14岁的小女孩冲上去跟老虎搏斗把父亲给救了。"扇枕温衾""卧冰求鲤"也都是孩子奉献，成人受益。

我认识一个家长，他儿子是某中学实验班的。孩子高烧40度了，孩子妈妈让孩子上学去，孩子不想去，家长就给了孩子一巴掌说：去！你落一天等于落一年。这个妈妈对自己的丈夫、父母会这样做吗？为什么对孩子会这样做？就是因为没有把他当成一个独立的人来尊重。爱是什么？《少有人走过的路》这本书里写道：爱是意识和潜意识的统一，意识层面不会说不爱孩子，但潜意识还是想控制孩子，想驾驭孩子。

少年儿童研究：如果孩子经常受冷暴力，对他长大了以后有什么影响呢？

宗春山：我觉得有两大方面，一个看他认同不认同。他要是认同的话，他将来也会用这种方式对待周围的人。他已经痛过了，他知道怎么让别人去痛，他认同这种方式是有效的，他也会用这种方式对待别人，包括他的婚姻，他的孩子，这种方式会被传承、会延续。

第二种情况是他不认同。不认同也有两个方面：一种不认同是他在这方面可能会有创伤，这个创伤会影响他今后的婚姻生活，比如他的伴侣用这种方式对待他的时候，会唤起他童年的创伤，他有可能会把简单的事情复杂化。因为这是创伤，所以他会仇视，会敌对，会升级。另一种不认同是他觉得这样的事情是不可以做的，警告自己将来绝不可以再如此对待自己的孩子，当然这种不认同是最好的。

少年儿童研究：就是说通过这件事吸取了教训。

宗春山：对，但是这部分人占的比例是很小的。

少年儿童研究：您在接受媒体采访的时候曾经说过：父母对孩子实行冷暴力的情绪虐待也是导致未成年人犯罪，包括与他人发生暴力冲突的一个重要根源。原因是什么？

宗春山：对有些孩子来说，冷暴力的结果最终会导致真正的肢体暴力。有些青少年处在青春期这样一个心理极度不平衡、不平稳期，他的情绪非常容易被激化。他想用暴力的方式让周围人承认他的存在。他觉得：我被冷落，你们拿我当砖头，当木头，我现在告诉你我是个人。他用愤怒极端的方式去表达，他要让别人知道他的厉害，知道他的存在，让人知道他的价值和他存在的意义。但是因为他是受到极端的刺激之后产生的做法，他会采取畸形的、非常态的表达，而暴力是最有效的方式。比如一个孩子被班里同学孤立了，被老师孤立了，他开始是害怕，然后是愤怒，最后就是攻击。攻击开始是隐匿性攻击，比如说把谁的铅笔折断了，把哪儿的玻璃给砸了，趁老师不注意把老师衣服给弄脏了，慢慢升级后就是与别人发生肢体上的冲突。

我们从来不反对惩戒，关键是惩戒应该是健康的、能达到教育目的的，

这是惩戒的前提，不是要让孩子痛苦和难受

少年儿童研究：打孩子是不对的，用这种冷处理的方法对待孩子，会对他造成创伤，那如果孩子犯错误的话，家长怎么教育才是有效的呢？

宗春山：我们从来不反对惩戒，关键是惩戒应该是健康的，能达到教育目的的，这是惩戒的前提，不是要让孩子痛苦和难受。就家长来说，大家都是有情绪的，但是家长要让孩子知道：你的这个错误让我很愤怒，我需要自己待一会儿。家长不要隐瞒自己的情绪。有时父母生气了或者今天很累很烦，可能会对孩子没好气。可能孩子犯了一个很小的错误就被放大了。平时情绪好的时候，孩子做错了也是对的，情绪不好的时候对的也可能是错的。后者让孩子感到非常委屈和痛苦，所以父母要学会管理情绪。管理情绪不是不要情绪，而要让孩子知道父母的正常情绪，父母再教会孩子表达，这才是更重要的。

少年儿童研究：谈到冷暴力，我们看到学校教育中也有这样的行为，比如有的学校给孩子佩戴绿领巾，不同成绩的孩子用不同颜色的作业本，给孩子的心灵带来了伤害。如果孩子在学校被这么对待了，家长怎么给孩子疏导呢？

宗春山：家长在这个时候首先是一个保护者，要站出来向学校表达自己对这种做法的反对。这其实也在给孩子做示范，第一，我要把我的情绪表达出来。第二，让孩子知道我爸我妈始终是爱我的。

少年儿童研究：但是家长可能更容易说：你看你为什么戴绿领巾？你为什么不如人家表现好？

宗春山：这不是雪上加霜吗？什么叫无条件爱孩子？我们不能要求老师无条件爱孩子，但是父母要做到。孩子成绩不好，父母很着急很生气，但还是要尽量地去告诉他：你是我的好儿子，成绩不好我们要想办法努力。或者我接受你成绩不好，你努力了就行了。所以父母的角色第一是保护者，第二是疏导者。

少年儿童研究：孩子遇到这种不公正的待遇，更重要的是怎么样让孩

子在这种情况下能够得到最大限度的保护，这可能是家长要做的。

宗春山：我觉得家长要做的就是要理解孩子，有的学校根据成绩给孩子排座位，坐在后排成绩不好的孩子可能会觉得很生气，回家对父母发脾气，或是情绪低落。对这种孩子，家长要理解：我知道你心情不好，要不然你不会这样的，说明你非常想往前面坐，对吗？现在你坐在这个位置的原因我们分析一下。你有没有努力？你看看坐在前边的孩子怎么努力的？他做了哪些事情？你觉得你做没做到？如果你也做到了，你也努力了，那就这样吧。因为第一名只有一个，但是我想告诉你，你是妈妈眼中的唯一，你是全班的唯一，做好你自己就可以了。你要觉得你能够接受这个现实，那你就接受。你觉得不能接受，那你希望我能帮你做什么？你能做什么？这些事谈开了，我觉得孩子就会觉得没什么了不起的。

少年儿童研究：孩子犯错是需要惩戒的。什么样的方式才是正确的？

宗春山：应该先定规则，在规则之内的要遵守，要选择承担，让他知道做不好是有后果的。其实我们不是要去惩罚他，我们是要他记住他要承担，这是目的。很多时候我们是在发泄大人的不满，不是教育孩子，目的已经完全跑偏了。

访谈

没有温度的家庭教育会造就冷漠的孩子

——访郭开元

> 郭开元，中国青少年研究中心法律研究所所长，副研究员。

2015 年 12 月 4 日，湖南省邵东县创新学校高三教师滕昭汉被学生小龙（化名）杀害，终年 49 岁。事后家人从法医那里得知，他身上总共有 3 处刀伤，致命的一击，是从前胸扎来，刺穿骨骼，扎进心脏。小龙是他教了 3 年的学生，从高一教到高三。

对于一些相关的新闻事件，我们一直没有做特别紧密的探讨，一方面考虑到新闻报道的内容经过了媒体视角的取舍，客观性会受到一些影响；另一方面考虑到也许在报道这个事件的时候，事实的真相并没有完全被了解。在这样的背景下探讨问题，往往会有失客观，会有一些臆想的成分。

现在之所以探讨湖南邵东杀师事件，是由于郭开元所长亲自采访了案件的涉案人小龙（化名），有切身的感受。透过一个研究者的视角，使我们能够更多地体察问题的本质，发现问题背后值得思考的内容。

家庭教育的缺失有两种类型，一是父母不与孩子生活在一起，另一种就是父母与孩子生活在一起，但是家庭教育不到位

少年儿童研究：您以一个研究者的身份去面见当事人，就您的了解，您认为导致这个事件发生的最主要的原因是什么？

郭开元：开始接触这个案件的时候，直观的感觉犯罪的主要原因是犯罪者个体心理方面的一些问题。随着访谈的深入，发现家庭教育、家庭监管是其中的重要因素。

少年儿童研究：小龙的家庭情况是什么样的？从报道中看，他的妈妈在邵东陪他读书，为此家里还租了房子。他并没有像留守儿童那样被父母事实上地"抛弃"。他的家庭对于他最终成为事件的当事人起了什么样的作用？

郭开元：小龙也有过留守、流动儿童的经历。最初他与在广西打工的父母生活在一起。母亲生了弟弟后，他被送回了老家，与外婆在一起生活。

从表面上看，小龙并不是一个留守儿童，有母亲的陪伴。但是从后来的访谈中发现，虽然有母亲陪读，父亲每个月也会打电话给他，父母的关爱是不缺位的，但是对孩子的教育是缺位的。他的父亲在孩子出事后曾经说"不知道怎么教孩子才是教得好"。

也就是说，虽然在形式上他有父母的陪伴，但是父母并不清楚地知道如何正确履行父母角色应当承担的教育职责，真正的家庭教育并没有到位。

少年儿童研究：就像我们说父教的缺失，有的是父亲缺位，比如夫妻离异了，或是父亲去世了，那是父亲不在。但是对于有些孩子来说，父亲是在的，是生活在他的生活中的，但是并没有起到父亲应当起到的作用。

郭开元：是的。所以我们说家庭教育的缺失有两种类型，一种是父母不与孩子生活在一起，比如留守儿童，父母缺位于孩子的生活，没有对孩子进行家庭教育。另一种就是父母与孩子生活在一起，父母都在孩子的身边，但是家庭教育不到位，这也是一种家庭教育的缺失。

该事件的发生还提醒我们反思一点，那就是家庭教育一定要有针对性，没有针对性的家庭教育起不到引导孩子的作用。我深切地体会了这一点。在访谈的过程中，小龙说父母对他的教育就是问他的成绩如何，教育他在学校里要好好听老师的话。这种教育是泛泛的、笼统的，对于心理有问题或是行为有问题的孩子根本起不到教育矫正的作用。对于父亲"好好听老师的话"的叮嘱，小龙每次都会乖顺地回答"好的，我听了"。父母就以为孩子很听话，一切都好。事实上这只是孩子对于父母不到位的家庭教育的一种敷衍，是他应对父母的一种方式。

少年儿童研究：读玄幻小说是小龙犯罪前一个重要的行为表现，也可以说是引发他犯罪的导火线。他的父母知道他读这类小说吗？

郭开元：不知道。小龙读小说是用手机。他有两部手机，其中一部是老人机。我问他小说从哪里下载的，他说最初的时候从网吧下载，下载到那部老人机里。后来家里给他买了部智能手机，他就在宿舍里用智能手机下载小说。

他的父母对孩子的生活状况、心理状况一无所知，怎么谈得上正确地引导孩子。作为家长应当与孩子交流，了解孩子的生活状况，了解孩子的困惑，对孩子进行一些基本的教育，比如规则教育、底线教育。告诉孩子行为的边界是什么，什么是对的什么是错的。特别是在现在网络环境非常复杂的情况下，家长更应当对孩子进行教育，让他们知道自己行为的边界和底线。

如果父母对孩子只是满足于经济的供给，父母的不当的对于父母角色的示范，就会造成孩子对于父母角色的错误认知

少年儿童研究：从媒体报道的内容看，小龙的父母与孩子是没有情感交流的。我看到记者的采访中，小龙期望父母对自己的关心方式是："每天给我钱，不要问为什么。"

郭开元：小龙是说了这样的话。这又看出了父母在孩子心目中的作用是什么。由于父母与孩子缺少沟通与交流，导致他对父母这一角色的概念比较淡漠，对于父母所求的就是金钱，认为父母对自己的其他行为就不应当去管。在我们的研究中发现，这也是问题孩子行为表现中非常明显的一点。凡是有过流动、留守经历的孩子，特别是留守儿童，他们对于父母的概念不明确，经常说的一句典型的话就是："我小的时候你都不管我，长大了你为什么要管？"

少年儿童研究：从小龙的身上是不是可以看到，他的问题有些是因有些是果？对于他来说，不希望父母管自己只要给钱就好了，这是错误的家庭教育导致的果。就像前面所说：你扔下我那么长时间不管我，我已经形成了

一些不好的行为习惯，现在你回来了，又要管我了，这对我是不公平的。

郭开元：他认为父母问他的成绩如何就是在管教他，就是在限制他的自由。在这种状况下，我们可以看到，父母对于孩子如果只是满足于经济的供给，父母的不当的对于父母角色的示范，就会造成孩子对于父母角色的错误认知，以为做父母的只要给孩子钱就行了。父母在该与孩子建立亲子间的依恋的时候没有做这件事情，孩子与父母没有情感联系，没有体会过情感上的关怀，也就没有学会与他人建立亲密关系，不懂得感激。滕老师从高一就开始做他的老师，一直教到高三，但是他对于老师没有任何的感激之情，而且事后也不后悔。

少年儿童研究：对于小龙的父母来说，他们认为给孩子创造好一些的经济条件是更重要的，为此与孩子分别，并且当他们与孩子团聚的时候也并没有意识到与孩子在一起的重要性。

郭开元：父母与孩子想的是两个方面。父母想的是为孩子以后的发展尽可能提供好的经济支持，没有想到其实陪伴孩子一起成长是更重要的，也是用钱买不来的；对于孩子来说，他们更希望得到父母的陪伴。因为成长的过程中，他们需要父母给予的安全感，而父母不在身边，安全感无法得到保障，孩子的内心应当是非常痛苦的。

具体到小龙来说，虽然母亲现在陪读，但是应当说，在很长一段时间中，在他最需要父母的时候，父母并没有与他生活在一起，所以与父母并没有建立起亲密关系。在访谈的过程中，我能感觉到他与父母不是很亲近。他甚至不清楚父母具体从事什么工作，不记得他们的电话号码，不知道他们的学历和生日。

加之他后来又喜欢看网络小说，小说宣传的又是那种独狼式的冷酷无情，所以他的情感走向冷漠也是一种必然。

访谈与他同宿舍的同学得知，他与班上的同学交流不多，也没有好朋友，喜欢自己在那里读网络小说，读到高兴处会自己叫出来。

我还了解到班上的同学多数都在看网络小说，只是小龙对于网络小说的沉迷程度比其他的同学要深得多。

之所以多数同学都看网络小说没有出问题，只有他脱了轨，是因为他出现问题并不仅仅是因为读了网络小说，而是因为他看了什么与他的心理问题、他的家庭教育的缺失等问题叠加起来才导致了这样的结果。沉迷于网络小说只是引发问题的一个因素。

少年儿童研究：网络小说对于小龙的意义是什么？看到媒体报道，在接受采访时，每次说起玄幻小说，小龙眼里就发光。"两三百万字的小说，我两三天就能看完。大概看了1000本吧。除了看小说，还能干什么？"是不是可以说他与小说建立起了依恋关系。

郭开元：从与他的交流中发现，读小说成了他生活的全部。引发他杀害老师的导火线也是因为小说。他一共读了1000多本这样的小说。他上课的时候就在看。他在课桌上把书摞高，中间留出来一个缝隙，把手机放在里面看。

当我追问他的人生目标是什么的时候，他说能够吃能够穿，自己过好接着读网络小说就成了。他之所以那天实施犯罪行为，是因为那天一本小说看完了。当在拘留所我问他对这个世界有没有留恋的时候，他回答唯一的留恋就是有些网络小说还没有看。

从这个角度分析，小说也许代替父母，成为他情感等的寄托。

少年儿童研究：在已有的一些采访中，他的言论让我们看出了这个孩子的冷漠和无情，比如"我从来没有把他（滕老师）的命放在心上"；当有人问他是否想到过读大学时，他想了想说："想过，想读生物，这样可以制毒祸害更多的人。"他自己承认滕老师"除了有点儿啰唆，其他还不错"，并没有粗暴对待他或伤他自尊，为什么对老师下手这么狠？他对他人为何只有仇恨没有感恩？对生命为何只有漠视不见敬畏？

郭开元：这与他的人格是有关系的。他的行为可以说是一种反社会人格的体现。这种想法是从网络小说中习得的，慢慢地把他的人格也向此方面塑造，时间长了就形成了反社会人格。具有正常人格的人经过社会化后，会珍惜生命，而这种反常的社会人格会漠视人的生命的存在，越轨行为多，并且非常难以矫治。他们不仅漠视他人的生命也不珍惜自己的生命。访谈中我们了解到一个细节：他本是想实施完杀人行为后跳楼自杀的。他的教室在 6 楼。因为被妈妈抱住了他才没能实施。

反社会人格的形成有先天的因素也有后天的因素，多数是后天因素造成的。人格障碍、心理创伤、阅读的内容、成长过程中的一些负面体验，都会促进反社会人格的形成。

从这个事件中，希望父母们吸取的教训是，家长角色内容并不仅仅是给孩子经济的支持，孩子要成为一个不冷漠的有温度的人，需要有温度的家庭教育。

第四章 | 成功人生从好习惯开始

培养孩子的良好习惯是父母的天职

—— 访关鸿羽

> 关鸿羽，著名教育专家，现任北京教育学院教育管理教研室主任，兼任北京普教研究所副所长。曾经被北京电台聘为教育顾问，并开设了专题节目"关教授教育漫谈"。

没有习惯的教育是不完全的教育

少年儿童研究：关老师，您好！听说您曾经做过关于中小学生行为习惯培养方面的研究。根据您多年的研究，您怎样给习惯下定义？

关鸿羽：从行为方式上划分，人的行为可以分为定型性行为和非定型性行为。习惯就是一种定型性行为，是经过反复练习而形成的语言、思维、行为等生活方式。其实这也是一种条件反射，这种条件反射是在重复出现而有规律的刺激下形成的，并且在大脑中建立了稳固的神经联系，只要再接触相同的刺激，就会自然地出现相同的反应。

少年儿童研究：现在，大家都非常重视养成教育，《国务院关于基础教育改革与发展的决定》也重提了习惯教育的重要性，认为加强德育工作，在小学阶段应"从行为习惯养成入手"。习惯为什么这么重要，是否可以作为小学德育工作的切入点？

关鸿羽：解释这个问题要从心理机制上看。从心理上来说，行为一旦变成了习惯，就会成为人的一种需要。当你再遇到类似情景的时候，如果不这样做，就会觉得很别扭，这说明行为已经具有相对的稳定性，具有自动化的作用。它不需要人们去监督、提醒，也不需要自己的意志去努力，是一种省时省力的自然动作。

少年儿童研究：这也就是我们常常说的"习惯成自然"吧？

关鸿羽：是的。比如，孩子早晨起床以后要刷牙，这种刷牙的动作只能叫行为，不能叫习惯。如果孩子起床以后连想都没想，就自动地拿起牙刷去刷牙，如果不刷牙他就会感到嘴里特别别扭，这种刷牙就变成了习惯。习惯在小学生的成长过程中占据着重要的位置。孩子的品德结构由4个部分组成—知、情、意、行—从道德知识到道德情感，再到道德意志、道德行动。

少年儿童研究：习惯属于道德行动范畴吗？

关鸿羽：对。道德行动中包括道德习惯，而且道德习惯是一个最终的发展结果。如果一种教育只有认识而没有行为习惯，就是不完全的教育。它虽然不是德育的全部，却是德育中最"实"的部分，是看得见、摸得着的，是德育的"质"的指标。

改造比塑造更难

少年儿童研究：习惯的培养是否有关键期，也就是养成习惯的最佳时期？

关鸿羽：我认为小学阶段和幼儿园阶段是习惯培养的关键期。在小学阶段里，一二年级又是个关键时期。如果在这个阶段对学生实施习惯教育，可以事半功倍，而一旦错过了这个年龄段，再进行教育，效果就差得多。

少年儿童研究：不同年龄段的侧重点是什么？

关鸿羽：我个人认为，在小学阶段里主要是对学生进行道德教育，而道德教育的核心是习惯培养；中学阶段主要以思想教育为主，并结合道德教育和政治教育；大学阶段则以政治教育为主，兼顾道德教育和思想教育。据我的研究发现，到了初中阶段再培养习惯就难多了。塑造和改造是不一样的，塑造容易而改造就比较难。如果孩子已经养成了不好的习惯，再想改造就比较难了，要花费比塑造多得多的时间和力气。所以，从根上抓更重要一些，应多做塑造工作，少做改造工作。

少年儿童研究：为什么说关键期非常重要？是否有心理学上的依据？

关鸿羽：我们可以比较两个非常经典的案例。20世纪40年代，美国的一位心理学家丹尼士曾经做了一项惨无人道的试验。他从孤儿院里挑选了一批新生婴儿，把他们放在暗室里生活，只给他们食物，让他们与世界隔绝。这些婴儿起初在生理上和正常婴儿完全一样，慢慢地机能逐渐退化，最后变得越来越痴呆。这些婴儿长到一定年龄后，再把他们释放出去，让他们过正常人的生活，虽然经过长时间的训练和教育，但是绝大多数的孩子始终没能恢复人的基本特性，变得终生痴呆，只有个别人学会了吃饭、穿衣等简单的生活能力。

少年儿童研究：这说明人的许多生活习惯、技能都是在幼年和童年时期培养起来的。

关鸿羽：的确是这样。还有一个截然相反的事例，1972年，人们在东南亚大森林里找到了第二次世界大战时迷失的日本士兵横井庄一。他远离人类，像野人一样生活了28年，人的一切习惯甚至包括日本话都忘记了。可是当他获救后，人们只用了82天时间的训练，就使他完全恢复了人的习惯，适应了人类的生活，一年后还结了婚。虽然他经过野人生活的时间要比那些婴儿长很多，但对他的训练和教育却容易很多，其主要原因就是他没有错过受教育的"关键期"。

榜样·环境训练·一致性

少年儿童研究：《少年儿童研究》杂志准备全力推出良好习惯培养的系列报道，并把习惯划分为三大块，即家庭习惯、学校习惯和社会习惯，您认为这样的划分是否合理？

关鸿羽：如果从内容的角度来划分，我同意这样的划分方式，比如，家庭内的习惯要包括待人接物、卫生习惯等，学校的习惯包括学习习惯等。但在对孩子进行习惯培养的时候，家庭、学校和社会要紧密配合才行。

少年儿童研究：您认为家庭里主要应该培养什么习惯？

关鸿羽：我想所有的习惯在家庭里都应该培养。比如，在学校里要求孩子注意听讲，但是这个习惯的培养不仅仅要在学校里进行，在家里也要注意培养孩子集中注意力的习惯。换句话说，家庭应该是培养习惯的主要场所。因为习惯培养是长期的、和生活结合比较密切的教育。

少年儿童研究：既然这样，您认为父母对孩子习惯的培养应该注意哪些方面？或者说从哪几个方面入手比较有力？

关鸿羽：我想首先是榜样的作用，以身立教、以行导行，即以自己的良好习惯来引导孩子的良好习惯。如果父母的习惯不好，要想给孩子培养出好习惯来是不可能的。父母不孝敬老人，想让孩子孝敬老人，怎么可能呢？我曾经接触过这样一个孩子，他不爱上幼儿园，叫爷爷"老头儿"，叫奶奶"老婆子"。后来一了解才知道，原来他爸爸妈妈背后就这样叫孩子的爷爷奶奶。春节的时候，爸爸说给老头儿买两瓶五粮液吧，妈妈说太贵了，咱们还是送二锅头吧。爸爸说春节送二锅头也让人笑话啊。妈妈就当着孩子的面说："你怎么那么笨啊，不会把二锅头酒倒进五粮液的瓶子里给送去啊！"小孩说："我告诉爷爷去，你们骗爷爷。"妈妈马上对儿子说："你千万别对爷爷说，省下的钱妈妈给你买好吃的！"您说这种行为对孩子是怎样的教育？

少年儿童研究：生活中真有这样的父母，他们往往不太在意自己的行为，总以为对孩子说教才是教育，却忽略了自己的言行。

关鸿羽：是啊，习惯就是在不经意间培养起来的。没有一位父母告诉孩子，走路像我这样走，说话像我这样说，但天长日久、潜移默化，孩子与父母几乎像一个模子刻出来的。如果仔细观察一家人，您会发现，家庭成员之间有很多相似之处。

少年儿童研究：也有许多父母感到苦恼，他们说为了培养孩子的好习惯，嘴巴都磨破了，可是怎么说也不管用。

关鸿羽：习惯是不能靠说教的，要靠严格的训练。比如孩子的字写得不整齐，就必须多训练，严格地、反复地训练，直到写整齐为止。慢慢地，孩子就养成了好习惯。父母不要老是唠叨，好的方法是在孩子写字以前先提醒他注意自己的毛病，而不是事后唠唠叨叨。

少年儿童研究：父母们对孩子爱马虎的毛病非常头疼，我们经常接到这样的咨询电话。

关鸿羽：对于马虎的习惯也是一样，也可以通过训练来克服掉。比如，可以先训练孩子仔细看题，每次看题看三遍，第一遍看基本题意，第二遍看题目主要是考什么的，第三遍是看题目里有什么埋伏，可能让孩子马虎的地方在哪里，每次都这样看完题目再做题，渐渐地就养成了好习惯，等考试的时候自然就不马虎了。

少年儿童研究：看来，培养习惯重要的是找出具体的、可操作的方法来进行训练，光唠叨是没有用的。

关鸿羽：训练过程中重要的是四个字：严格、反复。要翻来覆去、没完没了地进行训练，好的习惯不是一个月两个月，甚至不是一年两年就能够形成的。

少年儿童研究：父母常常容易"心太软"，孩子病了，或者学习累了，父母往往就容易放松要求，得过且过。

关鸿羽：在培养习惯的过程中要非常注意这一点？这就是态度问题。我们常常说家庭教育要态度一致，在习惯培养的时候也是一样。学校和家庭的态度、父母和爷爷奶奶的态度、父母之间的态度都要一致。如果态度不一致，就是互相拆台，很容易被孩子钻空子，难以培养出好的习惯。

防止习惯培养的盲目性

少年儿童研究：您研究过成功者与习惯之间的关系吗？

关鸿羽：我们以前曾经做过各行业成功人物的问卷调查，请他们谈谈成功的原因。他们的回答可以说是五花八门，各不相同。但是，都有一个共同的原因，就是小时候养成的好习惯是成才的基础。有一个作家写道，小时候老师教他怎样叠手绢，还规定手绢应放在左边衣服兜里，至今他还保持着这样的习惯。他觉得当了作家以后他特别受益，需要用手绢的时候顺手就掏，不会影响写作。

少年儿童研究：我觉得目前家教中也存在这样的问题：一些父母虽然

知道培养习惯很重要，但在培养的过程中却很盲目，完全根据自己的习惯或者是兴趣来，没有什么计划。您认为父母应怎样注意习惯培养的连贯性和阶段性？

关鸿羽：在这方面要遵循三个原则：一是要规范化，不能父母脑子一热，想培养什么习惯就培养什么习惯，或者孩子出了什么问题才想起培养什么习惯。国家有关于中小学生行为的规范，按照规范来培养就会好得多，这样可以防止丢三落四。二是要细目化。所谓细目化，就是把培养的习惯分解，要小、细，不能太粗。比如培养孩子孝敬父母，要具体到爸爸妈妈下班以后给爸爸妈妈开门，说一声"辛苦了"，并给爸爸妈妈倒一杯水，有了好吃的先敬父母，不跟爸爸妈妈说话横，就要细致到这个程度。三要序列化，也就是要有连贯性，一年级应该培养什么习惯，二年级应该培养什么习惯……不同年龄有不同的侧重点。

少年儿童研究：这个序列是怎么安排出来的呢？

关鸿羽：对习惯的序列化也有三个理论，第一是"中心扩散说"，就是要抓中心，即培养习惯不能面面俱到，要抓住一个重点，把其他的习惯带起来。比如，培养学习习惯，可以从仔细认真入手，把别的习惯带动起来。第二是"阶段说"，即小学低、中、高年级各有不同的训练重点。第三是"循环说"，即小学一二年级培养的习惯到了三四年级不能扔掉还要巩固，做到循环巩固。

少年儿童研究：父母在对孩子进行习惯培养的时候，除了身教以外，我想言教也是必须的。您认为父母该怎样对孩子进行言教呢？

关鸿羽：父母不能挖苦，要以理服人，和孩子讲道理；另外，还要避免唠叨，常常唠叨容易使孩子形成抗药性，尤其有的父母爱在饭桌上唠叨，让孩子听了心烦。再一点，就是要注意孩子的年龄特点。比如，一位老师发现学生习惯不好，站没站相，坐没坐相，这位老师就很动脑筋，他认为该学生正处于青春期，爱美和注意异性对自己的评价是他们的特点，于是他就从这个特点出发对学生进行教育，给他们搞健美讲座，让学生们谈谈

"你心中的男子汉""你心中最美的女同学"。后来收到了非常好的效果。

少年儿童研究：看来习惯培养也是一门艺术啊。

学习习惯高于考试分数

访谈

——访王极盛

> 王极盛，中国科学院心理研究所研究员，博士研究生导师，他负责的"人事心理学"研究等5项科研成果获得中国科学院和省部级重大科学成果奖，曾在国内外出版专著30部，其中《青年心理学》《科学创造心理学》等分别是新中国成立以来该领域第一本专著，近年来主要从事"学生心理健康""高考心理规律""家庭教育心理"等方面的研究，全国百多家媒体曾介绍其研究成果。

习惯是心理素质的重要组成部分

少年儿童研究：王老师，您做心理研究多年，能否从心理学的角度解释一下习惯在人的心理素质中占据怎样的位置？

王极盛：每一个人都有习惯，习惯是人的重要的心理素质。积极的、良好的习惯是人的良好的心理素质的重要组成部分，而不良的行为习惯则构成了人的不良的心理素质。所以，习惯存在于每个人身上，任何社会的任何人都有习惯。它作为心理素质的一部分，贯彻于人的一生。因此，习惯问题非常重要，它实际上是人的行为倾向的一种需要。

少年儿童研究：您认为应该怎样给习惯分类？

王极盛：习惯可以按照不同的活动领域来划分，人有什么活动，就有什么习惯。比如，有学习活动，就有学习习惯；有运动活动，就有运动习惯；有消费活动，就有消费习惯……习惯的种类应该和人的活动的种类完全一致。

少年儿童研究：人的习惯是否生来就有？

王极盛：习惯是培养出来的，而不是生来就有的，它是在人的生活实践中逐步形成的。它可以养成，也可以改变。当然，培养起来容易，改变起来困难。

少年儿童研究：我们国家现在非常提倡素质教育，您认为习惯和素质之间的关系怎样？

王极盛：习惯和素质并不矛盾，素质教育不是抽象概念，它表现在学生每天的学习、生活当中。应该说，培养良好习惯是素质教育的重要内容，特别是培养学生良好的学习习惯。

少年儿童研究：但现状是父母普遍忽视良好学习习惯的培养，而把目光集中在分数上。我们在做热线咨询的时候发现，许多父母常常为孩子考不好着急，却很少有父母为孩子没有好习惯着急。

王极盛：其实，一个良好的习惯可以使人终身受益。无论是家庭教育还是学校教育，都应该重视学习习惯的培养。光把目光盯在成绩上，是近视的；学习成绩是一时的，这次考得好，下次未必考得好，而学习习惯是终生的，它对人的影响是广泛的、深远的。一些父母在孩子学习不好的时候，没有从学习习惯上找原因，而是从表面上、客观上找原因。父母光苦恼是没有用的，应该从习惯上找找原因，这是孩子重要的心理素质之一。

习惯的形成过程也是能力的提高过程

少年儿童研究：我记得您以前曾对北京市一些学生学习习惯做过调查，得出过什么结论？

王极盛：是的，我曾经对1560名学生进行过问卷调查，主要考察不良学习习惯对学习成绩的影响。调查结果表明，仅有26.5%的学生认为不良学习习惯对他们的学习成绩没有影响；其余73.5%的学生都认为不良学习习惯对学习成绩有影响。在这部分人中，认为习惯对学习成绩有轻度影响的占32.7%；有中等程度影响的占20.1%；有较重影响的占13.2%；认为有严重影响的学生占7.5%。从这个调查中可以看出不良学习习惯对学习成绩有很大影响。

少年儿童研究：这是些非常重要的数据。但现在有些父母走进了误区，总觉得习惯没什么了不起的，都是小事，成绩才是大事。升学凭的是成绩，而不是习惯。

王极盛：习惯所起的作用绝对大于一时一地所取得的考试成绩。而且习惯和学习成绩是联系在一起的。当学生有了良好的学习习惯、生活习惯，必定促进学习成绩的提高，二者是密不可分的，是"磨刀不误砍柴工"的关系。许多人的经历都证明，一个没有良好学习习惯的人，成绩是不可能好的。

少年儿童研究：在研究中我们常常发现有的孩子看起来很聪明，父母在描述他们的时候也都认为自己的孩子是很机灵的，但就是学习成绩提不上去。您认为这些孩子的问题是否与学习习惯有关？

王极盛：我曾经观察过这样的孩子，他们虽然聪明，但往往习惯很差，一边写作业一边玩橡皮、铅笔，一边看书一边看电视，或者一边学习一边吃喝，这些小动作已经成了他们的不良习惯，这自然会降低他们的学习效率，影响学习成绩。所以，有的孩子看起来学习时间很长，但没有效率。聪明孩子特别容易出这样的问题。有的父母觉得自己的孩子挺聪明的，脑筋够用，当孩子边学边玩的时候，父母也不太管教，结果成了习惯，到后来想改的时候已经很困难了。

少年儿童研究：我知道您曾经做过著名的状元访谈，您能否谈谈状元们的学习习惯，我想这可以给父母们一些启发。

王极盛：我连续 3 年访谈高考状元，1999 年访谈了 61 名，2000 年访谈了 74 名，2001 年访谈了 65 名，到现在为止共 200 名，我还访谈了他们的父母。通过访谈，我也获得许多启发。我发现，其实这些状元们都没有什么特殊的秘诀，就是爱学习，可以说每个状元都有良好的学习习惯。这些习惯已经成为他们素质的一部分，如果不让他们学，他们都会觉得难受。因此，我在总结高考状元的父母培养孩子的 6 个秘诀时，其中重要的一条就是培养孩子良好的学习习惯。

习惯强化到一定程度就变成了人格

少年儿童研究：根据您的访谈，您发现状元们都有哪些好的学习习惯呢？

王极盛：爱读书是每个状元都具备的好习惯。2000 年河北省高考状元赵冰哲的妈妈在接受访谈的时候说，他们的家住在狼牙山附近的一个村庄里，很贫穷，家里买不起书，他妈妈就到处找书给孩子看，讲给他听，渐渐地，孩子就特别爱读书，有时蹲在厕所里也看书，看着看着就着迷了，都不知道出来。这就是养成了习惯，迷上书了。孩子有了这样的习惯，父母还用对他的学习发愁吗？所以，他妈妈说，孩子上小学以后根本不用管，他自己就特别爱学。

少年儿童研究：除了爱读书的好习惯，您还发现了哪些好习惯？

王极盛：2000 年高考理科状元张恒的父母在接受访谈的时候说，他们很注意培养孩子爱写作的好习惯。在张恒还在幼儿园的时候，他们就开始教他写日记。当时孩子还不会写字，他们就告诉孩子把每天觉得有意思的事情说出来，他们帮助孩子记录，一句两句都可以。逐渐地，孩子开始爱写作了，而且越写越多。北京市 1999 年高考状元杨颂的母亲也说过，他们从小学一年级开始就让杨颂练习写日记。这样，也间接地培养了孩子克服困难、不依赖别人的习惯。

少年儿童研究：这是对孩子韧性的培养吧？在学习中，韧性也是很重要的。

王极盛：是的，坚持是个良好的习惯，一个好的习惯形成以后，它带来的效应是多方面的。像我刚刚说的张恒，他的父母也很注意培养他的韧性。在他小学的时候，父母就给他买了《上下五千年》《十万个为什么》等书，让他去读，不会的就自己查字典。他在小学阶段，就已经读中国古典名著。这样，习惯带来的是阅读能力的提高。因此，我认为习惯的培养过程也是提高能力的过程。

少年儿童研究：这和素质教育的目标是一致的。

王极盛：的确是这样。孩子有了读书习惯，慢慢地，阅读能力会有提高；爱写日记，写作能力就会提高；坚持去做，慢慢地，会形成良好的品格。所以，父母不要把习惯培养孤立开来看，他和人的素质提高是密切相关的。习惯、素质、成绩都有紧密联系。另外，独立思考是学习习惯中非常重要的一方面。2000年四川省的高考状元刘洋洋的父亲介绍说，他很注意培养孩子独立思考、独立解决问题的习惯。当孩子问他问题的时候，他总是让孩子先自己想。

少年儿童研究：这样做的好处不仅可以培养孩子的独立性，还可以使孩子具有创新人格，因为他首先要敢于发表自己的观点。

王极盛：是的。我们现在提倡创新，这不是一个抽象的概念，它是很具体的，包括创新人格、创新意识、创新能力三方面。我感觉当前人们强调创新意识和创新能力比较多，有些忽视创新人格。实际上，他们是一个整体。我认为在家庭教育和学校教育中，应该侧重创新人格的培养。孩子有了创新人格，自然会有创新意识和创新能力。

少年儿童研究：您认为创新人格包括哪些方面？

王极盛：好奇心、求知欲望、打破砂锅问到底、坚持真理、纠正错误……这些都是创新人格的组成部分。一些高考状元都对新知识具有非常强烈的好奇心。习惯强化到一定程度就变成了人格。

模仿·暗示·感染

少年儿童研究：您所提到的学习习惯是否还可以更具体一些？

王极盛：我想首先学习要有计划性。很多孩子感觉整天忙忙碌碌，这样未必学习效果好。人越忙碌，心里越烦，因为过分忙碌破坏了人的心理节奏感。通过考察学习状元们的学习情况，我发现他们大多数都特别有计划，学习节奏感很明显，心里很平和。1999年湖南理科高考状元许芩珂，学习就很有计划性，尽管他承担了很多社会工作，但一直成绩很好。他特别爱看足球比赛，但如果计划没有完成，多重大的足球比赛也不看，一定要求自己按计划走。进入清华大学理科实验班以后，他仍然承担很多社会工作，但他还能保持班里的第一名，这很不容易。他跟我讲，他的秘诀就是有计划。

少年儿童研究：有的孩子就完全凭情绪做事，情绪好的时候学到夜里12点，情绪不好的时候，就什么都干不了。

王极盛：这也和作息时间有关系。成绩好的孩子在安排作息时间方面也特别有规律。这在心理学上是个动力定性的问题。2000年江西文科状元周芬芬的父亲说，他特别注意培养孩子具有良好的作息习惯，不管学习任务多重，晚上11点必须上床睡觉，早晨6点半必须起床，铁打不动！

少年儿童研究：有的孩子对父母有依赖性，作业写完以后要父母给检查。在咨询的时候我们也发现有太多的父母给孩子检查作业，甚至还帮孩子改正过来。这是否是学习上的大忌？

王极盛：这实际上是过度保护的表现。2000年西藏高考状元陈真的母亲说，她从来不先给孩子检查作业，而是让孩子自己检查。等陈真查完了，妈妈再检查，查出有错误的地方也不告诉她哪里错了，只告诉她有错，让她再查，直到自己发现为止。

少年儿童研究：您对高考状元的父母们进行访谈时，是否发现他们在培养这些好习惯方面有一些高招？

王极盛：可以说每个状元的好习惯都是从小培养起来的，这是方法之一；另外就是父母的榜样作用，这些都不多说了，因为这是习惯培养的必备条件。我想说的是父母要利用模仿、暗示、感染的心理机制来培养孩子的好习惯。从习惯形成的外部因素来看，这三点起到相当重要的作用。

少年儿童研究：请您详细讲讲它们的作用。

王极盛：模仿分有意模仿和无意模仿，特别是无意模仿对孩子影响更大。比如，有的父母说话很文雅，孩子说话的声音自然就会很轻柔，这些都是无意模仿的结果。暗示也是很重要的一种方法，父母可以多给孩子讲点习惯培养方面的故事，孩子听了以后就会形成一种暗示。感染主要指情绪上的感染，如果父母情绪很好，孩子也会情绪饱满地对待学习；如果父母愁眉苦脸，无精打采，孩子对待学习也会比较消极。我在访谈1999年河南理科高考状元赵琰时发现她待人和气，经常没有开口说话就先笑起来，笑得很自然。后来我访谈她爸爸的时候发现原来她爸爸也是这样。在这样的环境下，孩子模仿加感染，自然形成了待人接物的好习惯。因此，家庭良好的生活气氛、学习气氛对孩子学习习惯的培养起到的作用也是潜移默化的。

少年儿童研究：看来，分数和习惯的关系太密切了，而且习惯比分数更重要，它对一个人的人格也有很大影响。

良好的习惯是终生的财富

——访周士渊

> 周士渊，从清华园走出的大众演说家，习惯研究专家。在20世纪70年代令人羡慕地考上清华大学毕业并留校工作。工作一年后，他因为抑郁症不幸灌下98%的浓硫酸自杀。在无数善良人的关爱下，他死而复生，获得了第二次生命。之后，他在清华大学"自强不息"校训的激励下，顽强拼搏、艰辛探索，终于找到一条能使人不断突破、不断超越、反败为胜的成功之道，创造了又一个生命的奇迹。

世界上最可怕的力量是习惯，世界上最宝贵的财富也是习惯。一个企业，一个国家，一个民族是如此，人的一生更是如此。

如果说观念是种子，那么习惯就是将种子变为果实，否则任何好的观念都只能停留在书本上。

解决德育、素质、法治乃至企业管理这些问题的突破口都似乎与习惯有关。

消极思考使我走上绝路

少年儿童研究：周老师您好！在报纸上看到关于您的一些消息，又听了您的演讲，对您个人的人生经历和您关于习惯的研究很感兴趣。能否谈谈自己怎样走上探索习惯的道路的？为什么您始终认为习惯在人生中非常重要？

周士渊：这和我个人的人生经历有密切的关系。可以说，我今天的生命来之不易。我曾经使自己陷入绝境，甚至三次上吊要结束生命，但命运之神把我留了下来。

少年儿童研究：根据我的了解，您的人生道路在刚起步的时候是非常顺畅的。

周士渊：是的。在自杀以前，我的生活道路一直比较顺畅，小学、初中、高中，然后考上清华大学，1970 年毕业以后留校工作。这样的人生经历应该是很如意的吧？当时我在心中把一切都想得很好，对未来也充满了憧憬。可我自己也没有想到，我后来的人生道路竟然那样曲折坎坷。许多人也不会想到，大学毕业仅仅一年多，我就一步一步使自己的思想混乱到了要走上绝路的境地。

少年儿童研究：您为什么会走上那样的道路呢？

周士渊：我毕业以后被分配到了清华汽车厂的组装车间。当时很多教授都被下放到农场改造，进工厂做一名工人已经是很光荣的了。在去车间之前，我先在校机关查账组工作。一天，一位领导对我说：小周，我去学校五一游行筹备组，你和不和我一起去？我就顺口说：您是我的老上级，您叫我去哪里我就去哪里。旁边的一位同事说：你怎么吹吹拍拍？我当时很生气，因为我根本没有那个意思，生平也最讨厌这些，所以就和她争执起来。

少年儿童研究：就为了这么一件小事吗？

周士渊：后来我才知道，这位领导已经受到了审查。不过，这件事很快过去了，误会也消除了，但我的心里却非常不舒服，连走路好像都没有力气。我这个人有个习惯，就是什么事情都爱多想，这一次也不例外，什么都想。因为身体软弱无力，我就猜想自己可能是得了肝炎。

少年儿童研究：为什么会想到肝炎上去呢？

周士渊：当时清华在搞拉练，很多人都得了肝炎。再加上我的心态不健康，想问题总是很消极，所以就想到了那上面去。我去校医院检查，果然肝大。我很紧张，又去查了血，是正常的。尽管如此，我还是杞人忧天，整日神经紧张，失眠得很厉害。这样渐渐地就形成了一个恶性循环。

少年儿童研究：就是看自己哪方面都不行是吗？

周士渊：是啊。我后来到了总装车间，感到周围的一切都难以应付。

首先，那里的人我一个也不认识，又觉得自己对装汽车一窍不通，因为碍于面子，还不好意思开口问。再加上原来的问题，我变得整天精神恍惚。越紧张就越看不到自己的优势，大会发言，我变得吞吞吐吐，说不出一句完整的话。到了晚上我又开始胡思乱想。

少年儿童研究：不断地想自己哪里有过失？

周士渊：其实是在不断地埋怨自己。我觉得自己已经走过的路不够扎实，自己既不如一个普通工人，又不如一个普通农民。因为想问题总是悲观，我患上了严重的抑郁症。那时，我又想这样的病是没有药可治的，将来非得精神病不可。就这样越想越悲观，在1971年8月4日的晚上，我决定自杀。

三过鬼门关后的顿悟

少年儿童研究：记得您曾讲过，当时您连续三次上吊自杀？

周士渊：那时我觉得生活很可怕，一心要离开这个世界。那天晚上恰好是我值班，就找了一根绳子，把自己挂在总装车间大厅的一个门框上。可是，绳子却断了，我摔了下来。那个门框很高，是要通过汽车的。从那么高的地方掉下来，我的头摔破了，出了血。当时我想，这怎么能去医院看呢？深更半夜我怎么讲得清楚？更何况那时候我已经极度自卑，害怕见人。于是我就用剩余的绳子把自己第二次、第三次挂上去，但我都没有死成。我吃力地从地上爬起来，想总装车间里有漆，如果把漆喝下去，也可以结束生命。但我没有找到。我看到地上有个沙坑，就使劲把沙子往嘴里塞，又用头往水泥地上撞，但生命还是那么顽强。最后，我在黑暗中摸索到了一个瓶子，也不管里面装的是什么，就用最后一点儿力气拧开瓶盖，把液体倒了进去。我一下子感到被火烧了起来，就昏了过去。

少年儿童研究：那些液体是什么？

周士渊：后来我才知道，我喝进去的是浓硫酸！第二天我被工人们送进了医院。为了抢救我，我一个人一个病房，气管被切开，因为浓硫酸已经把我的食管烧烂，后来又收窄了，医生只能一次一次进行食管扩张手术。

我的胃被切除了大部分，也是因为硫酸烧得太厉害（讲到这里，周老师给我看他喉结下方留下的疤痕和胃部的疤痕，其中胃部的疤痕很长很深）。

少年儿童研究：真是不敢想象，您曾经经历过这样大的痛苦。在别人看来，您可能要成为残废了吧？

周士渊：是啊，当时许多人都推测我可能真的会死掉，不死也得残废，不残废也得成药罐子。那时候，我觉得自己是废墟，无论身体上还是精神上。在这以后的 10 年左右时间里，我住院二三年，全休四五年，动过三次手术。在当时看，我败得太惨了。

少年儿童研究：您后来怎样转过弯来了呢？这可以说是您人生的重大转折。

周士渊：躺在医院里，我非常后悔。回想起自己所走过的路，我觉得自己不是最惨的一个，有很多人的处境比我还糟糕，还恶劣，但他们都坚强地挺过来了，我为什么就做不到呢？通过反思我认识到，外因只是条件，关键在于内因。看来我还应该在自己身上找原因。通过思考我渐渐明白，这样的曲折恰恰是因为我的人格不够健康才导致的，说明我自身的素质和性格存在缺陷。所以，我后来决定研究，看看究竟从自己的教训中、从自己人格的缺陷中能找到一些什么值得后人借鉴的地方。

竞争的根本与习惯关系极大

少年儿童研究：根据您多年的研究，您慢慢发现了"习惯"对人生的重大影响，那人的素质、性格与习惯是怎样的关系？

周士渊：我觉得我们今天谈到的习惯，绝不是那些狭义的习惯，比如早晨要刷牙、饭前要洗手、不随地吐痰等习惯，而应该把目光放在一种广义上的、对我们整个人生有重大意义的习惯。这些习惯与人的素质有更紧密的关系。

少年儿童研究：可有时我们常常认为那是观念上的问题，认为一个人的素质高，要有能力、遵守行为准则等。

周士渊：我们总是认为素质很重要，但你想想，如果不把素质要求的东西转变成习惯，那么这些要求也只能是形式上的、口头上的、书本上的、报纸上的。而只有我们通过艰苦的磨炼，把这些变成习惯，变成溶于血液里的东西，落实在行动上，它才真正成为素质，真正属于你。

少年儿童研究：您经常演讲的题目是"挑战人生"，您真的觉得人生是可以挑战的吗？人有能力战胜命运吗？

周士渊：记得中国台湾地区的一位心理学家曾把命运分开了解释，他说："命是先天的，不可改变的、死的东西；运是后天的、可变的、活的东西。"因此，我认为我们应该把注意力集中在能够改变的那一部分上。

少年儿童研究：即使我们在说和命运的抗争时，也常常指一个人竞争的能力。父母也特别希望自己的孩子在竞争中取得胜利，可是谁愿意在意那些习惯问题呢？

周士渊：是啊，父母总是爱把注意力放在孩子的成绩上，因此，我想讲讲"注意力智慧"问题。我们常说注意力经济、眼球经济，这些都是研究别人的注意力。我谈到"注意力智慧"，是指我们每个人的"注意力"。

少年儿童研究：这和竞争有很大关系吗？

周士渊：我们每个人的一天都是 24 小时，除了睡觉，注意力非常有限。这有限的注意力如何分配呢？可以说你分配得好，就能够比别人成功。这就是注意力智慧。这是符合世界管理学大师柯维的观点的。他认为一个人"掌握重点"很重要，只有把注意力放在最重要的事情上，处处注意"掌握重点"，就可能取得成功。

少年儿童研究：您认为人的注意力应该多放一点儿在习惯上是吗？

周士渊：是的。我本来毕业于清华，应该说人生应该有很辉煌的结果，但我却败得很惨，心灵和肉体几乎成了一片废墟，因为什么？我总结出来，就是因为习惯！因为我一直习惯消极思考！后来，我又站了起来，并且能够嗓音洪亮、充满热情地站在讲台上，因为什么？也是因为习惯！

少年儿童研究：可是父母们也许会想，把注意力放在孩子的习惯上会不会丢了西瓜捡芝麻？

周士渊：刚刚我给你讲了注意力智慧，现在我们回头来看竞争。竞争是什么？我认为一切竞争，不论是传统科技还是高科技，也无论是国外的还是国内的，归结起来核心都是人的竞争，这一点你承认不承认？

少年儿童研究：是这样。

周士渊：那么人的竞争又是什么？本质是素质的竞争吧？素质的竞争分为智力素质的竞争和非智力的心理素质的竞争。当发展到一定阶段，往往就是非智力心理素质的竞争，就像奥林匹克最后拿金牌靠的往往不是技术而是心理素质一样。心理素质上的东西应该更多地归结为观点、想法等，因此人们才会常常说要转变观念。但如果大家都转变了观念以后呢？这以后将是什么竞争呢？我认为将是行动力的竞争。如果我们不把知道的观念、准则通过艰苦的、有效的修养转化为我们个人的习惯、企业的文化或一个国家全民的素质，那么我们在竞争上将永远比别人差一大截距离！

少年儿童研究：您讲得太好了。正是出于这样的着眼点，您才认为习惯是一个人终生的财富，是吗？

周士渊：应该说它不仅是一个人终生的财富，也是一个企业、一个国家的财富。

少年儿童研究：感谢您接受我的采访，我们的谈话让我觉得受益匪浅。谢谢！

访谈

良好习惯是构成健全人格的基础

——访张梅玲

> 张梅玲是现代小学教育研究中心主任，博士研究生导师，她参加编写并负责审定的《现代小学数学》五年制教材已经由国家教育部审定通过，作为九年义务教育五年制小学试用课本。她还在国内外学术刊物上发表学术论文 40 多篇，科普文章 100 多篇。

2001 年 6 月，国务院下发了《关于基础教育改革与发展的决定》（以下简称《决定》）。《决定》指出，小学德育要以培养学生行为习惯为重点。2001 年 10 月，中共中央又颁布了《公民道德建设实施纲要》。纲要的实施也要求改进和加强少年儿童的道德教育。公民道德素质的培养，必须从小抓起。因此，良好习惯的养成成为小学德育的重要任务。而且，习惯的养成对一个人健康人格的形成也具有非常重要的意义。为此，中国青少年研究中心正在进行"少年儿童行为习惯与人格的关系"研究。

人格的五个方面均与习惯有关

少年儿童研究：张老师，您是心理学方面的专家，也是中国青少年研究中心"少年儿童行为习惯与人格的关系研究"课题组组长之一，您能否从心理学上对这一课题做出详细的解释？

张梅玲：这可能需要先从习惯对人的重要性说起。人生活在这个世界上，总要做许多事情，比如学习、工作、与人交往等。这些事情都需要由很多活动构成。在活动的过程中，人总是要去"做"、去"动"，光躺在床上是没有办法完成各项任务的。既然要活动，就需要很多技能性的、习惯性的行为。所以说，习惯和人的有效学习、有效工作是紧密联系在一起的。

少年儿童研究：可是，许多人不太在意自己的习惯或者孩子的习惯，总觉得这是小事。父母可能更看重孩子是否有理想，是否学习成绩好、有竞争能力，是否人际关系好，是否适应环境，等等。

张梅玲：这也正是我们要研究的问题。您刚刚说的这些其实都和人格非常相关。孩子是否有理想、有信心、有道德、爱学习，这些项目都包含在一个人的人格当中。的确是这样，一些成年人不太在意习惯问题，但我知道父母们是非常重视孩子的人格培养的。所以，我们的研究要从习惯和人格的关系入手，看看习惯和人格到底是怎样的关系，从而找出培养当代少年儿童健康人格的重要方法。

少年儿童研究：也有些父母觉得现在生活条件、物质条件都很好了，再培养习惯没有什么意义，只要把能力培养好了，将来有竞争实力就行了。

张梅玲：正因为现在少年儿童的成长条件好了，才更容易滋长出一些不好的习惯。比如过去穷人家的孩子，即使不培养节俭的习惯，他也能自然形成，因为他没有浪费的环境。习惯与工作、学习，与当前的国情都有很重要的关系。如果不注意培养好习惯，素质教育的目标可能会落空。

少年儿童研究：根据您的理解，您认为什么是人格呢？在许多人看来，人格是很学术的名词。

张梅玲：这主要是因为还有太多的人不了解人格到底是什么。其实，人格存在于我们每一个人身上，只要认真观察，你会发现人格就在我们的生活中、事业中、学习中。比如，这个孩子很喜欢学习，对自己要求很严格，对人热情、坦率、谦虚等，这些词语都是人格的表现。

少年儿童研究：我们中国青少年研究中心曾经做过"城市独生子女人格发展与教育"的研究，那是全国首次进行的大规模的独生子女人格研究。在研究中，我们发现心理学上关于人格的定义已经有50多种了。

张梅玲：是的。但是目前学术界比较认同的是1989年美国心理学家麦克雷、可斯塔等人提出的"大五人格因素模型"（OCEAN）。也就是说他把人格分为5个方面来描述。

第一是开放性，包括：具有想象、情感丰富、审美、求异创造、智慧等。第二是责任心，包括：胜任工作、公正、有条理、尽职、成就、自律、谨慎克制等。第三是外倾性，包括：热情、社交、果断、活跃、冒险、乐观等。第四是宜人性，包括：信任、直率、利他、依从、谦虚、移情等。第五是情绪稳定性，包括：焦虑、敌对、压抑、自我意识、冲动、脆弱等。从这 5 个方面就可以看出来，其中许多因素是和人的习惯有关系的。

少年儿童研究：在情绪稳定性这一条中，也有许多不好的方面，比如焦虑、敌对等，该怎么理解呢？

张梅玲：这些当然是不健康的人格。其实，人格有一个最高点，也有一个最低点，我们的研究就是要从习惯入手，慢慢改掉这些不健康的人格因素，培养健康的人格。

习惯受道德支配

少年儿童研究：在研究中我们常常发现，一些学习成绩非常优秀的孩子，在进入大学或者到了梦寐以求的工作岗位以后，却屡屡出现问题。比如，有的人没有办法适应集体生活，乱翻别人的东西，不能顾全大局；还有的人在公共场合随意乱扔废纸、随地吐痰等；也有的人人际关系很糟糕，甚至为了竞争而自杀或杀人。这些应该说都是人格不健康导致的。

张梅玲：对，但是这些问题也是从小没有培养起好习惯造成的。表面看，这些都是道德问题，但事实上人的人格、道德、品德、习惯是有联系的，而且有很密切的联系。像你刚刚说的那些情况，他们虽然成绩好，但在人格上是有缺陷的。这些缺陷就是人格缺陷，但它表现在一个人的道德上。所以我们在形容这些人的时候会说他"缺德""没有修养"。

少年儿童研究：也有一些人常常表现为"两面人"，即在家里一个样，在外面一个样；自己的时候一个样，在他人面前又一个样。比如，有的人在家的时候特别爱干净，但在外面却把垃圾随便倒，把痰吐在墙上，或者不冲厕所。当只有他自己的时候，把所有的灯都打开，不怕浪费电。但有同学在的时候又会表现出很关心集体的样子。这样的行为怎样解释？

张梅玲：正因为这样，我才说要把习惯和道德联系起来。应该说习惯和道德是相辅相成的关系。好的习惯可以渐渐形成好的品格和道德，好的道德约束又支配着人重复好的习惯。习惯其实不只是简单的动作重复，它是受人的道德支配的。如果不把道德和习惯联系起来的话，就比较容易形成行为不一致的习惯。习惯虽然已经成了自动的行为，但自动了并不一定说和道德没关系。

少年儿童研究：为什么说人格、道德、品德、习惯有密切关系？

张梅玲：正如我刚刚说的，每个社会都有自己的道德，道德构成了一个时代的意识和倾向，要把道德化为每个人的行为，道德就在悄悄地起作用。我们为什么要加强公民道德教育呢？因为道德是一个社会，社会是由人构成的。人又是由他的行为构成的。所以也可以说，道德是外部的，转化为人内部的东西就是品德。品德是什么？品德是人的行为的内化。行为呢？又和人的习惯有关，因为习惯是一种自动化的行为。

少年儿童研究：这样就可以反推出来人格是怎样形成的，是吗？

张梅玲：是啊。如果反过来说的话，就是当一个人培养了好的习惯之后，他的这些自动化行为会渐渐内化成他的品德。这些好的品质在学习、做人、做事方面就表现为好的道德。这样，这个人健康的人格就显现出来了。

少年儿童研究：您认为人格形成的因素还有哪些？

张梅玲：人格是由遗传和后天决定的。后天因素又包括环境、教育等。而环境和教育都对习惯有一定的影响。

少年儿童研究：根据我们以往的了解，习惯的培养要从小抓起，越早培养越好，因为人在幼年时期最有可塑性。著名教育家蒙台梭利曾说过"三岁决定一生"。您认为人格培养是不是这样呢？

张梅玲：应该说有很大关系。低年级孩子具有两个特点，一个是可塑性，尤其在6—12岁期间更是这样，因为他正处于发展当中。这时您可以给他做很多规定，他虽然不懂为什么，但因为是在形成中，所以就不费劲。另外一个是模仿性。小孩子的习惯形成有很多是模仿形成的，家庭和老师潜移默化的作用很大，但许多家庭和老师不太注意这一点。比如多数知识分子家庭的孩子比较愿意买书看，其实父母未必有意培养了孩子这个习惯，而是因为他的父母总是在看书、买书，这样孩子渐渐就模仿而成了。习惯和人格有密切关系，所以人格的培养当然也是早些比较好，这样孩子更容易形成健康人格。

习惯培养要有时代性

少年儿童研究：这次研究的主要内容是哪些？

张梅玲：本次研究主要重视学习习惯、做人习惯、做事习惯的研究，从习惯的角度来探讨人格的问题。

少年儿童研究：以您多年来的研究经验，您认为学习习惯、做人习惯、做事习惯都包含哪些方面的具体内容？

张梅玲：我认为21世纪学习习惯应该有下面几点：1.在思考中学习的习惯。2.收集信息整理信息的习惯。3.虚心学习、集思广益、合作交流的习惯，未来是一个多学科结合的社会，需要集思广益。4.多角度考虑问题，考虑学科之间、知识点之间的联系。5.要有问题意识，善于提问题。6.反思的习惯。7.多通道学习的习惯，眼睛看、耳朵听，善于利用媒体计算机学习的习惯。基本上就这些方面吧，当然面对不同年龄的学生，这些习惯还要细化。

做人方面要做到几个学会：1.真爱。它的特点就是双向的爱，既能接受爱也能付出爱。另外，我把诚信等也放在了这里。2.要学会自信自强。3.理解尊重和宽容。4.与他人互相帮助。5.要务实，要言行一致。6.乐观地对待任何挑战，有积极的心态。

做事方面，第一，很重要的一条就是要有计划，要有始有终。现在一些孩子做事往往虎头蛇尾。第二，就是要善于自我评价和吸取经验教训。第三，做事要善于求异和创新，不墨守成规。第四，要有毅力，要善于克服困难。第五，要善于合作。在做人方面我们提互相帮助，在这里我们从做事的策略出发，要善于与他人合作去完成比较困难的工作。第六，要善于利用资源和开发资源。每个人的资源都不一样，要善于利用他人的资源，善于开发自身的资源和潜能。

少年儿童研究：习惯是个自动化的行为，我们常常希望人能主动去做，但是有时是很困难的。请问习惯的培养能靠强制执行吗？

张梅玲：必要的强制是需要的。比如我们要求孩子回家以后要洗手，如果我们跟他讲道理，讲细菌是怎样来的，危害有多大，太小的孩子不会懂细菌是怎么回事。如果我们给他一个要求，要求他每天回家以后第一件事情就是洗手，每天洗每天洗，渐渐就形成了习惯。这样，等他大些的时候，懂得了一些道理，他就更能够遵守。所以未必要孩子理解了才去做，不理解的时候也要去做。

少年儿童研究：我们在研究中发现中国城市独生子女具有五大健康人格：充满信心、乐于助人、渴望友谊、积极寻求发展、兴趣广泛。同时也发现他们具有一些人格缺陷，比如在伙伴交往中容易伤害别人、勤劳节俭较差、学习兴趣缺乏等。可以说，这些人格方面的描述都是具有时代性的，那么我们在培养习惯的时候也要注意时代性，是吗？

张梅玲：非常正确。现在我们提出20个字的社会公德，即"爱国守法，明礼诚信，团结友善，勤俭自强，敬业奉献"。这20个字与过去的《三字经》里提到的一些是不一样的。过去"听话的孩子"就是"好孩子"，但现在未必是这样了。现在我们倡导收集信息、创造、求异、反思等具有时代特点的好习惯。这些要求和目前时代对人的要求是密切关联的。因此，我们在这次研究的时候要重视两个方面的习惯研究：一个是基本性的习惯，另一个是时代性的习惯。

少年儿童研究：基本性的习惯是什么？时代性的习惯是什么？

张梅玲：基本性的习惯，就是那些哪个时代都倡导的习惯。比如"认真做事"就是基本的习惯。但如"合作"，在过去也许提倡"老死不相往来"，所以"合作"就是比较具有时代性的好习惯。

少年儿童研究：对于习惯还有哪些分类？

张梅玲：在心理学上有"动作型技能"和"智慧型技能"的说法。习惯也是一种技能，因此也可以分为"动作型习惯"和"智慧型习惯"。比如，"做事有计划"就不是简单的"动作型习惯"了，而是"智慧型习惯"。还可以分为积极的习惯和消极的习惯、个性化习惯和社会性习惯。我们本次研究主要以少年儿童为对象，重视基本习惯和时代性习惯的研究。当然也会涉及动作型习惯和智慧型习惯、积极的习惯和消极的习惯。

细化习惯的要求才能更好地形成人格

少年儿童研究：您认为在培养这三大习惯的时候是否应考虑到年龄特征？

张梅玲：是的。我认为这些习惯之间不能机械地用年龄划分。比如几岁到几岁培养学习习惯，几岁到几岁培养做人习惯，只能说根据孩子的年龄特点和心理发展特点，在不同年龄阶段要有不同的要求，在要求、水平、层次上要有差异。

少年儿童研究：能举个例子吗？

张梅玲：比如，同样是要养成思考的习惯，在小学一年级到三年级，我们就要求他在教师的帮助下进行简单的、有条理的思考，从而解决问题；到四年级至六年级，我们就要求他根据解决问题的需要，收集有用的信息，进行归纳、类比和猜测，发展初步的、合情的推理能力；在初中阶段，要求学会收集、选择、处理信息，并做出合理的推断和大胆的猜测。从这三个阶段来看，同一个习惯，在内容、水平、要求上都有不同，越来越高。还比如，同样是培养一个人"做事有始有终"的习惯，对幼儿园的孩子来讲，我们应该要求他们在玩的时候自己把玩具拿出来，玩完以后自己收好；对小学生来说，就要要求他们看书做作业的时候要认真，写完以后才能去玩；对于青年来说，就应该要求做事有责任心。从收玩具到做事有始有终，再到责任心，这样就形成了人格五大块中的一块。

少年儿童研究：这也是本次课题研究的主要目的吧？

张梅玲：是的。我们在本次课题研究中，就是希望能够提出一些很具体的标准，然后家庭、学校都可以有可参考、操作的内容。再比如，同样提到合作习惯，小学一年级到三年级，我们要求他具有与同伴合作解决问题的体验；到了四年级至六年级，要求他们在解决问题的过程中初步学会与他人合作；到了初中，要求他们在解决问题的过程中体会到与他人合作的重要性。有了这样比较细致的要求和层次，就比较好培养了。过去我们都知道习惯很重要，但是却不知道怎么去做，也没有非常明确的要求。所以，提出不同年龄阶段习惯的不同层次、不同操作要求，是本次研究中非常重要的内容之一。

少年儿童研究：看来习惯培养有很具体的年龄特点和年龄要求。

张梅玲：是啊，如果要求不合理，不符合年龄特点，孩子就做不到，想让他培养成相关的人格特征也是不可能的。像我们要求孩子有合作精神，在小的时候，就是要孩子和小朋友一起玩。但这个要求至少要从3岁以后开始，因为3岁以前的孩子，他的年龄特点就是"自我"，你要求他和别人一起玩是做不到的，他玩着玩着就又自己去玩了。

少年儿童研究：综合起来看，您认为人格与习惯是怎样的关系呢？

张梅玲：如果以美国心理学家麦克雷、可斯塔等人提到的大五人格为例来看，很多人格都和人从小培养的良好习惯有关系。所以说，良好习惯的积累和深化有可能是构成健全人格的基础。这只是我个人的观点，还需要在研究中进一步证实。在他提到的开放性中有求异、创造等人格特征，那么在培养习惯的时候就可以从提问、反思等方面入手来培养。另外，如果一个人具有健康的人格，也会帮助他形成好的习惯。当然，我们不能机械地说一个人有了好的习惯，他的人格就一定是健康的。人格中有些东西和习惯没有太大关系，比如冲动、脆弱等。应该说，这两者是互动的、相互影响的关系。

少年儿童研究：谢谢您的详细解释。看来本次研究既有理论价值，也有实用价值。

培养习惯要留有让孩子自己选择的空间

——访吴凯

> 吴凯，北京教育科学研究院副研究员，中国少先队工作学会活动专业委员会科研总指导，北京少先队工作学会名誉会长。承担多项国家级课题研究，出版多本学术专著及发表多篇学术论文，对中小学教育科研有非常深入的研究。主要著作有：《学校与少先队教育科研操作方法》《小学生全面发展教育实验》《儿童教育就是培养好习惯》等。

不能要求孩子的坏习惯一下子改掉，需要技巧和过程

少年儿童研究：您认为相比较而言，培养好习惯和纠正坏习惯哪个做起来难度更大？为什么？

吴凯：当然是矫正坏习惯难。俄罗斯教育家乌申斯基说过："矫正一个不良习惯要比培养一个好习惯难得多得多。"因为在他的身体中已经形成了一种条件反射了，矫正是消除已有的比较固定的行为方式，这是比较难的。

少年儿童研究：有一个例子，有个孩子写作业坐不住，一个小时要站起来7回，他妈妈在北师大心理学硕士的指导下，鼓励孩子每小时站3回就有奖励，奖励方式就是晚上6点动画片随便看。做到就让看做不到就别看。结果孩子一个月做到了，一个小时站起来不超过3回。然后妈妈就又提出要求，说可不可以更少一点儿？一个小时站2次？第二个月孩子做到了一个小时站起来2次，第三个月一个小时站起来不超过1次。3个月后，孩子就一个小时站1次或者就不站起来了。一个小时站1次还是正常的、合理的，所以说，这就是一个矫正，这个过程就不是非常复杂。

吴凯：我觉得家长怎样矫正需要提点儿建议、方法。比如刚才说的这个方法，在心理学上讲叫区别强化。比如上网玩游戏，现在孩子平均一天玩3个小时，第一个月就可以跟他说：你能不能先别玩这么长时间，玩2个小时。2个小时可以了以后，玩1个小时。玩1个小时差不多了，如果家长还觉得太长，可以玩半个小时，要小步子前进。不能要求孩子的坏习惯一下子改掉，这不可能。

还有一个办法，叫"以优替差"。孩子不愿意老挨批评，家长总批评他，实际上家长有时在不自觉地强化他这种坏行为。要想克服一个坏习惯，要帮助他先建立起一个好习惯，用这个好习惯代替坏习惯。比如说孩子爱说脏话，家长也别老批评他，孩子一说脏话家长就说："你又说这个！"其实这是对他坏习惯的强化。可以先在家里培养他文明用语，全家人都用文明用语，像"请、谢谢、对不起"等，用文明的话来说，这样他骂人的坏习惯可能就消失了。"以优替差"这个方法其实在儿童阶段是很重要的。

第三个方法就是消除根源。家长要研究孩子坏毛病的根在哪里，简单地说就是釜底抽薪。釜底抽薪之后，他就没有这个条件了，我举个例子，孩子的零花钱太多，兜里50块、100块的都有，他的钱多他就瞎花。能不能控制他花钱？那最多就给孩子带5块钱、10块钱，多了不许带，慢慢他这个毛病就改了，用釜底抽薪的办法。

少年儿童研究：但是有的家长会说，孩子已经养成了大手大脚的习惯，你给他少带，他自己会在家里找，或者去跟别人借。

吴凯：家长要跟孩子讲道理啊，要告诉孩子为什么我以前一个月给你20块钱，现在我就给你10块钱，家长得讲些道理。

还有第四个办法，这个办法很重要——"防微杜渐"。

家长一定要注意这个问题：孩子第一次出现不良行为的时候，家长抓不抓。因为孩子的坏行为往往是从第一次开始的。孩子的第一次家长要抓住。他第一次不完成作业，你要抓住他，考试第一次抄袭别人家长要抓。家长一定要从细微处发现孩子第一次的不良行为，一定要狠狠地抓，让孩子认识到这样是不对的，不能再这样做。

少年儿童研究：冰心老人的做法很有意思，她不打孩子，孩子第一次骂人的时候就让孩子用肥皂水漱嘴，认为这嘴太脏了，赶快用肥皂水漱干净，不能骂人，不能这么做。这是冰心的女儿回忆的。冰心不研究习惯，但她的做法很有意思。

吴凯：冰心的做法可以改进，不一定让孩子漱嘴，可以让孩子刷牙。

有的习惯是动作型的，有的是非动作型的。但是非动作型是智慧型习惯，到最后总要表现为某种行为的

少年儿童研究：我们原来讨论习惯时，认为习惯培养一定是行为，习惯培养一定是培养一个良好的行为方式，我一直在怀疑这个问题，比如说，我们讲的智慧型习惯，很多都是带有质疑反思的，这是一个思维过程，这是行为吗？

吴凯：有的习惯是动作型的，有的是非动作型的，可能这样更准确一点儿。我在一篇文章里写过这么一句话：智慧型习惯到最后总要表现为某种行为的。因为智慧型习惯深处是思维的，智慧型习惯其实是一种思维方式，怎么样思考问题的方式，最后还要表现为相应的行为方式。比如说我养成这么一个习惯，无论到什么时候接触到一个新的工作，第一步我得怎么办？我得了解情况，调查研究。要不我不知道怎么干，这就是一种思维习惯，但是它必然要表现在行为上。像咱们这个年龄的人，处理问题可能都有很多思维方式已经成为习惯，遇到一个问题首先就会这么想，不会想别的。

少年儿童研究：原来有句话叫：习惯一定是行为。这话不太准确。

吴凯：就原来咱们说的那个定义里，比较强调行为方式。可能我觉得这也是我们对习惯深化的认识。因为智慧型习惯提出来以后，就必然促使我们讲这个问题。

少年儿童研究：思维活动、心理活动不能叫行为，因为没有行动。这是内心里的活动。

吴凯：这种思维方式最后必然转化为行为方式。他不可能不转化，不可能只是空想。

少年儿童研究：那这个很重要，他是行为的一个前导。实际上他起的是一个导向性的作用。

吴凯：比如说咱们两个人初次接触，我有这样的思维方式，我喜欢看一个人的优点：你这个人哪一点不错，就很愿意去跟你交往，愿意成为你的朋友。有的人，他们的思维方式就特别怪，他一接触人，先发现这个人的缺点。一看这个人这个不行那个不行，最后这个人没有一个朋友。我认为他的这种思维方式建立得不好。

少年儿童研究：这很重要，很多习惯都有一个思维方式的问题。

吴凯：特别是学习习惯，学习习惯里有很多都有智力因素在起作用。比如怎样预习，怎样复习，这本身是智慧型习惯，不是动作型的，但是它必然还是要转化为动作型习惯的。我最后还是要强调这句话。

具备了最基本的好习惯，恰恰是一种个性的解放

少年儿童研究：怎样看待习惯对人的束缚？通常某些惯性的东西容易遏制人的创造力和想象力，那么对孩子而言，过于强调习惯作用的同时还应该怎样保持他们的求新求异的特性？我们曾经和北师大的心理学家讨论过这个问题。有一位教授就提出来：好习惯的培养是人的解放，解放人的大脑。现在人们为什么批判习惯，怕养成一种习惯束缚人，现在要让孩子有创造性，有个性，很多人把习惯就看成清规戒律，这也不行，那也不行，全都是这种机械的反应，这是好习惯推广最大的障碍。

吴凯：我想首先告诉所有的人：不要为此而担忧。

第一，我们培养的习惯，是做人做事最基本的习惯，是人人需要的。难道创造性很高、个性很强的人他就不遵守交通规则吗？他就可以随便骂人吗？他就不需要体育锻炼吗？他就不需要卫生习惯吗？很显然，这些基本习惯和创造性习惯没有关系，因为这些基本的习惯是每个人必备的、底线的要求。所以第一个我要强调的是我们培养的习惯是基本的，不会影响

个性。

第二，在习惯的培养上，因为我们注意了个性的差异，所以是有区别要求的。我们的要求并不是说什么都是一刀切，这个很简单，比如说我们强调要有锻炼身体的好习惯，但是怎么锻炼就是自己的事情了，每个人都需要选择。可能有人选择跑步，有人选择走步，有人选择游泳，完全可以根据个人的喜好，你可以跳绳，他可以踢毽子，还可以打太极拳，但是我们强调的是每天你需要拿出30分钟或者40分钟锻炼，这个是要求。至于习惯的内容，要根据个性差异，区别要求。

第三，在培养学习习惯上，我们总是提出要勤于思考，善于提问，对一个问题要有多种答案，这些东西恰恰是发展个性、求异求新的。在培养习惯的过程中，我们怎么能够抑制求新求异呢？一道题做完了还要有两种做法、三种做法，一个问题来了，不是想一个答案就结束了，希望一题多解，这就是求异求新。要求提出问题、善于思考，这本身就是创造性的起点啊，这没有问题。这对于想象力来讲，对于思维能力创造能力来讲，恰恰是一种发挥。所以我认为从这三条理由来看，就不要担心培养习惯是对人的一种束缚。反过来说，如果有了这些最基本的好的习惯，恰恰是一种个性的解放。你有了这样好的习惯，再发挥自己个别的差异个别的爱好自己的特长，这没有关系，没有限制。

少年儿童研究：人是动物，是动物就有其动物性，就有基因的遗传，比方说惰性、野蛮、自私、有攻击性等，这都有可能，这是人的本性。这些东西如果任其发展，人就会变成野兽。实际上好习惯的养成使人的动物性减少，促进人的社会化发展，这实际上也是把人从这个领域里解放出来。

吴凯：如果再补充第四个理由，那就是我们提出矫正不良习惯，的确对个人的发展是有好处的，不好的习惯不能任其发展，矫正不良习惯对于孩子而言也不是束缚。

培养习惯要留有让人自己选择的空间，不能把对孩子所有的教育要求

都习惯化。这是不可能的，也是不合理的

少年儿童研究：强调习惯养成，会不会容易让孩子钻牛角尖？比如讲卫生过度会有洁癖等。怎么在培养孩子好习惯的同时让孩子学会应变？

吴劭：什么事情都有一个"度"，尤其在培养习惯的要求上的确是不能够过死，过死是不行的。培养习惯要留有让人自己选择的空间。比如讲究卫生，也是要给自己选择的空间，而且要有度。

少年儿童研究：这个问题在习惯培养中要怎么注意呢？怎样不让他矫枉过正？怎样才能不让习惯强化到缺乏灵活性的程度？

吴劭：我觉得还得给孩子讲习惯要求不能过高、过细、过死。否则就容易做偏了。

少年儿童研究：像有的小孩，尤其是低年级的小孩，有些事情执行起来就过死，这个事情我今天没完成，妈妈让我干的我没干，是不是就不行了？

吴劭：比如说锻炼身体是很有好处，但是突然有一天感冒了，怎么办？今天就不跑了，这没关系，很正常。因为跑了对身体倒没有好处了。家长要掌握这个尺度。因时因地要有灵活的那一面。

少年儿童研究：现在我们要注意的是什么呢，我们面对的是儿童，在儿童习惯培养的过程中，要是过了，也是个问题，就太机械了。怎么从指导原则上防止这个问题？

吴劭：是这样的，习惯养成到了自动化以后，他也不一定天天要这样做，能够达到 10 天里有七八天都这样做，这个习惯就算养成了。绝大部分时间都是按照这个去做的，正常情况下这样去做，偶尔有特殊情况，还能有一定的伸缩性。不要认为今天这个孩子没做，就不行了。

少年儿童研究：就是还有一定的缓冲。其实有的学校也比较灵活，比如特别大的风，有沙尘暴，今天就不出操了。

吴劭：这是一种社会适应。孩子得适应这个社会，如果总是呆板地做，将来他就缺乏社会适应能力。

少年儿童研究：要是这样的话，习惯会不会退化？

吴剀：像这样的状况，10次里可能有一次两次，我认为没有问题。

少年儿童研究：比方说我们有读书习惯，可是我们是每天都看书吗？也不是。但是你说这就没有读书习惯？这也不是。一旦有了条件和机会，就会很自然地看书。

吴剀：不能把对孩子所有的教育要求都习惯化。这是不可能的，也是不合理的。我觉得习惯，从原来的意义上来说，也主要是最基本的一些生活要求，做人的要求，做事的要求，不能把所有的东西都囊括在习惯里。比如学习方法和学习习惯是两个概念。所以，把最基本最重要的东西培养出来就可以了。

我在很多学校讲课的时候，讲了一个"泛化"的概念。这个概念有点类似于学习心理学的"迁移"。迁移大家都很熟，所谓迁移就是现在学的东西和先前学的东西，对后来学的东西有好处，这叫正迁移；如果迁移的东西对后面的东西有干扰，那就叫作负迁移。当然，咱们都希望是正迁移，不希望是负迁移。德育里有个类似的东西，叫作泛化。比如培养一个习惯，遵守纪律的习惯。这个习惯它是会泛化的，可能泛化到他不打架不骂人，你其实没有要求孩子，但是他这样做了。也有可能，因为他注意遵守交通规则了，有了守规矩的想法了，他就很可能泛化到其他方面，我给别人做好事，它是会泛化的。所以教育理论里还要考虑这个泛化的问题。

这也是一个思路。家长不要想着把孩子哪个方面都培养好。其实培养好孩子的一两点可能就影响了其他的方面，教育要关注泛化效果。

少年儿童研究：有种说法是：21天养成一个习惯，90天巩固一个习惯，这其中的过程是怎样的？在最关键的过程中，我们又应该注意什么问题？

吴剀：一般来说，真正养成一个习惯需要90天，前21天是关键时刻，孩子在21天里养成的不是习惯，他养成的是一种习惯性的动作。因为这21天老这样训练他，这个动作他就熟悉了，他就会这么做了，但是他肯定需要一个月或两个月再去巩固。实际上前21天，更多的可能是被动阶段，而后两个月实际上是由被动转化为主动，由主动转化为自动的阶段。我认为养成一个习惯可能是这样一个过程。但是这只能是从一般来说。因为有的习惯可能用不了 90 天就能养成，因为习惯有的比较简单，比如让孩子每天晚上按照课表把学具准备好，第二天保证把东西带齐，这个习惯纯属动作性习惯，并没有更多的智慧型的东西掺杂在里面，这就是一个动作行为习惯。这样一个习惯可能不需要 3 个月，根据我在学校对孩子的了解，这样的习惯，一个多月的时间就养成了，这是简单的习惯。但是习惯本身有思维在起作用，有智慧在起作用的时候，恐怕 90 天还不行，还需要更多的时间去养成。

少年儿童研究：您说的这种思维型习惯可否举个例子？对孩子来讲哪个习惯属于思维型习惯？

吴凯：比如说阅读习惯。我们很多人都喜欢读书，可以有一个好的阅读习惯。阅读习惯包括很多，中国传统习惯有"不动笔墨不读书"这个说法。到底怎么动这个笔墨，如何用笔墨记东西？记的东西肯定是真情实感和学习上的收获，这就牵扯到智慧型习惯，这是思维在起作用。那么习惯，我估计 90 天不能养成。所以说，要看是什么习惯，有的习惯养成用不了 3 个月，有的习惯养成 3 个月又不够，这样说可能比较科学。

习惯养成一般要经过 3 个阶段：被动阶段、主动阶段和自动阶段。孩子的主体体验是由被动到主动再到自动的关键因素

少年儿童研究：我们培养孩子好习惯，在长期反复的训练中，孩子也确实做到了。但随着外界督促的减弱，比如孩子在长大后，没有父母或老师在旁边督促，他就有可能放弃这种习惯。这肯定是在培养好习惯的过程中有的方面被忽略了。

吴凯：习惯培养一般要经过 3 个阶段：被动阶段、主动阶段、自动阶段。如果用一句话概括就是：习惯养成要由被动到主动再到自动。我非常赞赏这种提法。

实际上，被动阶段，从孩子的心理来讲，主要是一种遵从，就是遵从老师的要求、家长的要求，是老师让我这么做，妈妈让我这么做。但是在做的过程中，他会尝到甜头，尝到甜头后，他会觉得这样做对我挺好，慢慢就发展到主动阶段了。

在被动阶段家长和老师肯定会加强督促、管理，但到主动阶段家长的督促管理仍然不能放松，因为这时候习惯还没有养成，虽然不是督促特别严格，但可以做一些抽查。在培养习惯中出现问题的原因，很大程度上就是有的家长做得不够，刚开始的时候，督促得很紧，一看做得差不多了，家长就撒手了，不管了，孩子的行为就又回到起点了。实际上在主动阶段，家长一定要抽查，还要做一些监督检查。可以抽查，适当地放松一点儿，因为家长要是完全不放松，孩子也不能学会主动。可以隔一天一检查，或者3天一检查，这样的做法我认为比较好。

孩子做着做着又尝到了甜头，他的这种甜头尝得越来越大的时候，他就可能进入自动阶段了。所谓自动就是不用别人监督检查，自己就想这么做，不这么做就难受。主动阶段就是这样一个过程。所以我觉得在主动阶段，在心理上是一种认同。如果不认同就主动不了。到自动阶段的时候，孩子就从认同到内化了，内化为自己的东西。所以，这3个阶段对应的心理状态就是遵从到认同再到内化，这样的过程之后，一个好习惯就会慢慢养成了。

少年儿童研究：怎么调整才能让好习惯贯穿始终？是不是不能仅仅简单地训练而是要把培养习惯的初衷告诉孩子？

吴凯：有一个问题特别需要研究。到底是什么因素促进了这个过程的转化？这个因素常常被我们忽略，我们只知道过程还不行，还要知道从被动到主动再到自动，其中关键的因素是什么。我个人认为关键因素是主体体验，就是孩子自己主体的一些体验。就是体验到按照好的习惯去做，他能获得的进步、快乐、成功。但是只有成功的体验还不够，还得体验如果不按照这个好习惯做，吃到的苦头是什么——可能会挨批评，可能会烦恼，可能会失败。我认为主体体验的内容，就是按照好习惯做尝到的甜头，不按照好习惯做吃到的苦头，强烈地反复地对比使得孩子有了自己的体验，而这种体验就是他由被动到主动，从主动到自动的关键因素。

比如说孩子某件事情做得很好，不能他做完了就完了，家长和老师应该跟他聊聊，让他谈谈自己有什么体验；让孩子说说今天按照这个好习惯做了，对自己有什么好处。比如今天老师说明天要带一件学具，由于孩子养成了一个好习惯，头天晚上就按照课表准备好了，第二天就按要求带来了。可是班里有5个人没带来，他们上课的时候很不方便，老得跟别人借着用，老师还批评了他们。相比之下，孩子就感觉很方便，有这个好习惯，就有了快乐的体验、成功的体验。

培养好习惯的过程中，孩子不可能天天都做得很好，会有几天做得不好。于是我们就批评他了。我认为不能只是批评，应该找到他的负面体验。比如说：今天画画，有个孩子没带蜡笔。除了挨批评以外，老师和家长应该让他谈谈他当时的心情是什么。他可能会说：老师没发现的时候很紧张，就怕老师发现；老师发现了，批评了我，我很烦恼；等到人家都开始画了的时候，我没带笔，就得跟人家借，我得等着人家用完了才能借给我，非常不方便……要让孩子讲出这些体验。不能只是批评一下就完了，让他体验到好的习惯对自己有多么重要，越来越觉得这是自己的需要，他才有可能将这个习惯内化。只有内化了，他才会进入自动阶段。

少年儿童研究：有时候家长和老师常常做到表扬或批评这一步就结束了。

吴剀：表扬或批评之后，还要让孩子说一说，无论批评还是表扬都需要让他把这个体验强化起来。孩子可以说，也可以写，还可以演，通过少先队组织，将这种体验表演出来，这样把一个人的体验让大家分享，把体验说一说，写一写，演一演，把一个人的体验变成全班同学的财富。这不仅促进了个体的变化，还促进了群体的变化。

少年儿童研究：孩子不单单是受了表扬就高兴，挨了批评就难过，还要了解当时习惯养成和没养成对他主观上的影响。

吴剀：对，一定要让他有所感受，简单说就是体验按照好习惯去做尝到的甜头，不按照好习惯去做吃到的苦头。

少年儿童研究：就是说让孩子学会思考。

吴凯：对。他个人的主体体验，不是别人给他讲的，不是家长给他说的，而是他自己去想，自己去说，自己去感受的。有了这种体验，由被动到主动再到自动的转化就成为可能，如果孩子没有这种体验，他就很难达到习惯养成的自动阶段。

在强化好习惯的培养过程中，要找到适合孩子的激励方式

吴凯：针对家长督促减退了，孩子的行为也就放弃了这个问题，我觉得有 4 个办法。

第一，家长要认识到这个时候孩子的这个习惯还没有养成，督促还不可以减退。家长可以适当将督促弱化一点儿，但是绝对不能减退。

第二，孩子如果有这样的问题，家长要变换激励方式。因为对小孩子总是给他一种激励方式，这种方式就不起激励作用了。一般来说半个月左右应该变换一下，而且激励方式是逐步升级的。

少年儿童研究：刚开始的时候表扬表扬就行了，后面要是做得挺好的，就可以奖励点儿东西。

吴凯：对，可以有一点儿物质奖励，如一个玩具、一套书……还可以有活动奖励，如可以带孩子看电影，去旅游，等等。

要有激励的强化物。如果没有强化物，对孩子空说是不行的。强化物最初级的就是精神强化物。如对孩子说"你真好""你真棒""你真是个好孩子"或者摸摸头等，实际上这就是一种精神上的强化物。这种强化物初期还行，时间长了就很难起作用了。

用物质的东西做强化物，我希望家长这样做，家长要判断你的孩子希望要什么，比如家里有个女孩，家里没有《格林童话》这套书，小孩又特别想买《格林童话》这套书，家长也想给孩子买，这个时候家长就可以做文章了：你坚持这个习惯 15 天，我就给你买一套。这一套书就是物质强化物，其实小孩很喜欢这个。

还可以用活动做强化物。如有位老师对学生说：你坚持这个好习惯15天，星期天我请你到老师家做客，中午你跟老师共进午餐。学生经历过这些他肯定特别美呀，谁有这个待遇啊，我去老师家了，我能说老师家什么样子，我吃了老师家的饭。孩子会特别高兴和自豪。这就是活动强化物。又如最近市里新开了一个展览馆，孩子从来没去过，家长可以跟他说：你只要坚持下来15天，我带你到展览馆去一趟。或者新开辟了一个游乐场，孩子特别爱玩，坚持下来十几天可以带他去游乐场玩一趟。

激励方式一定要不断变换，不断提高强化物的水平，变换激励方式。所以第二个方法就是变换激励方式。

第三，就是要抓这个过程中孩子的主体体验。为什么孩子放松了？为什么家长不抓他他就不做了呢？因为他的主体体验没有被强化。孩子有体验只不过没有被强化，这种感受都是模模糊糊的，一定让他体验他这么做的好处，他才能够坚持。

第四，要给孩子讲习惯培养的作用，绝对不能排除认知、情感的教育。培养习惯偏重于"行"，从"行"入手，这是对的，但是这并不是说不需要认知，不需要情感。所以孩子的认知和情感要在习惯养成的过程不断提高和加深。有很多成功人士身上都有很多好的习惯，或者是学习习惯，或者是锻炼身体的习惯，或者是他为人处世的习惯，或者是合作的习惯，等等，有很多知名人士，成功人士，他们必然有好习惯，否则他成功不了。要让孩子访问他们，了解他们，学习他们，从而提高孩子养成良好习惯的自觉性。

家长要和孩子一起成长。要求孩子培养好习惯，家长同时也要养成好习惯

少年儿童研究：有的孩子在学校里行为习惯很好，比如垃圾不乱扔、保持卫生等方面做得很好，但到了家里就很难做到了，原因何在？如何纠正？

吴凯：学校老师的要求与家里相比总是比较严格的，有的家长对孩子的某些要求不能坚持，不很严格。有点儿风吹草动的情况就可以开个例外。

所以家长要是想习惯培养就要严格，这是一个原因。第二个原因是学校里有同学，同学之间可以比较，可以竞争，有这个氛围，家里没有这个氛围，所以家里习惯不如在学校养成得好。

我的建议是：家长要和孩子一起成长。要求孩子培养什么习惯，家长同时也去养成这个习惯。比如说，家长要求孩子跑步，如果家长是中年人，又能够跑步的人，就可以跟孩子一起跑。父母跟孩子一起做，家庭就有了这个气氛。如果生活在大院、小区，孩子有年龄接近的伙伴，也可以让他和小伙伴一起去做。孩子在家校表现不一致，很大程度上就是没有气氛和父母要求不够严格造成的。

少年儿童研究：有的时候家长可能觉得自己某个习惯不好，他就想让孩子不要有这个坏习惯，比如家里的东西不是特别整齐，家长就特别想让孩子把自己的房间弄整齐，家长就觉得：我反正就这样了，我也改不了了，你不能有这个习惯，你得把这个东西弄整齐。有的时候家长会给孩子提出这种要求。

吴剀：这种要求其实就是不合理的，就不符合咱们提的"同成长"。教师同学生、家长同孩子同成长，体现了平等关系。平等了以后"代沟"就不容易产生了。教师和家长可以要求孩子，孩子也有权要求教师和家长。

如果想让孩子养成把物品管理好的习惯，首先家长要把家里整理干净、有序。家长把家里的东西整理干净、有序了，那么不用说，孩子就跟着一起干，就能解决问题了。"身教胜于言教"，自己不整理家里的东西，反倒让孩子有这种好习惯，这几乎是不可能成功的。这样的家长，思想观念就应该改变。

第五章

培养懂规则、
知礼仪的孩子

制定规则是为了孩子更好地成长

——访郑新蓉

> 郑新蓉，女，1957年出生，汉族，教育学博士。北京师范大学教育部教育基本理论研究院教授，北京师范大学中国民族教育与多元文化研究中心主任，博士生导师。现任全国妇女研究会副秘书长，全国少数民族研究会常务理事。

制定规则要有孩子的参与，规则要少而实用

我认为在制定规则的时候最好要有孩子的参与，而且在某种程度上要达到孩子和父母的相互制约。比如说孩子做到了某件事，也就是服从了某项规则，就要给他某些自由，如提前完成作业就可以看动画片，一个星期表现得都很好，周末就可以玩电脑游戏，等等。有的孩子还可以提出：如果他改掉了某个不良习惯，爸爸就要少抽烟或是不打麻将等类似的要求。这样可能会避免一些专制主义，也更能为孩子接受，而不是说，规则只是成人制定的用来约束孩子的。

规则不能制定得太多。我们成年人常常会这样：当觉得某些规则管用的时候，就会强加给孩子。但由于成人有时因为工作忙或是其他什么原因，规则并没有起作用，孩子也就对规则淡漠了。因此，规则要少而精，少而实用。

规则要适合孩子的年龄特征，要有针对性。有的规则可能经过一定的时间以后，成了孩子的行为习惯，可以说它就不再是规则了。比如：回家先洗手。已经形成了规范的东西，就要和规则有适当的剥离了。孩子在形成一些良好习惯的过程当中，由于孩子不善于坚持，但这些习惯又对孩子

发展很有利，那么父母可以寻找一些"点"来制定规则。我举一个简单的小例子：我女儿现在上初中，从家到学校骑自行车要20多分钟。因为她小时候身体不太好，所以，她爸爸就用汽车送她上学。后来我们发现不太合适，因为，用汽车送她上学，她就总是有依赖。于是，我们就制定了一个规则，在冬季，她爸爸每周送她几次，到了四五月份，每周减少一次用汽车送她，等到了天气很好的季节，就不再送她了。像这样的规则就是在相互调适当中的，这种规则适合她这个年龄段的孩子，对培养她的毅力，锻炼她的身体，不依赖成年人就是比较有意义的。

制定规则的过程是一个学会协商、学会谈判的过程

不能为制定规则而制定规则，否则有可能会让父母和孩子产生对立。规则的制定是为了孩子的成长。制定规则的过程是一个学会协商、学会谈判的过程。比如孩子和同学打电话这件事，孩子可能认为自己和同学多聊一会儿父母都要干涉，尤其是和异性通话，父母更为紧张。父母有时会制定一条规则，禁止孩子在电话里聊天。孩子对这种规则是很不满的。其实父母不用考虑孩子是和异性还是同性打电话，而是要对孩子讲清楚用电话聊天是最不经济合算的。做父母的如果不是因公事的话，也不会长时间的通话。如果限制用电话聊天的话，孩子也可以限制父母。这都是可以协商的。很多父母不和孩子协商，只是让孩子听自己的，就产生了矛盾。所以，规则一是不要制定得太多，在尊重、理解的基础上制定规则；二是在执行的过程中不要简单化，要找到合适的角度，让孩子服"理"，然后遵从规则。如果孩子认为制定规则就是管他的，那么任何规则他都有可能反抗，他就不去考虑规则本身的合理性了。

规则要制定得具体但不要苛刻，要有利于孩子的发展

有时规则制定好了，但在实际生活中贯彻不下去。这是为什么呢？那可能是规则制定得不合理或是不认真。父母有时是信口一说，或是一味要求孩子来服从自己而不考虑这个规则对于孩子有多大的作用。规则要制定

得具体一点儿，通常要坚持一段时间。规则要是很苛刻。过于严厉，孩子可能在一种威慑下服从，对孩子并不一定有好处。

我举一个极端的例子：有的父母告诉孩子：你的日记我要看，我要定期检查你的日记。这样一个规则会造成什么样的后果呢？一种可能是孩子在日记中写的不是自己真心想说的话。另一种可能是这个孩子服从于任何权威，只要是别人要求的，自己的隐私别人可以任意践踏。这对于孩子的自我认同、人身权利、隐私权利这些意识的培养显然是非常不利的。有了这种规则，可能会有两个结局，两个极端：一是压抑孩子的个性；另一个就是孩子会用另外的方式反抗。所以，规则要合理，还要适度。比如现在有很多的孩子都有零花钱，他们会买些小画片之类的东西。如果一张也不让自己的孩子买，他去偷怎么办？还有的父母给自己的孩子制定这样的规则：你绝对不能和比你学习差的孩子交朋友。那么遵守这种规则的孩子可能就会将凡是学习不好的孩子视为不可接触物，是所谓的"坏孩子"。但是这类孩子在生活当中又在不停地干预你的生活，他可能是很友善的、很可爱的，也可能是很淘气地滋扰你。你不能说我拒绝和这类孩子打交道。那他怎么和这类孩子交往就是个问题。因此，父母在制定规则时不要把一些带有偏见性的，甚至很无知的教育理念渗透在规则当中。

总之，规则要有利于孩子的发展，要合理，要适合自己孩子的情况。别人家的规则可能并不适合自己的孩子，父母不要看到别人家的规则不错，就完全照搬过来。实际上，规则是为化解、解决矛盾而制定的。规则制定得不好，可能会制造矛盾。如果制造了矛盾，那就起到相反的作用了。

给不同年龄段的孩子制定的规则也是有区别的，制定规则的过程也是一个让孩子形成良好习惯的过程。

最后要强调的是，给孩子制定规则需要父母之间的合作，如果父母一方执行某个规则，另一方却无视这项规则，可能就会破坏了规则的严肃性，孩子也会对规则不重视。所以，制定规则要公开，家庭每个成员都要参与，一旦规则被大家认可，就要在实践中得到很好地执行，规则才有它的意义。

发展个性也要立规矩

——访李敏

李敏，首都师范大学初等学院讲师，教育学博士后。

少年儿童研究：李敏老师您好。我们经常会看到，有的孩子在公共场合不太懂规矩，比如大声喧哗、姿态不端正、不懂礼让、没有礼貌。还有一些孩子到别人家做客，有时说话不得体，或是乱翻人家东西，成为一个不受欢迎甚至被讨厌的人。这种情况是如何产生的呢？

李敏：实际上，这种现象在过去也存在，但不像现在这么明显。有些家长倾向于卢梭那种自然主义的教养方式，从孩子生下来之后，就只是提供必要的支持保护。只要不出安全事故，就任由个性去发展，但忽视了规矩礼仪方面的培养，有时就会出现孩子在公共场合不注意遵守规矩大吵大闹等现象。年幼的孩子情绪不好时，会不管不顾地吵闹发泄。如果年龄大些的孩子（尤其是进入学龄期的儿童，这一时期的儿童在性格形成上已初具稳定性）还有这种现象，那就是该有的教育没有跟上。

家长的误区在于：认为孩子在公共场合的某些不良表现，对孩子未来上大学、找工作都不会有妨碍。即使觉得是问题，可能当时也会批评制止，但事情过去就过去了，对这类问题从心里很轻视，不认为这也需要引导。

少年儿童研究：其实我们国家学校里的行为规范的要求还是比较严格、具体的。为什么还有许多孩子没养成遵守公共场合秩序的习惯呢？

李敏：孩子上小学以后，学校里对规矩的培养还是很严格的。学校属于养成教育，这种教育是为学校管理服务的。一方面，这种教育符合我们教育发展的理念，在孩子很小的时候就在行为规范上予以确立。但也不可否认的是，由于管理和安全的需要，孩子被禁止追跑打闹、大声喧哗，但这些孩子到了学校之外的场合就是另外一个样子了。

根据我们的研究，发现中国的家长和学校都没有摆脱应试教育的状况，都是有功利取向的。学校的养成教育及具体的规矩培养也是为了更好地管理，更好地提高学生的分数，创造好的同伴学习环境。

少年儿童研究：那么家庭教育与学校教育在行为规范方面的配合度又是怎样的呢？

李敏：从家长对孩子教育的平均水平来看，在家庭和学校的关系中，家长的教育还是为学校教育服务的。而学校教育的重点甚至全部都是如何为孩子创造好的学习环境，更好地学习知识和技能。除了智育之外，其他方面在学校和家庭之间有责任推诿的现象，也有责任的真空。

学校认为学习之外的事情都是家长应该负责并且管好的，家长认为孩子进入学校，身份是学生，所有的发展问题不管是全面发展还是特长发展，应该由学校负责。这是推诿部分。而有的问题不是互相推诿，而是家长和老师都不认为是问题。只要学习成绩好，什么问题都可以忽略。有时孩子某些过于自我的行为，却被认为是有能力的体现。对于这种可能影响人生态度、品德的，但是属于非智力的问题不做更多考虑。即使真的出现那种孩子在家庭之外不守规矩让自己丢面子时，也不会从固有的这种累积延续的教育观上找原因，只是认为是一个瞬间出现的，不认为是全部发展中很重要的一部分。

少年儿童研究：这种不正确的教育观是怎么逐步形成的呢？

学校教育和家庭教育都有忽视品德培养的倾向。改革开放这些年来，我们更多情况下是以经济的发展来解释优质发展的含义，此前一直认为改革的发展在于经济的发展。近两年我们才开始意识到人的发展才是最重要的，但对整个社会的国民心理影响很难在很短的时间内扭转。

送孩子去上学以及在日常教养孩子当中，家长的心里摆脱不开三个问题：一是未来的社会让我的孩子长成什么样子？社会需要我们孩子成为什么样的人？二是别人怎么看待我的孩子？很在乎别人的眼光和评价。三是根据我的生活水平、生活状况、职业、教育观念和水平，我要把孩子培养成为什么样的人？这三个问题看上去很正常，但仔细想想都是从家长的立场、从与外界不断比较的立场，而不是从孩子的立场去考虑的。从最根本的儿童观来看，还是把孩子当成私有财产，寄望孩子能给家庭带来荣耀和回报，尽管家长很少愿意承认这一点。

少年儿童研究：这三个问题在中国式教育中一直是存在的，不是今天才有的。

李敏：在过去的社会大环境下，这三种观点没有像今天这样矛盾突出。以前我们经济的发展没有像如今这样冲击人们的价值观。在中国传统观念中，养育孩子是以德为先的。现在过快的发展让大家看到了经济的力量，过快的现代化进程给大家带来了一些影响：比如现实生活可能显示出来的是：有德的东西也许不能带来生活的富足。本来我们就还没有把德发展到很好，又迎来了快速发展的市场经济，本来很松散的基础又受了很大的冲击。家长也会陷入其中。

少年儿童研究：所以，家长关心别人如何看自己的孩子，并不是看我的孩子是不是一个好孩子，而是是不是一个学习好的孩子。

李敏：对，如果是一个考试考得好的孩子，就代表了成功，就是能力强的表现。即使出现了诸如在公共场合没规矩，遭人嫌恶，也只是孩子的一个瑕疵。在家长看来，这些生活瞬间中对孩子的不满意丝毫不影响对他整体的评价，也不影响别人对他的评价，更不影响未来社会把他放在什么样的位置。

孩子的未来除了自身的成绩之外，与他人的合作能力也很重要。被孤立的孩子将来沉迷于某些活动的可能性会比其他孩子要大。因为他可能变得不乐观，有一些人格发展的隐患在里面。

少年儿童研究：也就是说家长没有真正认为这些问题会是影响孩子未来人生发展的问题。但是不是真的不影响呢？

李敏：这正是我要谈的。品德教育是很重要的。公共场合的行为习惯也好，对客人的态度也好，与同学交往方式也好都是品德教育非常重要的一部分。《国家中长期教育改革和发展规划纲要（2010—2020 年）》再次把德育为先鲜明提出来很有战略眼光，也确实是一个急迫问题。家长必须要对此有所应对。孩子的未来除了自身的成绩之外，与他人的合作能力也很重要，要让孩子懂得在竞争中合作。如果长期在公共生活中受挫、不合群的话，这些孩子的心理失去平衡，会产生无法控制的孤独感。现实表明，这些孩子将来沉迷于某些活动（如网络游戏）的可能性也会比其他孩子大。因为他可能变得不乐观，有一些人格发展的隐患在里面。

因此，对那些不受欢迎的孩子，家长要有意识地改变这种状况。孩子未来的成功不见得是挣多少钱有什么样的地位。我认识一个孩子，确实读到了哈佛，成绩真的很好，但对家里的客人，没有最起码的礼貌，从来不和陌生人打招呼，甚至平时连身边的亲人也不愿搭理，他只能在学习中找到乐趣。对此，他妈妈也表示担心；这个孩子的幸福感特别的差，他自己也认为不知道除了看书还有什么其他的乐趣。某种意义上，他是成功了，但从一个教育者的角度来看，我不希望自己的孩子成为这样的人。

少年儿童研究：有的家长认为应该尊重孩子的活泼天性，混淆了守规矩与让孩子自由发展的关系。也有的父母怕管得太严太多，会妨碍孩子的心理健康，失掉个性。应该如何看待遵守必要的规则与自由发展之间的关系？

李敏：确实有的家长很强调孩子的自由天性，但理解的角度有偏差。

少年儿童研究：有些父母从国外回来，会有感慨，觉得人家的孩子很有规矩，比如很难见到在公共场合尖叫哭闹的孩子。我国其实素来有"礼仪之邦"之称，目前这样的反差是如何出现的呢？

李敏：我有朋友在国外生活时间比较长的，回国后就觉得我们的孩子一身的问题。当然国外也不是像我们想象的那样特别好，但比起我们的孩子来说，在公共生活方面普遍要做得好。这也和文化背景有关。我们这里"家国同一"的概念很强，公共生活就是家庭生活的外延。而国外不仅仅与我们教育观不同，也把家里家外的概念和界限分得非常清楚。

另外，我们谈的道德和国外所说的道德是有区别的。我国是把道德和伦理放在一起的，而西方是把二者区别开来的。这种区别在现代是有意义的。他们谈伦理更多的是在社会当中审视人与人之间的关系，而将道德看作私人领域中的修身养性，更多去依赖家庭教育来完成。因此西方人虽然非常重视人的个性发展和个人的权利，但公与私分的很清楚。公共伦理、公共规范的教育是他们非常重视的，他们非常重视公共场合的社会公德，而社会看待这个孩子的品德是否发展得比较好，也是首先依据公共生活中的表现来判断的。

少年儿童研究：可是我国一直是很重视礼仪教育的国家，关于礼仪方面的古训也不少。比如很重视孩子到别人家做客的规矩，或是接待客人都有很严格的礼节。

李敏：从党的十七大开始，我们开始谈公民意识。这是一个很大的进步。公民教育不单纯是政治教育和权利、义务教育，很多是公德教育。在教育孩子方面，我国好的那些传统礼仪要坚持，家长要改变的观念是：不是只有智育发展好的孩子，才是将来社会需要的。社会已经用现实告诉我们：高分不代表就能找到很好的工作，需要综合实力。这需要从更新我们的教育观上去慢慢改进现状。

少年儿童研究：有的父母会在公共场合教育孩子，后果有时就是孩子又哭又闹。但父母会认为孩子有错就要管啊，回家再管不就迟了吗？也有的父母对孩子提的一些无理要求不予理睬，因此对孩子的哭闹等情绪置之不理。这样的家长可能出发点是好的，但忽略了对别人的影响。这种管教方式错在哪里？如何才能既管教了孩子又不会妨碍他人？

李敏：有的家长觉得在家庭和公共场所都可以教育孩子，说明家长自己就没有区分度，没有对孩子在不同场合做不同的要求，而且很多成年人自己做得不够好。

他人的影响很重要，首先就是父母的影响。不单纯是孩子本身出现的问题。其实如果从最开始就让孩子分清家里和外面的不同，那么就不会或很少会出现类似极端的问题。程度也不会太激烈。一旦出现孩子失控而又必须制止时，家长也可以换种比较好的方式。

我曾经看到一个处理得很好的例子：一个孩子七八岁的样子，在课外学旱冰。有一次孩子心情不太好，顶撞了老师。当时很多家长和其他孩子在场，妈妈把孩子拉到旁边给她换鞋，让她喝水，问她是不是心情不好。孩子说是。妈妈声音很小地对孩子说：你今天表现非常不好。我给你两个选择。第一，你和老师道歉。第二，回家接受惩罚。孩子喝了水，思考了很长时间说：我去和老师道歉。事情就这样解决了。首先妈妈没有大声斥责，保护了孩子的自尊，其次给了孩子选择。孩子有个反思的过程，冷静后知道自己错了。

少年儿童研究：有的父母虽然意识到孩子在外边要遵守规则，要有规矩，但由于觉得在家里没必要这样，孩子一旦离开家，也不能及时调整。比如，孩子在自己家里拿什么东西都是很随意的，但有的孩子到了邻居家或是同学家依旧如此，随便翻东西，或问些不得体的问题。应该如何避免类似情况？

李敏：首先需要说明的是，在孩子年龄比较小的时候并没有"偷窃"的明确概念。皮亚杰曾把2—7岁的孩子划定为"自我中心"期，这一阶段的孩子，常认为世界是围着他转的，对于喜欢的东西，很多孩子会不自觉地按照"谁先看到谁先得到"的原则去索取和占有。于是，别人家的东西，他会很毫不羞涩地、顺理成章地翻弄。从这一点来说，家长首先不要按照成人社会的"偷窃"概念来理解孩子。其次，又需要给予必要的引导和规范。孩子到了一定的年龄，该立规矩就要立规矩，私人空间与其他空间的不同要严格区分。要帮助孩子区分自己家与别人家、公共空间与私人空间的差异。在这些方面，家长要树立成人的权威。有的行为习惯如果在家里没有养成，有可能会带到公共场合。

曾经在国外看电影，发现他们的电影院观众是不受年龄限制的，但我们是有的。其实如果我们的孩子从小就接受很好的公德教育，2岁以上的孩子是可以带到影院的。六一的时候，我带孩子看3D电影《功夫熊猫》。我注意看周围的孩子，有的孩子很张扬，特别想引起别人的关注，要么大声喧哗要么大声问关于眼镜的各种问题。实际上他们完全可以小声告诉妈妈自己的感想。

因此，一是规矩要从小就立，在足够尊重孩子的基础上培养好的行为举止。二是父母自己先要做得好。要学会反思自己的行为，孩子过分张扬或自闭是家长的教育给予的。

访谈 儿童天生需要规则

——访王腊梅

> 王腊梅，深圳大学心理与社会学院副教授，硕士研究生导师，主要研究领域为儿童动作发展、儿童语言发展以及儿童认知情绪和社会性发展。

在现代社会户，规则无处不在。培养一个孩子的规则意识与行为至关重要。遵守规则不仅可以使人们更好地适应社会，还能实现人的真正自由。从发展心理学角度讲，对规则的认知是儿童社会认知发展的一个重要方面。在中科院心理所的王腊梅博士看来，规则并不是为了限制孩子，儿童天生就需要规则，规则能给儿童带来安全感。

规则是儿童建立安全感和认识世界的一种工具

少年儿童研究：一些父母把对孩子的尊重和信任，理解为对其各种行为的放任。孩子常常感受不到作为一个普通人所必须遵从的社会规则。那么，尊重孩子个性和培养规则意识的界限在哪里呢？

王腊梅：我想，这两者的界限是"是否影响他人"。让孩子自由发展天性，只要不影响别人，就是在尊重自由天性的范围。如果影响到他人，不尊重他人，就是违反了社会规则。

近年来，整个社会逐步把"尊重他人"看成基本的道德规则。大家开始懂得要尊重他人的空间，在公共环境和公共空间里自我约束，顾及别人的感受。在地铁上大声讲话、让孩子随地撒尿等缺乏社会规则和公德意识的人会被鄙视。这些都是社会进步的表现。

具体到儿童教育，尊重孩子不是放任和纵容。心理学研究发现，孩子是天生热爱并需要规则的，1岁多到3岁是孩子对规则和秩序的敏感期。在这个阶段，幼儿非常需要有秩序的生活环境。如果家中杂乱无序，幼儿容易心烦意乱，他们会哭闹，甚至用生病来表达他们的焦虑。

少年儿童研究：很多家长可能根本没有意识到孩子的这个特点。这种特点对孩子教育的意义是什么？

王腊梅：从心理学上讲，儿童都需要内心的安全感。一般来说，来源有两方面，一是父母在身边，永远都能对自己的需求有回应。二是儿童认为周围的环境是可以预期的、固定不变的，心里想的和看到的东西是一致的。

意大利的幼儿教育学家蒙特梭利注重观察孩子天性，她认为我们应该不做任何干预地观察小孩。蒙特梭利发现孩子厌恶无序，习惯于什么东西都固定在什么位置。小孩有时哭闹、生病，就是因为事情没有按照孩子内心所想的秩序进行。比如，天气热，妈妈就把外套脱下来，搭在胳膊上，小孩就一直哭。让妈妈把外套穿上，孩子就不哭了。这是因为孩子觉得违反了他认为应该有的秩序的行为。所以，对规则的需要，应该是儿童的一种本能。

如果成人注意观察，会发现两三岁的孩子对家里某样东西没有放在规定的、通常的位置非常敏感。他会随时注意到这种无序。如果发现某个东西不在原来的位置，孩子会哭，会自己将它放回原来的位置。

心理学家还观察到，两三岁的儿童玩捉迷藏游戏，他们并不喜欢在意外的地方找到躲藏的大人。他们会一遍又一遍地在同一个自己知道的地方发现躲藏的大人。每次找到时，孩子都十分开心，而且乐此不疲。如果大人藏到别的地方，孩子反而觉得无趣，因为破坏了他们内在的游戏规则。发展心理学家对此的推测是：两三岁的孩子在捉迷藏过程中的快乐在于，他们在自己可预期的地方找到东西，体验到重新发现的秩序感。

总之，儿童天生表现出热爱秩序，需要周围环境有规则、有预期、可控制。成人给孩子某种意外，孩子会认为是违反规则，心里会感到混乱和不安全。

少年儿童研究：很多家长觉得规则只是限制孩子，他们对孩子的这些细致反应可能都不曾意识到。

王腊梅：孩子天生需要规则，这是他建立安全感、认识世界的一种工具。就像家总是有四面墙作为一个固定的范围和边界一样，孩子面对外部的世界，就需要有社会规则作为框架和范围。规则可以让孩子明确内在世界和外在世界的界限，有助于他们建立理性智能、控制情绪、增强自制力等。如果外部世界没有规则，父母放纵孩子，周围的人破坏规则；又或者家长给孩子制定规则，自己却破坏这些规则。这些都会让孩子内心困惑迷茫，产生一种不安全、不确定的感觉，进而阻碍孩子心理的健康发育。

培养规则意识也是锻炼孩子自制力的过程

少年儿童研究：看来，规则是帮助和促进孩子心理发展的，家长不能认为规则和孩子的天性相对立。

王腊梅：是的，规则是为了帮助孩子更好地成长，获得更好的行为方式和行为习惯，更好地社会化，从而更容易跟别人建立好的关系。

从发展心理学上讲，儿童对自己行为和自己能力的评价，也就是自尊，自尊将影响到儿童行为和心理健康的所有方面。那么儿童会从哪些方面来进行自我评价呢？国外有心理学家研究表明发现，儿童判断总体的自我价值一般包括5个方面：学业能力、社会接纳、运动能力、身体外貌、行为举止。可见，孩子是能够意识到自己的行为举止被别人接受的程度的。

如果从小父母帮助孩子习得好的行为规范，会有助于提高孩子的自尊。大家都知道，自尊与孩子各方面的发展都是密不可分的，包括学业成绩、社会交往等，是孩子健康成长和得到良好发展的一个很重要的因素。因此，规则是帮助孩子发展的。

另外，孩子在学习和遵守行为规则的过程中，也是培养自制力的过程。而自制力是孩子将来的学业、事业、心理健康、社会关系等方面发展的一个重要预测因素。

少年儿童研究：儿童对权威和社会规则的认知有哪些规律？

王腊梅：关于儿童对社会规则的认知规律，有几个流派的心理学家都进行过观察和归纳。最早也是最著名的儿童心理学家皮亚杰认为，儿童4—7岁是他律道德阶段，他们认为规则是世界不变的属性，不受人们控制；7—10岁是初始合作阶段，处于一个过渡期；10岁以后进入自律道德阶段，他们意识到规则是人创造出来的，可以根据人们的意愿来改变。在评价一个行为时，他们不仅会考虑行为后果，还会考虑行为者的意图。

而艾森伯格的社会学习理论认为，儿童可以通过正性强化学习好的行为规则。也就是说，儿童做了正确的行为，对他进行鼓励或奖励，会强化他的这些行为。注意奖励要及时，因为儿童长时记忆较差。社会学习理论重视观察模仿，孩子会间接学习某些被强化的行为，或者模仿那些被他当作正性榜样的行为。比如他看到另一个孩子做了好事被表扬，他也会模仿这些得到正性强化的榜样的行为。不幸的是，如果他把一个人当作榜样，而这个榜样做了违反规则的事情，他也很可能做出这些违反规则的行为。

少年儿童研究：有媒体报道八九岁小男孩出于好奇，按下地铁站内的火警手动报警按钮，造成混乱。这是缺乏规则意识的表现吗？从心理发育的角度看，这个年龄的孩子是否应该明白这样做的危害呢？

王腊梅：父母和学校教育很重要。我想分享一下在德国幼儿园的观察。他们会组织孩子参观不同职业的工作情境，消防员、警察等常见职业的工作是一定会观摩的。这样的教学安排一方面是为孩子储备职业知识，为未来的职业选择做准备，另一方面也能让孩子了解各种职业的工作流程。孩子会看到真实的工作场景，比如参观医院，知道医生是怎么工作的，病人会有怎样的痛苦，等等。

可以说，德国孩子在幼儿园阶段都会把那些重要的、与日常生活密切相关的职业观察一遍。

我想，受过这样教育的小孩一定了解消防工作的严肃性，是不会随便按火警装置的。在我国，我们还很缺乏这方面的社会教育，父母就要在家庭教育中做更多的弥补。如果父母在孩子小时候带着他一起坐地铁时，注意到孩子对火警按钮的好奇，能够及时讲解它的作用和按下去的后果等，我想就不会发生这样的事情了。

只有所有人都要遵守的行为规范才能称为"规则"，共情是儿童学习道德和规则的核心

少年儿童研究： 有人认为，父母在陪伴孩子成长的过程中，应该承担起"规则制定者""规劝者"甚至"惩罚者"的权威角色。但在实际生活中，很多成年人的规则意识也很缺乏，很难让孩子形成正确的是非观念。您怎么看？

王腊梅： 你提到家长应该作为"规则制定者""规劝者"甚至"惩罚者"的权威角色，我不是完全赞同。对于3岁以上的孩子，家长应该和孩子一起来制定规则，在规则制定时要征得孩子的认可。而且规则也不应该是只有孩子要遵守的，家长也必须一同遵守。

我认为，制定规则的目的其实是保护每个人的自由。规则界定了边界，保护的是边界内的自由。首先保护个体自己不受伤害，其次是尊重他人、不影响他人，最后是保护公共环境，包括社会环境和自然环境。

规则就是要排除强权和暴力，保证平等和公正。这其中不应该有权威和说教，规则制定者和规则执行者的区分，在规则面前要人人平等。这就谈到了家长以身作则的问题。换句话说，家长对规则的定义要有正确认识。遵守规则并不等于"听话"——小孩听家长的话，听大人的话。正确的是，只有所有人都要遵守的行为规范，才能称为"规则"。家长说一套，自己却做一套，孩子的规则体系会混乱，这样的规则对孩子也肯定是无效的，所以，家长做监督者，应该更准确一些。

少年儿童研究： 儿童规则意识的培养，是否有关键期的说法？是在什么年龄阶段？错过了培养的关键期，还可以弥补吗？

王腊梅： 有一部分心理学家认为关键期是一个被滥用的概念，而且发展心理学领域认为用关键期来解释儿童发展有很大局限性，提出一个更灵活的概念叫"敏感期"。错过了只是不能达到最佳的发展，而不是无法弥

补。而且敏感期的时间很长，并不是只有几个月或 1 年时间。孩子学习某种能力的时间历程很长，比如亲社会行为规则意识可能从 0—12 岁都一直在发展，不用担心错过敏感期。不过，父母给孩子立规矩，建立一些基本的行为规则，最好是在 3 岁之前，否则父母和孩子的互动模式或者叫父母教养方式一旦定型了会比较难改变。当然，也会有在孩子进入幼儿园之后发现孩子的社会行为有问题而幡然悔悟，因此痛下决心改变自己的教养方式、重新给孩子建立规则的家长。事实上，随着年龄增长，这些亲社会的心理和行为会经历不同的发展阶段。

少年儿童研究：前面谈到制定规则的目的是维护他人的感受。那么，让孩子理解别人的感受是否有助于孩子理解规则和遵守规则呢？

王腊梅：有一种理论认为，儿童的共情是他们学习道德或者规则的核心。共情是指一个人体验他人情绪的能力。根据这一理论，我们可以用对方的感受让孩子理解规则。比如为什么不能打人，是因为对方会痛会伤心；为什么不能在地铁里大声喧哗，是因为别人很累，需要安静休息或者思考。

有研究者发现：1 岁之前的婴儿，是普遍共情阶段，不能区分自己和他人的情感需要，看到其他婴儿跌倒受伤，自己会哭。1—2 岁的幼儿，会因为他人的痛苦而自己感到不愉快，但无法将对这种情感认识转化为有效的关心或者帮助行为。3 岁以后，儿童能意识到别人的观点和感受跟自己是不同的，每个人的心智都是独特的，别人对于同一情境可能会做出不同的反应。因此，此时的孩子会对他人的痛苦做出更恰当的反应。10—12 岁，儿童对不幸的人们—穷人、残疾人、流浪汉等，会发展出一种新的共情取向。这种新建立的敏感性可能会使个人的思想和政治主张产生人道主义倾向，比如认为不幸的人需要帮助。

既然儿童有比较强的共情能力，家长在培养孩子遵守规则等亲社会行为时，就应注重为孩子提供学习他人观点和情感的机会。比如，给一个 6 岁的小朋友讲故事时，如果父母总是能多注重讲述故事中人物的想法和内心的各种感受，那么孩子以后理解别人观点和情感的水平就会明显提高。

少年儿童研究：如何促使儿童遵守规则？鼓励和惩罚的方式会有什么

不同吗？

王腊梅：心理学研究表明，用表扬和鼓励的方式比惩罚更有利于帮助孩子建立和遵守规则。家长应明确告诉孩子哪些是大人所期望的行为，解释原因，并反复告诉孩子正确的做法。惩罚有时没有效果，因为孩子可能并不明白正确的做法是什么。

另外，成人在制定规则的过程中应允许孩子参加。例如，儿童喜欢上课嚼口香糖，一位美国老师的处理方式是这样的：老师和学生说："我们先讨论一下上课能不能嚼口香糖，投票表决，少数服从多数。"结果，大部分孩子同意上课嚼口香糖。于是，老师就宣布允许上课时间嚼口香糖。孩子们很高兴。过了一个星期，有的孩子就觉得这件事影响了课堂学习，因为总是会发出声音，孩子们自己要求投票重新制定规则。结果是多数人反对上课嚼口香糖。于是，老师重新规定上课不许嚼口香糖。我相信，这样制定的规则，学生更容易主动遵守。

孩子的学习能力很强，其中最重要的学习就是观察和模仿，因此父母和老师都应主动遵守规则，这样才能不断强化孩子的规则意识。

少年儿童研究：前一段时间，教育部颁布了《新版中小学生守则》，那么，守则和规则有什么不同吗？

王腊梅：我觉得没什么区别，西方就叫行为规则。我们的《中小学生守则》规定得比较全面，更多体现的是引导孩子如何变成更好的学生。但我们之前谈到的规则，体现的是作为一个社会当中的人，怎么理解尊重别人，顾及他人感受，更好地让自己融入社会，维护社会有序进行。这和《中小学生的守则》讲的内涵有点儿不一样。当然，这两者是有很多共通之处的。

第六章

爱体育，懂营养，
培养体魄健壮的
孩子

把体育当作生活的一部分

——访刘虹英

刘虹英，北京四中体卫处主任。

体育习惯的培养首先来自家庭，学校体育和家庭体育相辅相成，构成孩子一生的体育兴趣

少年儿童研究：刘主任，您好！北京四中的体育教学始终做得很好。您对在家庭中培养孩子好的体育习惯有什么建议？

刘虹英：我认为体育是和生活密切相关的。在我小的时候，家门前有条沟，每天回家都要跳那条沟，这样跳来跳去的，觉得很有乐趣，同时也发展了能力。还有，我们那时都喜欢打乒乓球，这项活动不怎么受场地的限制，需要带的东西也不多。有的时候找个案子，用砖头垒个替代的网就可以了。这些体育活动来自我们的日常生活，所以觉得很有乐趣。说到孩子的体育习惯的培养，其实就是应该把体育当作生活的一部分。

美国有句话是"父亲体育"。如果父亲是个体育迷，即使他不是专业的运动员，但他对体育的热爱和投入一定会影响孩子。孩子在小的时候，虽然还没有接受学校的各种教育，但这种影响会在心灵里打下热爱体育的烙印。孩子会想：等我长大了，我要像爸爸或妈妈那样去跑去跳。所以，孩子体育习惯的培养首先来自家庭。全民健身就是要提高对体育的意识，提高对身体的关注。学校体育由于器材、场地环境等因素，有时会限制孩子对体育的乐趣，使之失去对某些项目选择的机会。比如说，孩子对游泳感兴趣，但在学校，有时就会满足不了这种要求。一节课只有45分钟，班里那么多学生换衣服、洗澡就会用掉很长时间，在游泳池里游泳的时间最多也就是30分钟了。30分钟实际上是游不了多少距离的。而且我们还要考虑后面的课不要受影响，学生还不能游得太累。在假期里，课业相对比较轻松的时候，父母带着孩子去游泳，就是种很好的选择。

少年儿童研究：现在中考体育成绩要计入总分，有的时候，父母和孩子为了考试而锻炼，而不是从培养锻炼习惯的角度出发，也就是说功利性比较强。这对于培养孩子锻炼的好习惯是否会有不好的影响？

刘虹英：中考的时候有体育考试，对中学生的体育和体质是个很好的总结。学生的体质在初三那年得到了保证。而且，中考增加了体育成绩，使得那些想在中考前停掉体育课的学校又恢复了体育课。孩子们的刻苦训练，对他们的毅力也是一种考验。学校体育培养了孩子的合作精神、集体荣誉感。学校体育和家庭体育相辅相成，培养了孩子一生的体育兴趣。

不过，有的父母确实比较功利。比如我们学校要求每个学生都要学会游泳，有的家长就不理解，觉得中考又用不上，为什么一定要学？其实，孩子在未来的生活中，涉水的机会是非常多的。首先，游泳是种求生的技能。其次，陆地上的体育项目非常多，很多项目是可以互相代替的。不喜欢跑步的人可以登山，骑自行车，因为它们都是有氧运动。但在水里就只有游泳了。

只要孩子在动，那么他的身体就在增长。越简单简易，孩子越好掌握，就会越有兴趣

少年儿童研究：有的父母在自己小的时候，不是特别喜欢运动，体育习惯没怎么养成。现在虽然知道应该要从小养成孩子体育锻炼的习惯，但有时会不知道怎么去做。

刘虹英：许多父母小的时候受到生活环境或社会环境的限制，可能限制了在某些体育项目方面的发展，更重要的是限制了对体育兴趣的发展。比如他们看电视的时候，看见体育台就换，孩子就会觉得：这样的节目没

意思。孩子是很能揣摩家长想法的。如果每次家长都把台换了，那么体操的优美，球类的激烈，孩子就不可能了解。

就拿我来说，我的球打得不是特别好，但我会去看NBA，我了解其中的规则。实际上，对篮球规则的了解会让人慢慢对篮球精神、篮球文化有所理解。可以想象，一个人对篮球的理解可能会影响他的孩子。在某种程度上，孩子从小就知道：我爸爸喜欢篮球，虽然他打得不好但他会看；爸爸也会觉得：我没能打篮球，但我可以培养孩子去打。这种兴趣是相互影响的。

家庭体育可以给孩子更多更适合他的内容。比如孩子比较弱，他可以去打乒乓球，不做等级要求只是健身，就很合适。而且家庭教育可以产生互动，成为教育的平台。有的父母说孩子总跟自己对着干，其实有的时候就是交流的平台少。体育是个很好的交流平台，而且也是人与人之间很重要的交流渠道。

家长如果想培养孩子的兴趣，不一定要自己对体育有多么深的了解，或是有多高的水平。最简单的，比如踢毽子，这很难吗？小的时候没踢过，现在就不能踢吗？肯定不是。所以有时很简单的活动也会激发孩子的兴趣。还有和孩子散散步，或是三口人玩玩拽包，只要孩子在动，那么他的身体就在增长。越简单容易，孩子越好掌握，就会越有兴趣。随着孩子年龄的增长，他才会逐渐了解不同的运动带给人的不同的身体和心理上的锻炼。

家庭教育可以弥补学校的不足，两者结合可以让孩子终生热爱体育。学校体育更多的是对学生体育技能和体质及体育素质的培养。但在体育兴趣培养方面，受到了场地和器材的限制。所以父母不能完全依赖学校。比如有些拓展训练，学校没有这个资源，但家长可以带着孩子自己去，周末抽出半天时间是完全可以的。

另外，还可以给孩子报些他感兴趣的体育方面的课余班。但我们大部分家长可能会把孩子周末的时间都报了文化课的课余班了。其实现在社会上形形色色的体育培训班是很多的，只要孩子愿意就可以参加。还有些青少年活动中心也都有很多类似的班。可以说，社会提供的可供体育锻炼的条件还是不错的。家长要学会利用这些资源，和学校体育结合在一起。

如果孩子每天都有质量较高的一小时锻炼时间，会给孩子的一生带来极大的好处

少年儿童研究：很多家长也意识到了体育锻炼的重要性，但有时因为自己不太懂，所以可能对某些比较专业的东西回答不了孩子，比如有的父母让孩子跳绳，但孩子说了，某本书上说，经常跳跃影响大脑。该怎么给孩子解释类似这样的问题呢？还有就是在体育锻炼中如何让孩子学会自我保护。如果项目不适合孩子或方法不得当，可能会造成哪些伤害？

刘虹英：学校任何体育课的指导思想都是健康第一，安全第一。比如我们现在有国家体育总局开设的网站（www.spont.gov.en），网站中有全民健身的栏目，家长可以去查需要了解的内容，也可以去咨询。现在的资讯如此发达，家长可以运用各种条件去指导孩子科学地训练，对孩子提出的各种问题给出正确的答案。

不同年龄段的孩子在学校中是会有不同的体育课业要求的。在家庭中父母要注意的是，在孩子的初中阶段是以基础为主，比如柔韧性等，多接触些体育的项目，多增强些跑跳、攀爬、跨越、投掷的能力，不要做更高的专业较强的要求，那会让孩子的兴趣受影响。

如果孩子每天都有质量较高的一小时锻炼时间，会给孩子的一生带来极大的好处。体育使孩子体质增强了，很少感冒，缺课越来越少，对文化课的学习也是促进，会提高学习的质量。

把科学运动当作生活中的一部分

——访潘启强

> 潘启强，北京中小学生形体健康研究组组长，北京市体育健康研究院研究员。

只要是拼体力、拼耐力、拼力量、拼体能的体育运动都不适合孩子

少年儿童研究：潘老师您好。现在的父母对孩子的体育锻炼越来越重视了。这可能基于两个方面的考虑。一是对孩子身体的关注，希望孩子能够身体健壮。二是在很多城市，学生的体育成绩在中考的总成绩中占有一定的比例，孩子和家长当然不希望丢分。那么，做家长的应该如何科学地指导孩子进行锻炼呢？

潘启强：孩子的体育锻炼要注意两方面的问题。一是要有兴趣，不能只是单纯地枯燥地锻炼。当然在锻炼过程中也会有些痛苦，吃点儿苦，但是很有收获，孩子会觉得更有意思。二是孩子不适宜进行大量的体能性的锻炼。

少年儿童研究：有些项目是属于竞技性的，可能对速度、耐力的要求比较高。这些项目孩子可以锻炼吗？

潘启强：如果是属于灵巧、快速反应的竞技性项目是可以的，因为这类项目对孩子生长发育没有不良影响。如跳绳、踢毽子、踢球、游泳等。现在锻炼的误区是，有的家长对孩子过早进行专项化的训练，或是进行体能型项目的训练。

少年儿童研究：专项化训练好理解，那么体能型项目是指哪些？

潘启强：体能训练大都是拼力量、拼耐力的。简单地说就是靠体力取胜、以体力为主的项目，比如举重、长跑等。孩子就不适宜进行这方面的锻炼。

少年儿童研究：您所说的这个不适宜，是指多大年龄的孩子？

潘启强：16岁以下的孩子不适宜这些运动。

少年儿童研究：我们经常在城市马拉松比赛的新闻中看到这样的报道：今年的马拉松选手最小的选手多少多少岁，根据年度的不同，大概在7—12岁不等。在这些报道中，很明显对这么小的孩子参加马拉松比赛持肯定态度的。您认为这样的报道方向是不是不妥？

潘启强：确实不妥。这么小的孩子跑马拉松肯定不适合，不论是运动器官还是身体发育都不适合。我在电视中也看到过这样的新闻。在有的省电视台的报道中，会出现六七岁的孩子去跑马拉松的镜头。孩子参加这种赛事是极大的误区。这么小的孩子不适合从事体能消耗这么大的运动。这种运动势必和孩子的生长在争夺营养。训练量过大肯定会影响生长发育。几岁的孩子，肌肉发育得还很不成熟，很软。即便是专业运动员，如果过早从事某些项目，身体的某些部位都会变形，更何况没有专门指导过的孩子。跑得太多会对脚弓、关节造成损害。而且孩子在生长发育期间，同化作用是大于异化作用的。

少年儿童研究：什么是同化作用和异化作用？

潘启强：同化作用，又叫作合成代谢。是指生物体把从外界环境中获取的营养物质转变成自身的组成物质，并且储存能量的变化过程。

异化作用，又叫作分解代谢。是指生物体能够把自身的一部分组成物质加以分解，释放出其中的能量，并且把分解的终产物排出体外的变化过程。

新陈代谢是生命的最基本的特征，由同化作用和异化作用组成。人在相当长的一个阶段，是维持一个平衡的状态，体重相对是恒定的。当年纪非常大了的时候是异化作用大于同化作用的，比如我们很少能看到80多岁的人还很胖，因为到了这个年龄自身组织的消耗增大了。这是一个最基本的规律。

在孩子同化作用大于异化作用这个阶段，高耐力的训练，不说马拉松，就是长时间的超过三四千米的训练，都不适合 16 岁以下的孩子进行。

另外，人的步频是受神经转换速度的影响的。步频是单位时间内两腿摆动的次数，肯定是距离越短步频越快。如果孩子从小就适应了跑很慢的这种节奏，将来他想快都快不起来，因为长跑和短跑的步频有质的差别。不同的距离，跑起来的步幅、步频都是不一样的。

少年儿童研究：过早固定某种步频，会对长大后的跑步速度有影响？

潘启强：对，速度就上不去了。他已经形成了慢的动力定型。也就是说孩子如果适应了这种步频，该跑快的时候他也快不了了。这还是次要的，更主要的是对他的生长发育不利。不论是骨骼发育还是内脏发育都不利。

我还看到某个新闻报道，有个地方一个几岁的孩子练出肌肉。这个年龄的孩子肌肉还不到横向生长的时候，这是违背人的生长发育规律的。孩子在第二次生长发育期之前，也就是大约女孩 12 岁，男孩 14 岁之前，身体是以身高长度的发展为主要的。如果过多地强调力量训练，一是孩子的肌肉不适应这种大负荷的训练；二是过多的体能训练对孩子的骨骼发育有影响。孩子的骨骼有弹性，使得他不容易骨折，但强度大的负重训练压制骨骼的正常生长，容易造成胳膊、腿、脊柱的弯曲。至少应该在 17 岁之后，人的肌纤维开始横向生长了，才可以进行负重训练。

只要是拼体力、拼耐力、拼力量、拼体能的体育运动都不适合孩子。孩子比较适合的是舞蹈、武术、乒乓球、跳绳这类快速的动作项目。孩子需要锻炼反应速度、动作的灵活性、动作的频率快，以提高神经系统的兴奋性。要以多变的游戏性为主，通过多种多样的游戏培养对运动的适应，这样才能让孩子在以后学动作时更快。

对孩子来说，锻炼应该是常态而不应该突击

少年儿童研究：现在由于中考体育成绩的增加，很多父母对孩子体育更加重视，甚至有的为孩子请体育家教，进行专门训练。

潘启强：实际上这也是一种应试教育。我们提出"课外活动阳光一小时"，是希望孩子每天都锻炼，其实中考的指标定得不是特别高，通常孩子在正常的训练下都能达到。但是每天都要练，这很重要。比如男孩子的1000米，女孩子的800米，每天都在操场跑上几圈，而且是变速跑，快跑和慢跑交替进行，那么很容易就能达到要求。关键是长期的坚持而不是突击。

少年儿童研究：我知道有的爸爸早晨送孩子上学，路上爸爸骑自行车，让孩子跟跑，由此来锻炼孩子。这个办法对距离近的孩子还可以，如果距离学校比较远，是不是就不太适合？

潘启强：太远肯定不合适，因为孩子的体力会消耗，同时还有运动安全和交通安全问题。如果孩子跑到学校只是觉得有点儿热还可以，如果跑出一身汗，孩子又没有条件换衣服，这就不太好了。我们在指导运动员或学生训练时就告诉他们，运动完一定要把汗落了，再把湿衣服换下来，穿上干衣服。切忌用自己的体温把湿衣服烘干，否则很容易感冒。如果没有条件换衣服，也要准备好干毛巾，到卫生间把汗擦干。

另外，如果孩子感冒，就不应该再坚持锻炼。这是必须的。有的老师或教练员过去不太懂，觉得孩子不舒服跑跑步出出汗就好了，这是绝对错误的，对人的身体极其有害。

少年儿童研究：我们在新闻中时常看到，有的家长带孩子冲击某项纪录，比如，做多少个俯卧撑，横渡什么海峡，等等。您对此怎么看？

潘启强：这是媒体的一种误导，不应该就此炒作，不应该提倡。孩子不适宜从事这么长时间高风险的项目。

少年儿童研究：有的家长觉得自己的孩子从小比较有运动天赋，希望孩子将来走体育这条路，所以就从小开始对孩子进行训练。

潘启强：如果孩子有从事专业体育的想法，我的建议是：一定要找当地的真正的专业体育部门对孩子进行评估，看孩子适合什么项目，不适合什么项目，什么时间开始训练。家长凭着自己的主观想象、爱好强加给孩子往往是错的，往往会耽误孩子的未来。而且，我们不提倡早期专项化。

儿童时期，要以多种多样的游戏为主，越多越好，孩子最终会喜欢上一项，而且运动之间会互相影响，孩子学新的东西就会越来越快。一二年级的孩子绝对应该以体育游戏为主，说白了就是玩。三四年级是过渡，到了五六年级的时候可以培养对某些或某类项目的兴趣，可以有一定的竞技因素。运动应该是常态的，而不应该突击，应该把科学的运动当作生活中的一部分。

少年儿童研究：有的家庭会给孩子报些体育方面的课外班，比如乒乓球、游泳、网球，甚至有的比较富裕的家庭会让孩子学打高尔夫球，在孩子年龄很小的时候，这些项目是否都是很合适？

潘启强：我本人不主张早期专项化，特别是高尔夫球。因为这个运动所有的动作都是反关节的，关节是拧着的，对孩子的脊柱特别不好。我们要孩子有健康的姿态，所做的动作要符合生理发育的规律。

访谈

体育是打开幸福之门的金钥匙

——访毛振明

> 毛振明，1990 年获得教育哲学博士学位。其后就职于日本中京女子大学任讲师并进行博士后研究。曾在就职于原国家教育委员会体育卫生与艺术教育司和首都体育学院等单位，从事体育教育行政管理、体育教学和科研等工作。2002 年调入北京师范大学，任体育与运动学院的首任院长、体育人文社会学专业博士研究生导师。

随着社会的发展，人们开始认识到体育不能只是局限在个人发展的某个阶段的活动，而应是贯穿人的一生的生活内容。作为 21 世纪生活方式的重要组成部分，体育应伴随人的一生。但在我国的现实是，很多父母重视孩子的营养，重视孩子的学习，却唯独不够重视孩子的体育。为此，毛振明教授告诫大家：体育是关系到一个人幸福生活一辈子的事情，一定要让运动成为终生的好习惯。

体育锻炼不仅锻炼身体，还是维护人的自然和社会本性的一种文化活动，能感受阳光，能和人交往，能和人发生矛盾并尝试解决

少年儿童研究：我们觉得中国体育有很多误区，很担心奥运虽然能唤起人们的巨大热情，但是也完全可能像一阵风一样吹过去，不会改变什么。我们希望让运动成为习惯，您认为运动对人有什么特别的意义呢？

毛振明：我想从心理和生理两方面阐述体育对人的价值和意义。我们过去理解体育锻炼的目的是容易的。我国的竞技体育发展也就 100 多年历史。1903 年《奏定学堂章程》规定要建现代化的学堂，在学堂里每周要设

有两节体操课。这便是中国现代体育课程的开始。1922 年才改称为"体育课"。那时，各国开设体育课的目的都是富国强民。

新中国成立以后，我们提倡"锻炼身体，保卫祖国，建设祖国"。现在随着科技的发展，体育锻炼的意义到底是什么呢，是生活内容。一个人，如果认为或者标榜自己是现代人，可是当别人问起"什么是网球""什么是高尔夫"时，只是一脸茫然，更不身体力行，也没有相关的知识，我想，在当今社会，这个人很难说自己是一个现代人了。或者很难说，自己过的是一个现代人的生活，文明人的生活。

终生体育除了要锻炼和维护健康之外，也是一种社交活动。其实，很多老年人参加体育活动，第一位的目的是社交，为了结识朋友。这是在大量调查的基础上得出的结论。在人们锻炼的过程中交友，并感到身心愉悦是占很大成分的。

少年儿童研究：为什么体育在现代社会和以往的社会有这么显著不同的价值呢？

毛振明：这就要说现代社会的特点了。目前，人类社会一个明显的改变就是活动越来越少了。有人做过统计和预测，现代人的身体的活动量是50 年前的人的一半，50 年后的身体活动量又将是我们现在的一半。美国人的形容是：下楼坐电梯，出门坐汽车，上班打电脑，回家看电视。

我想，以后人类还会失去阳光和四季。怎么会失去阳光呢？在日本东京，坐 2 个小时的地铁上班是很平常的。从地铁到办公室走地下通道，上班有空调、地毯、加湿器，中午吃饭也在写字楼里的餐厅，晚上又坐地铁直接回家里。想想看，一天不见太阳，对很多人来讲是常事。另外，因为有空调，人们已经感受不到四季的变化了。现代人生活得太干净了，而日本人已经发现太干净是一种病。

还有就是人的交往的阻断，很多人都不知道如何说话和写信，因为大家都用手指头说话，用敲击键盘来传达信息了，不知对方是谁。回到家也是如此，过去几个人一间房，现在是一个人几间房。实际上这些是现代社会的一种发展，这种发展在某种意义上说是脱离人性的。因此，体育不仅能锻炼身体，还是维护人的自然和社会本性的一种文化活动，能感受阳光，能和人交往，能和人发生矛盾并尝试去解决，等等。可以说，体育和其他的文化活动有本质的区别，例如，绘画能陶冶身心，但它更多的是一种个人自我的娱乐活动。

少年儿童研究：有的家长认为体育会让人四肢发达头脑简单，这种认识显然有些偏颇。您认为体育会不会影响文化学习呢？

毛振明：其实，体育也是一种认知，叫运动认知。人类的认知有三大类，一是概念认知。比如，水在化学老师那里叫 H_2O，H_2O 在哪里？谁也无法用肉眼看出来。还比如：赤道、本初子午线，人们是看不见赤道的，哪有本初子午线呀？它们只是人们定义出来的概念。很多学科就是用概念的方式来解释和认识世界的。很多的学科是靠概念来解释社会的。第二种叫感官认知。假如让你给盲人描述一个概念：什么叫红色？那简直是不可能的。红色有概念吗？一个字也说不出来，只有感官才能了解。这类的学科包括音乐、美术，是靠敏锐的感官去体会。说到衣服颜色不协调，我们很难用精确的数字去量化，只能靠自己敏锐的感官感知。

在体育中，我们有和以上两类完全不同的认知，这就是第三类认知即运动认知。比如，教练说"出手要快""用力点儿"，到底要快到什么程度呢？很难确切地解释，只有经常训练的运动员才有体会。还比如，运动员离得很远就能将球投进篮筐，而且，他一出手就能知道球是否能够进去。这就是运动员的身体认知。

怎么理解"四肢发达，头脑简单"的说法呢？其实，运动员的头脑不简单，就是文化课学得少了。参加体育训练后，运动员会特别累，第二天还要接着训练，很难再有精力学更多的文化课了。人们要运动员拿体育冠军，就不要拿文化的标准来衡量他，每个人的才能是不同的。愚蠢的人是当不了运动员的，更当不了冠军。

体育教育是关系到一个人幸福安全生活一辈子的事情

少年儿童研究：对于多数人来说，成为专业运动员的可能性很小，体育对个人生活最大的意义是什么呢？

毛振明：体育教育是关系到一个人幸福安全生活一辈子的事情。用一个坐标来表示，横向表示从出生时的健康到死亡时的不健康，纵向是从感性到理性，是指人对自己身体的认识。0—25岁时是人的生长阶段，身体一般都非常健康。这个时期是感性的。饿了就大吃，忙了就熬夜，对自己是放纵的。但是这是安全期。我在17岁时发烧39.6度，搬了300块煤，上三楼，结果是出了一身汗，病好了。从25—55岁或60岁，这是危险期。身体越来越趋于不健康，可是依然很感性，主要表现就是英年早逝。家人说就是前几天累了点儿呀！这话有问题，以前这么累也没事呀？他没有意识到身体已经不是当年的状况了。

人到了60岁以上就安全了，因为他知道自己身体不行了。有人这么说：在中国不多的体育人口中，都是那些老年人，而更需要锻炼的中青年人却参加很少。这同国外大相径庭，是不正常的社会现象。最应该锻炼的人是在25—60岁这个阶段。当一个人度过青年期后，应该非常理性地维护自身的健康。

所以，从小养成运动习惯对孩子一生是大有益处的。日本人常讲"妈妈的味道"，就是说明习惯是一种潜移默化的东西，是人的行为和心理需求上一种强大的惯性。所谓"妈妈的味道"是指你习惯了的某种口味，已经很难再客观评价这种味道的好与坏了。比如，我是北京人，爱吃炸酱面。我也不一定老吃它，但总会想着那种口味。要是真有一天永远吃不着了，一定会疯掉的。我在日本时，请日本朋友品尝，因为我觉得炸酱面是非常好吃的东西。可是，日本朋友觉得那是一种不可思议的难吃的东西。后来，我意识到，自己已经习惯了炸酱面的味道，而日本人根本不习惯，他们认为难以下咽是非常可以理解的。我想，一个人如果从小习惯了运动，他自然能在以后的生活中把它看成一项重要的生活内容。

参加体育活动能帮助孩子更好地适应集体和社会

少年儿童研究：全世界的人都很关注奥运会，您认为体育最独特的魅力是什么？

毛振明：体育是一种热血运动和激情运动。我还没有找到一种文化活动能和体育相比，看美术展、听音乐会是不可能有那样挥拳呐喊的场面的。这也是奥运会能够变成人类最大规模的集会的原因，它和体育文化的性质是有关的。

体育有培养人们社会适应的功能。什么是人的社会适应呢？我认为首先是指适应自己所处的集体。人的社会适应是很具体的，一个人适应了这个集体，也就会适应另一个集体。社会适应就是集体适应。要适应一个集体，6个要素都应做好，一是共同目标；二是士气，也叫荣誉感，或者叫集体荣誉感；三是领导核心，要善于规劝和辅佐领导；四是职责分担，完成自己的职责，哪怕一件小事都认真做好；五是规则，这是集体的共同约定，遵守规则，集体能容纳你，不遵守规则，就会遭到集体的排斥；六是共同活动，如果没有共同的活动，前面所谈的就都没有意义了，因为失去了基础。这些就是一个人的集体性。人通过适应集体去适应社会，对于儿童来说尤其如此。

这样看来，体育活动是和集体最相关的。一项集体运动，一个人不合群，玩不了；一个人和大家没有交流与合作，玩不了；一个人没有集体荣誉感，玩不了；一个人不遵守规则，不服从领导，也玩不了。美术和音乐可以自娱自乐，体育不行。

少年儿童研究：我们没想到体育有这么丰富的内涵。那么在6—14岁是否应提出不同年龄不同性别和不同内容的运动方法？

毛振明：体育是一种童子功。有些项目过了一定年龄就不可能有好的发展了。有些身体锻炼过了一定阶段，效果就没有了。我归纳现在的中小学生是软、硬、笨、晕。肌肉越来越软，关节韧带越来越硬，小肌肉群不灵活，晕就是前庭器官发育不好，平衡能力不好。

因此，在小学阶段，主要是动作教育，重点发展速度、灵敏性、柔韧性。内容要多样性和复合性，包括走、跑、跳、投、支撑、攀爬、悬垂、搬运、负重、涉水等。中学阶段主要是发展速度、力量、耐力，要更多考虑学生对竞技性运动的愿望，包括篮球、排球、足球等。跆拳道、街舞等项目也是很好的。

在男女性别方面，小学阶段性别不用太多考虑。中学要注意性别差异，但心理发展更为重要。男孩也可以跳舞，女孩也可以踢足球，重要的是不要失去各自性别方面的优势。

当然，举重、拳击、摔跤、拔河等运动不适合孩子，因为过多的无氧运动和憋气运动容易伤害儿童。

少年儿童研究：您在日本多年，觉得他们在体育方面有哪些值得我们借鉴的？

毛振明：日本大和民族也是勤劳勇敢的民族。他们重视体育也是在西学东渐的过程中逐步形成的。他们把体育更多地看成一种精神，有非常高的社会首肯度。

日本中小学的体育课的时间比我们多一点儿，但更重要的是上课的质量特别好，和课外自由活动的结合非常好。家长、孩子、老师都对各种体育项目非常擅长，可以说体育已经成为国家的一种风尚。

少年儿童研究：以往，我们只认识到体育是强健人的身体，现在，我们发现，体育也是幸福人生的一把钥匙。因为体育能把人生中千变万化的现象，抽象成最简单的规则。不管你学什么专业，将来做什么工作，你都得和人相处、竞争，总会遇到成功与失败、领先与落后。在这些竞争中如何自处，体育会告诉你。

养成运动习惯孩子受益一生

——访潘启强

> 潘启强，北京中小学生形体健康研究组组长，北京市体育健康研究院研究员。

如果一个人跑不快，跳不高，他的健康程度就差。我们不能把健康的内涵降低为不生病，这样的标准太低了

少年儿童研究： 从孩子健康成长的角度看，养成运动习惯的最大价值是什么？

潘启强： 养成运动习惯越早，孩子受益越大。为什么这样说呢？现在有很多中老年人也在学新的运动技能，但是那些运动技能对他们的身体而言，只能起到保持健康水平和针对某些疾病修补或缓解的作用。对儿童来说，养成运动习惯后，在他生长发育的高峰期会充分受益，且能受益一生。因此，我们提倡孩子要有健康向上的体育活动，尽量到户外接触阳光和大自然，不要总在屋子里搞室内竞技。

少年儿童研究： 您曾主持和参与了北京市国民体质监测中心、北京市教委对102名随机抽取的初一学生进行的形体测评，情况如何呢？

潘启强： 八成多的受试学生有着形体不良表现，其中最突出的就是探颈、驼背、窝肩等。不良的体姿严重影响孩子的生长发育（如脊柱和胸廓）和心理健康，我们在测查过程中，发现有个别十三四岁有此类问题的孩子已出现了颈部沉重和疼痛。

还有，当我们问到有些小胖墩的体重时，有的虽然刚刚做完体检，却支支吾吾地说"忘了"。有很多女孩子羞涩地问"能不说吗"。但是问到那些形体较好的孩子，他们回答得就非常干脆。可见，形体不良和肥胖已经让孩子产生了自卑心理。国外调查表明，形体不好的孩子长大后会发生肥胖和颈椎病带来的一系列健康问题，一部分孩子还可能产生自闭、抑郁等不良心理状态。但是孩子们自己却不知道不良体态给他们带来的隐患，更无从了解改善办法。所以，家长要有相关的知识。

学习压力大、体育锻炼时间不足、体育课质量不高是影响全球儿童青少年健康共同的问题。不久前，英国完成了《欧盟体育现状与展望》的研究报告，指出最近20年，青少年的生活方式、健康状况都发生了巨大变化，出现了很多不利于健康的消极行为。我认为，计算机的影响最为严重。电子游戏模拟出各种虚拟场景，足不出户就可体验各类运动的刺激。青少年总是目不转睛长时间地伸长脖子盯着看电脑，必然导致探颈、驼背等不良形体，伴随而来的是心理问题。

现在，人们越来越意识到一个好的形体所体现的自信与优雅，也在锻炼的过程中切身感受到改善"老胳膊老腿"的艰难。其实，一个美好的形体从孩子生下来就应该开始注意。尤其在10—14岁的生长发育高峰期，骨骼和体姿都有很强的可塑性。

少年儿童研究：有些家长认为：孩子跳得远、跑得快和健康没关系，只要不容易生病就行了。您的看法呢？

潘启强：这种说法是不对的。我们搞全民健康体质检测，检查的是健康程度。如果跑不快，跳不高，你的健康程度就差。设想，当一个人遇到紧急情况，比如追车时，是否有能力通过自己的体能去解决。所以，我们不能把健康的内涵降低为不生病，这样的标准太低了。我们到欧美考察，发现那里孩子们的健康意识比我们国家强很多。

> 我主张儿童应该每天活动，而不是一周才活动一两次。每周活动是任

务，每天活动是乐趣

少年儿童研究：现在国务院要求确保学生每天锻炼一小时。那么，不同年龄的孩子在这一个小时的活动量有区别吗？是不是年龄小在这一个小时当中要运动得更多一些？

潘启强：有细微的差别，内容上稍有不同，年龄越小的孩子应该更偏重于游戏，趣味性更强的运动项目。儿童注意力集中的时间不是很长，所以要考虑活动的趣味性和变换项目，让孩子感到乐趣。我主张任何体育活动，都要让儿童带有一定的竞争性和竞技性，这样，孩子的兴趣能维持得长一些，同时能够磨炼意志。

以青春期发育为界限，之前和之后的运动应该稍有区别。青春期之前，男女的活动内容差别不大。之后，男孩进行对抗性强一些、更激烈的活动，最好带有竞技性。女孩子可以从事更多表现曲线美的、柔韧性更强的活动。这些是和男女不同的生理和心理发育状况相适应的。

少年儿童研究：孩子每天放学以后，是否也要保证一定时间的活动？您觉得是以一周来计算好，还是以一天来计算好。作为家长，要树立什么意识？孩子每天必须在家活动多长时间？选择什么样的项目？走路上下学可否看成运动？

潘启强：对孩子而言，上学路上走来走去是生活的内容，不是运动的内容。体育运动和生活中的劳动是有区别的。无论劳动还是走路，都是在做一个单一的动作，是局部肌肉在活动，而不是全身肌肉的运动。孩子恰恰需要全身协调的运动，所以光走路是不够的。

孩子的兴趣不稳定，我主张儿童应该每天活动，而不是一周才活动一两次。一周活动是任务，每天活动是乐趣，这是有区别的。过去有很多很好的活动，男孩滚铁环，女孩跳房子、跳皮筋、扔沙包等。现在可以在社区组织几个孩子玩，考虑这几种形式，几家孩子在一起。当然家长要有共识，注重锻炼，每天集中起来玩一个小时。

还有一种方式是家长带着孩子玩，年龄段不同，适应的项目也不同。

活动时，大人要随着孩子。有些项目就不适合孩子，比如打高尔夫球。很多家长小的时候玩过跳房子和跳皮筋，完全可以再和自己孩子玩，同时设计一些对抗性的游戏。像小学三四年级的孩子，进行简单的球类运动是很有益的。在传球、抛球、接球时，孩子的身体要不停地移动。此外，扔沙包，来回打和躲，也是很好的游戏。在这些活动中，孩子的身体要移动，对于他身体的反应速度、灵活性、协调性都是很有好处的。

以上的活动不受场地的限制，是很方便进行的。其实，还有一种扔飞盘游戏，现在我们很少玩了。可是我们到美国考察，这项活动已经成为一种比赛了，有点儿像高尔夫球，每隔二三十米的距离立一个桩子，上面有一个网。人站在那里，如果把飞盘扔到下一个网里，就算进一站。一站一站像打高尔夫似的，非常有趣。

少年儿童研究：球类运动是一个很普遍的活动，对孩子来说，哪一种比较好？大球和小球是否都应该掌握几样？

潘启强：目前中小学的体育教学按田径类的大项分跑、跳、投，体操类当中有一些前滚翻、后滚翻和跳马等，这些都是必要的基础训练。不过，我建议在此基础上，孩子要有自己的一两样爱好，大球（如足球、篮球、排球）培养团队意识，小球（如乒乓球、网球、羽毛球）培养独立作战能力，最好各选一项。球类运动的对抗性比较强，孩子会感兴趣。

少年儿童研究：有的家长认为，孩子是否锻炼了，并没有明显感觉。还有，学校的体育锻炼要求从60分到100分不等，父母应该把自己的孩子放在一个什么样的标准上衡量呢？

潘启强：体育锻炼本身有一定的科学性，如果运动量过大，对孩子发育不好。适度的锻炼很重要，有转移兴奋灶的作用。比如，大脑总在学习，让孩子活动一会儿，对他来说是一种很好的休息，能提高学习效率。孩子身体的变化是比较缓慢的，不像做数学题那样，可以量化，或者让人明显感到改变。运动习惯的养成，家长不容易看到，但恰恰是最重要的。健康的精神寓于健康的身体，运动和学习一定要安排得当。

关于学校体育标准，它绝对不是可望而不可即的。学生的标准是根据绝大多数孩子的情况，通过普遍测试以后制定的。家长一定要让孩子达到及格，尽量争取高分，对孩子肯定是有好处的。

最近，大家议论较多的是，中学生的重点考核项目是长跑 1000 米。近20 年来，学生体能下降得比较厉害，用 1000 米来衡量孩子，虽然不能完全代表速度、爆发力、力量，但是至少能够表明孩子的内脏功能、心血管功能和肢体的耐力是可以的。这就抓住了一个主要的方面。同时这样做也是为了简化考核程序。它是从全国范围内看最一般的尺度，如果把北京这样大城市的孩子和农村孩子比，唯一能共用的、代表孩子健康水平的标准只有长跑。但是，这不意味着家长可以放弃别的项目，孩子仅有这一项是不够的，短跑和跳远也非常重要。举个最简单的例子，到野外游玩，有一条沟，2 米多宽，是否能跳过去就很重要。因为要是步行的话，得多走好几里路才行。这种情况在生活中会有很多。因此，各种运动素质都是必要的。

让小孩跑马拉松绝对是误导。此外，拔河、碰碰车、滑板这三类运动也不适合儿童

少年儿童研究：媒体介绍，有的家长为了锻炼孩子的毅力和体力，让小学生跑马拉松。这种做法合适吗？

潘启强：在孩子青春期发育之前，最应该发展的身体素质是速度和灵敏性，不适合的是力量和耐力。让小孩跑马拉松是绝对的误导，这是家长引导孩子锻炼的禁忌。为什么呢？因为孩子在生长发育期摄入的营养有一个重要功能是生长。蛋白质是身体组织的必要物质，糖供应能量。如果运动量过大过多，长时间的消耗会和孩子的生长争夺营养素，导致孩子发育不良。另外，过分强调耐力和力量会抑制一些其他身体素质的发育。如果一个孩子习惯了跑马拉松这样的慢节奏，让他跑百米，他还快得起来吗？教练员训练短跑运动员时，长距离跑只作为基础性训练，少量适当安排。

此外，力量训练在儿童时期是不宜于发展的，应该注重发展一些基本的能力，如走、跑、跳、投、攀爬等。在进行投掷练习时，一定要注意投

轻的东西，不能是重的东西。重的东西超出了儿童的能力，对发育不利，因为在儿童少年时期主要是骨骼增长，力量和肌肉的发育在此之后。

少年儿童研究：*许多家长为了让孩子有个健壮的身体，会鼓励儿童参加一些运动。如何避免运动损伤呢？*

潘启强：拔河、碰碰车、滑板这三类运动不适合儿童。首先谈拔河运动，从生理学角度来讲，儿童的心脏正处在发育中，当肢体负荷量增加时，主要靠提高心率来增加供血量。因此，心脏容易疲劳，尤其在做像拔河这样需要频繁憋气的运动。此外，拔河是一项对抗性较强的运动，往往会使儿童的手掌皮肤被绳索磨破。甚至由于双方拉扯时间过长，用力过猛，在强烈的外力作用下，可能引起脱臼或软组织受伤，严重的还会引起肢体变形，影响儿童体形。

其次，10岁以下儿童不能玩碰碰车。儿童的肌肉、韧带、骨质和结缔组织等均未发育成熟，非常脆弱。在运动的时候，孩子无法控制自己的身体，受到强烈碰撞时容易造成扭伤和碰伤。

最后，8岁以下儿童玩滑板车要特别慎重。玩滑板车时，腰部、膝盖、脚踝需要用力支撑身体，这些部位非常容易受伤，所以一定要做好防护，最好有家长陪护。

游泳是非常好的运动，能促进身体的全面发展。跳绳也是非常好的运动，最好在土地上跳，穿厚底的鞋，对全身的运动非常好。有的家长反映孩子弹跳能力不够，我这里介绍一个简单易行的办法：每天用一只手扶着墙，抬起一条腿，练习单脚跳，效果会特别好，成人也可以做。人老了，脚会变大，是因为脚心的肌腱肌肉松弛以后拉不住脚弓了。这样的练习对孩子和成人都是有效的。一条腿连续跳50次，每天每条腿做4组，绝对会有效。

少年儿童研究：*孩子每天运动，每次多长时间为好？要达到什么样的强度？*

潘启强：半小时到40分钟。我说的这个时间，不包括前面的准备活动和后面的整理活动，是真正在运动中的时间。运动要保持一定的强度，也就是心率要达到一定的强度。在活动中，心率不要超过每分钟 170 次，平均负荷是每分钟 130 次。

小学生的运动要从兴趣出发，但又要有一定强度。体育对儿童少年还有培养意志品质的功能，如果让孩子完全从兴趣出发，他可能转移得很快。每一项运动不到一定时间是起不到什么作用的，也要有一定的强迫性。

对孩子来说，少吃主食多吃菜是不合理的，主食类不能低于总量的 55%

少年儿童研究：在北京这样的大城市，儿童肥胖是令人担忧的现象。为了减肥，有的家长让孩子少吃饭，多吃菜。您认为这种做法对吗？主食对儿童发育的意义到底是什么？

潘启强：其实，减肥和体重不足是并列存在的，减肥的问题比较突出。我们在测查过程中，也有相当部分的孩子身高、体重不足。造成肥胖的因素比较好查，除去病态肥胖之后，饮食不合理、运动过少是容易找到的基本因素，当然也有一定的遗传因素。但是体重不足这方面比较复杂，孩子发育的早晚、营养情况、锻炼情况，还有他本身吸收的情况，等等。对于这些，孩子父母也要给予足够的关注。

对于减肥人群，不能不吃主食。我们吃的主食，就是碳水化合物，都是多糖，提供能量。吃少了会出现大脑缺糖，头晕低血糖。即使吃很多的肉，都不能代替主食的作用。有一个营养金字塔，谷类的比例不能低于 55%，我们应该遵循这个规律。家庭做菜一定要控油、控盐。最重要的一点是，增加运动量。

这里，还要给家长们一点儿提示，就是在剧烈运动之后，应该选择什么样的食物。我们都有这样的经历，在长时间的体育运动后，往往感到肌肉酸痛、疲惫不堪，并且饥渴难耐。这时，有些人狂饮可口可乐，猛吃巧克力糖。其实，这样的饮食，并不利于运动后消除疲劳。恰恰相反，还会加重疲劳感。

究竟要吃什么样的食物呢？众所周知，食物可分为碱性食物和酸性食物两大类，人们进食要注意酸碱食物的搭配，这样才能维持血液 pH 值的平衡。所谓酸性和碱性食物，并非由口感或味觉来识别，也不是根据食物溶于水中的化学性，而是根据食物进入人体后所生成的最终代谢物的酸碱性而定。例如，酸性食物通常含有丰富的蛋白质、脂肪和糖类，在体内代谢后形成酸性物质，可降低血液、体液内的 pH 值；蔬菜、水果等含有钾、钠、钙、镁等元素，在体内代谢后生成碱性物质，能阻止血液向酸性方面变化。所以，酸味的水果一般都为碱性食物，而不是酸性食物。鸡、鱼、肉、蛋、糖等味虽不酸，却是酸性食物。

美国一位病理学家经过长期研究指出：只有体液呈弱碱性，才能保持人体健康。正常人体液呈弱碱性，但在紧张的体力劳动和剧烈的体育锻炼之后，体内的糖、脂肪、蛋白质会大量分解而产生较多乳酸、磷酸等酸性物质。这些酸性物质刺激人体组织器官，使人感到腰腿或全身肌肉酸痛，并且使人感到疲劳倦怠。这时如果食用可口可乐或巧克力糖以及肉、蛋、鱼等，势必"火上浇油"，会使体液更加酸性化，不利于疲劳的解除。因此，应当吃碱性食品。在动物性食品中，只有奶类和动物血属碱性食品，其他都属酸性食品。在饮料方面，最好是喝牛奶、豆浆、茶水和果汁（不加糖），喝矿泉水或白开水亦可。这些食物可以消除体内过剩的酸，降低尿的酸度，增加尿酸的溶解度，减少酸在膀胱中形成结石的可能。

由此可见，在运动后，最适宜吃的就是富含碱性的食物，如水果、蔬菜、豆制品等，以利于保持人体内酸碱度的基本平衡，保持人体健康，尽快消除运动带来的疲劳。当然，儿童少年适当补充优质蛋白（如鱼、瘦肉），也是必要的。

总之，所有的知识都要注意不要概念化，要变成大家在生活中可以遵循的规律，落到实处最好。同时，我觉得大家还是要充分重视运动的意义，重视程度够了，方法都好办。

少年儿童研究：非常感谢潘老师细致的指导。

访谈 运动与营养结合是健康成长的科学保障

——访黄勇

黄勇，北京市西城区体育局训练中心科研所研究人员，北京体育大学运动营养学专业毕业，长期从事健身指导、运动营养等体育科研工作。

运动与营养密不可分

少年儿童研究：很多家长都知道运动要与营养结合，才能对儿童身体发育产生较好效果，但是对个中原理并不很了解。一般而言，运动与营养之间是什么关系呢？

黄勇：运动和营养的关系是非常密切的，要是从专业术语来解释比较简单，首先它是人体体内的一种新陈代谢，即能量的摄入和能量输出。

摄入营养，我们可以看作能量的输入，运动可以看作能量的输出，从这个角度上来讲，能量的输入和能量的输出是一体的。要是运动的话，肯定需要消耗能量，在这种情况下摄入营养就是运动的一个基础，这是从新陈代谢的角度来说的。

另外，通过运动，人体消化吸收的能力逐渐提高，那么相应地也就要求营养物质的能量也会提高。从这个角度上来讲，运动有助于提高人体的消化、吸收的能力，也有利于营养物质在人体内发挥最大的作用，这就是营养和运动之间的关系。

少年儿童研究：人体主要需要哪些营养素保证日常的活动？

黄勇：现在一般都讲7种营养素——蛋白质、脂肪、碳水化合物、维生素、矿物质、水，现在还有一个"纤维素"，也就是日常我们所说的"粗粮"，这是最基础的东西。

少年儿童研究：儿童处于生长期，对营养有什么特殊的需要？比如在哪个方面需要得更多？

黄勇：问题是这样的，儿童处于快速生长期，首先我们要"打底"，所谓的"打底"就是平衡膳食。儿童对基础的营养物质肯定有特殊的需求，比如对蛋白质的需求就非常之高，对于矿物质元素，像钙、镁、锌等需求非常多。在儿童生长期，世界各国都建议儿童多喝牛奶，在这种情况下要的就是他既能够摄取蛋白质，又能够摄取钙，让他们多吃蔬菜，这里面主要就是维生素、矿物质，这个阶段他的需求非常之大。

儿童生长期三餐定时定量是非常重要的。刚才说的特殊需求，必须安排在均衡的摄食计划中，才能够发挥作用。差了蛋白质不行，缺了维生素也不行。

最后一点，很多商家就抓住儿童生长期这个关键点，生产出一些保健品让孩子吃。父母应该尽量不给孩子吃。即便是要吃，也必须在专家和医生的指导下用，不能依靠这些东西来补充营养。医院可以做儿童的血液检查，抽一点儿点儿血，看他血液中的微量元素是不是符合标准。如果是标准的，就没有必要去吃；有的情况下如果缺锌、缺铁、缺钙，可以有针对性地在医生的指导下进行补充，对孩子成长是非常好的。

大前提是在检测后，在医生的指导下才能够补充，千万不要盲目补充。盲目补进去，可能在人体内积聚出现毒副作用，即使没有毒副作用也是一种负担。

少年儿童研究：每个人的发育不一样，但是小学都要求达标，中考有体育成绩。像有的孩子真是达不到，如果补充营养的话，能促进他这方面的体力吗？

黄勇：有帮助，但是起不了决定性的作用。打个很简单的比方，如果一个是夏利车，一个是奥迪A6，就是航空汽油加在夏利车上，它也跑不多快。如果是奥迪A6，但是你没有加油，而是加了水，那它也跑不起来。但是这两个必须是结合在一块儿，不要完全把希望寄托在营养品上，因为营养品起的是辅助的作用。出好的成绩最终还要靠什么？还要靠艰苦的训练。

少年儿童研究：儿童一旦运动起来，对营养有特殊需要吗？

黄勇：儿童处在生长发育非常旺盛的一个阶段，对营养物质的需求非常大。即使不运动，他的需求量也很大。如果一运动，在这种情况下需求量会更大，肯定要加强营养，才能保证他运动的强度、运动的时间、运动整个的负荷。

而且运动的方式不一样，对营养的需求也有不同的侧重。比如说有的人喜欢爆发力的项目，有跑百米的，或者跳高、跳远、铅球、举重，尤其现在健身房里搞各种各样的练习，或者说跳绳，都是爆发力的项目，这对蛋白质的需求就非常大。有的是耐力性的，比方说游泳、爬山，那么还有个别的同学喜欢中长跑，这种情况下对碳水化合物的需要量也是非常之大的。

但是不管哪一种运动，对于维生素、矿物质的需求都是出奇地大，可以看到，很多人一跑步，就会有很大一片白乎乎的汗渍，这些都是矿物质—钾、钠、钙、镁等物质的流失。

少年儿童研究：运动强度与营养摄入之间的关系是怎样的？

黄勇：在运动营养中，我们称之为运动负荷和营养摄入之间的关系。运动强度相当于马力一样，运动负荷就是马力乘以时间，比如车开到80迈跑了3个小时，这是他整体的运动负荷，在这段时间内他消耗了多少油。

可以这么说，运动负荷越大对营养素的需求量越大，但是这个逻辑不是特别严密。比如说运动强度比较大了，跑百米的，或者是跳高、跳远的，会对维生素B1、B2、B6的需求量比较大。

少年儿童研究：那为什么对维生素B族的摄入要求是比较高的呢？

黄勇：维生素B族主要是参与人体内的能量代谢，人体内的油点燃了，能够发挥出能量来，维生素B族是中间一个非常重要的因素，有了它以后可以提高它的燃烧速度，如果缺少了反应可能会缓慢。

在我们这个行业称维生素B族是催化剂，一种重要的催化剂。

少年儿童研究：您刚才说的7大类元素里面，维生素占一大类，维生素 B 族又是其中比较重要的。

黄勇：对，它是维生素中和能量代谢密切相关的。

少年儿童研究：其他几类营养素里面有没有对儿童运动有特别帮助的？

黄勇：应该说蛋白质对运动强度有帮助。比方说有机蛋白、酪蛋白，它的营养价值非常之大，对于高强度的运动员来讲是非常好的蛋白质来源。

少年儿童研究：平时学生的运动也不需要用这么高的蛋白质来源，是吗？

黄勇：对。但是维生素 B 族还是需要的。

运动营养的差异性主要体现在"量"上

少年儿童研究：小学阶段跟初中阶段儿童身体的差异是很大的，男女生也有很多区别。在运动营养方面有没有区别对待的情况？

黄勇：有。先说男孩和女孩，比方说同年龄阶段女孩，对维生素 C、锌、铁这类东西的需求量非常大，一般通过食物摄取比较好。芒果、猕猴桃这类的水果里面维生素 C 含量就比较多；锌、铁通过猪肉，包括肝、猪腰子、鸭血、猪血这类的食物中可以获得。男孩儿与女孩儿的差别主要在这里。

至于中小学生之间的差异，主要是每天的能量摄入不同，比方 7 岁左右是在 2000 大卡左右，14 岁或者 15 岁了，就达到 2500 卡左右，实际上从量上有比较大的差异。

少年儿童研究：那么在具体的行为上有标准可以借鉴吗？

黄勇：比方说现在的运动饮料中学生可以喝，小学生也可以喝，其实他们每天喝的量有一些差异。小学生可以一次喝半瓶，中学生可以一次喝一瓶，可以控制在这个量之内。

少年儿童研究：饮食跟运动的限度问题，有没有标准？比如说针对小学生而言，有没有标准可控？

黄勇：对于中小学生，现在基本上"阳光体育一小时"，每周运动 5

天，每天 1 个小时左右，小学生可能 45 分钟，中学生 1 小时，时间大概控制在这个范围内即可。运动的强度一般都是中等强度。所谓的"中等强度"就是运动后能够有一定的疲劳感，但是通过休息能尽快恢复，不会造成重度疲劳影响学习、生活。

少年儿童研究：饮食方面有没有什么规定呢？

黄勇：饮食推荐也有一个年龄段，儿童年龄段是 7—10 岁，男孩的摄入量是 1900 卡热量，女孩儿的是 1700 卡热量，大约是这么一个范围。现在版本不同，有一定差异。版本 6—12 岁，每天大约是 1900—2200 卡热量，初中是 12—15 岁，大约是 2600 卡热量。这样一个指导性的数字，很难对个人进行量化。

突击补充营养危害多

少年儿童研究：在儿童运动中，主要是对身体哪些素质要求比较高？营养物质怎么结合这些产生效果？

黄勇：现在国内对儿童的身体素质有一些科学规定，有 9 项，包括身高、体重、肺活量、力量、速度、耐力、平衡力、反应力等，相当多。每个人的发育是不均衡的，不要人为干预它。也就是说，不能因为此时处于一个非常好的上肢发育期，就使劲练胳膊，这样做其实对孩子来讲是不太合适的。

对专门搞运动的来讲，青少年运动员一般不让过早进行专项练习。如果一旦进行专项练习的话，确实比较容易出成绩，但是也会给孩子身体造成伤害。更重要的是，通过多年的观测发现，凡是特别早地进行专项练习的、加强专项营养的孩子，能出好的成绩概率很小，但是很难在全运会或者在亚运会乃至奥运会上拿成绩。

人体本身是一个蛋白体，要在保证 7 种基本营养素平衡的基础之上，有针对性地加强一些蛋白质和维生素也就可以了。让孩子自然地生长其实是最好的。如果在某一个阶段非要揠苗助长，非要给他用营养品，那无益于用复合肥，实际上对孩子并不是特别好，打破了正常的发育顺序、正常的发育速度实际上弊大于利。

少年儿童研究：就是说用自然的食物，而不是说单给他加人工的能量比较高的营养品？

黄勇：是的。

运动和饮食习惯都不能突击养成

少年儿童研究：孩子的营养观念很大程度就是爸妈吃什么，我就吃什么，他们让我补充什么东西，我就补充什么东西。那么对于孩子而言，养成合理营养的习惯也是很重要的吧？

黄勇：刚才我们讲了运动和营养是一个输出一个输入，就是规律的运动对应有规律的营养，这是很容易理解的。

但是现在孩子如果因为体育中考了，他需要进行锻炼，并且这个锻炼是中长期的话，他就会有一个相应的计划，可以做到非常规律性的定时、定点、定量，这样才能形成一个比较好的锻炼习惯。

一旦形成相应的锻炼的习惯，那么自身的能量消耗很有规律了，到时候他就"发"，到时候他就"收"。这种情况下，营养是与之相对应，这就是好的运动和好的饮食习惯。不是大人说，每天早上起来吃一片钙片就是一个好的营养习惯，毕竟这个就有点儿跑题了，你怎么知道他缺钙呢，是不是？如果不缺钙的话这个钙就成为负担了，那负担也是好习惯吗？那肯定谈不上了。

少年儿童研究：这样看来，突击补充营养肯定是不可取的，是吗？

黄勇：对，没错。

少年儿童研究：如果突击补充营养会使孩子哪些器官容易受损呢？

黄勇：首先是消化器官。人类的消化系统长期形成了一个比较节律性的器官。比方说长期以素食为主，这段时间要中考了，就赶紧吃肉，补充人参、蜂王浆，那么可能会出现便秘、腹泻、消化不良这种情况，后果十分严重。如果营养不到位，精力不集中、疲劳感也都出现了。所以突击补充营养肯定是弊大于利的。

少年儿童研究：也会加重孩子的肾脏负担吧？

黄勇：对，那些"营养"稀里糊涂地进去了，总得有个出口，但是这个"出口"得扛那么多不该干的活儿，在这种情况下那就会出现问题了。

少年儿童研究：突击补充营养对这两大身体系统影响是最大的？

黄勇：突击补充营养对消化器官和排泄器官产生最直接的不良影响。此外，对神经、循环、内分泌都有相当的损害，甚至对免疫力也有损害。

比方说以前孩子不怎么吃牛肉，现在突然开始大量吃牛肉，那一旦吃牛肉出现腹泻或者是便秘，整个消化道上面有一个黏膜免疫器官，这个黏膜免疫器官就会大大的受损，它一旦受损了，细菌就会乘虚而入，埋下病灶，这是一系列的连锁反应。

少年儿童研究：您刚刚还说对神经也会有损害，这个怎么理解呢？

黄勇：比如现在有的家庭给孩子吃刺五加，使神经比较兴奋，抗疲劳。这个东西一旦吃上的话，那么人体正常的昼夜节律就开始乱了。我们正常的规律是该睡觉的时候就得睡觉，该醒过来就得醒着，如果是用了这些东西，往往会打破你自己的节律，很能熬夜，可是一到白天需要去冲刺，又不在状态了。这些东西影响到人体的神经了。家长不能觉得孩子挺累的，就给他大补，很可能适得其反。

"运动前、运动中、运动后"—三个时段营养补充一个不能少

少年儿童研究：在运动前有必要进行营养补充吗？如果必要可以补充什么？

黄勇：神经支配肌肉是非常复杂的一个过程，这个过程之中需要有很多和神经有关的营养素来保证，像刚才说的维生素 B6 和维生素 B12，这些营养素和神经关系非常之密切，如果这一类的东西没有得到充分保证，神经控制肌肉的精确性和平衡性就得不到保证，如果一旦失去了这种东西，动作就不协调了。

运动前要补充运动饮料，主要就是钠，钠元素就是盐，还有钾，还有一个是镁，还有一个是钙。我刚才说了钠就是盐，钾来自橘子里，钙、镁

牛奶里都有。

少年儿童研究：可以吃香蕉吗？钾含量比较丰富。

黄勇：可以。有些小学生拿着营养快线喝，其实也可以。

少年儿童研究：家长很关心运动中能给孩子吃什么？在中考的时候，这几个项目之间都会有较短的间隔，有的孩子喝红牛，有的孩子在跑800米之前吃一些巧克力之类的东西，这方面有没有具体的指导？

黄勇：在短的时间内，喝点儿运动饮料，牛奶，红糖水、蜂蜜水，或者是葡萄糖水也可以。

少年儿童研究：有量的控制吗？

黄勇：比如说一瓶矿泉水是550毫升，在这个过程中少量多次完成的是100毫升、200毫升差不多了。

少年儿童研究：就是整个运动过程下来喝100—200毫升？

黄勇：比方说有一个预赛，预赛完了然后就决赛，就这么短的时间内，就100毫升左右吧，就是喝几口。

少年儿童研究：可以吃一些什么呢？

黄勇：小饼干或者是榴梿、香蕉、猕猴桃都可以，它起到的作用就是这些东西里面含有的糖分特别容易吸收，能直接转化成能量。

这就有点儿像空中加油似的，空中加油不能加太多，加一点儿，不影响正常的交战。

少年儿童研究：这些运动饮料适合儿童喝吗？

黄勇：运动饮料不太适合儿童喝，但是它适合运动后的儿童喝。它是为运动而设计的饮料，如果是不运动的话，它里面含有那么多的钾、钠、钙、镁还有其他的一些维生素，一旦进入人体就是一个负担，无法消化，储存不了。一旦存起来，里面的一些能量物质那还转为脂肪了，对人体没什么好处。

少年儿童研究：但是运动后喝就不会出现这种负担了？

黄勇：运动本身是多于日常生活的消耗，运动饮料是在消耗的基础上补充的，这样相当于一进一出给抵消了，这种补充是可以的。但是饱和的话，富余那么多往哪儿去呢？它没个好出口，有些问题就来了。

少年儿童研究：自带零食补充体力是可以的吧？

黄勇：可以的。但得分多次少量。运动以后在一个半小时到两个半小时之间，如果把牛奶、饼干、水和维生素片放在一块儿进行营养补充，对孩子的身体恢复效果应该是非常好的。

运动中的疲劳感不仅是单方面原因造成的

少年儿童研究：有的孩子身体素质不错，平时营养也跟得上。但是一到长跑成绩总是不太理想。据孩子回忆，他到最后就是觉得没力气了，其实并不是特别吃力。这是为什么呢？是运动后营养没跟上导致的吗？

黄勇：出现这类问题的孩子，有这么几个原因。首先从营养学的角度，他肯定是在长跑过程中，将能量物质储备耗尽了，出现了整体感觉无力。这种情况下，可能是碳水化合物补充不足，尤其是中长跑的运动员，首先要保证碳水化合物的补充，这非常重要。说白一点儿，就是主食要跟上。

另外还有一个问题是"乳酸中毒"。运动以后人体产生的乳酸比较多，乳酸又没有及时地排出去，肌肉内的肌酸就堆积起来，一旦堆积起来了，肌肉收缩能力急剧地下降，感觉没有什么力气了。

在这种情况下也和营养有些联系，有可能体内钠、钾这两种物质不够，使得人体内的缓冲能力太差，导致乳酸（堆积），就出现腿酸得没劲了这种情况。

从运动上来看，腿没劲儿与在跑的过程中的技巧有很大关系，跑步有两个动作，一个蹬腿，另外一个是摆动腿，整个过程中有放松有收缩，有收缩有放松，实现了非常匀称的步伐。王军霞跑步像梅花鹿一样，跑的过程中有很多的技巧在里面，并不是所有的动作都是紧张的，也不是所有的动作都是放松的，它是很有节律的。在这种情况下，整个过程中他就比较容易将产生的乳酸排泄掉、代谢掉。从这个角度看，这还跟跑的过程中的技巧有关系。跑得不科学也会出现这种问题，不单是营养的问题。

少年儿童研究：比如每天都有1小时的锻炼时间，那么针对这一个小时是否应该有专门的营养方案跟进呢？

黄勇：运动之前少量多次地喝点儿运动饮料或吃点儿小饼干，这样的话可以使他在 1 小时的运动过程中，疲劳度往后推迟，或者说运动以后恢复得比较快。

如果运动结束后，除了补充运动饮料以外，吃点儿奶片、蛋白质片的话这样对他的恢复也有非常好的促进作用，可以提高他恢复的速度。

如果在运动前后相应的有点儿营养补充的话，会提高抗疲劳能力，促进疲劳后的恢复，甚至还可以防止运动损伤。

少年儿童研究：关于"运动损伤"您能解释一下吗？

黄勇：关于"运动损伤"可以这样解释：一个人在运动过程中如果比较早的出现运动疲劳，在这个时候他还坚持继续跑，这个时候他的动作就会不太协调了，一不协调就会出现肌肉的拉伤、关节的扭伤、挫伤，甚至摔倒的情况也会出现。

少年儿童研究：就是说推迟了疲劳感，避免了长时间运动，损伤时间就延后了。

黄勇：也不能说完全通过运动营养就不受伤了，但是通过大样本抽样调查，比方说 100 个人用运动营养品，100 个人不用运动营养品，可能用运动营养品的这 100 个人运动损伤的发生率低一点儿，不用的可能稍高一点儿，但具体一个人的话就不能绝对。

少年儿童研究：孩子参加运动会，他上午、下午都有项目，如果他中午这顿饭不好好吃的话，他下午出现损伤的概率就会上升一些？

黄勇：对，一个是出现运动损伤，再一个他很难达到他的最佳运动状态，在这种情况下很难拿到理想的成绩了。导致疲劳的原因一个是能量耗竭了，需要及时补充，没有油得加油。还有一个就是油路不通了，就是说油路得赶紧疏通，这个疏通靠什么呢？就靠维生素和矿物质，使身体原来快要熄灭的火重新燃起来。

少年儿童研究：这等于是加柴？

黄勇：是的，就像汽车过了一段时候就得加油，这是正常的。不管怎么讲，日常膳食都要保证，然后个别加强。运动后疲劳的恢复还有一个特别重要的问题，就是休息，良好的休息才能保证吸收、消化、利用，如果没有好的休息，吃什么也不行。如果是吃得非常好，晚上再做功课搞到12点、1点还没睡觉，第二天照样身体不行。所以保证营养以后必须有好的休息。

少年儿童研究：非常感谢您详尽的指导。

第七章

优质阅读
快乐阅读

访谈

儿童阅读带给孩子梦想和快乐

——访陈晖

> 陈晖，文学博士，北京师范大学文学院教授，中国儿童文学研究中心副主任。主要研究儿童文学教育应用，著有《通向儿童文学之路》《儿童的文学世界》等。

童话是儿童的需要。从来没有童话让孩子变成傻孩子、长大以后不食人间烟火、没有是非观。我们父母在认识和出发点上要重新考量。当幻想能够带给儿童快乐和梦想的时候，能激发想象力的时候，能给予向往和理想的时候，即使我们成年人不再需要，凭什么剥夺或者漠视儿童的需要呢？

对儿童来说，阅读是各科学习的基础，是他们进入信息社会、参与社会竞争最基本的技能之一。同时，阅读也是获取知识、扩展新概念、训练独立思考、判断和推理能力的重要途径。因此，作为父母和教师，认识到阅读的重要性，并为孩子提供有效的帮助是非常必要的。

过多使用网络语言会导致孩子整体语言能力的下降，值得担忧和关注

少年儿童研究：首先，我们想了解，在学术范围内，有没有一个准确的概念定义儿童阅读，有没有明确的年龄段的划分？

陈晖：早期阅读起始的年龄，可以从孩子出生3个月开始，那时的孩子可能已经对图画和色彩有感知了。至于上限，如果不包括青春期文学的话，可以延伸到15岁。我对阅读的界定是很宽泛的，广告、地铁文字、商店招牌的指认、影像都是阅读，而不单纯指文本的阅读。从广义上讲，儿

童的阅读是多样的，生活化的。现在是一种读图时代，图的阅读可能会成为不仅是儿童，甚至是成年人的主体。但是从另一个角度来讲，文本作为历史最长，人类文明和文化最传统、最普通的一种载体，它的阅读应该是最基本的阅读。因此，这两方面的阅读一定都要兼顾。

少年儿童研究：有的人担忧，孩子过多读图和使用网络语言，会导致语言能力和阅读能力下降，是这样的吗？

陈晖：这种可能性是存在的。载体不一样，所具有的内涵实质也不一样。我们的教育材料基本呈现方式是文本式的。我们常表达这样一个概念，我们是在用语言思维。我个人认为，在儿童这个特定的群体，文本的阅读确实比成年人更重要，因为它和思维发展有密切关系。作为智力水平正常的成年人，他已经完成语言和文字能力的成长。相对来讲，他们在思维的进一步提升和发展方面，没有强烈的需求。孩子则不同，语言文字和思维之间是有连带关系的。无论是中国还是国外，文化和典籍都是有深刻联系的，典籍的阅读就是文化的传承，也是教育最重要的载体。如果一个人的语言文字能力不够，他的学习能力在很大程度上就会受到影响。所以，图的阅读可能会干扰儿童语言的学习。

还有一种文化现象是网络语言的使用。作为社会新型的语言，网络语言有特定的表达方式和语言格式，甚至是某种幽默和趣味。但是如果儿童过多地被这样的语言所控制，他的另外一方面的语言能力就可能受到干扰，甚至是压抑。在使用书面语言或者是口头语言时，儿童可能会把网络语言的模式套用进来，导致整体语言能力的下降。这的确是值得担忧和关注的，至少是研究者要面对的。

盲目地不加选择地信奉读经，并大规模地提倡，是不恰当的

少年儿童研究：现在大家都很重视学习传统文化，主张在儿童早期诵读四书五经之类的经典，认为这是传承文化很重要的方式，您的看法是什么？

陈晖：我的想法可能有点偏激。我承认，读经在某种程度上是配合着

人们对民族文化的一种认同和精神上传承的思考和努力。从这个角度讲，我支持经典的阅读，在更深的意义上讲，它是对传统文化的认同。但是读经和读经典不是一个概念。应该说一个时代有一个时代的文化和阅读的经典，四书五经毕竟是特定历史时期的产物，对现今的孩子来说，未必能完全配合他们的精神需求和欣赏口味。读经可能为孩子的将来，更多是考虑到他成人以后的文化底蕴，或者是包括精神世界的建构、道德原则、思维方式等能起到一个基础性的作用，但是它采用的形式必然是在背诵和识字的基础上进行的。我个人认为大规模地提倡，盲目地不加选择地信奉读经，恐怕是不恰当的。我没有完全否认它的文化意义和旧学根底，我们更多要考虑孩子的兴趣和今后实际可能要从事的工作。假如希望孩子学历史或者中国传统文化，认定了孩子的兴趣，或者家长有这样的培养方向，适当读经可能会有导引的作用。但是对于大部分的孩子，或者未来社会发展的需要看，我认为没有统一大量阅读的必要性。当然，作为一种地域文化的特色，或者作为学校的某种课程，带有实验研究性的，我认为也是有意义的。但我觉得内容的选择、所花费的时间和精力一定要控制在某种限度之内。

少年儿童研究：还有一种现象是有的学校让一二年级的孩子快速识字。他们认为孩子多识字后，不仅能看漫画书，也能看更多的文字书籍。这样可以抵制读图时代对孩子的不利影响。这种做法值得提倡吗？

陈晖：识字是学语言的重要内容，但是识字本身和学语言不能完全等同或者替代。孩子识字，只是认识字本身，不一定能理解字和词的真正意义。如果不能的话，阅读就不存在。

让孩子多识字只是一种手段，孩子不阅读并不是因为他不认识字。阅读可能是一种习惯，也可能是心理需求被激活和满足。阅读和识字之间，一个是达到的条件，一个是可能性。单纯的大量识字未必能够增加阅读的兴趣。而且，孩子对阅读产生兴趣，更多的是对阅读材料里包含的内容产生兴趣。当他不具有认字能力的时候，父母代为阅读的方式同样有好的效果。至于识字的年龄和识字量，恐怕更多要依赖识字教育研究的成果，并且针对儿童的思维和语文学习能力的需要，而不是为了解决阅读障碍的需要。我觉得通过识字量的增长来鼓励阅读，这之间相对应的关系不是很直接。

孩子认字以后才喜欢读书，还是孩子喜欢读书，才愿意去认字，并不明确。孩子认字量多，他可能只把阅读看成是语文阅读和材料阅读，当成一种识字课本。当阅读材料变成识字课本的时候，阅读的很多功能是丧失了的。

儿童阅读名著删减本是可以的，一味都读大部头原著并不现实

少年儿童研究：像《红楼梦》这样的文学作品适合小学生阅读吗？

陈晖：文学经典是一个历史时期，国家和民族最有艺术质量的精神产品。在任何一个国家的教育系统中，把经典阅读纳入相应的课程或者课外阅读的环节是通行的做法。但是，存在的问题是，儿童有自己特殊的年龄阶段、成长的方向性，以及阅读兴趣和习惯的内在制约。所以，把全部的经典用灌输的方式，或者命令式的阅读，安排给小学的孩子是不科学和不现实的。文学作品中的很多内容，比如《红楼梦》，不仅难以理解，更重要的是孩子没有兴趣。孩子不能自发产生兴趣的阅读，其效果是不理想的。孩子可能读了一些书，但是完全没有领略应该具有的思想艺术精髓，这样的阅读是没有效果的。

还有一种情况是，有些经典恰恰能配合某些孩子的生活经历和个人需求，这时就适合孩子阅读。有的孩子对文学特别热爱，感悟能力好，有可能会多读经典。我个人认为，孩子阅读没有经过删改的、大部头的原著，教育功效未必像老师和父母期望的那么好。

少年儿童研究：现在，市场上有很多文学名著的删减本，有的人认为，孩子看删减本后就不会再看原著，这是一种文化快餐，会破坏原著的精华。

陈晖：删减本的出版是考虑儿童的阅读能力和需求的体现，并不是只有我国才这样做。我的意见是尽量删而不改，就是做一些片段的章节的阅读，尽可能阅读经典的原貌。比如《汤姆·索亚历险记》，并不是所有的内容都能让小学生完全理解，但是有些章节，原汁原味地拿出来也是很有儿

童情趣的。我觉得这样的方式更可取，儿童既有兴趣，也可以完成。

有些儿童通过阅读片断或者删减本，会引起和增加看原著的兴趣。有些儿童可以通过看删减本来筛选自己喜欢的作品。所以，我对经典的删减本持一种宽容的态度。对父母来说，孩子读总比不读好，而且，把一些成人化的内容删掉以后，也可以让孩子避免一些不良因素的影响。当然，选择版本很重要，一是要选有资质的出版社，而且改写者的文字水平很重要。那种一味都读大部头原著的做法是不现实的。

读童话是儿童的精神需要

少年儿童研究：有些人认为孩子阅读童话容易把社会问题简单化，童话描绘的是一种完美的世界，有欺骗孩子的味道。这种说法有道理吗？

陈晖：这样的考虑更多是以成人的价值观来判断和取舍。幻想的、美好的、善良的内容，在一定程度上是儿童对生活的认识和向往。为什么叫童话？因为是儿童说的话，想的事。儿童文学是儿童的想象世界和现实世界。这就像为什么小孩子要吃营养配餐一样，孩子有这个需求。幻想并不是完全脱离生活，在一定程度上表现了儿童甚至是人类的梦想和理想。从这个意义上讲，童话是儿童的需要。

从来没有童话让孩子变成傻孩子、长大以后不食人间烟火、没有是非观。当幻想能够带给儿童快乐和梦想的时候，能激发想象力的时候，能给予向往和理想的时候，即使我们成年人不再需要，凭什么剥夺或者漠视儿童的需要呢？父母如果认识到这一点，这样的问题就不成其为问题。

孩子是会长大的。当他长大的时候，他会无限怀想童年。童话和童年一样，是他怀想和留念的一部分内容。儿童文学是陪伴童年的。我们成年人不需要，我们为什么就认为儿童不需要呢？那种担心孩子长不大的忧虑是多余的，孩子一定会经过成长逐步接受现实规则，这一切并不妨碍老师和父母给孩子一个纯洁美好和快乐激情的儿童时代。家长担心孩子读童话和幻想的文学，孩子社会化程度低是不必要的。其实，儿童文学并不是多么深刻的，它就是给你梦想和快乐。这个梦想是人类，也是儿童共有的。

少年儿童研究：父母有时有这样的攀比心理，同样是9岁的孩子，别人的孩子能读名著，而我的孩子只爱看童话，是不是我的孩子阅读能力低呀？

陈晖：识字量不等于阅读能力，阅读量也不等于阅读水平。当然，阅读水平是建立在阅读量的基础上的，但这些都不能直接画等号。别人的孩子读名著，你的孩子只读儿童文学，关键是父母用什么样的评估标准去看待这个问题。以成年人的标准去评估，还是以儿童的思维语言能力和心智发展程度衡量。读儿童文学多的孩子，如果因此而有快乐的性格，有儿童的天真，这对孩子的未来是一个非常大的财富。我们说孩子像大人是最大的悲哀。实际上我国的学校教育和家庭教育都在揠苗助长，都在希望尽快地完成孩子的社会化过程。这对孩子是一种不尊重，对孩子的天性也是一种伤害和干扰。

另外，我想和父母说的是，当学校教育无法改变时，如果父母再不能够坚守某种儿童的原则，可以想象，儿童生活在一种什么样的精神系统里。为什么说我国的孩子高分低能，不具有想象力和创造力，这在很大程度上归咎于我们教育的观念和方法。家庭教育应该是弥补学校教育的缺陷，或者是在一定程度上实现儿童的理想化状态。当学校已经采取了模式化的教育，家庭教育如果再推波助澜的话，我觉得家庭教育的保障性就丧失了。

尊重儿童阅读兴趣并适当干预

少年儿童研究：孩子有不同的阅读爱好，作为父母需要干预吗？是完全让孩子按兴趣阅读，还是提供多样的图书，促进孩子全面发展？

陈晖：儿童的阅读要注重兴趣，但是阅读的范围要尽可能宽泛。儿童阶段是可以引导的，一般来讲，尊重和考虑儿童的愿望和需求是一个原则，同时适当引领和培养儿童有意识地拓展阅读面，并提供一些阅读策略的支持，能够对儿童产生积极影响。儿童有可塑性，完全放任凭孩子兴趣阅读，恐怕没有办法真正实现阅读对发展儿童思维和审美的各种能力的目标。因此，有意识和计划地引导比较好。

我还要强调亲子共读。我不知道有多少父母读过孩子的书，只有读过才能和孩子讨论。孩子阅读时要兼顾不同的题材和内容。一个孩子个性化的书单是从孩子全面发展的角度考量的。如果量化的话，我觉得是60%的顺应，40%的引导。当孩子对某一类图书特别忽略的时候，父母要及时为孩子补充。

少年儿童研究：有的人认为读杨红樱的作品不如读经典更能提升孩子的阅读能力。

陈晖：阅读分为三类，一是娱乐阅读，比如漫画书，就是可乐高兴；二是欣赏性阅读，有文学的和艺术性的；三是学习性阅读，例如科普图书、教辅材料、报纸杂志等。这三种阅读在儿童生活中都是存在的，要给儿童娱乐性阅读一定的位置。杨红樱的作品能反映儿童的生活和趣味，受欢迎是正常和必然的。而且，完全以是否能提高孩子的语言能力来确定是否鼓励这样的阅读，我觉得太成人化，至少孩子读这样的作品，得到了快乐，这部分阅读功能实现了。但是如果孩子只读这类作品显然是不够的。

有些名著语言精粹，文化价值很高，但远离儿童生活。所以儿童阅读是有不同的层面的，不同的层面有不同的效能，要适当地调整。

从功效来讲，欣赏性阅读是介于娱乐和学习阅读之间的，材料不一定有娱乐，但是生动有趣，没有那么多的学习性，但是有教育性，包括情感态度、价值观、社会历史等方面的内容。学习性阅读是带有规定性的。小学生已经有了自主的阅读，限制也好，鼓励也好，产生的作用是有限的。这种情况下，合适的比重是娱乐的阅读占四成到五成，不要超过一半，学习性阅读和欣赏性阅读占另外一半——在小学阶段，其中三成是欣赏性阅读，两成是学习性阅读。

少年儿童研究：国外小学生的阅读量是很大的，我们做不到，是不是因为我们的学业负担太重了？

陈晖：和这个有关系，还和父母的教育理念有关。我认为我们提供的条件还是不够好，比如社区应该有图书室，学校有图书馆，家庭有书架，在资源和条件不够的情况下推动孩子的阅读是有困难的，还有在阅读指导方面我们也是有欠缺的。

适当和孩子共读是一种干预，一般来说干预以后会有一定效果。阅读的计划性和阅读的效果，一定要在父母的考量范围内。阅读之后，完全就扔了，没有亲子的对话与对阅读的评估和推动，儿童的阅读经常会丧失它的作用。

此外，父母提供书并不是逼着孩子马上读。当你提供给孩子的时候，他可能会在不经意时和在某一个特定的时刻发现。让儿童在阅读中选择和发现，获得阅读快感，是推动孩子最有效的阅读方式。父母买了一本书，要放在那里一段时间，看孩子的反应。他有没有读？还是翻了一下又搁置了？此时，要考虑是孩子的问题，还是书的问题。

少年儿童研究：有的人说，读好书比多读书更重要，如何读比大量读更重要。这是精读和泛读的关系，在小学阶段能有体现吗？

陈晖：这种说法是按成年人的标准来衡量的，儿童都是向往新生事物的，读新书，快读，大量地读是一种现实。精读可以归结到欣赏性阅读或者是学习性阅读。它们取决于教育力量的干预和支持。儿童本来阅读时间就少，阅读也不充分，还总要规定他精读，既不现实也没有必要。儿童喜欢的东西，你不用要求他自然就想读。

少年儿童研究：多读书和作文好有必然关系吗？

陈晖：有关系。虽然现在的作文已经被模式化，但是儿童作文能力不好，还是因为他的语言能力，尤其是书面语言能力的欠缺。多读书并不能直接转化为写的能力，多读是在一定程度上培养和积累语言能力，包括书面语言能力，同时开阔眼界。孩子在阅读中会学到一种观察和表现的角度，在写作中不自觉地或者是有意识地模仿，这是学习语言的通常路径。读书多，一定能培养出好的书面语言能力，当然是针对长期的阅读积累而言，短期的阅读并不能马上实现语言能力的提升。

少年儿童研究：孩子的阅读是父母关注同时又有很多困惑的事情，您的看法让我们对此有了明确的认识。非常感谢！

阅读是现代文明社会的一项生存技能

——访陶沙

> 陶沙，北京师范大学认知神经科学与学习研究所教授，心理学博士，主要研究领域：中国文化背景下个体的发展，语言发展，中国儿童的英语学习。

阅读的重要性不仅在读书本身，更重要的是通过阅读，人们可以发现一个全新的世界，一个你自己的直接经验接触不到的世界

少年儿童研究：我们常宣传读书的重要性，可有的父母并不太支持孩子读课外书。您觉得我国的多数父母真正认识到阅读的重要性了吗？

陶沙：在我国，父母会觉得认字很重要，语文重要，写作文重要，但并不觉得阅读有那么重要。孩子两三岁的时候，家长愿意让孩子看幼儿读物，因为想让孩子早一些认字。上学以后，尤其是小学一二年级以后，要是真去问家长：阅读重要吗？有什么意义？在一天的时间分配中，阅读课外书应该占多大分量？有些家长可能就觉得没那么重要了，因为孩子已经都认字了，应该多花时间写作文、做数学题、背单词等。事实上，阅读不是一个认识汉字之后就结束的活动，识字只是阅读的初级阶段，更重要的环节是逐步掌握阅读策略，提高阅读能力。

少年儿童研究：如果仅从中小学生的学业成绩看，读书的多少似乎不是一个特别重要的影响因素。如何让家长意识到阅读给人带来的长期作用呢？

陶沙：阅读是一项长效的活动，不能立竿见影。不是你今天多读一本书，你明天的作文就不一样了。父母愿意看到立竿见影的效果，忘记了孩子成功的获得是累积的。阅读技能的增长，不是会认字就可以了，你要和对世界的认识联系起来，要学会对信息前后的印证和推理。书中提供太多的信息需要加工，这些都是非常复杂的技能，不可能通过简单几篇文章的细致阅读就能获得。只有大量读书才能具备丰富的词汇和好的文学感觉。

除了技能之外，阅读的速度也非常重要。受教育高和低的人在阅读方面有一个特别大的区别就是反映在阅读的速度上。比如看三五千字的文章，水平高几分钟就可以看完，并掌握大致的意思。水平低的人可能要读一二十分钟。彼此的差异一下就表现出来了。

进一步说，即便是受教育水平差不多的人也有区别。我们做研究工作，有的人一天能看十多篇文献资料，有的人可能只能读一篇，差距非常明显。这样一个学期、一个学年下来，他们之间的学习或工作的成果差异一定是巨大的。随着年龄的增长，这差距的来源和勤奋的关系已经不大了，其实就在于他以前积累和获得的阅读技能的状况。当然，一个人成年以后，也可以艰苦地训练，但欠下的"债"越拖就越难解决。而恰恰是到了最后，这种阅读能力越来越对人的发展和成功起关键作用。在早期的学业竞争中，读多读少，差距显不出来。但是一旦进入大学，或者进入更高的研究领域，已经积累起来的知识和能力会在竞争中越来越凸显其价值。所以，阅读对人的一生的发展是有价值的。

其实，在日常生活中，关于阅读能力对人的生活的作用也是显而易见的。比如，一个人到商场买电器产品，要看产品说明书，包括相关产品的性能、技术指标、价格等。如果没有对信息的综合判断，去发现文字背后到底传递的是什么实质的内容，我想，选个电器恐怕都挺难的，容易吃亏上当呀！

我在美国生活时，开始很惊讶：总统要讲阅读的意义，总统夫人亲自担纲促进阅读，为什么阅读这么重要呢？后来，细想起来的确非常重要，这个社会离不了阅读，离开阅读简直都不能生存。我在美国报税，花了一星期才弄明白相关的文件。而且，税法每年都可能调整。我就想到，阅读能力不行，连报税都困难。

总之，阅读的重要性，不仅在于读书本身，更重要的是通过阅读，人们可以发现一个全新的世界，一个你自己的直接经验接触不到的世界。

家长不要以为孩子读了名著简写本就获得了文化的精髓，那是不可能的。简写本只可以作为一个过渡性的读物

少年儿童研究：很多作家提倡孩子读名著，提高阅读能力一定要读名著吗？

陶沙：在美国，不同的出版社或者行业团体也会推出影响美国的多少本书之类的，比如马克·吐温的、杰克·伦敦的、海明威的等。但我感觉对美国中小学生来说，学校没有要求孩子直接读大块头的名著，教师更强调的是分级阅读。这些分级读物非常系统，都是教育心理学家、儿童文学家和学校老师一起编写出来的。有些不是现成的读物，是儿童作家根据不同年龄阶段孩子的词汇水平、生活中关心的事情和理解水平专门写出来的。

少年儿童研究：看来，美国学校是把读名著放在分级阅读的基础上有余力时再去做的事情。我们把两者有些混淆，而且，觉得读了名著就显得档次要高一些似的。怎么看待两者之间的关系？

陶沙：过去可能没有那么多针对各个年级孩子的读物，没办法，人们想找到最好的语言样本，只好从名著中找，想理解深刻的人生，只能从名著中寻。现在，我们的儿童文学家为孩子创作了一些专门的作品，能为孩子提供良好的语言样板。孩子通过读这些，就能拓展知识经验，掌握基本阅读技能。

不过，话又说回来，名著是不是就从孩子生活中退休了呢？不是的。这些为什么成为名著，因为它们在语言上有过人的地方，不是一两本现在创作的书就可以超越它的。或者说，它们所反映的复杂的社会现实，反映了为了在复杂的社会现实中生存的人所必须具备的哲学，是高人一等的，可能是超越时代的。这样一来，名著对于高水平的孩子来说，永远都是值

得去努力够一够的东西。

现在出版了许多名著的简写本，我认为，它的益处在于降低阅读难度，知道文化中重要的东西是什么。但是它的问题在于失掉了原有的语言魅力，而且也大大削弱了原著中对世界的不同看法的冲击、不同思维的碰撞。如果这么简略就可以达到那个目的，著名作家干吗费那么大事，写那么多东西出来呢！作者一定是设想了一个宏大的目标，这个宏大的目标是简写本所不能实现的。

因此，简写本作为语言样本的功能是被弱化了的，更多的是让孩子了解文化中一些精彩的信息有哪些，起到一个信息传递的作用。家长不要以为孩子读了简写本就获得文化的精髓，那是不可能的。名著简写本只可以作为一个过渡性的读物。在我们的文化中有一些名著特别值得向孩子推荐，但是直接碰它，可能觉得这扇门太重，推不开。简写本就像给孩子开个小门，让他扫一眼里面有什么，大人会鼓励孩子以后更有本事的时候，去接触那扇沉重的门。

少年儿童研究：很多小学生喜欢读漫画书，能被看成是阅读吗？

陶沙：漫画书有太多的图的信息做支撑，看图的成分远远比读书的成分要多。孩子在幼儿阶段，看以图为主的书。小学一二年级时，看的书以字为主，也有图来辅助孩子理解，并维持孩子的阅读兴趣。进入小学中高年级以后，就不应该把漫画作为主要的读物了。从培养阅读能力来说，漫画只能当作娱乐，是不能把看漫画书的时间算作阅读时间的。还有，看那些八卦新闻之类的书刊也只能算娱乐，不能算阅读。

阅读的意义在哪里？阅读是使人对语言文字有越来越多的经验和认识，儿童文学作品能起到这个作用。为什么八卦新闻没有这种作用？因为它们在写作上并没有深入考虑，甚至连句子都不通顺，自然是不能被看作语言的样板。

此外，阅读的意义还在于人们要从阅读中获得关于这个世界的许多经验和知识。虽然对明星了解也是一种知识，但是它和我们所说的那些更有价值的知识是完全不同的，比如，明星的知识是绝对不可能和那些关于宇宙的秘密、国家的现状、世界的历史文化、名人的成长经历等知识相提并论的。读这些的时候，你需要思考，进行前后信息的整合，作出一些判断。比如看马小跳的故事时，孩子自己可能有过相似的经验，他就会联想和思考。这便是别人的经验和自己的经验相互映衬的过程。孩子不仅要阅读文字，还要增长个人的经验，了解看待世界和看待事物的不同角度。

孩子们喜欢的儿童文学作品，只是一种文体，不能构成他阅读的全部。只有通过对多种文体的阅读，才能保证阅读能力全面提升

少年儿童研究：父母在为孩子选择图书时，有哪些特别要注意的吗？

陶沙：在选择上应该是多样化的，不应该只有一种。我们要提醒家长，多种文体的阅读是非常值得重视的。举例来说，美国高中升大学的考试（SAT）里面专门有考阅读能力的，强调阅读一定是对多种文体的阅读，有文学、科普、文学评论的，还有纯粹的事实说明性的文章、辩论性争论性文章，等等。

美国权威机构研究表明，阅读一定是对多种文体的阅读。只有通过对多种文体的阅读，才能保证阅读能力得到全面的提升，才能够保证我们实现通过阅读去学习的目的。因为孩子有他的兴趣，儿童文学，大多数孩子都喜欢，但这只是一种文体，这不能构成他阅读的全部。家长会想，那是不是应该多读一些科普的书呀？其实这也不全面，因为还有评论性的文章，还有争论和辩论性的图书，还有对事实的客观描述，这些都是我们需要去了解和获得的能力。

少年儿童研究：从小学生到初中阶段，不同的文体在不同的年龄所占的比重会有所不同吗？

陶沙：小学生的辩证思维还没有形成，要让他理解不同论点是比较困难的。这时提供文学的、科普的、事实说明性的文体，孩子会觉得更容易一些。进入中学以后，孩子逐步形成了辩证思维，这时要读一些辩论性的、评论性的图书，用以发展孩子批判性思维的能力。这是非常重要的。

我们学院的舒华老师做过对比研究，发现我国孩子读书的量远远少于美国孩子。没有量的积累，很难说有质的提高。我觉得美国人有一个特点，在大学里，他们特别会写，尤其是文献综述这方面。特别会写的背后是特别会读，他们批判性的阅读、批判性的思考要比我国学生强很多。

小孩对图书的先天选择的差异是很大的，我的朋友的孩子现在才4岁，就对科普图书特别感兴趣，他对故事书的兴趣远远低于科普书的兴趣。孩子有他的兴趣点，让他们做到平均，那是不可能的，但是家长要有明确的意识，指导孩子全面阅读不同题材和类型的图书。

积极思考才能从阅读中获得更大收益，如果只是被动地读书，觉得好玩，收获自然会少。但和不读书比较，还是要好

少年儿童研究：我遇到这样的情况，一个非常爱读书的孩子语文水平并不高，而有些读书较少的孩子的作文水平却比他强很多，是什么原因造成这种差异呢？

陶沙：一般来说，读课外书的多少和孩子的语言能力是正相关的，但像你说的这种情况也存在。同样是读书，有的孩子从阅读中获得的益处就大，有的就少。这和他是否读书关系不大，但和他在读书时如何调动他的思维有关。有的人读书时有自己明确的发展语言技能和锻炼思维的目标。比如读一本评论性的书，他会考虑作者的观点是不是一致，论点和论据是否能够对应得上，哪些是强的证据，哪些是弱的证据，哪些论证之间是逻辑不通的，等等。人有这么一个自我监控的过程，在阅读过程中的获益肯定是大的。但如果读书只是被动地读，觉得好玩，而缺少思考，收获肯定少。但是和不读的比较，还是要好。总的来说，读书没有说浪费了的，一定会比不读的强，就算阅读速度也比别人快呀。

事实上，在阅读过程中，孩子很难有意识地去精读，因此成人的引导就显得很必要了。有时读书的目的就是要让孩子掌握语言的样板，那么就一定要精读，因为这是获得语言的一种方式。为什么人们熟读唐诗三百首

后，觉得自己似乎也会写诗了呢？就是因为脑海里积累了丰富的语言的样本，灵活运用自然不是什么难事了。

此外，那些评论性的文章不精读是不可能领会的。而且，最初成人一定要带着孩子去精读，帮助孩子认识评论中的观点是什么，论据是什么，怎么去驳斥别人，是否有漏洞，等等。

少年儿童研究：语文要求分段，写段意，就是在教阅读的方法和策略，可以说是一种精读，可是很多媒体都在批判这种方式，更强调感悟和体验，您的意见是什么呢？

陶沙：这就像一个硬币的两面，一方面通过广泛的阅读去发现体验语言的美、事件的曲折、道理的深刻。另一方面就是精读，教给孩子策略和技巧。为什么这样讲呢？人的能力有高低，高能的人不需要别人教给他这些阅读策略，自己通过广泛的阅读就能培养出来。但是对于大多数一般水平的孩子，或者是理解有困难的孩子来说，成人不教给他阅读方法，他是无法完成精读任务的。这时，怎么能不教呢？常规的语文教学完成的便是这项任务，而且必须这样做。

我们以前太注重精读，忽视了泛读的学习。但是，现在我们要当心的是，不能因为过去忽略了泛读，现在为了突出泛读，就说精读不重要。这样的态度是不科学的。老师一定要仔细讲解总结段意和中心思想的方法，学生再自己尝试去归纳。只有一步一步这样做了，学生才能逐步掌握理解阅读的技能。在看新文章的时候，这种阅读技能才能被迁移过去。所有的教学实践证明，这种教法一定是最有效的。

少年儿童研究：有人认为这样学出来的孩子只能写八股文，缺乏想象力，您怎么看待这种观点？

陶沙：八股是必要的，但不是唯一的。你要知道很多种不同的八股，在这个基础上你再谈个人的风格和特点。我是不太同意那种观点，语文，即语言文学，过去强调了"语言"忽略了"文学"，现在不要"语言"，只要"文学"了。对于大多数人来说，不是"文学"，而是"语言"。少部分的人对文学感兴趣，但是要在掌握好语言的基础上，才能谈文学。上来就谈文学体验和个人感悟，怎么可能呢？这是一个更高的水平了，基础都没打好，一切都是空中楼阁，虚无缥缈的。

语文课的学习是帮助孩子发展阅读技能的一条道路。举例来说，我现在带的很多一年级研究生的最大的痛苦在于读不懂文献，他们似乎忘掉了以前掌握的阅读的技能。我不得不指导他们总结出每一段的主要大意。看完一个章节，再来说说这一部分是要说明什么文体，前后不同的论点有哪些，有什么论据。我要求学生都写出来，并养成习惯，简直就像上中学的语文课。只有这样，学生再读文献的时候，才不会告诉老师说：我每句话都明白，但就是读不懂。研究生还需要这种阅读指导呢，中小学生更是必不可少的了。

少年儿童研究：外国学校的语文课也像我们一样教吗？

陶沙：是呀，越是中产阶层，大家越有相同性。只不过他们的形式更多一些，在单纯写中心思想之后再让你评论一下，生发一些不同的想法：如果主人公不这样做会怎么样啊？这样帮助孩子尝试去做总结和推断，同时也有大量的阅读练习要做。

我国老师教孩子阅读时可能单调枯燥一些。就像吃药一样，我们直接就塞给孩子，他们可能是包个糖衣。其实，本质上是一样的。要知道，这些教学方法不是我们凭空想出来的，是通过大量的教学实践得出来的。而且，科学的阅读研究当中发现，这些是重要和有效的。就像我指导研究生学习，每一段文章不搞清楚，怎么搞研究。目前，人们对于语文教学的有些批判是情绪化的，未必是科学理性的认识。

少年儿童研究：作为普通父母，怎么判断孩子阅读能力的高低呢？

陶沙：语文成绩的好坏是一个最简单的指标。即使他成绩很好了，也还是要加强阅读。如果觉得一般，更要加强阅读。如果觉得孩子有问题，一对一的教学远远比到辅导班里上课更好。父母可以和孩子一起阅读，然后交流彼此发现了文章哪几项重要的内容。这种指导能使孩子对作者所要传达的信息了解得更清楚，对作者观点把握得更全面，对作者的不足抓得更准。

此外，同伴一起阅读也是一种好的方法。组织读书会，例如大家都读了《哈利·波特》，可以共同讨论几个问题：你喜欢什么呀，有几项神奇的法术最了不起，他用这个法术做了什么，等等。语文能力的提高是全面的，不仅是阅读能力的提高，也要善于通过阅读更好地表达自己的观点，发展自己的观点。这也是阅读带来的好处。

当阅读成为一种生活的需要，而不再借助外力去强迫做的时候，我们说他的阅读习惯就养成了

少年儿童研究：人们说现在的孩子课业负担重，很难抽出时间大量阅读，你同意这种观点吗？

陶沙：我想问题可以这样理解，到底是课业负担重就不读书了，还是正因为课业负担重才需要通过提高阅读能力，让课业负担减轻？阅读成为你生活中的一部分的时候，它不是一种负担。没有人说天天都要吃三顿饭是负担，也没有人说天天要睡八个小时是负担，因为它就是生活中的一部分。其实，阅读也完全有资格，而且应该成为生活的一部分。

我们要减轻负担，不是笼统说的。世界范围内，孩子花在学习上的时间都是越来越多，这是应该的。大家想一想，人类的文明和知识是在增加的，对人的要求越来越高，怎么可能越学越少呢？一定是越学越多。我们要减轻的是单纯的死读书和重复性的没有益处的事情。但是阅读不是不合理的负担，减轻课业负担，完全不在阅读方面。

少年儿童研究：怎么判断一个孩子是否养成了阅读习惯？

陶沙：是否有阅读习惯，可以这样来判断，一是每天是否有固定的时间来读书。一定要有固定时间，因为习惯的养成，动力定型非常重要。时间是基础，无论长短，都要把读书当作和睡觉、吃饭一样的事情必须完成。二是孩子是否乐于去做这件事。习惯很多时候谈不上不乐意，这是我们生活的一部分。当阅读成为一种生活的需要，而不再借助外力去强迫他做的时候，我们说他的阅读习惯就养成了。就这两点，很简单。

少年儿童研究：目前社会环境对孩子的阅读不利影响有哪些呢？

陶沙：现在，各种媒体太发达了，孩子的阅读时间是有可能减少的。但是，我们一定要重视阅读。父母先不要管孩子读什么类型的书，只要保证了他的阅读时间，就会是有助于培养阅读习惯。如果家长整天看电视剧，只读娱乐新闻，就很难要求孩子能认真看书。家庭的阅读环境是非常关键的。虽然，从教育的角度上讲，不能因为孩子出生在什么家庭，就让孩子的发展受到限制，但是事实上又是这样的。在所有预测儿童发展的变量中，家庭的社会和经济地位永远都是最重要的最强有力的指标。对于我们国家来说，学校这个教育系统是非常强有力的，通过学校促进孩子的阅读，是可以弥补家庭教育的差异的。

少年儿童研究：感谢您精彩的分析和讲解，希望每个人都切实认识到阅读的价值所在。

儿童文学是童年幸福的种子

——访梅子涵

> 梅子涵，著名儿童文学作家，上海师范大学中文系教授、儿童文学研究所所长。1979年开始走上儿童文学创作道路，代表作品有短篇小说《走在路上》《双人茶座》，长篇小说《女儿的故事》《戴小桥和他的哥们儿》等；写作、主编了多部理论著作，如《儿童小说叙事式论》等。

近年来，梅子涵教授做的另一件工作就是儿童阅读的推广，他不遗余力地将儿童文学的精品向社会介绍，希望成年人能够给孩子阅读儿童文学的机会，希望孩子们的心中能够播下幸福的种子。

《少年儿童研究》有着与梅教授同样的理想，那就是希望儿童不仅仅以一个生命在这个社会生存着，不仅能够吃上面包、牛奶，也希望他们能够有尊严地优雅地生活着，能够通过阅读让精神飞翔。

与文学为伴，儿童才会幸福

少年儿童研究：您提出"属于童年的文学的书籍，应当和教科书一样，都应该被搁放在儿童的书包里的"。儿童文学对于孩子会有什么样的作用？一个人的成长历程中一定要有阅读儿童文学的经历吗？

梅子涵：文学对人的作用不像自然科学知识，学会了就可以用，它的作用是慢慢显现的，除了开阔视野、增加知识量，还长期在精神层面上影响人的品格，在潜移默化中影响一个人的言行举止。

一个人童年不乐于阅读，不稀罕故事，成年后，别人讲故事，他总不能看着别人，面无表情，甚至眼睛闭住，一会儿就睡着了，那一定是个

"一如既往"的乏味人。也许他会以为自己很优秀，可是仍旧是乏味的优秀！一个挺乏味的人，会是一个真的优秀的人吗？

如果父母希望孩子成为一个真正优秀的人，就一定要让孩子亲近儿童文学。亲近的方式就是阅读。

读儿童文学可以让孩子优雅。现在，成人往往是从自己的立场出发关心儿童，而不是充分尊重儿童的个性和需要。家长给孩子买书，经常是辅导材料一大堆，而忽视了儿童在精神、人格上的修养。学习科学文化知识是必须的，但这并不意味着儿童就只要学习这些知识，一心埋在课本里。我们的孩子不仅应当是一个有知识的人，更要有素质、有修养。如今人们的物质生活日益丰富，而一些人的精神生活却日渐贫乏，虽然拥有高学历、高收入，但由于没有文学、音乐、艺术的熏陶，他们缺少优雅的风度和修养，言行举止粗俗，这样的人才不是社会所需要的。

读童话的孩子通常不会变坏。儿童文学以善为美，劝人为善，从小看童话长大的孩子与从没看过童话的孩子会有很大不同。

少年儿童研究：让儿童阅读虽然要避免功利性，追求阅读的愉悦，但是正如任何优秀的事物都潜移默化给人带来好的影响一样，优秀的儿童文学作品也让孩子在享受的过程中，明白了一些道理。

梅子涵：是的，读儿童文学可以让孩子明理，比如《花格子大象艾马》的主人公艾马，有着花格子一样的皮肤。这让其他长着灰色皮肤的大象很高兴。然而，艾马不喜欢自己的特殊。一天，他在泥里打滚，把自己也弄成灰色的。大象们因为看不到花格子觉得生活无趣，全都昏昏欲睡。一场大雨后，艾马露出了原形，大象们开始欢呼。这个故事和丑小鸭的故事正好相反，他让孩子明白人们应当喜欢自己的与众不同并欣赏别人的与众不同。

又比如米切尔·恩德的《犟龟》告诉人们，坚持自己的打算，坚持着一路前行，那么不仅最后总能走到那个地方，见到的景象更是远远超出你的向往，是让你想也想不到的。

父母经常会给孩子讲一些道理，但比起有趣的故事，父母们的唠叨显得太无趣。有趣的故事里的道理可以吸引人，故事里指的那条路，比爸爸妈妈爷爷奶奶们指的路都更容易让孩子们喜欢。

少年儿童研究：故事中蕴含着哲理，让孩子通过阅读悟出了一个道理，这个道理由于是孩子自己发现的，所以孩子会愿意接受，并且会印象深刻。这样的明理方式，比凡事都由老师在课堂上讲，凡理都由父母提着孩子的耳朵一遍遍地说，要有效得多。而且，父母不可能会伴随孩子的一生，从文学作品中去感悟人生哲理，从生活中去学习，这种能力比只会在课堂上学习更重要。

梅子涵：是的。

童话不是骗人的

少年儿童研究：孩子终究是要走向社会的，比起现实生活，童话是不是太幼稚、太天真了？

梅子涵：一个孩子难道不应该天真吗？天真的意思并不是什么也不要学，不要智慧，头脑简单。天真是指很容易得到快乐，是指总能热情洋溢地和外部世界相处，和同学交流和朋友分享。天真是指心里有自己的感受的时候就说出来，就像《皇帝的新装》里的那个孩子。天真是指明明没有圣诞老人，可是会相信和等待；天真是指那么喜欢上学，那么喜欢新的课本、新的铅笔盒、新的书包，可是也那么盼望下课、盼望放学，盼望疯疯癫癫地玩。

天真其实也是一个人一生都应当保留住的，保留在自己的性格里，保留在面对世界和人群的神情中、行动里。

少年儿童研究：父母往往会有这样的担忧：孩子阅读了童话，会不会产生一些不切合实际的想法和行为？

梅子涵：曾经有一位母亲对我说，她的孩子读了《哈利·波特》后，就老是骑着扫把，跑到窗口，说："哦，飞到天上去啦"。孩子的这种假想让她很恐惧，害怕孩子哪一天会不会真的从窗口飞出去。

我对这位母亲说，我们小的时候读《西游记》，学会的第一件事便是一次次拔了自己的汗毛，吹一下，说声"变"。可是什么也没有变出来。还想着腾云驾雾，十万八千里……我们难道果真拔下过自己的汗毛吗？我们还不是一次也没有上天，也一次没有从空中飞落下来？

但是孩子骑着那把扫把和我们腾云驾雾，倒的确是让我们天真的精神一次次地飞扬起来、一次次地满足和快活了。

少年儿童研究：光良有一首歌叫《童话》，其中有一句唱道，"童话里都是骗人的"，爸爸妈妈甚至年龄稍长一些的孩子会说"那都是假的""骗小孩的"。童话是骗人的吗？孩子们看了童话，是不是会容易受骗？

梅子涵：童话不骗人。童话的故事是假的，但是它的美妙是真实的。美妙给我们的感动是真实的。它的诗意是真实的，诗意和情感在我们灵魂里产生的回响是真实的。它的哲学是真实的，哲学对我们的生命，对我们一生成长的影响是真实的。

"小红帽"的故事流传了 300 年。那个故事是假的，但是它给人们的启示是真实的。

小红帽送蛋糕和葡萄酒给祖母，临行前妈妈嘱咐得很清楚，顺着路往前走，不要走到路的外面去。可是小红帽忘记了妈妈的叮咛，听信了狼的引诱，去看美丽的花儿去了，去听动听的鸟鸣去了。结果狼先到了外婆的家，外婆被狼吃了，小红帽也被狼吞到了肚子里。故事告诉读者，美丽的花儿要看，动听的鸟鸣也应当听，可是走路要一心一意，不能东张西望。

《猜猜我有多爱你》讲的是兔子的故事。小兔子想出了各种的方式和语言表达对大兔子的爱，大兔子也以各种方式和语言告诉了他对小兔子的爱。小兔子最后说，"我爱你，远到月亮那里！"大兔子说，"我爱你，远到月亮那里，再从月亮那里回到这里来。"

那次，我在杭州给来自全省各地的中学老师讲儿童文学。他们本来已经买好了票，准备课一结束，就返回各自的家，回到爱人和孩子的身边。那天上午，他们听了这个故事，听到了"我爱你，远到月亮那里，再从月亮那里回到这里来"，于是他们纷纷换了票，决定先回老家去看望爸爸妈妈，看看自己的"大兔子"。

一个故事让戒年人想起了自己的父母，改变了路线，这个故事是真的还是假的？

它把我们吸引是真的；它让孩子觉得太神奇了这是真的；它里面的很多向往、善良和美好、讽刺和改邪归正，给孩子鼓励、让孩子挂念，这是真的。孩子有机会就可以把故事讲给别人听，小的时候在教室里讲给同学听，长大了也许还会讲给朋友听，讲给自己的孩子听，这是不是真的？一代代的孩子都相信童话，都阅读着童话长大，那么就有了一代代相信童话的成年人。他们轻盈地走路，诗意地设计。他们设计的房子是童话的，那么他们就不会把衣服晾在窗口，而是一定要在窗口放上一盆盆鲜艳的花；相信童话的人就不会骗人，我们也就不会遇上骗子了。

童话其实是在用一种特别的方式，讲述着我们经历过的或者没有经历过的，我们已经想到或者根本没有想到的感情。我们想到的我们经历过的，它带着我们重温，我们没有想到或者没有经历过的，它给我们启发。

阅读不是为了写作，而是童年应该享受的一种愉悦。但是几乎所有的人，都是因为阅读，而变得喜欢写作

少年儿童研究：对于孩子的阅读，父母很希望能够与写作联系起来，因为作文是孩子考学中必考的内容。这个目的虽然有些功利，但也可以理解，毕竟今天的孩子离不开考试。在您看来，阅读儿童文学与写作文是一种什么样的关系呢？

梅子涵：写作是非常重要的，一个人不会写作，也许可以生活，可是一个人会写作，肯定能使他与这个世界的交流多了一些便利，甚至受到欣赏和青睐。这就是一直以来，在一个孩子的学习生活中，它总是一个非得安排的课程的原因。

可是这个课程该如何学呢？是不是只是了解了写作的技巧就行了？是不是只看"怎样写好作文"一类的书就可以提高写作水平了？

首先，父母们应当明白，阅读不是为了写作，而是童年应该享受到的

一种愉悦。如果把阅读与写作文直接挂钩，阅读的时候就会不高兴了，阅读就有了负担，阅读就变成了做功课。阅读童话，阅读一本有趣的儿童文学书，应该是轻松没有负担的。孩子上完课以后，做了不少作业以后，拿出童话书，走进故事里，怎么能想得着作文的事。作文这件事是最不可以一直在想的，如果老是想我要写作文，怎么能把作文写好呢？心里就会很烦，就会厌恶作文。

阅读对写作的意义，是不经意间渐渐发生的。孩子读的那些故事，那些语句、词汇，故事里的人物说的话，故事中蕴含的道理和感情，多多少少会留在孩子的记忆中，就像一棵树，阳光会洒下，雨水也会落下，有这些滋润，树就用不着想，我的叶子怎样才能绿呢？花怎样才能盛开呢？可是叶子绿了，花也盛开了……都是不经意的，渐渐地，你不用想，它们全来了。

有一点是可以肯定的，经常阅读童话，阅读儿童文学的孩子，他的写作能力，绝对不会不如那些不喜欢阅读的孩子。有这样的阅读基础，只要再稍学一些写作的方法，他的作文一定容易比别的孩子写得好些，有些更是可能在不长的时间里就相当地优秀了。

我相信，几乎所有的人，都是因为阅读，而变得喜欢写作。

少年儿童研究：在儿童文学中，有一类是图画书，孩子们很乐在其中。但是父母们担心，学者们也有过这样的警示，认为孩子如果总是读这样的图画书，会影响孩子想象力的发展，因为太直接了，一切都给孩子呈现了，孩子没有了想象与思考的空间。会有这样的问题吗？

梅子涵：在儿童文学里，图画书是一个重要和基础的种类。图画书和有插图的书是有区别的。图画书的面貌是几乎每一页都有图画，文字很少，或者连文字都没有，直接用图在讲故事了。

如果说看图画书会使人失去想象力，那么是不是看没有图只有文字的书，孩子的想象力就得到提高了呢？这个担忧让我产生了这样的灵感，以后作家们写书，干脆只写个题目，内容不写，让读书的人去想，在这个题目下你想象出什么就是什么，阅读干脆就变成想象！

再继续发展，连题目也不要，书也不要出，大家全都面对天空和大地呆头呆脑地想象。越想越会想，无中生有，不愁吃，不愁穿，这样的话如果还有呆头呆脑的人，那么这个人就一定是拼命想写书的人，或者是拼命想写图画书的人，或者是想出版书的人。

可是偏偏在卢浮宫里，在很多美术馆里，会欣赏画的人，都特别优秀和有教养。呆头呆脑的，不会欣赏的，省下了钱买了冰激凌坐在外面的台阶上实惠地吃着！冰激凌的味道好！他们想象着，那些正在欣赏画的人肯定已经一个个地呆头呆脑了。

一个孩子，尤其是今天的孩子，没有看过图画书，会是一个很大的遗憾，是童年不完整的表现，和童年没有看见过玩具、没有看见过草地一样。

因为感受、欣赏图画的能力也是一个人的智慧和素质，这就像经常去美术馆、博物馆的人会有优雅的心情，有与平俗保持距离的目光一样。这的确是一种需要从小开始培养的素养。

少年儿童研究：图画书是否只适合那些不识字，或是识字不多的小孩子呢？

梅子涵：图画书不是只给很小的孩子阅读的。有很多的图画书，不但已经上学的孩子可以阅读，会非常的喜欢，甚至中学生、大学生也会喜欢。所以，如果年龄已经不是很小的孩子在阅读图画书，父母不要嘲笑。有谁会嘲笑在卢浮宫里流连忘返的成年人呢？

成年人喜欢，童话才会有机会

少年儿童研究：成年人是儿童生活中的重要他人，在儿童的阅读中，成年人的作用是什么？他们应当在其中扮演什么角色？

梅子涵：成年人要当儿童阅读的点灯人。童年的哪一件事情不是成年人的事情？同样，童年的阅读，也是依靠了成年人的理解、关怀、计划……

孩子很小的时候，他们的所谓阅读，其实主要是在听大人们讲。大人把书买来，看着书，把故事讲给他们听。他们感动、快乐，也受到教育。

即使他们长大了，上了小学，上了中学，应该读些什么书，也需要大人的推荐。所以大人们需要了解童书。有了大人们这个第一读者，儿童才可能成为第二读者。有成年人的正确选购和推荐，儿童的阅读才可能适当和精致，才可能不是永远地局限在那几位作家，那几本书。

儿童文学是给儿童看的，也是给成年人看的。

父母可以从阅读中得到快乐。我们以前都说儿童文学是专门为儿童写的，所以我们的思维就停留在儿童要读儿童文学。这几年，随着我自己认识的推进，觉得儿童文学成年人也要去阅读它。所以我现在经常对很多成年人说，"你们要读儿童文学"。成年人读儿童文学的目的是什么呢？不是因为你有一个处于童年期的孩子，你为了要把书带给他而去阅读儿童文学、熟悉儿童文学。阅读的意义不仅停留在这里，儿童文学出现的时候目的是面向儿童，可是文学作品一旦写出来，实际上是面对所有人的。成年人阅读它，可以以自己生命的阅历、经验积累，站在你的角度和位置，从儿童文学当中读到作为一个成年人的需要、享受、感动和适应。

在阅读儿童文学中，父母可以从其他孩子的身上了解自己的孩子。

有孩子的成年人，经常阅读童话书，读读儿童文学，会使自己的思维里多些孩子的角度、孩子的心情。成年人毕竟已经长大，可是在儿童文学里你又抄近路接近了童年。

少年儿童研究：阅读儿童文学对孩子的成长既然如此重要，选择什么样的儿童文学作品给孩子阅读自然马虎不得。您曾经提出了"阅读经典"这个概念，可是什么是"经典"？父母如何具有这样一双发现经典的慧眼？

梅子涵：文学作品的确有平庸和优秀之分。我们哪怕可以活上300岁，有很充裕的时间，还是应当只阅读优秀的。

美国诗人惠特曼有一首诗：《有一个孩子向前走》，诗里说：

有一个孩子每天向前走，

他看见最初的东西，

他就变成那东西，

那东西就变成了他的一部分

......

如果孩子碰到的是早开的紫丁香，那它就会变为孩子的一部分；如果孩子看见的是野苴，它也会变成孩子的一部分。

虽然儿童文学中蕴藏着深刻的道理，但儿童文学拒绝沉重。所以说好的儿童文学一定要有趣，我们成年人千万不要看到孩子读了某本书哈哈笑起来就恐惧，觉得这本书肯定有问题。很多成年人要看到孩子皱着眉头深思才放心，觉得这个小孩将来会优秀，这是不对的，当孩子读书笑起来的时候，你要觉得这可能是一本好书，事实上人类发展到今天，可以被称为优秀儿童作品中的大部分作品，首先是非常好玩，然后有很深的一些人生的意味、一种生命的思维、一种很温暖的爱的感情在里面，好玩的表面，很深层的含义在一起，那是最好的。

家长在选择时，一定要选那些图文并茂、主题轻松而且具有诗意的图画书，千万不能选择那些乌七八糟的漫画书。

这种识别力不是立刻可以具备的。要慢慢地具备，同时也要相信推荐，相信权威的推荐系统，这是全世界的做法。

少年儿童研究：在儿童阅读这个问题上，很多家长也重视孩子的阅读，但是他们会给孩子买大批的名著，先是买成人读本，发现孩子不爱读就再给孩子买回专门给孩子做的缩写本。儿童要读名著吗？

梅子涵：儿童文学也是有世界名著的。它们放在文学的架子上，和那些通常意义上的文学名著没有水准的区别。有区别的是儿童文学名著有更多的天真和梦幻，最简单地把深刻说完，最幽默地讨论了哲学，艰辛啊，危难啊，乃至生命的终结，都会说得诗意说得好玩，不会让人望而生畏，也不让人觉得是高山和阻碍。

很多的父母对于儿童文学的了解，就是格林和安徒生。他们知道格林和安徒生，也只是《海的女儿》《皇帝的新装》《小红帽》《卖火柴的小女孩》。这些作品是经典，但是，格林和安徒生的别的许多作品也十分优秀。很多的其他的杰出的作家的作品也很经典。

少年儿童研究：有人说许多童话中涉及了爱情，这些东西孩子看了后会不会有不好的影响？

梅子涵：爱情在儿童文学里都是一种高尚、缥缈的情感，是男女间最简单也最至上的欣赏：美丽、英俊、善良、勤劳，不写身体，不走向床铺，连接吻也基本省略，一笔带过。因为事实上，孩童们的阅读感动和需求就是这种高尚层面上的，并不往别处想，我是指年龄小些的孩童，不是指已经临近青年的。即使是写给少年们的文学作品，爱情的描写也不需要清楚和具体。这是因为文学要保持美感，以美感养育孩子们的情感方向和情感的诗意。

对于一个孩童而言，如果希望他接触些爱情的话题，或者不想让他过多地接触，最好、最优雅和诗意的方式，就是让他去阅读优秀的儿童文学，阅读童话，阅读《海的女儿》，阅读《小王子》，使他既知道这件事，又朦胧和缥缈，把爱情当成一首诗！

本来想让梅教授推荐一些适合儿童阅读的童书，但是事实上梅教授已经通过不同的途径推荐过很多。如果您读了这个采访，有了阅读儿童文学并引领孩子走向高雅的追求，您可以读一读梅教授的《阅读儿童文学》，您就有了选择、阅读儿童文学作品的标准和方向。该书一共收了75篇"子涵讲童书"，每篇介绍一部世界儿童文学作品。这些作品是梅教授从大陆和台湾地区最近30年来翻译出版的世界儿童文学作品中挑选出来的，涵盖了童话、儿童诗、幻想文学、儿童小说、成长小说和图画书等多种儿童文学类别。有作家介绍说：梅子涵挑选的这些作品绝对是地道的经典，没有任何为出版社炒作的商业目的，之所以这么说，是因为梅子涵是一个经典的绝对崇拜者。

如果您一时没有时间，我从那本书中选了10种，您可以先和孩子一起读一读，当然10种是远远不够的。

雅诺什图画书系列

【德】雅诺什文/图，皮皮译

《小淘气尼古拉的故事》

【法】戈西尼 / 文，【法】桑贝 / 绘，戴捷 / 译

《时代广场的蟋蟀》
【美】乔治·塞尔登 / 著，傅湘雯 / 译

《哈利·波特》
【英】J.K.罗琳 / 著，苏农 / 译

《女巫》
【英】罗尔德·达尔 / 著，任溶溶 / 译

《奥菲丽娅的影子剧院》
【德】米切尔·恩德 / 著，弗里德利希·海西尔曼 / 图

《爱心树》
【美】谢尔·希尔弗斯坦文 / 图，傅惟慈 / 译，南海出版公司 2003 年版

《猜猜我有多爱你》
【英】山姆·麦克布雷尼 / 文，安妮塔·婕朗 / 图，梅子涵译

《逃家小兔》
【美】格莉特·怀兹·布朗 / 文，克雷门·赫德 / 图，黄迺毓 / 译

《夏洛的网》
【美】E.B.怀特 / 著，任溶溶 / 译

儿童阅读一定要快乐阅读、兴趣第一

——访王泉根

> 王泉根，北京师范大学文学院教授，博士研究生导师

儿童阅读是孩子成长中比较重要的一部分。对于各方面都不是很成熟的孩子来说，有了父母和老师适时的指导，才可能让孩子从阅读中受益。那么，成年人应该如何去做才是恰当的呢？为此，我们采访了对儿童阅读的指导和推广做过很多工作的王泉根教授。

儿童阅读要把儿童文学作为阅读主体

少年儿童研究：目前的儿童图书市场比较繁荣，但由于书目繁多，家长在选择的时候往往会眼花缭乱，或是跟着广告走，或是盲目相信畅销书就是好书。如果给家长一个最基本的选择标准，您的建议是什么？

王泉根：首先我们要承认，任何时候给孩子选书都是一件困难的事情。家长的困惑在于不知道什么样的书适合自己的孩子阅读，有时是因为孩子的年龄，有时是因为书籍的文体：选童话还是校园小说？人文历史还是科学科普类？因此不论是老师还是家长都应该认真对待，这是一个系统工程，需要方方面面的支持。其中涉及儿童观、阅读观、教育观等问题。

儿童的阅读应当是综合性的阅读。如果分类的话，大致可以分为6个大类，第一类是儿童启蒙的读物，一般性的知识，比如三字经、卡片等。第二类是思想品德教育的励志类的读物。第三类是科普读物。第四类是传播人文历史的读物。第五类是比较流行的儿童图画书、卡通读物。第六类是我们经常说的儿童文学读物。儿童文学虽然是儿童读物中的一种，却是儿童读物最重要、最核心的部分。儿童文学读物应该是儿童读物的重心。

少年儿童研究：许多家长认为课外阅读与学校知识联系越多越好，因此，有的家长只允许孩子看一些和课堂教学有关的书籍。如作文指导、工具书、参考教材等，严格说这和儿童阅读没有太大关系。如何才能说服家长改变这种做法呢？

王泉根：我有这样一个观点：美好的人生从幸福的童年开始。童年要从快乐的阅读开始。儿童的阅读一定要是快乐的阅读、兴趣的阅读，这样的阅读才能事半功倍，才能达到培养儿童阅读兴趣的目的。

现在的儿童阅读，包括语文课程的课外阅读，许多都没有从儿童的立场出发，没有从儿童的幸福童年这个角度出发，而是按照成年人的功利、目的、工具、理性等角度来要求孩子进行阅读。

最近有这样一个事例应该引起我们的反思：叶圣陶先生78年前亲自编写的《开明国语课本》由上海科技出版社2005年重新印制出版，近来居然成了畅销书。《开明国语课本》由一代大家叶圣陶先生编写课本文字，著名漫画家丰子恺先生为每一篇课文精心绘制了插图。据报道，此课本已经卖到脱销。这种现象值得我们深思：为什么一本78年前的小学老课本在今天受到学生、家长、老师和社会欢迎？这给了我们很深刻的启示：开明读本在20世纪30年代就是很受欢迎的教科书。78年后的今天，仍然有着生命力。究其成功的原因，其实就是一句话：语文教育儿童文学化。编写课本的叶圣陶先生是教育家、儿童文学家，也是语文学家。他有一个非常著名的观点：儿童文学与语文教育是一体两面的事情。他曾经这样说：给孩子们编写语文课本，当然要着眼于培养他们的阅读能力和写作能力，因而教材必须符合语文训练的规律和程序。但是这还不够。小学生既是儿童，他们的语文课本必是儿童文学，才能引起他们的兴趣，使他们乐于阅读，从而发展他们多方面的智慧。我们可以看出，叶圣陶先生认为：儿童阅读一定要从兴趣和快乐出发，让他们乐于去读。这实际上是对我们今日的儿童阅读提出了一个非常好的重要的理念。

少年儿童研究：您认为家长如何做，或是说，从什么样的角度出发才会给孩子正确的引导？

王泉根：我认为成功的儿童阅读要有两个方面：一是儿童阅读要是快乐阅读、兴趣阅读；二是要具备从儿童的本位、儿童的认识出发，把儿童文学作为主体的阅读内容。

我在很多地方推广儿童阅读时，都坚持快乐阅读、兴趣第一。孩子最初阅读的时候，从知识认知、阅读培养来说，如果引不起他的兴趣，不能吸引他的注意力，他就容易转移目标，也就不会有很好的阅读效果。快乐阅读的根本目的是要养成儿童专注、专心的阅读习惯和能力。兴趣可以使孩子把精力完全集中到书里去。这是儿童开始阅读时一定要注意的。

儿童阅读要由浅入深、由小到大、由易到难

少年儿童研究：目前家长对孩子的阅读要求和阅读指导，您认为现状是怎样的？家长应该如何去做才是正确的、科学的？

王泉根：在指导儿童阅读时，现在的家长存在几种误区：

第一个误区是认为儿童阅读一开始就应该是经典的阅读。这种说法很迷惑人，表面上看很有道理，实际上却事倍功半，适得其反。经典常常是我们成人思维、成人理性界定的，是用成人目的策划的东西。我们没有必要让一个刚刚开始认字的小孩正襟危坐去读大人认为的"经典"，他们是读不进去的。这样做是大人太急于求成了。

少年儿童研究：那么应该怎么读经典呢？毕竟到了一定的年龄后，阅读还是应该有所侧重的。

王泉根：经典有两类：一是传统文化经典，二是中外文学名著。孩子读这些经典应该一步步来，不能在最初阅读时就读这些书。如果不理解、看不懂、没兴趣，那么就会害怕阅读。一旦害怕阅读，孩子就会产生逆反心理，有所拒绝。因此要由浅入深、由小到大、由易到难。如孔子所说：因材施教，循序渐进，这才符合儿童的阅读心理、发展心理、认知心理的科学规律。

家长的第二个误区是不希望孩子看所谓不成熟的书。

有的家长经常对我说：我的孩子喜欢看《马小跳》《哈利波特》这类书，觉得孩子的心理幼稚，害怕孩子总看这种书，心理很难成熟。其实这种担心完全没有必要。孩子喜欢看符合年龄的书就让他看好了，过了这个年龄段，他自会去挑选更适合的读物。脱离了孩子年龄特征的儿童读物，孩子们看不懂，也没兴趣，反而会让他们对阅读产生害怕甚至是厌烦的情绪。在儿童文学中，人物形象大多是类型化的。例如，"小红帽"是幼稚单纯的，狼外婆是凶狠狡诈的；狗熊代表愚笨、憨厚，狮子代表勇猛、狂妄；等等。这种类型化的形象是符合儿童阅读心理的。有些家长据此认为这样的阅读太浅，硬要孩子们阅读一些脱离了他们认知能力的经典作品，殊不知，这样反而欲速则不达。要相信孩子是会长大的，现在他们喜欢看"小王子""马小跳"，那就让他去看好了，过了这个年龄段，他就会去看《麦田里的守望者》《青铜葵花》，以后还会去读鲁迅、莎士比亚——这是一个自然的过程，强迫不得。

第三个误区是家长把孩子喜欢看的儿童文学作品视为闲书，觉得这类书对考试没用，对提高分数没用。这种想法是比较可怕的。目前书店里教辅读物非常多，仅指导如何写作文读物就有许多。这些读物千篇一律，都是按照几种模式编写的。虽然说写作文需要技巧，但如果这种书看多了，对学生没有太多好处，他们会思维迟钝、思想僵化，会有许多框框约束他的作文。写作文应该放开题材的限制，让学生自由地去写，充分发挥其想象力和思维能力。老师的任务是改正错别字和严格纠正不通顺的句子。

少年儿童研究：那么家长的作用又该如何体现呢？

王泉根：对家长指导孩子阅读，我有几个方面的建议：

1. 家长要建立起与孩子一起读书的习惯，亲子共读，分享阅读的快乐。比如北欧有些国家的父母，他们每天都会抽出一定的时间陪孩子一起读书，而且是大声朗读。长篇的童话或是故事，可以分成段落，每天读一些。这样做不仅是共享阅读带来的精神上的愉悦，同时也是培养父母与孩子之间感情的很好的途径。

2. 家里一定要建立小书房。没有书房，也至少要有一个书架。现在我们许多家庭住房条件大大改善，我去到有些家庭中，客厅很大，有的甚至专门备有打麻将的房间，却找不到一个书架。如果一个家庭有书房，或仅仅有书架、书桌，对孩子来讲，也是一个很好的精神家园。

3. 有时间要陪孩子逛书店。和孩子一起选书，选书的时候不要性急，不要催孩子，要慢慢挑选。

4. 家长要培养孩子读书的习惯。小孩子开始喜欢看书的时候，不要管他看什么样的书，以后再慢慢加以引导。家长不要在孩子最初喜欢看书的时候，就替孩子决定该看哪些不能看哪些。

培养孩子的阅读好习惯要从点点滴滴做起。家里有书房，每天大家抽出时间一起读书，一起讨论书中的内容，周末和孩子一起逛书店。在这种氛围当中，孩子自然而然会养成读书的习惯。

少年儿童研究：我们都知道，电视等媒体的普及使得很多孩子转移了兴趣，我们当然不反对孩子对新媒体的热衷，但有的孩子则是过于关注电视或电子游戏而轻视阅读，对这样孩子的家长，您有什么建议？有什么样的方法才能让孩子重新喜欢上阅读？

王泉根：电视和互联网的冲击确实很大，我们所能做的就是千方百计改善、改变。不让孩子看电视、玩游戏也不可能。这可能就需要家长的以身作则。如果家长一下班，就把电视打开，一边吃饭一边看电视，或是孩子做作业的时候，父母把电视开的声音很大，几十集几十集地看电视连续剧，显然会对孩子有影响。家长可以在孩子不在家或睡觉之后再看自己喜欢看的节目。家长为了培养孩子的好习惯，有时要牺牲一些自己的爱好。首先要有约束自己的能力，才有可能去管教孩子。

分级阅读是从少年儿童的年龄特征、社会特征出发，适合不同年龄阶段的阅读

少年儿童研究：我注意到您在许多场合都积极提倡分级阅读。什么是分级阅读？对我们国家的儿童阅读指导有何作用？

王泉根：分级阅读是从少年儿童的年龄特征、社会特征出发，适合不同年龄阶段的阅读。阅读从来都是分阶段的，实际上集中在少年儿童身上，就是要培育、引导少年儿童从依赖性的阅读到自主性的阅读，使他们成为阅读的主体。

年龄越小，阅读的差异性就越大。从年龄层次区分，我们可以把儿童文学分为适合幼儿园小朋友的幼年文学、适合小学生年龄段的童年文学、适合中学生年龄段的少年文学这样三个层次的文学。从图与文的比重关系区分，我们可以把儿童读物区分为图图图—图图文—文文图—文文文，也就是图画书—桥梁书—文字书三种形式。分级阅读的重点在学龄前期的婴幼儿与学龄早期的小学生，难点在如何针对这一不同年龄群体的孩子，选择、配置从图画书到桥梁书再到文字书的不同读本。

少年儿童研究：有具体的标准吗？

王泉根：美国的分级阅读做得非常不错，分级阅读的目标就是给少年儿童提供最合适的文本。如一个文本，孩子能够认识其中90%到95%的单词，就认为这个文本是适合孩子教育阅读水平的，这种情况下，教育就比较有效。所有学生都应当得到适合自己认知的阅读教育，根据难度不同的分级阅读能够产生事半功倍的成效。

完整的人生分为婴幼儿、青少年、中壮年、晚年等多个时期。虽然有所谓"老少咸宜"的经典读物，但老与少对同一读物的阅读理解是完全不一样的，同一本书在不同的读者那里，会有不同的阅读效果。即使是同一个读者，在生命的不同阶段阅读同一本书，也会有不同的理解与获益，诚如清代学者张潮在《幽梦影》里所说的那样："少年读书，如隙中窥月；中年读书，如庭中望月；老年读书，如台上玩月。皆以阅历之浅深，为所得之浅深耳。"以老少咸宜、超越时空的经典作品安徒生童话《海的女儿》为例，儿童读到的是一个充满浪漫幻想的海底世界故事，青年读到的是凄婉缠绵的爱情悲剧，中年读到的是有关人生的价值与追求，而老年则可能读出生命的局限与人生的无奈，这就是佛教"四谛"教义中的人生"求不得"之苦。人生的阅读之所以是分级的，根本原因是阅读这一种智力活动需要有人生的阅历、经验、体会、知识去补充、阐释和完善作品的意义。人生的阅历、经验、思想水平是与年龄成正比的，年龄越小，对作品的理解、接受也就越难。这一常识正是我们建立分级阅读的基础。

让孩子享受阅读的快乐是父母的责任

——访谭旭东

> 谭旭东，北方工业大学中文系教授，北京师范大学中文系儿童文学博士。

亲子阅读是一种陪伴，也是一种激励，更是一种交流。如何在家庭中更好地实施亲子阅读才能达到良好效果？

所有户外阅读推广活动都不能和家庭亲子阅读相比

少年儿童研究：谭老师您好！您一直致力于儿童文学创作和儿童阅读推广，对亲子阅读是如何理解和看待的？

谭旭东：很多家长认为孩子上幼儿园时亲子阅读最合适。其实，亲子阅读对小学生来说也是必要的。通过亲子阅读，父母可以树立良好的形象，成为孩子生命的引领者。如果狭隘地理解亲子阅读只是早期教育的一部分，那就缩小了亲子阅读的价值。

儿童阅读可有各类人群来参与，也需要专业人士来积极推动。事实上，无论谁来参加和主导，都无法替代父母这个角色。儿童阅读习惯的养成、趣味的培养和阅读能力的增强等都主要靠父母，即亲子阅读。因此，亲子阅读是最重要的，家庭教育环境某种程度上比学校和社会教育环境还重要。现在有不少爱读书的爸爸妈妈在阅读推广人的组织和号召下，几个家庭聚在一起，到公园或社区绿地，一起做分享式的亲子阅读。这种阅读因为不在家里，我们可以称之为户外阅读。所有的户外阅读推广活动都不能和家庭亲子阅读相比。那么，什么是亲子阅读呢？可以从如下 5 个方面来理解：

第一，亲子阅读的行动者是父母和孩子。父母在亲子阅读过程中是主导者，掌握着阅读主动权和选择权，掌控着阅读的技巧，还控制着阅读的过程，调节着孩子的阅读情绪。父母的文化水平、审美能力、阅读素养和耐心、毅力等直接决定亲子阅读的质量。虽然父母和孩子从生命价值来说都是平等的生命主体，但亲子阅读过程中父母亲扮演着引导者的角色，有着不可替代的教育作用。

第二，亲子阅读体现的主体关系是亲缘关系。这种关系只有父母和孩子之间才具有，爷爷奶奶和孩子之间不是直接的亲子关系，属于隔代关系。爷爷奶奶没有抚育培养孙辈的社会责任和社会义务，父母也不应该把培育孩子的责任推给上一辈，也就是说亲子阅读是父母应该尽的家庭责任和义务。老师和学生之间是师生关系，这种关系是基于职业道德上的人与人之间的关系。师生关系再亲密，也不能取代亲子关系。

第三，亲子阅读的场所主要是家里。现在社会上对亲子阅读场所的理解比较宽泛，认为幼儿园、学校、图书馆、公园和社区，甚至火车、飞机等地方，只要能容纳父母和子女一起读书的地方，都可以成为亲子阅读的场所。其实，亲子阅读最理想的场所还是家。父母可以和孩子在学校、社区和公共图书馆等地进行亲子阅读，但家才是父母和孩子朝夕相处的地方，家才可能真正保证孩子的心灵安静。亲子阅读具有私密性，而这种私密性和家庭化才能真正促进亲子关系。亲子关系只有在家这个温馨的、充满亲情的场所里，才能够得到强化，并使亲子阅读达到真正的教育效果。

第四，亲子阅读的主要资源是优质童书。有些教育专家过分地强调玩具、游戏和活动的重要性，甚至把知识教育过多地引入儿童教育。但很多人也认识到优质儿童读物具有不可替代的价值，开始把它当作儿童教育的重要材料。儿歌、童话、散文、生活故事、儿童小说和绘本等多种文体，包含趣味、审美性、教育性、启蒙性等，符合儿童心理。有学者把儿童文学比作"艺术的妈妈语""美德的种子""母亲给孩子说的悄悄话"，这些都证明儿童文学是最适合亲子阅读的。其他的知识性读物，包括手工类、益智类和动漫类的图书可以在亲子阅读中使用，但不是最主要的材料。亲子阅读教育效果的产生主要靠优质的儿童文学类童书。

第五，亲子阅读的动力因素主要有三个：第一是父母之爱，这是一种天然的情感因素。第二是父母的责任。作为社会角色的父母，有教育孩子、给孩子爱与关心的社会责任和义务。第三是儿童的成长力量，每一个生命都有天然向上的力量，儿童也一样。正是因为有了父母之爱、父母之责任、儿童的成长智慧这三大因素，亲子阅读才包含了启蒙性，才包含了爱的精神内涵。

少年儿童研究：也就是说，家庭是亲子阅读的最好场所，亲子阅读是父母应当负起的责任。

谭旭东：对。基于以上几个方面，亲子阅读可以大体定义为：在家庭场景里，在亲情关系牵引下，为了儿童的心智成长，父母进行的以优质童书阅读为主的教育实践。它主要是父母给孩子读书，还可以是儿童和父母的互动式阅读或家长伴读。

小学生同样需要亲子阅读

少年儿童研究：其实绝大多数家长都认可亲子阅读，但可能更多的把精力放在学龄前孩子身上。他们认为孩子识字了就可以自己阅读了。

谭旭东：国外朗读专家都有一个共识，那就是亲子阅读不只是幼儿需要，小学生也需要，甚至当孩子上了初中、高中，家庭亲子阅读活动也是很有意义的。

少年儿童研究：很多小学生家长对亲子阅读有困惑，比如说，读什么，如何读？家长在孩子的课外阅读中扮演何种角色，等等，这些问题困扰着不少家长。

谭旭东：首先我们来谈谈小学生家庭亲子阅读读什么。小学阶段虽然是6年，但大体来说，可以分为小学中低年级和中高年级两个阶段。小学中低年级，即一年级到三年级，这一阶段孩子的语文学习比较简单，主要以学拼音、识字和写话为主。语文测试注重对学生字、词、句掌握程度的检查，对学生的阅读理解能力要求不高。对家长来说，如果在家庭有效地进行亲子阅读，那么孩子的语文学习就可能有很大提高。

　　亲子阅读读什么呢？一二年级时，孩子识字不多，可以多选择一些图画书来和孩子一起阅读、分享，培养孩子阅读的兴趣。同时，通过读文字量少的绘本，来引导孩子对故事的叙述和整体把握能力。这一阶段，还可以和孩子一起读诗，读小童话，读桥梁书。我记得女儿一二年级时，我和爱人经常给女儿读比较长的童话，甚至读整本书。读多了，女儿识字量有了很大的增长，而且对童书的整体理解力提高很快。因为家庭亲子阅读长期坚持，短小的语文课文对女儿来说，学习起来很轻松，而且能很快由写话提高到作文阶段。不过，我也遇到过一些家长，他们不太愿意给孩子买书，怕孩子读了课外书会影响语文学习，怕影响语文考试。这其实是一种错误的认识。课外书读得多不可怕，只要亲子阅读选择了好书，方法得当，就会有好的效果。

会读经典，能自由徜徉在纯正的文字里的阅读，才是阅读的高级阶段

　　少年儿童研究：家长学会选择好书也是很重要的。

　　谭旭东：是的。我参加过一所小学的读书活动，看了孩子们读的书，包括班级书架上家长捐赠的书。说实在话，绝大部分可以说就是"地摊书"，质量低，粗制滥造，大部分是编攒的，没有具体的作者，没有清新的封面和插图。而且这些书大部分是所谓"知识读物"或卡通图书。这说明，小学里还奇缺阅读指导，尤其是很多父母还不会选好书。亲子阅读也好，学校里的自主阅读也好，一定要读好书，尤其要读经典，不然的话，无法培养良好的阅读趣味，也难以养成好的读书习惯。

　　现在很多搞阅读推广的人，只会推绘本，不会推别的。其实儿童读物门类多、品种多，我们建议家长不妨多和孩子一起读童话、童诗，多帮助孩子理解小说。世界经典儿童文学很多，父母应尽可能地让孩子读这些书，会读经典，能自由徜徉在纯正的文字里的阅读，才是阅读的高级阶段。我曾在微博里推荐父母重视童话和诗的阅读。我认为童话适合儿童阅读，儿童觉得童话有趣、好玩，充满幻想。不少人认为童话是假的，但他们忽视

了这个事实：幻想本来就是人的生活，幻想本来就是生命体验的一部分。人的生活中包含幻想的生活。幻想和诗，是生命的核心，伴随人的一生。

少年儿童研究：家庭中的亲子阅读具体要怎么进行呢？

谭旭东：对幼儿来说，亲子阅读主要是家长读，孩子听，然后恰当地和孩子交流、互动，启发孩子的思维，激发孩子的想象力。对小学生来说，亲子阅读的形式是多样化的，可以是家长和孩子一起读书，也可以是家长读、孩子听，还可以是孩子读、家长听。还可以是家长和孩子大声朗诵，甚至在家庭开小型读书会和朗诵会。比如我女儿刚上小学的时候，我经常在客厅里朗诵诗歌，虽然我的普通话不太标准，但女儿也很喜欢听。现在想来，那时她的理解力是有限的，但诗歌的节奏和韵律，以及我朗诵时投入的情感，已经在感染她、熏陶她，让她初步品尝到了美和爱。

女儿到了三年级，识字量大增，这时候，我就给她准备了一套世界儿童文学名著，她妈妈经常和她一起读，我有空也和她一起读。结果，不到一年，她读了《爱的教育》《海蒂》《小公主》《波丽安娜》和《窗边的小豆豆》等50多部，还写了不少读书笔记。有一次语文老师布置作文，要求学生写一篇300字的读后感。女儿回到家里，一口气写了1000多字，而且因为读的书多，她自己也爱写，她写的童话、散文和读后感在20多家报刊发表。她的语文老师甚至曾经以为她的作文都是我修改的，有一次课堂作文，语文老师就站在女儿身边看着，女儿竟然写了一篇1200字的作文。语文老师感到很惊讶，其实女儿就是平常在家读了很多书。亲子阅读不但可以活跃家庭氛围，让亲情更浓郁，还可以快速提高孩子的阅读能力，而这是孩子爱上语文、亲近文学的基础。

少年儿童研究：有些家长虽然对亲子阅读持肯定态度，但又觉得这种方式挺花时间的，担心占据过多孩子做功课的时间。

谭旭东：家长要相信阅读的力量。我在做儿童阅读讲座，特别是和一些家长交流亲子阅读时有一个感觉，不少家长很渴望让孩子读书，但又舍不得花时间和钱，不愿意陪伴，也有的家长嫌书太贵。还有不少家长觉得读几本书很难见效。他们希望几本书一读，孩子就学到很多知识，而且能够提高考试成绩。这是最普遍的一种心态。在儿童教育过程中，懒惰和功利是两个大敌。

有一次做完亲子阅读讲座，一位家长问我：给孩子读书不学点具体知识怎么行呢？这种问题反映了一种典型的心态：对儿童阅读，一些家长总会想到读书的具体收获，他们希望读一本书，就一定要学到某些准确的知识。我对这位家长说：你带孩子去一片草原，当孩子看到草原上的繁花，觉得很美，很舒心，甚至欣喜若狂时，难道你还要苛求孩子认识草原上每一朵花的名字和特征吗？读书，并一定要学到什么知识，享受到美就足够了。给孩子读书，就像给孩子的心灵世界里输送清新的空气和明媚的阳光。给孩子读的好书越多，孩子的心灵更纯净，孩子的世界越辽阔。拥有好书的孩子，读过很多好书的孩子，他们的目光更清澈，心灵更智慧，脚步更坚定。有好书相伴，时光不寂寞，日子不慌张，季节总从容，岁月也丰盈。

童年是每一个人生命的原点，童年的快乐意味着成年的幸福。而童年的阅读又是人生的奠基。因此，父母重视亲子阅读，尽早地引领孩子走进美好的文字世界，让他们享受阅读的快乐，是童年生命的需要，也是成年人的责任。

访谈 科幻文学给儿童想象的空间

——访吴岩

> 吴岩，北京师范大学教育学部教授、科幻与创意教育研究中心主任、科幻小说作家。创作各类科学文艺作品 30 余部，其中长篇科幻小说 2 部，中短篇小说集 5 部，主编和翻译文集 3 部、科幻理论专著 15 部。一些作品被翻译成英文、日文和意大利文出版。在北京师范大学文学院开设科幻文学理论研究、中西科幻的比较研究、科幻名著选读等研究生课程。

在知识爆炸的社会，人们必须要有想象力

少年儿童研究：前一段有报道提到，中国学生在某项国际测试中"计算能力第一，想象力倒数第一"。您觉得这种说法可信吗？想象力是可以测试的吗？

吴岩：因为没有看到这项调查是怎么做的，没有看到相关的测试题目，无法确定这些题目是否在测想象力。所以，盲目地说"中国学生的想象力倒数第一"，我是反对的。

关于想象力是否可以测试，严格地说，各种心理能力都可以通过某种方式去判断。但是目前成型的想象力的测验是很少的，好的我几乎没有见过。

少年儿童研究：有些调查问卷的题目是询问孩子是否觉得自己想象力差，但是每个人心里的标准可能就是不一样的，那么孩子的这种自我判断可信吗，有说服力吗？

吴岩：应该说是可信的。我们常常会感到，别人的作品好，有很多奇思妙想，但是自己的就没那么新颖，像拷贝前人的，没有新鲜想法。人自

身确实是能够体会到彼此作品的创意差别的。当然，造成这种差别的原因，可能是因为某些人很有想象力，也可能是因为有更多的生活体验，或者看过更多的素材。

少年儿童研究：中国人的想象力是比外国人差吗？原因何在呢？

吴岩：从创意上看，我们的产品创意数量和质量都不如国外。我对想象力的理解是，它实现了

了思维的跨界能力。人们思考问题一般是有边界的，而且很清楚在边界之内可以做哪些事情，不可以做哪些事情。但有想象力的人的作品，总是会跨出这个边界，总能让读者感到陌生，让人感叹：噢，我怎么没见过没想过，怎么会是这个样子的！这种陌生感、跳出边界的思考，就是想象力。

我们的教育很少有培养这种跨界思考能力成分，多数是让大家界内思索。而且，中国文化一般是局限在社会关系和人际关系范畴，人和自然的关系在那些经典里是少有的。但在人和自然的关系中想象力是绝对重要的。就是人和人之间的关系中，也需要一点想象力，但不是很强。有人说《西游记》不错，是有一定想象力的吧？可它不是中国原创的，是来源于印度的创意啊！

以跨界思考为特征的想象力，过去没有是可以的，那时社会变化不大。20世纪70年代末到80年代初，是一个转折点。在此之后，通信更加便捷，交通更加发达，这使得人与人之间的接触非常频繁。所有的新思想、新产品都是人与人接触，思想碰撞产生的。一个人闷在那里，可能有点创意，但是没有和他人交流更有启发。现在的微博、电子邮件、网络会议，可以说是成百上千倍的思想碰撞。因此，知识爆炸，人们必须应对更多各种各样的信息，就越来越需要想象力这种跨界的思维去整合与拼接。

教育要创设氛围，鼓励孩子跨界思考

少年儿童研究：您在一次采访中谈到，中国儿童想象力不够丰富，是因为教育体制造成的。那您觉得现在的情况是否有所改观呢？

吴岩：创造力或者想象力，有一部分是个性的，有的人就习惯于用这种方式思考和办事，遇到事情就靠想象和创造力来解决问题，有的人就是比较墨守成规。所以个性的培养也是一个方面。同时，还有基本技巧的培养，这些都是在教育上可做的。

中国教育应该重视孩子想象力的培养，给思想以更大的跳跃空间。想象力培养有两个部分。第一个就是个性培养。在广东职业技师学校，有一门个性培养的课。我听的课，课堂任务是让学生做禁烟的宣传，做舞台剧、图画、产品都可以。每个学生都在做，每个学生都会到台前展示自己关于禁烟的创意，在改变个性方面效果确实很好。在此之前，老师出特别简单的题学生都不会做，也不跟着教学程序走，上课就睡觉。于是老师改变教学思路，鼓励学生想象和表达。学生敢想和敢说，然后跟着动了，再培养他们的想象和创造力。而北京人大附中的科幻物理课，则属于培养思维技巧的。他们通过科幻作品再把物理的知识加进去，让孩子在想象中学习物理学。我去那天，他们讲的是蜘蛛侠。老师问那些蜘蛛丝荡来荡去，是否能加快行进速度。他们还研究了超人怎么拯救飞机，老师问学生能否算出超人有多大力量。学生们提出各种模型、匀速运动、减速运动等，不同的模型算法真的能算出它有多大劲，教师再点评每个小组的做法是否合理。两个课程都是重要的。从个性和思维方法上培养跨界，方法非常值得借鉴。

少年儿童研究：想象力对孩子的学习会有直接帮助吗？

吴岩：想象力可以促进学习，促进生活质量的改善。在学习方面，重庆有个小学校长和我谈过这样的体会，说很多孩子写不出作文，因为作文题目常常是"我的父亲""记一堂班会"之类的现实主义内容，孩子做不来。后来，老师发现，如果给孩子一个具有想象力的题目，孩子就能写出特别多的内容，比如让他们表达20年后什么样。这位校长就想，让孩子先练习写想象作文，在写的过程中先完成他们的语言训练，再逐渐引导孩子和现实接触，处理现实材料。我觉得这个校长的想法特别好，把想象用在一个特别合理的位置。此外，小学阶段的孩子想象力丰富，用这种方式可以适当保留想象能力。

沉浸在对未来科技的幻想中，能够让人忘记眼前的痛苦和烦恼

少年儿童研究：一些家长并不清楚什么样的作品算是科幻文学，请您帮助读者界定一下以下作品的区别，比如科幻文学、科普文学，以及像《哈利波特》之类的作品。

吴岩：科幻和科普是不在各自单独文学中出现的两种品类的作品。科幻小说是1818年雪莱夫人写的，那时还没有科普。科普是西方工业革命，特别是加强民主化后，为了增加决策的透明度，需要老百姓了解科学，赞助科学的时候才开始产生。科幻和科普在历程上是不一样的。到现在为止，科幻在西方一直属于文学，科普是附属于科学的。由于科幻属于文学，而文学是想象的天堂，是自由的领地，因此用来培养想象力创造力比较恰当。而科普是依附于科学的，是科学权力下的奴隶，它可以教会人具体的处理生活的实用技巧。两个内容读物都应该读。毕竟，人既需要想象力创造力，也需要现成的知识。20世纪70年代，加拿大的达科·苏恩文对科幻有一个定义，说科幻是以疏离和认知为宰制的科学。疏离和认知是科幻的两个特点。疏离就是陌生化，科幻永远是给人陌生的场景、人物、故事和新科技。科幻的第二个特点就是认知，陌生到底是怎么产生的，科幻作品会给人解释。同时科幻还以创新为宗旨。疏离、创新、认知加起来就是科幻。奇幻作品只有疏离没有认知，就像《哈利波特》的魔法之类，都是陌生化的，但却不能通过认知解释这些陌生化，只能说是魔法。而科普作品，则是仅仅有认知却没有疏离，不做陌生化处理。因此科普作品读起来常常乏味。鲁迅就曾经谈到过这一点。

少年儿童研究：那是不是看科幻作品教育价值更大呢？因为包含了多种因素？

吴岩：我认为，每种作品的功能是不一样的，都应该读。读奇幻作品，可更加关注人格培养，其中的道德价值比较重要。读科幻作品，主要给孩子跨界的引导。读科普作品，就是扎扎实实获取科学知识和科学方法，从中感受科学精神。因此，作品没有高低贵贱。父母可以根据孩子的特点给

予指导。

常常听到有家长抱怨孩子"想象太多了，不切实际"，听到这种说法我感到好难过。我觉得家长的这些观念要改变。想象力是人的整体素质的一部分。在某些时候，想象力很有用，除了刚刚说的创意性解决问题，想象力还有疗伤功能。遇到事情解决不了，很痛苦，看些科幻的作品，心情会恢复平静。科幻作品中会涉及漫长的人类历史和地球历史，你就会发现眼前的困惑是非常短暂和微不足道的。世界上有那么多困难的问题都被解决了，眼前的苦恼根本算不了什么。不能小看这个疗伤的作用，这些都是科幻作品的价值。其实，科幻作品和奇幻作品都有疗伤的心理作用，但我觉得用奇幻作品疗伤，不如用科幻作品疗伤。看科幻作品时，孩子会不由得展望未来科技，这样能使孩子见多识广，更有帮助其成长的价值。

少年儿童研究：父母如何引导孩子阅读科幻作品呢？

吴岩：孩子的阅读可以分阶段指导。科幻有两类，一类是少儿科幻，一类是普通的科幻。在当前的少儿科幻作家中，张之路、杨鹏、郑重等作家写得比较多，水平也不错。他们的科幻作品有一个很大的特点，是儿童文学体系的，很有教育价值，会给孩子世界比较稳定的感觉，其中没有那种颠覆世界的内容，比较适合低年级的孩子。小学高年级以后可以看普通的科幻，这种科幻想象就是无限的了，是可以颠覆现实的。

有一个很有名的美国天文学家叫卡尔·萨根，他小时候因为看了一套火星的科幻小说，于是对行星产生浓厚兴趣。他立刻找来许多相关的科普读物看，发现这个作家写的很多地方都错了。但是卡尔·萨根不断跟人说：科幻作品很伟大，因为它让我爱上了火星，爱上了行星学。科幻小说中的知识是否正确是没有关系的，给人生活的动力才是最重要的。家长要明白，如果某一个作品能启动孩子的某种生活动力，那真是求之不得的事情。人生里有什么比一种持久的动力更加重要的呢？

少年儿童研究：感谢吴老师的这些有价值的评论！

第八章

尊重儿童喜爱游戏的天性

小孩子不玩是长不大的

——访于光远

于光远先生被人们称为经济学家、哲学家，可他自己说："我对教育的注意不亚于经济，我更愿意是位教育家。"1999年本刊记者在于老家中采访了他。这位老人与我们谈论的话题只有一个：玩的艺术。

少年儿童研究：南方有家报纸称您为"大玩家"，听了这个称呼后，您有什么想法？

于光远：这很好，但是还很不够。"玩"字后面还应该再加个"学"字。我要成为一个"大玩学家"，要成为中国玩学的开山鼻祖，要成为中国玩学的一代宗师。

少年儿童研究：有人把玩乐视为不健康的东西加以排斥，您怎么看呢？

于光远：我的想法是：人之初，性本玩。玩是人生的根本需要之一，是严肃的相对面。人需要艰苦奋斗和严肃，但不能总是这样，还要轻松愉快。

少年儿童研究：今天中午吃饭的时候，我们说下午要来采访您，有个同事，他也是个家长，就让我向您请教，让孩子玩了考大学怎么办呢？

于光远：小孩子要顺其自然发展。对小孩子不仅要有人道主义精神，更要有童道主义精神。小孩子不玩是长不大的。只有让他们玩，才能健康成长。这个问题如果搞不好，下一代就会无所作为。什么是玩，玩也是学习，高高兴兴地干事就是玩，应该让学生在玩中学习。关于玩，我总结了几句话：玩是人生的根本需要；玩得要有文化，要有玩的文化；要研究玩的学问；要掌握玩的技术；要发展玩的艺术。把学生当作敌人是不符合教育的原则的。我提倡愉快教学，使受教育者愉快会提高教学效果，而且更加符合社会主义原则。社会主义的目的是使社会成员愉快，而在我们的社会中，一个人一生中有很长时间是在接受教育，如果在这期间不快乐，这个人的一生中就有相当长的时间不快乐，这是不符合社会主义原则的。

少年儿童研究：听说您倡导编一套"玩具学"，您是怎样看待玩具对儿童的作用的呢？

于光远：我认为，正如母亲是人生第一位教师那样，玩具是人生第一本教科书。人在认识文字之前，先认识实物。而玩具是用来教育儿童的实物，因此说它是人生第一本教科书。

少年儿童研究：从教育的角度考虑玩具，您的"玩具学"设想是什么样的？

于光远：我主张按照儿童智力发展的程序，把对儿童要讲述的某些知识、某些原理，通过专门设计的玩具，生动地、形象地进行传授。具体步骤是：由教师们一起根据讲课的需要和儿童的水平及兴趣，制定一个"玩具系统的教学大纲"。然后根据大纲，一件一件地去制作玩具。在此过程中，还可以吸收学生参加。我赞成"给买10件玩具，不如让儿童参加制作一件玩具教育意义大"的说法。

这一套"玩具教材"主要适用于小学生和中学生，即孩子们开始学科学知识之后。如果设想能够获得成功，可能对提高学校的教学效果起到不小的作用。

少年儿童研究：现在一些家庭饲养小动物，让它与孩子为伴，这算不算是儿童的玩具呢？

于光远：这不能称为玩具。我认为应把玩具和玩偶加以区别，因为两者的作用是完全不同的。儿童与玩偶的关系是儿童世界中的伦理关系。抱在怀里的洋娃娃、小猫、小狗，是儿童的朋友，是他们说话的对象。玩偶主要用于培养儿童友好待人的品质，它在儿童德育方面产生作用；儿童与玩具的关系，则是人与人所掌握的各种物质手段的模拟。玩具的目的是使用。可以说，聪明的玩具设计师就是使人聪明的设计师。

少年儿童研究：最近，广州市少年宫美术学校的老师提出了"儿童绘画考级评级不可取"的观点，您也是签名响应的90名著名专家学者之一。

于光远：他们告诉我有这么一件事，我就同意了。我赞成他们的倡议，绘画的规矩要学，色彩要学，要有科学，但不能完全是科学。教育更多的是培养创造性，死记硬背耽误了孩子许多时间，压抑创造性。

少年儿童研究：最后我们还想请教一下，您在教育子女的过程中有些什么经验吗？因为我们知道您的4个女儿都已长大成人，学有所成。

于光远：其实，我对她们没有什么教育，顺其自然吧！我的特点是不许打小孩，连"我要打你了"这类威胁的话都不许说。因为如果小的时候你打他，等到你没有力气的时候，他该打你了。如果小孩学会用打人的方法处理问题，那么他以后就不会讲道理，不会过民主生活了。现在我的小外孙女刚上幼儿园，她也是很讲道理的。

少年儿童研究：在与于老交谈的过程中，他不时找出一些新奇的玩具展示给我们。他摆弄玩具时的专注和认真，使我们忘记了面对的是一个年迈而受人尊敬的学者。我们觉得身边站着的是一个充满活力和童趣的朋友。其实，每一个人的心中都有童趣，只不过它与我们久违了。

玩可以使孩子变得更聪明

——访张先翱

> 张先翱，中国青少年研究中心少年儿童研究所原所长，《少年儿童研究》主编，中国少年先锋队工作学会副会长。从1949年12月开始至今一直从事少先队工作和少年儿童教育工作。曾任《辅导员》编委、《学与玩》总编辑、中国青年政治学院少年工作系主任、中国青少年研究中心《少年儿童研究》主编、少年儿童研究所所长。现任中国少年先锋队工作学会名誉副会长、学会少先队活动专业委员会主任、北京市少先队工作学会副会长、全国小学德育研究会常务理事、全国家庭教育学会理事、中国青年政治学院继续教育学院少年儿童教育专业教授。

少年儿童研究：张教授，您对孩子如何利用闲暇时间很有研究，而且还曾做过《学与玩》杂志的主编。您怎样理解儿童的休闲教育呢？

张先翱：孩子的玩有两种定义，一种是广义的，包含除课堂学习或者说学校生活以外的孩子的一切活动，包含着科学技术、文化娱乐、体育游戏以及一部分思想道德教育、爱国主义教育。狭义的玩是指孩子的体育游戏：打球、下棋、游泳等。休闲属于广义的玩。儿童的休闲生活是素质教育的继续，应该是积极有益的。其实休闲也包含着学习，这种休闲比较自由，能发展个性、爱好。法国教育家朗格郎提出了闲暇教育的概念。他认为闲暇教育的主要内容和任务是：培养科学的闲暇的价值观；形成积极的生活态度和主动的创造精神；发展个人的志趣、才能和个性；培养享受丰富的精神生活和陶冶性情的能力。这就是闲暇教育的定义。

少年儿童研究：现在有好多孩子的作业比较多，父母也希望孩子把时间多用在学习上，所以有可能忽略对孩子休闲生活的关注，我们该如何解决呢？

张先翱：现在孩子周末参加各种辅导班，有的是纯学习的，如英语、奥数等。我认为周末不宜参加过多的文化学习型的辅导班，还是参加一些文化学习以外的兴趣活动比较好。根据调查，小孩子最大的苦恼就是学习负担太重，作业太多，睡眠时间不足。孩子现在可以参加的活动静的太多，动的太少，在课堂里的活动多，到校外大自然里的则很少。这对孩子成长很不利。父母要正确看待这个问题。其实人的素质的提高不光是学习而是多方面的。社会文化素质也很重要。小孩子光是功课成绩好不是全面发展，往往有很多缺陷。所以我提倡科学的闲暇教育观，就是要培养个性，培养美感，同时也可以扩大孩子的知识面。

少年儿童研究：您认为孩子的休闲生活应有哪些方面呢？

张先翱：在我看来，孩子可以参加的休闲活动大致有6个方面：

第一，学校、少年宫等教育机构举办的兴趣课及社团活动。参加这类兴趣社团要注意两点：一是不要代替孩子选择，不要包办，要让孩子有自己选择的余地，父母可以当参谋，从旁指导，把决策权交给孩子。二是父母不要有太强的功利心，不要指望一定把孩子培养成为这方面的专家。这种愿望可以理解，但是不切实际。儿童时期兴趣的培养主要是为了丰富生活，开阔视野，锻炼身体，愉快身心。对孩子期望过高会给孩子带来较大的压力，要把这种活动作为真正的休闲来参加。

第二，少先队的假日小队和活动小组。假日小队是开展闲暇教育活动的很好途径，因为是少数人，规模小，成员有共同的兴趣和爱好。例如：北京育英小学周末搞"一日营"，在一个队员家里生活一天，同吃同住，做到"五个一"：学买一次菜；学做一次饭；外出活动一次；每个孩子要给别人带来一份快乐，就像兄弟姐妹一样；要给营地家属带来一份满意。这种休闲方式能培养团结友爱精神和孕育亲情，使孩子学会交往与合作，排除孤独感。对这种活动，父母不仅要支持，还可以主动地创造条件组织类似的活动。搞了"一日营"活动以后，有些孩子的性格更开朗了，和父母的话题更多了，与同伴关系更融洽，也更有团队精神。

我还可以举另外一个例子。广州荔湾区创设了"红领巾阳台工程"。孩子们把自己家里的阳台管起来，处理掉生活垃圾，种上花草树木，进行清理和美化，让父母和爷爷奶奶在阳台喝茶、看报，为家庭的休闲创造条件，也起到了美化社区的作用，对自己、家庭、社区都有益处。孩子的德育、美育都得到发展。

第三，家庭集体休闲，比如旅游、郊游、参观博物馆。这种活动比孩子单独参加闲暇教育作用要大。父母可能很忙，但是要尽可能地拿出时间进行这种休闲。这也是孩子们所盼望的。它可以增加父母与孩子的沟通，改善亲子关系。

第四，建议孩子在休闲时间里多读书。目前孩子的假日还是比较多的。我大致算了一下，所有的假日加在一起，有160多天，占到了全年日子的45%。在这么多的时间里，要引导孩子多读书。目前有一些孩子的阅读习惯还不太好，需要培养。父母应尽量满足子女购买图书的要求，包括小人书，还应该主动给孩子订报订刊。

第五，一定要给孩子留有自由玩要的时间。在这段时间里，孩子可以充分做自己喜欢的事情，充分发挥自己的想象力和创造力。这对儿童的成长大有好处。我认为孩子在玩的时候可以培养智力。智力是一种能力，包括注意力、观察力、想象力、思维力、记忆力五要素。各种玩不论广义狭义都可以培养智力。聪明就是智力发达。智力是获取知识的基础，获得知识可以提高智力，智力的提高反过来又为获得更多的知识创造条件。聪明来自玩就是这个道理。我的观点是玩可以让孩子变得更聪明，所以要多给孩子创造玩的空间。目前孩子自由玩要的时间主要被电视和游戏机占用了。父母要控制孩子每天看电视的时间和内容。对于有的孩子喜欢玩游戏机，父母要限制时间和空间，比如可以在周末，但要在家里玩。游戏练习手脑并用，手脑协调，还锻炼反应能力和灵敏度，不宜绝对禁止。父母要和孩子立好规矩，让他有节制地玩，不能把他逼到外面去玩。

第六，闲暇活动既要发挥孩子的特长，也要注意补短。孩子的爱好是自发的，有长处也有短处。有的孩子喜欢运动，要在满足他的同时引导他读书看报等。有些孩子好静，喜欢读书不爱运动，就该激发他们对运动的兴趣。李岚清曾给全国的青少年写了一封信，鼓励孩子增强体质，培养对体育的爱好，参加体育活动。闲暇教育要注意正面影响和负面影响。例如在读书方面，有一些黄色书籍混迹于健康读物中。中学生接触的机会多一些，做父母的要予以注意。

给孩子游戏的机会和条件

——访潘月娟

> 潘月娟，北京师范大学教育学部副教授，研究领域：学前儿童数学教育，学前教育评价。

自然游戏，尤其是儿童跟同伴一起玩的游戏，对儿童的发展来讲具有不可替代的功能和价值

少年儿童研究：从新中国成立到现在，儿童的游戏有什么样的变化？这些变化能反映出什么东西来？

潘月娟：儿童游戏有这样的一个变化趋势：从总体上来讲，尤其是在城市里，儿童的游戏时间在减少，游戏空间在缩小，游戏材料越来越商业化，游戏同伴在减少。越来越呈现出儿童"独自游戏"的状态。

20世纪50年代到70年代中期出生的人，大多会跟兄弟姐妹，或者是邻居家的小朋友一起在户外玩。而且户外这个范围是比较广的。八九十年代以后，特别是随着电视机的普及，以及游戏机、电脑等电子科技的发展，孩子的游戏内容与形式都发生了很大变化。另外，因为城市里面的公共交通、公共服务设施等的发展，儿童可使用的公共游戏空间减少了很多。

现在孩子的整个生活状态都被制度化了，不只是中小学生，包括幼儿园的小朋友都是这样的。这些孩子早晨很早就要入学入园，然后下午很晚才回来，回来以后也就基本上没有什么时间了。周末本来是可以有属于孩子自己的时间的，但是家长一般又会送他们去各种兴趣班接受各种各样的培训。所以真正属于孩子可自由支配的时间经常是被压缩掉了，他就没有

游戏的机会。如果他有时间和机会的话，他当然会更倾向于选择游戏活动。

少年儿童研究：如果说这是一种趋势，这种趋势我们有必要改变吗？

潘月娟：需要改变。因为这种自然游戏，尤其是儿童跟同伴一起玩的游戏，对儿童的发展来讲具有不可替代的功能和价值。比如在电脑游戏和真实的同伴游戏中都有竞争，但这两者所带给儿童的经验是截然不同的。在电脑游戏中，儿童可以不断地重复失败，但在真实游戏中，不可能有不断尝试的机会，而且也必须切实承担失败所产生的一切结果。

传统儿童游戏大多是户外集体游戏，而且大部分的游戏需要小伙伴们协作完成。这对培养少年儿童的合作意识非常有益。每一种游戏都有一定的规则。孩子们在做游戏时，通过相互间的争执、吵闹，逐步懂得并遵守规则。在模拟的儿童社会，孩子可以认识自己的长处和短处；学会诚恳地表达自己的真实意思；学会如何建立友谊，培养集体观念和团队精神。集体游戏中欢乐愉快活泼的气氛，是孩子们主动性、创造精神和思考能力养成的重要环境条件，传统的儿童游戏对孩子的身体发育也大有裨益。

少年儿童正处于身体发育的最重要时期。这阶段需要通过各种运动来锻炼肌体，强健骨骼，达到身体的平衡与协调。

少年儿童研究：如果儿童缺乏这方面的体验对他以后会造成什么影响呢？

潘月娟：根据国外心理学家的研究，童年期的游戏能够促进儿童多个方面的发展，如可以帮助儿童感知、理解并认同所处社会的文化与价值，可以促进儿童的观察力、想象力、创造力等一般认知能力，可以帮助儿童释放、疏导消极情绪，等等。各种各样看起来简单，然而又是非常具有启发性的儿童游戏活动，可以帮助儿童们更好地认识世界、认识社会。

少年儿童研究：以前的孩子玩的游戏大都是自发的或者是大一点的孩子教会的，而现在的孩子在这方面会有所欠缺的。

潘月娟：过去我们的经济没有这么发达，在改革开放之前，孩子的商品玩具比较少。所以他更多的是依赖于自己制作的玩具，并设计较复杂的游戏规则来使游戏更有趣，更好玩。那时候的游戏规则是非常发达、非常复杂的。规则与自制玩具这两个方面决定了以往的游戏形式跟后续阶段有较大差异。如做键子、剪纸、糊风筝等，这些制作能使孩子们变得心灵手巧。虽然比起高科技的电子玩具来，这些工具的制作都较简单，但是锻炼了孩子们动手动脑的能力，让他们充分地体会到创造的成就感和思索的乐趣感，比如有种游戏叫"砸宝"。也有的地方叫"拍洋片儿"或"拍烟盒儿"。早期这个游戏的材料都是孩子自己做的。20世纪50年代的游戏使用的是瓦片儿、石头片儿，一方拿着瓦片砸对方的瓦片，瓦片翻过来的就是赢家。到六七十年代就开始用烟盒儿、酒盒儿来叠出不同大小、不同形状的三角形或正方形，材质不同，重量也不一样。然后拿手用力扣，借助手掀起的风把纸片扇过来。到80年代，就开始出现印刷的卡纸，卡纸上印有动画片里的卡通人物，儿童买回来把卡纸剪成独立的小张后再相互砸、扣、扇，同样翻过来的是赢家。90年代或者是2000年前后出生的孩子，开始买类似于塑料的比较硬的材质做好的卡来玩这个游戏。

所以我们可以看到，过去游戏者要思考选用什么样的材质，要叠多大，才能有更多赢的概率，因此过去的游戏考验的是游戏者自身的创造力，准备游戏材料的过程本身也是游戏。而现在考验的是家长的购买力，谁能买来好的、高级的玩具，谁就能在游戏中胜出。

给孩子玩的时间和机会，孩子的创造力和想象力是无限的。家长要为孩子创造游戏的条件

少年儿童研究：但我们也不能就此说现在的孩子能力下降了。

潘月娟：现在是因为没有创造条件，没有让孩子去表现。如果有机会表现的话，一样会有惊人的想象力和创造力的。

我在调查的时候看到这样一个例子：一个小学生在楼下跟爷爷玩。开始只有两个人，拿一个篮球两个人相互掷、踢，玩得挺没劲的，爷爷和男孩的兴致都不高。后来有一个小同学下楼加入，他们就玩类似于我们小时候玩的"砸沙包"的游戏，用那个球当沙包，一个人站在中间躲避两边的

人丢过来的球，站在两边的人用球去砸他。但不是把球直接往他身上砸，而是像打乒乓球一样，扔下球以后让球弹起来再去击中中间的人，这样篮球的冲击力会小，不会造成伤害。从这个游戏，我们可以看到这个小学生是非常有创造力的。

少年儿童研究：也就是说，如果给孩子机会，给他们玩的机会，他们这种创造力肯定也是无限的？

潘月娟：孩子掌握知识信息越来越多，创造力即使不比以前更强的话，至少应该是一样的。不会越来越弱。只是我们外在的环境没给他这个机会。

少年儿童研究：还有的家长觉得自己的孩子不会玩，孩子没有什么爱好，没有什么兴趣，好像学习之外就是看电视，或者看课外书，不会玩。

潘月娟：做游戏不是天生就会的。游戏的这些内容和形式，都是在同伴群体之间相互学习，或者是在代际之间传承的。在借鉴、传承的过程中加入了创造。一开始时，肯定要有一个外在的力量给他一点支持，给他一个线索，帮助他学会游戏。

少年儿童研究：现在，大部分孩子玩的，比如说电脑游戏或者掌上的那种小电子游戏，一定就不如过去孩子在户外玩得到的乐趣或经验多吗？

潘月娟：现在的电脑游戏可以对孩子的分析能力、判断能力、观察力、反应能力等产生积极的促进作用。但是，任何一种类型或形式的游戏所能够发挥的功能毕竟是有限的、片面的。例如，电脑游戏可以给儿童不断尝试、不断重复失败的机会，这是在真实游戏和现实生活中不可能提供的，这是电脑游戏的优势，但是对于儿童勇敢承担行为后果又是不利的。另外，身体素质的提高、身体运动能力的发展也是需要有其他类型的游戏做补充的。因为电脑游戏毕竟是比较安静的。任何事情都有度，如果长时间地玩电脑或电子游戏肯定是弊大于利的。

少年儿童研究：这个问题可能很多家长已经意识到了，但是还没有找到一个合适的方法，怎么解决这个问题。

潘月娟：家长本身要改变观念，在孩子小的时候允许孩子玩，跟孩子一起玩。小一点的孩子，亲子游戏应该多一些。随着年龄的增长，他就会跟同伴独立开展游戏，而且到了小学高年级和中学阶段，同伴游戏更重要。

少年儿童研究：但是也有很多孩子，尤其是小学低年级的孩子，作业并不是很多，孩子还是有一定空余时间的，但是他会把时间用来看电视啊，或者玩电脑游戏，这种状况怎么改变呢？作为家长应该怎么办呢？

潘月娟：首先要给孩子时间和机会，支持他们玩游戏；另外就是给他们提供条件，如果孩子不做作业，也允许他看电视，但是一定要控制看电视的时间。如果孩子去户外家长感觉不放心，可以跟孩子一起出去，进行照看，让孩子处在一定的视野范围之内。

在大城市当中，家庭之间交往的机会比较少，孩子的同伴交往机会也会少。家长可以采用不同的策略来给孩子创造这种机会。邻居同伴之间孩子是一种交往，也有的家长会采用类似俱乐部的方式，就是一些比较热心的家长，因为大家都关注同一个问题，他们以某一种形式聚到一起，然后各家的孩子也会聚到一起。另外亲戚、同事之间让同龄的孩子能够有机会接触，也是一种好的形式。家长要有意识地创造机会。

不同时代有不同的文化背景，现在的孩子们也有属于自己的乐趣。但自然自发的游戏依旧具有不可替代性

少年儿童研究：20世纪五六十年代出生的人，他们的那种游戏色彩，有时会有政治文化背景，那我们现在孩子的游戏的这种社会背景是不是越来越淡化了呢？

潘月娟：不同的时代有不同的文化。任何一个时期的游戏都是当时文化的反映。就算现在的孩子玩的是电脑游戏，这也是一种文化的象征，是文化的一种反映体现。只是文化的要素或者形态不一样而已。

以前呢，陀螺是孩子自己或成人帮着做的。大都用木头去削。有的会在陀螺的底端砸上一个钉子，耐磨而且容易转动，转的时候能够保持它的转速和稳定性。而现在呢，是直接买陀螺。以前比的是作为一个游戏者自身的想象力和创造力，而现在比的是父母的购买力。这也是一种文化。我

们现在就是一个消费文化的时代。只要有钱就可以购买。陀螺材质不一样。有塑料的，还有一种跟气枪一样，把陀螺给弹射出去。枪的弹射力也有不同，陀螺下面的那个珠珠也有几个不同的档次。档次高的转的时间长。

少年儿童研究：过去孩子玩的游戏，地域性比较强。而现在可能杭州的孩子和北京的孩子都对着电脑玩相同的游戏。

潘月娟：现在的文化传播要比以往发达。但游戏的多样性没有了。另外，跟现在的商业化有关系，因为以前加入个体的创造，而现在只是去购买，那必然就会出现越来越一致，越来越趋同。但依然还是会保有一些地域的差异的。比如说，同样是《拍手歌》，在我们调查的不同区域，具体规则还是会有一些不同。在拍手的过程当中唱的儿歌，有一些也是不一样的。只能跨时代比较认为，游戏的多样性，在程度上不如以前。

少年儿童研究：现在的孩子和过去的孩子在玩游戏上会有一些区别，我们当然也提倡孩子多跟同伴交往，或者亲子之间的游戏要增强。但是在现在这种状态下，孩子会有他们自己的乐趣，是这样吧？

潘月娟：是。我觉得不能够就说现在的孩子没有童年，或是说现在的孩子就不快乐。只能说以往有的快乐现在可能没有了。但他们自己有另外一种形式的游戏和快乐，以另外一种形式存在于他们的童年。

访谈

游戏是孩子学习的重要组成部分

——访张梅玲

张梅玲，中国科学院心理所研究员。

游戏是孩子学习的一个组成部分，而且是孩子更喜欢、更能接受、效果更好的学习方式

少年儿童研究：现在的家长都特别关注孩子的学习，但许多父母对学习这个概念的理解范围比较窄，认为学习就是学习老师在课堂上传授的知识，因此对孩子做游戏和其他的课余活动比较轻视。他们可能忽视了孩子在游戏当中也能学到很多东西。比如孩子心理上的成长、认知能力的提高、某些社会规范等，这些东西可能在游戏当中是能够获得的。那么，儿童的发展包括哪些方面？孩子的游戏又是怎么划分，有怎样的过程？

张梅玲：儿童发展包括身体上的发展和心理上的发展。心理的发展又包括两部分：一是感觉、直觉、记忆、思维、想象、认知的发展；二是社会化的发展。

从大的游戏范围来讲，游戏可以分为教育性游戏和娱乐性游戏。从孩子的发展来讲，又有模仿性游戏、建构性游戏、角色扮演游戏、规则游戏等。发展到现在这个年代，还包括了电子游戏和网络游戏。

从社会化进程来看，孩子玩游戏大概经过三个阶段：第一个阶段，在1—2岁的时候，孩子自己跟自己玩，不管别人。第二阶段是孩子到了3岁左右，这个时候的孩子就开始逐渐地两个人玩，但是你玩你的，我玩我的，孩子之间不会相互发生影响。3岁以后进入了第三阶段，孩子在玩的时候慢慢开始有了彼此的影响，比如说交换玩具等。再到后来就开始合作了，比如说我拿木头搭这个，你拿木头搭那个，开始分工合作。

少年儿童研究：游戏在孩子的学习过程中起什么作用？为什么说游戏是孩子学习的一个非常好的方式呢？

张梅玲：游戏也是孩子学习的一个组成部分，而且是孩子更喜欢、更能接受、效果更好的学习方式。

首先，孩子非常喜欢游戏，游戏能给他们带来快乐。游戏是孩子生下来就会，不需要教的。很多农村的孩子拿个树枝也可以玩半天，拿块泥巴也可以玩半天。孩子只要智力正常，不需要大人教他，自己都会玩。这种玩儿从某种意义上来讲是主动的，是孩子喜欢的。因此他肯定是很高兴的。游戏给孩子带来的是快乐。

我们家长现在总是要求孩子学习，但是学习能不能给他带来学习的快乐呢？如果他不快乐，他永远都是被动的。人在被动状态下，学习效率是有限的，明明可以达到 10 分的水平，因为是别人叫他做的，他也许只能达到五六分或七八分。如果他自己主动去做，可能会达到 10 分。所以我认为家长要关注孩子在学习过程中是否快乐，这是往往被家长忽略的。

游戏是绝对能够带来快乐的。游戏不需要外部的压力，比如说奖励之类的，它不需要这样的一些东西。另外，它也没有那种我一定要达到什么目标的期望。而这个特点是现在我们孩子学习当中最缺少的一种东西。

少年儿童研究：游戏带给孩子快乐，是因为游戏中的孩子是主动行为，而且没有任何压力。那么如果我们方法得当，给孩子也创造一个没有压力、能充分调动他们主动性的环境，那么孩子也会喜欢学习的。

张梅玲：除了孩子喜欢游戏，而且游戏是孩子天生就会这第一个特点之外，游戏的第二个特点是它的非真实性。非真实性对孩子的发展有什么好处呢？非真实性充满了想象力，孩子把某个东西想象成什么都可以。这就发展了他的想象能力。另外，非真实性还带来一个最大的好处就是：游戏过程中让孩子比较早地接触"符号"这个概念。因为符号在孩子的发展当中也是非常重要的一个概念。比如说我这个杯子可以把它看作一口油井，实际上它不是油井对不对？这就是一个符号。孩子把长的积木看成是一个小娃娃，这也是符号。拿一个东西代替另一个东西就是符号，将来孩子的学习过程中要碰到很多符号的，包括数学当中 X、Y 都是符号。我们的文字也是符号，所以在游戏过程中能促进孩子对一些符号化的理解。

游戏的第三个特点就是重视过程而不太重视结果。孩子在玩的时候不是要达到什么目标，对他来说玩就是玩，他没有一个要达到什么才去玩的目的。对他来说重要的是这个过程。玩的过程对小孩来说为什么比较重要呢？因为人的体验都是要在过程中感受的。

我们的教育有两种，一个是传承教育，一个是体验教育。传承教育就是老祖宗给我们留下的东西，我们必须学习，就是我们现在的九年义务教育，是属于基础教育。但是对孩子来说，要真正成为一个人，有很多东西是需要去体验的，不是仅仅靠说教、靠传承的。体验很重要的一种方式就是活动，这个活动我们可以是有教育性意义的那种活动，像组织班级活动。比如，他在搭积木的时候，把小的东西放在下面，大的放在上面，就要塌下来，这样他就有种体验：这个底很重要。然后他就会换过来，换的过程对他就是一种学习。还有圆的东西是放不住的，因为它是球体，是滚动的。这些体验对孩子今后的学习都是很有帮助的。

游戏的第四个特点是自由选择。比如，孩子拿着积木可以搭松树也可以搭房子，拿着橡皮泥可以捏圆的也可以捏长的。孩子的自主权很大，他有权利做主自己的事情。这个自主性对孩子的心态是非常重要的，因为我们现在的孩子选择性太少。

少年儿童研究：都是安排好的。

张梅玲：对，都是家里面大人安排好的，甚至吃什么东西都是安排好的，他没有选择的。没有选择在某种意义上是没有自由的。一个没有自由的人谈不到快乐，因为从心理学上来讲，不管是大人还是小孩，有两个维度是非常重要的，一个是心理的自由度，一个是心理的安全度。心理的自由度就是人都需要有自由，我们大人也一样，很多人喜欢吃自助餐，因为它自由啊。大家到超市买东西，很少去过去的百货商店买东西了，超市有选择的自由。所以人要想得到一种比较快乐的情绪，自由很重要。游戏是最能满足孩子这个需求的。

少年儿童研究：也就是说这种自主的选择实际上对孩子的心理是有积极帮助的。

张梅玲：是的，当孩子进行自主选择的时候，他在心理上是处于一种非常积极的状态的，能够产生一种非常愉快的情绪。游戏过程中带来的情绪上的积极性，是我们教育最缺少的，也是游戏能够弥补的。孩子在游戏中的情感是积极的，因为游戏充满了愉快和欢乐的。

家长教育孩子首先要了解孩子，游戏是家长了解孩子的非常重要的窗口

少年儿童研究：我们发现有这样的情况：有些小学生，他们功课虽然很多，但是也有闲下来的时候，这时他们会说：我不知道该干什么。本来玩是孩子的天性，但是有很多孩子不会玩，不知道该玩些什么，这是怎么回事？

张梅玲：现在很多孩子不知道怎么玩，是因为这些孩子从小的时候，他的家长就没有给他创造一个玩的环境。另外也可能是孩子在玩的时候家长阻碍了他：你现在要去学什么什么东西，不要玩啦。家长无意中对孩子先天的东西有点摧残吧。

少年儿童研究：摧残？

张梅玲：嗯，我认为是这样。这样久而久之，孩子就对玩失去了兴趣，没有玩的能力了。

少年儿童研究：那么成年人如何对待儿童的游戏才是合适的？

张梅玲：就目前的情况来看，孩子们的游戏状况我个人认为不是最理想的。家长没有把游戏作为一个学习的重要途径或者手段，他不认可这个，认为游戏是浪费时间。另外现在自然性的游戏太少，人为的东西太多。以前有的玩具是孩子自己做的，做的过程对孩子是非常好的锻炼。现在条件好了，玩具越来越高级，这种玩具一是昂贵，另一个是这种玩具更带来了被动性。玩具的很多设置把孩子本来那种自由的东西给削弱了。

另外在孩子的玩具上，家长的理念里还有一种攀比，于是孩子玩具的档次变成了家长的面子，这无形当中给孩子在社会化的过程当中很大的影响。我比较主张让孩子到大自然当中去自由地游戏。

少年儿童研究：但是很多孩子一到周末，就被家长安排到各个班去学习了。

张梅玲：这事实上是教育带来的问题嘛。就是把孩子玩的时间、游戏的时间被剥夺掉了。

少年儿童研究：我们怎么样才能让家长认识到游戏也是一种很重要的学习？

张梅玲：不能空给他讲游戏是很好的学习，一定要用事实来说明某种游戏可以发展孩子哪方面的某种东西。作为孩子来说，游戏是没有目的的，作为家长来说，心里要有数。

少年儿童研究：无论是父母也好，研究机构也好，对学龄前儿童做游戏还是很重视的。但一旦孩子上了学以后，家长就认为游戏对于孩子没那么重要了。

张梅玲：在刚上一年级的时候，家长可以把这种学习转化为一种竞赛性的游戏，比如在复习生字的时候，妈妈翻一个字，孩子翻一个字，看看两个字能够组成什么词。在数学方面这种例子就更多了。把学习的内容转化为游戏，对于一些刚刚上学的孩子来说，可能竞争性是主要的。因为六七岁这个年龄段的孩子好胜好强好表现，要根据孩子这个特点，帮他学习写字和认字，或者学习做题。这些都可以在很快乐的游戏当中进行。

少年儿童研究：也就是说这种游戏对孩子来说是辅助教学的？

张梅玲：是的。

少年儿童研究：跟学习有关系的游戏家长是很高兴去让孩子做的，他们往往不让孩子去做的是那些看上去跟学习没有关系，但实际上对孩子成长很有帮助的游戏。

张梅玲：家长目光不要太短，目光要比较长远一点。因为家长一定要认识到：家庭对于孩子来说是一辈子的教育，它是没有阶段的。游戏中积极的东西，孩子可能一时意识不到，是需要家长引导的。

成年人要仔细观察孩子的游戏。在观察当中可以发现孩子的认知水平、情感水平、性格特征等方面。在游戏当中，孩子是自由的，放松的，因此他有很多东西都是真实的暴露。有些孩子在游戏当中特别退让，有的特别胆小，有的特别粗莽；有的可能就自己跟自己玩，不跟别人玩；有的孩子在玩当中特别愿意当领导人，指挥别的孩子：你做这个，你做那个，而他自己不做。家长教育孩子很重要的是要了解孩子，游戏是家长了解孩子的非常重要的窗口，所以家长要认真仔细地观察。

当孩子在游戏中遇到问题或是受挫时，正是教育孩子的好时机

少年儿童研究：您说游戏会让孩子产生积极的快乐的情绪，这是肯定的。但是也有的孩子自己玩的时候挺好的，但是跟别的孩子一起做游戏，就可能会产生矛盾，他可能反倒不快乐了。

张梅玲：作为成年人来讲，当孩子在游戏中遇到问题或是受挫，这正是教育孩子的一个非常好的时机。在玩的过程中，孩子可能吃了点亏，或者他感觉不公平。

少年儿童研究：或者他感觉自己被欺负。

张梅玲：遇到这种情况，第一可以让孩子自己去解决，如果孩子自己不能解决，那么家长要给出指导性的意见。比如家长可以帮孩子分析：别人是不是欺负你？如果真的欺负的话，你应该怎么样。有些也不一定是欺负，是孩子的错觉。那么大人应该让孩子学习到宽容和谦让。

游戏完了，有的孩子可能高兴，有的孩子可能不高兴，也有的孩子可能在生气。这些都需要家长在观察当中看这些孩子的反应，所以把游戏真正作为学习的一个阶段，关键就是我们大人如何做。现在我们许多做父母的一是不太认识游戏的作用，二是不知道怎么做。所以我们要告诉家长可以跟孩子一起玩，同时还要指导和引导。有时家长把复杂的问题简单化。孩子之间也是一个小社会，家长要把孩子的烦恼、遇到的问题当成一个教育资源。

少年儿童研究：在孩子还没有走向社会之前，他可能就是从游戏当中开始学到一些规范，比如说有的孩子如果不遵守游戏规则，别的孩子可能就不愿意跟他玩了。

张梅玲：对。所以很多游戏，比如角色扮演游戏、规则游戏，实际上对孩子社会化进程起的作用特大，因为他是参与进去而且体验了。在这个体验过程中他有时做得很好，但有时也会做错了或做得不够好，家长就要引导。接受引导的过程实际上就是孩子成长的过程。

少年儿童研究：生活中也有这样一种情况，比如说几个孩子在一块玩，他们之间也会定规则。尽管他们的规则可能定得不对，可能跟我们这个世界不一样，但是这些规则在游戏过程中是合理的。

张梅玲：这时家长要做到的非常重要的一点是：不要把自己的意见强加给孩子。另外，孩子之间在游戏过程中也会产生些矛盾。作为有智慧的家长，应该引导孩子自己去解决。解决过程实际上是孩子非常好的成长过程。但是现在有些家长往往就是怕闹出大的事情啊，就自己去帮着平息，实际上忽略这是孩子一个很好的学习过程。

比如说孩子在游戏当中输了，家长完全就可以教育他：游戏嘛，总有人要赢总有人要输，关键是要知道为什么会输。我们前两年跟北京电视台策划了一个节目，叫作"爷爷奶奶培训班"，其中就有爷爷奶奶跟孙子一块玩钓鱼的游戏，就是站在那里拿钩子把鱼钓起来。在玩的过程中，明明爷爷奶奶可以用钩子把鱼钓起来，但是爷爷有意不钓起来，让这个孙子钓起来。这是电视嘛，演出来的时候专家点评的时候我就说：爷爷奶奶，你做错了。你怎么能够输给一个小孙子呢？有的爷爷说了：我们不能钓起来，我们要钓起来，小孙子要哭的。

孩子从小让他输得起是非常重要的，所以6岁以前小孩一定要听"不行""不能"。后来我对那个爷爷说，他哭没关系，让他在游戏当中体验比赛不是都会赢的。5个人比赛，如果一个人赢了，4个人就是输的，对不对？让他明白这个道理。游戏就是体验，那么大人的教育第一步就是让他输。但是我们很多家长第一步就没有做好，没做好就谈不到第二步了。

输了以后孩子就不会一天到晚地哭了。等他情绪平静下来我们再去告诉他，为什么输的，这是关键。输了，也许是因为没有遵守规则，或是你哪一步骤犯了错误，钓鱼的时候应该怎么做才会钓上来，这不就是学习了吗？就是在游戏过程当中学的嘛。让他体会到做什么事情都是有办法的，都是有道理的。这个时候你再教他永远会记得。像这样的道理，他还会举一反三轻易用到别的地方去。这就是成长。

少年儿童研究：有的时候也有这样的问题，比如说下棋。孩子刚开始玩的时候永远是下不过大人的，有的家长就在考虑我是不是也应该适当让他赢一次，要不然孩子总是处于那种受挫的心理，会不会太让他体验不到成功的乐趣？

张梅玲：家长赢了以后，第一步告诉他，两个人嘛，总有一个人是输的，这是正常的，就让他感觉到人在做一件事时成功或失败都是正常的。第二步告诉他你哪步棋子走错了，比如我跳了马，你马上把车挡过来，你不应该这样，应该要怎样……这就是学习了。第三步你要告诉他，爸爸赢你是正常的，爸爸在你这个年纪的时候输得比你还厉害。让他感到我输，不是说我笨，不是说我比你差，而是我的年龄比你小，棋下得少。爸爸以前也是输过很多，重要的是找出了输的原因。这是最关键的。

少年儿童研究：这也是一种学习，一种分析。

张梅玲：竞赛是孩子最喜欢的一种方式，孩子的心理特征就是好胜好强好表现，一定要让孩子懂得：第一，成功失败都是正常的。第二，任何的成功必然要有好的办法，是有策略的。小学阶段的孩子，应该有这个认知了。第三，要让他们懂得解决一个问题，办法是多元的。以此培养孩子的多元思维。第四，要让孩子懂得：同一个问题我可以用几个办法解决，但是要逐渐学会分辨哪一个办法最好，也就是要有优化意识。当然要学会这几点不是一次两次游戏就能做到的，是需要体验积累的。

第九章

好的家风家训
是一所学校

家庭教育就是培养良好家风

——访赵忠心

> 赵忠心，家庭教育理论研究专家，1965年毕业于北京师范大学教育系，北京师范大学教育学院教授、国家基础教育实验中心社区与家庭教育研究所所长、《中国家庭教育》杂志主编、中国教育学会家庭教育专业委员会理事长。主要著作有：《家庭教育学》《家庭教育》《中外家庭教育荟萃》《中国家教之道》《中国家庭教育丛书》《大师的阶梯》《中国家庭教育五千年》《中国神童》《独生子女教育》《赵忠心谈家庭教育》等。

　　家庭教育在人的成长中起着特殊的重要作用。随着中国社会的开放和发展，介绍外国家庭教育思想的书籍越来越多。很多父母也愿意借鉴国外的教子之道。但是，作为有着悠久文化传统的中国，我们的前人总结了许多宝贵的经验，这些对父母在新形势下如何教育子女有重要的启迪作用。那么，如何从传统教育中汲取营养呢？

古代的家训是用来训诫全家人的

　　少年儿童研究：我们中华民族素有重视家庭教育的优良传统，在长期的教育子孙后代的实践中，总结、积累了十分丰富的家庭教育经验，其中有一些涉及家规、家训的著作。今天，我们该怎么理解家规、家训和家风的确切含义，以及它们之间的内在关系呢？

　　赵忠心：家庭对于未成年人来讲，就像物理学上的磁场。孩子在这个环境中生存和生活，耳濡目染，潜移默化，不知不觉地受到家庭的影响，孩子就会按照家庭的期望去行动和发展。用现代教育学的观念理解，家庭教育就是一种家风熏陶。家庭是一个特殊的社会群体，是一代代延续下来的。在多年的生活当中，必然会形成特定的生活习惯、生活方式、价值趋向等相对稳定的东西。这一切的总和，就叫家风。家风是可以"遗传"的。无论有文化，还是没文化，当老百姓，还是当官，每个家庭都有着各自不同的家风。不过，有文化的人能用文字表达出来，就形成了我们后人看到的家训、家规、家诫等。

在春秋战国时期，家庭教育的经验常常反映在一些名人学者的哲学、政治学、伦理学著作之中。比如，《管子》《孟子》《韩诗外传》《韩非子》等专著中，都有一些古人家庭教育经验的描述性的记载和理论性的论述。但还没有家庭教育方面的专著。到三国时期，便出现了集中记载家庭教育经验的读本——"家训"。据《三国志·魏志·邴原传》记载："三国杜恕著家诫。"遗憾的是，此著作已遗失。尽管如此，它的出现在家庭教育思想发展史上具有划时代的意义。它是世界上最早的家庭教育专著，充分体现我国的家庭教育具有非常悠久的历史传统。

到魏晋南北朝时期，北齐思想家颜之推在总结前人家庭教育经验的基础上，撰写了著名的《颜氏家训》一书。"古今家训，以此为祖。"该书是我国现存最早的家庭教育专著。自此以后，至民国初年，历朝历代几乎都有"家训"问世。据《中国丛书综录》所列书目记载，我国古代公开出版的"家训"总共有120多种。这在世界上是绝无仅有的，值得我们自豪。

少年儿童研究：现在有些父母听到谈论家规、家训之类的话题，容易误解为那是以前的陈规旧习，和现在的社会格格不入，您怎么看待这个问题？

赵忠心：中国古代的家训，从内容上来说，可以分为两大类：一类是家庭教育的通俗读本，主要是记载对家人进行什么内容的家庭教育，不涉及教育方式方法、原则等。此类占大多数。比如，宋朝袁采的《袁氏世范》、陆游的《放翁家训》、明朝吴麟征的《家诫要言》、清朝朱柏庐的《治家格言》等。另外一类是有一定的理论深度的家庭教育专著，除了记述具体的教育内容外，同时还探讨了家庭教育的重要性、教育原则、教育方式方法等。如颜之推的《颜氏家训》、宋朝司马光的《温公家范》等。这些著作已经初步形成了独立的家庭教育理论体系，像《颜氏家训》一书，甚至可以称为中国古代的"家庭教育学"。

家庭教育具有一个鲜明的特点就是继承性。我们中国现代的家庭教育，就是从传统的家庭教育基础上延续、发展过来的。中国古代的"家训"，给我们后人展示了前人教育子女的情况，记载了我国源远流长的家庭教育文化传统，内容非常丰富。从总体上看，中国古人在家庭教育当中，特别重视思想道德教育。其中主要是进行中华民族的传统美德教育，诸如勤劳节俭、诚实守信、忠贞爱国等。这些都是十分宝贵的精神财富，我们应当继承、发扬。

少年儿童研究：今天的父母借鉴古代有益的家庭教育经验，不仅可以发扬我国家庭教育优良传统，而且还可以从更为广泛的视角了解中华民族的优秀文化传统，进一步增强民族自尊心和自豪感，我想这本身就是非常有意义的事情。

赵忠心：中华民族的传统文化博大精深，源远流长。家庭教育是传统文化的重要载体。过去的家风有的是用文字表现出来，诸如"家训"、文章、诗词、家书等，我的学术著作《中国家庭教育丛书》和《中国家庭教育五千年》介绍的就是这方面的内容。但绝大多数是通过口耳相传，一代代流传下来的。还有一种用"牌匾"的形式记载下来。比如，有的家庭牌匾写着"勤俭"二字，说明这两个字是这家的持家之道。"勤"是劳动态度，"俭"是生活态度。曾经有这样的笑话：爸爸领着两个儿子生活。他体会到如果要想过好日子应该"勤"和"俭"，就将"勤俭"写成牌匾挂在家里。孩子长大后，各自成家。爸爸去世后，儿子分家，就连牌匾也要分。一个儿子分了个"勤"字，一个儿子分了个"俭"字。拿"勤"的儿子就按"勤"的家训生活，但是不俭，拿"俭"的儿子就按"俭"的家训生活，但是特别懒，不勤。两家的日子都没过好。他们感到很困惑：我们都是按父亲的教导做的呀？怎么……于是他们请教一个老秀才，这个秀才正是当初为他们家写牌匾的人。老秀才讲：持家光"勤"不"俭"，只"开源"不"节流"，不行；光"俭"不"勤"，没有充足的水源，河流也会干涸，也不行，必须两方面结合，也就是既"开源"又"节流"才行。以后两个儿子把匾又合到一起，按"勤俭"的家训过日子，生活就都好起来了。

少年儿童研究：家训的主要对象是未成年人吗？

赵忠心：中国人通过家训的形式，记录人们在家庭教育当中所总结出来的经验。一般人们统称为"家训"，也有其他的名称，比如"家诫""家教"，还有叫"家法"。"法"在这里不是法律的意思，而是"方法""规矩"的意思，表示用什么样的管理方法。"家训"是古代家庭教育读本的统称。不同的人撰写的家训，有不同的名称。有的叫"家训"，也有的叫"家诫""家规""家教""家范""宗范""世范"等。

过去，家庭教育的对象与今天有所区别。今天，人们所说的家庭教育，教育对象一般是指家庭中的未成年人，也就是儿童青少年。古代社会家庭教育这个概念的"外延"和教育的对象要比今天广泛得多，它是指除长辈以外的所有家庭成员，是训诫全家人的。只有一个人是教育者，就是家庭中辈分最高的男子，他教育家庭中所有人，包括他的妻子。当然，主要的教育对象还是晚辈、未成年人。因此，古代的"家训"，也往往叫"训家""教家""治家""齐家"等。

我国传统的家庭教育思想中有许多值得借鉴的内容，盲目照搬国外的教育观念是不切合中国实际的

少年儿童研究：古代的家训，由于历史和阶级的局限，可能有些不适合今天的社会现实。您觉得哪些到今天依然还有生命力，值得继承发扬？

赵忠心：中国的家训是中国文化宝库的一个重要组成部分，国外的学者也十分重视和关注中国家庭教育文化传统的探讨。我经常接待外国留学生访学，我的中国家庭教育思想史方面的著作传到许多国家。古代家训中有些内容是过时了，有的内容还是有生命力的，至今都能适用。特别是现在我们重视未成年人的思想道德建设，古代有宝贵的成熟的经验。家训的主要内容是道德教育。过去讲"持家""处世"。"持家"即是家庭伦理道德，

"处世"就是讲究社会公德。过去人们讲孩子的学习，叫"勉学""劝学"。用"劝"和"勉"的方式促使孩子学习文化。对道德教育则讲"种德"和"树德"，耕种的"种"，树立的"树"。这和"劝"和"勉"在重视程度上有明显的差别。由此可见，古代人把道德教育当成青少年成长的一种根基。

中国的家庭教育历来把道德教育作为第一课，放在第一位，把知识学习放在第二位。《宋史》中曾有这样的话："幼则束以礼让，长则教以诗书。"意思是：对年幼的孩子着重教给他伦理道德和行为规范，年龄大一些再给他传授知识。我们现在则不是这样，经常有广告说"0岁识字，3岁扫盲"。婴幼儿的父母都愿意把识字背书放在第一位，选择幼儿园的依据就是能够识字和学外语。这完全不符合未成年人成长的规律。

其实中国传统道德教育的经验非常好，比如："富者之教子须是重道，贫者之教子须是守节。"意思是：有钱的人要教孩子讲仁义，不能为富不仁；穷人教育孩子要注重有气节，不能因为贫穷而没有尊严。这些经验都是非常有针对性的，因为不同的家庭的教育重点是不一样的。我们现在的家庭教育恰恰缺乏这种因材施教的针对性。

少年儿童研究：现在有一种观点认为，经过长期封闭后，中国的社会发展就不太注重总结传统思想，把传统思想看作"包袱"，没有生命力。甚至有人认为一切都是外国的好。现在教育界对国外思想的介绍似乎也多于对传统文化的了解，您觉得是这样的吗？

赵忠心：是这样的。我们不拒绝接受外国的先进经验，我们一直提倡"洋为中用"。但是人们要有一个正确的心态，不能持有一种民族虚无主义的态度，笼统地说外国一切都好，我们一切都不行。每个民族都是各有长处，各有短处。抱着民族虚无、崇洋媚外的态度，盲目照搬外国的做法，那不是科学的态度，我是不同意的。虽然现在新的发明创造层出不穷，但是很多规律性的东西是永远都不会改变的，只不过是对基本规律的应用。到现在也没有人可以打破爱因斯坦的"相对论"，只不过是根据某些原理搞了一些应用发明，如此而已。

我曾经和一些到国外留学的学者谈论过美国教育，虽然他们对美国的素质教育和家庭教育比一般中国人了解得多，但是我认为他们的某些观念有美化美国教育之嫌。读了他们的书后，似乎使人感觉美国的教育是完美无缺的。这不是一种实事求是的态度，因为如果教育是完美的，它就不需要改革，也不可能向前发展。就连美国人自己都认为基础教育有不足，要向中国学习。

评价一种观点和做法，要客观分析是否符合现存的政治经济文化的背景，适合才是好的，不适合就不宜照搬。而有的人总是用美国做标准，和人家一样就是好，和人家不一样就是不好。这种态度是不科学的，不能真正做到"洋为中用"。外国好的东西，不是我们不想学，有些东西是我们学不了。比如减轻学生负担，不是思想观念问题，也不是老师、父母愿意增加孩子负担，是因为我们的国情和美国不一样。美国人口只有3亿多，却有3600所大学，而我们有13亿人口，才只有1200所大学，远远满足不了人们接受高等教育的需求。美国人只要想上大学就都有机会，所以美国孩子没有过重的学习负担。我们没有那种经济实力和教育资源。所以，不是美国人比中国人明白要注重发展孩子个性，而是他们有那个经济基础和社会环境。

培养全家人共同遵守家风是教育好孩子的关键

少年儿童研究：父母要继承中国的文化传统，教育好孩子，必须形成良好的家风。您认为可以从哪些方面入手呢？

赵忠心：父母不要总指望别人教自己几个"绝招"，不要把家庭教育简单化、庸俗化。急功近利的思想要不得，一定要重视家风建设。家风看起来很抽象，实际也很具体。家风是全家人共同创建的，应该是全家人共同遵守。列宁的夫人克鲁普斯卡娅曾说，家庭教育实际就是教育父母。所以要想教育好孩子，首先要教育好父母。大人如果在家庭中有良好行为，逐步形成良好家风，孩子会不知不觉地按父母的愿望去规范自己的行为。有时孩子可能还不太理解，但是他能模仿。因为孩子愿意用自己的行为取悦父母，使父母满意。这是一种感化，孩子做好了，父母非常高兴。可见，父母的情绪能够影响、约束孩子的行为。

如何培养良好的家风呢？第一，父母要立足家庭，面向社会。这不是口号，是行动指南。我们过去的家风比较狭窄，都是照搬老祖宗的做法。有些父母认为不能违背长辈的规矩，不然就是不孝。现在，每个家庭在继承已有家风的同时，更要了解社会对未来成员的具体要求，因为我们培养的最终目的是要把他们输送到社会上去。这样建立起来的家风才能既有优秀传统，又能适应社会需要，才能立足于社会。

第二，父母要加强自身修养。父母是家风的决定者，要想让孩子按照父母所期望的方向发展，父母必须先成为这样的人。这不仅是以身作则的问题，而是父母的人格决定家风的方向。人格是非常重要的教育因素，在家庭教育中起决定作用。过去有"窦燕山，有义方，教五子，名俱扬"的故事。窦燕山有5个儿子，都当了大官。据史书记载，窦燕山出身在一个富有的家庭，他心术不正，常常欺负穷人，因此父亲对他很不满意。窦燕山30岁时还没有生子。古时人们常讲："不孝有三，无后为大。"窦燕山自己也很着急，心想这辈子恐怕都过不好了。日有所思，梦有所想。他有一天梦见自己已去世的父亲对他说："你从小不学好，心术不正。如果不改邪归正，不仅终生无子，而且还要短命。"窦燕山吓坏了，心想老人都托梦了。从此以后，他改邪归正，重做新人，大行善事，助人为乐。没想到，这样一来，他先后生育了5个儿子。古人都相信好人有好报。家风变了，孩子就都成才了。从这个故事看，家庭教育没有什么绝招，要说绝招就是自己先做好人，提升家长自身的素质，孩子才会有出息。只教给父母一些"绝招"，那是变魔术，是骗人的，父母不要上当。

家风建设的第三条是：利用家庭集体教育和影响孩子。所有家庭成员要统一思想、行动一致，谁也不能迁就孩子。也就是说，教育孩子不能只靠某一个人，而是依靠一个教育的整体。

总之，培养有时代特点的家风，一定要研究社会，了解社会。因为父母的教育观念、培养方式等都会受到社会的影响。父母的教育思想是社会生活在头脑中的反映。同时，父母还要提高自己分辨、识别、筛选的能力，对待社会上出现的各种教育观念，父母应该有所选择，不能笼统地把社会上的一切都搬到家庭教育中来。比如对于道德教育，不同的人就有不同的选择。虽然社会上有许多坑蒙拐骗、伪劣假冒的现象，多数父母还是坚定不移地认为诚实是做人之本，要求孩子诚实。有的则认为诚实是迂腐，要吃亏，便教孩子学得世故、圆滑一些。同样的社会现实，反映在父母的教育思想上就不一样。因此，面对开放的社会，父母必须不断学习，提高修养，学会选择，选择主流观念。

父母应学会思考，避免教育中的简单化和模式化

少年儿童研究：现在的父母重视家庭教育，但是，由于工作繁忙，没有时间学习更多的教育理论。他们总希望从别人那里找到一副"灵丹妙方"，使自己的孩子出类拔萃。作为家庭教育方面的专家，您怎么看待这种现象？

赵忠心：这种想法很偏激，似乎只有读各种教育书才能养好孩子。农民没有时间读书，也没钱买书，难道就不能教育好孩子吗？许多博士、硕士的父母根本不识字。我有时和北京的父母们说：你们的孩子上高档幼儿园和小学，他们不一定能读硕士、博士。父母没有必要读那么多家庭教育的书，只要是个"明白人"就可以了。况且，目前家庭教育的书良莠不齐，假冒伪劣屡见不鲜，父母要慎重选择。

有的父母常常抱怨给孩子的教育投资太多。在我来看，父母花的100元钱中有90元是盲目的。其实，学校正规的收费并不太多，父母花钱主要是在各种辅导班、特长班上。比如，有的父母过早地让孩子学外语。我对他们说：母语还没学好，学外语着什么急呀？孩子在幼儿园能学几句外语？你算一算，一句外语得值好几百块钱，而到小学、中学，花100块钱就能学好几十句、几百句。何必呢？所以家庭教育要研究投资学。

少年儿童研究：现在社会环境复杂，影响孩子成长的变数越来越多。父母很困惑，于是希望找一个最简单的办法。

赵忠心：我不赞成这样把复杂问题简单化。不动脑筋，拿来就用，一

学就会的办法是根本不存在的。比如有的父母和孩子签父子协议，似乎这样一来孩子就能自立了。于是一些媒体就提倡父母和孩子订合同。这完全是为了迎合父母不正常的心态。我认为这是不科学的，似乎一纸合同就能解决一切教育问题。而且这种合同常常是不切合实际的。

比如，一对父子合同中提道：作为儿子要自己筹措学费，自己找工作，自己攒钱结婚、养孩子。这些可以做到。而父亲的责任是：养老金自备，自娱自乐，有病自理，回归自理。我觉得父母得了大病不让孩子管，这简直就是把孩子推向一个不孝的境地，伦理道德上不能接受。真是"子不子，父不父"，这是颠覆"父慈子孝"的传统家庭伦理！孩子不能自立是父母教育得不好，不是因为他太孝敬了而耽误了自立。这完全是一个笑话。可一些电视台还把它当成正面典型，去迎合那种急功近利的心态。家庭成员是什么关系，首先是亲情关系，怎么能完全变成契约关系？这还叫家庭吗？与家庭和谐完全相悖！

前一段媒体上曾广泛宣传的"为父母洗脚"问题，我认为这也是一种形式主义。我不反对子女给父母洗脚，父母需要的话，孩子可以做这样的事情。我就曾为我老年的母亲洗过脚。错不是错在洗脚，而是错在我们的道德教育"模式化"已经到了极点。孝敬难道都要做同一件事吗？小孩子给妈妈捶背、揉揉腰就不算孝敬了？有的学校甚至规定没有给父母洗脚，就算孩子没完成作业。"一洗即孝，不洗不孝"，这也太绝对化了。有的孩子说，给妈妈洗脚时，摸着妈妈的脚才知道妈妈有多辛苦。妈妈的辛苦，孩子难道平时都看不到，只有脱了袜子摸摸脚才知道妈妈有多辛苦？这不是说实话。

孝敬本来是发自子女肺腑的一种敬仰、爱戴的情感。对于未成年人来说，能做到"心中有父母，眼里有活儿"就不错了。至于孝敬的形式和方法，应当根据实际情况和父母的需要自行选择。把道德教育都当成像算术、语文作业一样，整齐划一，统一行动，是教孩子"作秀"，不宜提倡。家庭教育是一门非常复杂的学问，不能人为地把复杂的事情简单化。自己孩子出现了问题，就套用其他家庭的经验，这种方法未必就管用，弄不好还会造成"邯郸学步"的尴尬。把个体经验当成普遍真理推而广之，是一种"炒作"，是一种误导。作为父母，重要的是学会动脑筋，掌握思路，用头脑思考问题，这样才能灵活地、创造性地运用各种方法，而不是生搬硬套。

访谈 教家立范 修身做人

——访陈延斌

> 陈延斌，江苏师范大学伦理学与德育研究中心主任、教授、博士研究生导师，著有《中国家训史》等书。

家风、家训、家规在中国传统文化和家庭教育中有着不容忽视的作用。如何看待过去的家训，怎样创建未来的家训是我们面对的课题。

家训是随着家庭的产生而出现的一种教育形式，而随着家庭性质、形式、结构、功能的变化而不断发展变化

少年儿童研究：陈老师您好！一直以来您对我国传统文化中的家训、家风、家规很有研究，请问三者具体是怎么划分的，之间是什么关系？

陈延斌：家训是指父祖对子孙、家长对家人、族长对族人有关治家理财、修身处世等的教诲训示，也有一些是夫妻间的嘱告、兄弟姊妹间的诫勉、劝喻，或者后辈贤达者对长辈的建议与要求。

家风，也叫门风，是一个家族或家庭在世代累居、繁衍生息的过程中形成的较为稳定的生活作风、传统习惯和道德面貌。

家规有两种情况：一即家训，只是名称不同；二是与家法相近，是家族或家长制定的规矩、规范，有较强的约束性。

家规属于广义的家训，家风则是家族或家庭的风尚，即生活作风、传统习惯和道德面貌。家训教化、家长率先垂范是形成良好家风的重要条件。注重家风的熏陶是传统家庭教育，尤其是子弟道德教育的一个重要途径。如浙江浦江县郑氏家族，其家训《郑氏规范》影响很大。该家族在良好的

家风熏陶下，家人子弟勤劳节俭，奉公守法，乐善好施，热心公益。这个大家族跨越宋、元、明三代，受到了三个朝代皇帝的表彰，朱元璋还题词"江南第一家"。这个大家族360多年聚族同居，173位为官者无一贪赃枉法，无不勤政廉政。这些家族如此义居，可以说很大程度依赖于家训教化、约束长期形成的良好家风。

少年儿童研究：我国历史上家训的形成和发展大致是什么样的？

历经3000年的发展、流传，中国传统家训资料十分丰富。仅《中国丛书综录》所列书目记载的"家训"类著作，公开印行的就有117种。各个时期都有产生很大影响的家训。

先秦时期是家训的萌芽和产生时期，周公的《诫子伯禽》影响较大。两汉三国时期是我国传统家训成型时期。两晋至隋唐家训是定型和成熟时期，以《颜氏家训》《帝范》为代表。宋元家训是传统家训的繁荣时期。明清家训是传统家训鼎盛并走向衰落的时期。

少年儿童研究：为什么会出现家训这种传承形式？

陈延斌：首先家训是随着家庭的产生而出现的一种教育形式，而随着家庭性质、形式、结构、功能的变化而不断发展变化。家庭产生以后，就有了对子女、对家庭成员教育的问题。这是维系家庭的正常生活和参加社会各种活动所不可缺少的。随着生产与交换的发展，私有制、阶级与国家的产生，一夫一妻制家庭的形成，贵族、王族与富族的出现，每个家庭就有了与社会利益相矛盾的乃至对抗的特殊利益。因而父祖对子孙与家庭其他成员的教育，除了包含一般的社会要求之外，还带上了家庭、家族的独特内容，并在世世代代延续、演进的过程中，不断沉淀，累积起来，成为教家、治家之训。

其次，注重家庭教化是我国的一贯传统。古代的《周易·家人》卦辞中就已经提出了"教先从家始""正家而天下定"的主张，后来的《礼记·大学》篇更加明确地将修身、齐家作为治国、平天下的根本，而家训的产生发展正是适应了这种社会需要。

中国传统家训的核心内容始终是围绕睦亲治家、处世之道、教子立身三个方面展开的

少年儿童研究：我国流传至今的家训主要包括哪几个方面的内容？具体到家庭教育中的教子方面，有哪些主要内容？

中国传统家训的核心内容始终是围绕睦亲治家、处世之道、教子立身三个方面展开的。

教子立身方面的家训内容极为丰富。主要内容包括：

第一，涵养爱心，做个好人。

刘备临死之前谆谆告诫儿子刘禅："勿以恶小而为之，勿以善小而不为。"郑板桥在"万般皆下品，唯有读书高"的社会里，认为"读书中举中进士作官，此是小事，第一要明理作个好人。"他要儿子对同学尤其贫穷同学多加帮助，"纸笔墨砚，吾家所有，宜不时散给诸众同学"；阴雨天同学不能回家，就把同学请到家里一起吃。

第二，蒙以养正，爱子有道。

历代家训都十分注意子孙的教育。在教育的时间上，他们强调"养正于蒙"，甚至主张胎教。《颜氏家训》的《教子》篇认为"当及婴稚，识人颜色，知人喜怒，便加教诲，使为则为，使止则止"，这样方有利于孩子的成才。孙奇逢《孝友堂家训》强调"端蒙养是家庭第一关系事"。司马光等人的家训还制订了周详的教育计划。在教育的宗旨上，他们提倡"爱子有道"，反对溺爱、宠爱，强调以进德修身，贵名节，重家声，清白做人为重。

第三，立志清远，励志勉学。

许多家训都勉励子弟立大志、成大器，做一个有作为的人。嵇康《家诫》认为"人无志，非人也"。家训的作者们还把自己的治学经验、方法传授给子弟，以培养他们的良好学风。东汉以后，许多家训都激励子弟立大志、勤读书、成大器。

第四，洁身自好，杜绝恶习。

传统家训将洁身自好、戒除恶习放在首位，告诫子孙诵圣贤之言，绝邪淫之行，千万不要沾染赌博、酗酒、游手好闲、搬弄是非的不良习性。还有不少家训详细规定了对沾染恶习的子弟们的惩罚措施，轻则杖责、鞭挞，重则免祀、开除出族，甚至处死。到了清代，家规族法成为国家法律的重要补充和维护社会秩序的重要工具。

第五，应世经务，自立于世。

许多家训要求子弟耕读并重，学些技术、手艺，以自食其力、自立于世。陆游"时时语儿子，未用厌耕锄"。霍韬《渭崖家训》中论述了子弟参加农耕的重要性，认为孩子从小从事农业生产，"则习惯敦实，不生邪心"。纪晓岚家训甚至颠倒了自古以来"士农工商"的排列次序，向儿子灌输"农居四民之首，士为四民之末"的崭新观念。

第六，奉公清廉，笃守名节。

重视名誉与节操、倡导良好家风、维护美好家声是古代家训的一个鲜明特点。不同时代、门第的家训中都教诫家人清白做人，勿贪勿奢，注重节操名声，特别是一些官宦家庭的家训。包拯对贪官疾恶如仇，嘱告家人"后世子孙仕官有犯赃滥者，不得放归本家"；死后，也不得葬于祖坟之中。包拯还命人刻在石上，以诏后代。

第七，勤谨政事，报国恤民。

这方面的内容主要在帝王、仕宦之家的家训中，特别是那些有作为的君主及能够体察百姓疾苦、以国家民族利益为重的名臣贤相更是如此。譬如元代大臣许衡《训子》诗，就要儿子"身在畎亩思致君，身在朝廷思济民"。

少年儿童研究：家规家训在家庭教育中起到了怎样的作用？应该如何评价我国流传已久的传统家训？

陈延斌：一是家规、家训属于家庭或家族内部的教育，不同于一般的童蒙读物之适用全社会儿童。这种教育内容和教化方式起到了学校教育、社会教育所起不到的作用，何况传统社会能接受私塾等学校教育的很少。家训还是人们开始最早、持续最长的教育，在一定意义上甚至可以说是

"终身教育"。

二是父母与子女亲密无间的血缘关系和父母在孩子心目中的崇高位置，比起师友所传授的思想，父母亲人的教诲更能潜移默化，入耳入心。这使得孩子容易接受这种教化。

三是这种家训家规也是维系家庭正常生活、家业兴建、家族延续所不可缺少的。如《德星堂家订》为训诫家人勤俭持家，就详细规定了"宴会""衣服""婚娶""凶丧""安葬""祭祀"等的具体规格和标准，很容易遵守。

四是家训教化是传统文化世俗化的重要途径。自宋代始，一些学者自觉地将治家教子的训诫与儿童开蒙教育结合起来，甚至有些家训著作本身就成了私塾蒙馆对儿童教育的启蒙读本，如朱柏庐的《治家格言》等，这在一定程度上推动了儒学的社会教化。

纯朴善良的家风，如润物细雨，对于家庭道德观念的形成和巩固有着重要的影响

少年儿童研究：我国传统的家规、家训哪些是我们今天可以继承的？哪些是应该剔除的？

陈延斌：传统家训并非"篇篇药石，言言龟鉴"，而是良莠并存、金沙相杂的。

传统家训积极的影响在于：一方面它以自己别具特色的教化功能和教化方式促进了家国整合机制的形成和巩固，保证了家庭生活、社会生活的稳定，一定程度上推动了中国农耕社会的进步和发展；另一方面，卓有成效地在家庭、宗族乃至全社会倡导和推行了进德修身、睦亲齐家、治家兴业、待人处世等各个方面的伦理道德准则。

消极的影响在于：它以封建地主阶级的纲常礼教轨物范世，某种程度上延缓、滞阻了中国社会的发展进程；它宣扬的明哲保身的处世哲学和守分安命的宿命论思想，禁锢了人们的进取精神；它的长期濡染所积淀下来

的重农轻商、家族认同、盲目顺从、固守忍让等民族心理，对今天的社会政治、经济生活可能产生负面作用。

少年儿童研究：今日制定家规家训应该如何符合时代特点？

陈延斌：一是家训的中心要转向以家庭教育为主。今天的家庭不同于封建社会聚族而居的大家族，多数家庭不是生产单位，一些封建礼仪的要求也应摒弃。但今天的家庭仍然是社会的细胞，家庭稳定、邻里和睦是社会和谐、繁荣的基础和前提。二是内容和形式适应社会发展要求。传统家训中孝亲敬长、睦亲齐家、为人处世、待人接物、教训子孙方面的教诲都可以古为今用；其教化方法、途径、形式也可以为我们提供参考。

少年儿童研究：现代生活较之过去有了很大的改变，家庭教育也逐渐吸纳了许多西方的教育观念，中国传统的家规家训还需要提倡吗？

陈延斌：传统家训在3000多年的发展中，无论是教育内容还是教化方式、途径都有值得我们认真学习借鉴的方面。

明代有一篇形式独特、别开生面的家训《庭帏杂录》。它的独特之处在于它不是父祖撰写以教训子孙，而是由袁衷、袁袞等兄弟五人根据父亲袁参坡、母亲李氏夫妇平时对他们的训示，回忆整理而成。袁参坡的夫人李氏既注重从孩子小时加强教育，也十分注意从点滴小事上培养孩子的良好品德。儿子袁衷记载母亲对他们"坐立言笑，必教以正，吾辈幼而知礼"。袁袞谈道，自己小时有次家童阿多送他和哥哥上学，回来时，见路边的蚕豆刚熟，阿多就摘了一些。母亲见了，严肃地教育他们说："农家辛苦耕种，就靠这些作为口粮，你们怎么能私摘人家的蚕豆呢？"说完，命送一升米赔偿人家。李氏每次购买柴米蔬菜之类的东西，付人银子时平秤都不行，她总是再加上一点。袁裳对此很不理解。李氏便利用这件事，教育儿子宁可自己吃亏、也不让人家吃亏的道理。她开导儿子说：这些小本生意不容易，不能亏人家。我们每次多银一厘，一年也不过分外多使银五六钱。这样做"内不损己，外不亏人，吾行此数十年矣，儿曹世守之，勿变也"。李氏以身立范、立教的实践不是仍然值得今天的家长学习吗？

明代官吏庞尚鹏的《庞氏家训》规定，每月的初十、二十五两天日暮时分，合家老小，不论尊长卑幼，都来聚会。开会时各人讲述自己半个月来的经历见闻，"或善恶之当鉴戒，或勤惰之当劝勉，或义所当为，或事所当己者，彼此据己见次第言之。各倾耳而听，就事反观，勉加点检，此即德业相劝，过失相规之意"。这篇家训还规定，家庭聚会由大家轮流主持，不拘形式，"为便于聚谈为贵"。这种家庭会议类似于今天的民主生活会制度，它对于强化家庭成员的道德观念，教育激励家庭成员抑恶扬善，形成良好的道德习惯的确不失为一种好方法。

纯朴善良的家风，如润物细雨，对于子弟、家人良好道德品行尤其是家庭道德观念的形成和巩固有着重要的影响。

少年儿童研究：今日我们应该如何制定家规家训？应该形成怎样的家风？重点在哪些方面？

陈延斌：我认为要处理好两个方面的关系。一是批判与继承的关系。二是继承与创新的关系。

应该把握三个重点：

其一，注重子弟修身成人的教育。传统家训将教家立范、修身做人作为首要问题，这启示我们今天家训家规的制定要注意把孩子品德培养与日常良好行为习惯养成结合起来，从小时小事小处着力，积淀孩子良好道德品行。

其二，注重待人接物、为人处世之道的公德素质教育。研究传统家训，我发现几乎所有的家训都非常注意对家人、子弟立身处世思想的灌输。漫长的封建社会的封闭、保守，交往世界狭窄，反而使人们对处世准则的制定和奉行是这样的重视，足见其在社会生活中的重要作用。传统家训文化对处世问题的重视实质上是对"处人"问题的重视，这是应该弘扬的。

其三，注意传统家训教化途径、方法、形式的借鉴。运用诗词歌诀、格言警语对子弟进行潜移默化的熏陶，这种易学易记易行、易于传播的形式，便于记诵和操作，无疑会取得更好的效果。

少年儿童研究：有的父母认识到家风家规的重要性，但缺乏方法。甚至会盲目照搬古代家规、家训，而忽略了其中的封建性糟粕，有时难免使家规、家训教育走向形式主义。应该如何避免呢？

陈延斌：今天借鉴传统家训，首先要鉴别其积极的东西和消极的东西，要学习其治家教子、立身处世的思想观点和行为规范，学习良好家风的营造和优化。这里以传统家训的孝道教育为例。由于封建经济是以家庭为单位的自然经济，家庭财产的继承、家庭权力的转移都是由父辈决定的，因而子辈绝对地服从、孝顺父辈就成为最根本的家庭道德规范。对此，传统家训无一例外地都把"孝"放在家庭道德的首位加以强调，有的甚至宣扬"愚忠""愚孝"，这种下对上的片面规范和不平等的要求当然应该抛弃。

再比如传统家训教化，常常使用棍棒主义的教育方法，尤以明清为甚。这些家规族法中不少都列有体罚条规，且日益增多而严密。时代不同了，专制主义的说教与打骂、体罚的做法都应该抛弃。

家风建设是全社会的系统工程

——访龙宝新

> 龙宝新，陕西师范大学教育学院副院长，博士，副教授，兼任北京师范大学公民道德研究中心研究员，全国教育学会中青年教育理论工作者分会常务理事。三要从事教育基本理论、德育、教师教育等研究。近年来在《教育研究》等高水平杂志上发表学术论文 60 余篇，出版专著 1 部，译著《幸福与教育》，主编、参编著作或教材 10 余部。

家风，顾名思义，就是一个家庭（族）长期传承下来的稳定的价值观念、道德规范和行为方式。家是国的基础，家风影响国风和民风（社会风气），是国风和民风建设的基石。中国自古是以家为本的国家，形成了注重家风的文化传统。今天，在社会主义文化大发展、大繁荣的背景下，在培育和践行社会主义核心价值观的过程中，如何建设家风既是家庭自身的问题，也是全社会共同的问题。

家风是"国风"和"民风"的基础

少年儿童研究：家，东西方理解是不同的。对于西方人来说，家更多的是一个私人领域的概念；而对于中国人来说，家更多的是一个社会领域的概念，家风建设就必然牵涉到全局。对于家风，人们已经做出了许多理解，这里我希望更多地从整个社会系统角度谈谈家风的含义。

龙宝新：家庭是国家治理中的重要组成部分，对社会治理具有实质性的影响力与辐射力。把整个国家社会当作一个"家"来治理的理念在我国源远流长。在中国传统文化中，家风是其中的重要组成部分，中国自古就崇尚"修身、齐家、治国、平天下"的思维模式，家具有桥梁与纽带作用，它一头连着个人，另一头连着国家和天下。因此，家风不仅是家庭成员一贯的作风，更是牵连到整个社会的重要文化形态，家风是"国风""民风"的凝缩，是"国风""民风"的基础，正所谓"天下之本在国，国之本在家，家之本在身"。正因为如此，家风就极其重要，家风问题会危及国家和社会风气，良好家风是一个家庭、一个国家、一个社会的微妙平衡器、稳定器。

少年儿童研究：那么，到底如何理解家风呢？如何看待传统家风中的消极因素？

龙宝新：家风是中国人对家庭文化的独特理解和形象的称谓。理解家风，首先要理解这个"风"字。风，是风气、风尚之意，中国文化中这个风字更有"持久、稳定、崇尚"等意味。《论语》中就有"君子之德风，小人之德草"的说法，寓意着君子之德对小人之德的影响。当然这里的君子与小人没有人格污蔑之意，而是道德水平的高低之分。

从微观上看，家风意味着家庭成员之间、家庭成员与外界之间如何相处的规范，是一个家庭生活方式的一种外现。所有家庭成员拥有共同的价值观、人生观，共同信守一系列生活原则与处世哲学，家庭才能成为一个共同体。家风是家庭凝聚力的来源，有了这样一个共同的东西，家庭才能共同应对外部世界的冲突，有效化解家庭的内部矛盾。一旦家庭成员中出现不符合公认的家庭行为规范、价值观念与处事原则的言行，家庭内部其他成员就会群起而攻之，家庭的基本和谐便由此而得以保证。

家风包括两部分：其核心是价值观和思维方式，外表是一定的礼仪规范和行为方式，如对客人要有礼有节，对长辈要尊重孝敬，等等。鸦片战争之前，中国人对于家风的具体内容理解可以说是多种多样的，但其核心是"三纲五常"等封建的纲常伦理。

少年儿童研究：对于大多数人来说，一提起"三纲五常"，便觉得这是封建文化的代表，似乎一无是处。如何正确理解它？

龙宝新：你说得对，这主要受到新文化运动以来人们对传统文化负面因素宣传过多等原因的影响。为了理清大家的认识，这里简单谈谈如何认识"三纲五常"。

任何事物都有主要矛盾和矛盾的主要方面，分析问题解决问题时都要抓住这些，否则就会走偏。儒家也是这样，他们认为"纲"和"常"（不变）就是道德建设中的主要矛盾和矛盾的主要方面，抓住这些东西才能抓住道德的根本，这就是经过长期提炼出来的"三纲五常"。

"三纲"即"君为臣纲、父为子纲、夫为妻纲"，"五常"是指"仁、义、礼、智、信"。这种理解来自董仲舒。当然也有人将"三纲"理解为"君臣义，父子亲，夫妇顺"，将"五常"理解为"父义、母慈、兄友、弟恭、子孝"。我们还是以主流说法为准。

对于"五常"，人们歧义不大，也比较正面。但对于"三纲"人们批判得极多，大致意思是"三纲"代表封建专制，压制了人性。其实，从文化的角度看，"三纲"不无正面可取之处。按照韩国学者赵骏河的观点，"纲"具有"模范"的意义，"君为臣纲"就是说上级是下级的模范、榜样，"父为子纲""夫为妻纲"是说父母、丈夫是孩子和妻子的模范和榜样。模范具有带头和示范的决定作用，是主导的方面。这种理解是有理有据，比如《吕氏春秋》说："用民有纪有纲，引其纪，万目皆起，引其纲，万目皆张。"通俗地讲，纲就是系渔网的总绳，要想将渔网提起来，提总绳就可以了，说得十分形象。简单地说，"三纲"的价值在于，讲家风、讲道德，总要找一个责任方、主导方，在校就是老师；在家就是父母。

父母在家风建设中具有极其重要的作用，他们就是家风的主导者、责任方。在过去，传统文化强调父严、母慈，代表着阳与阴的互补，其中阳是主导，所以作为父亲，首先要严厉、严格地对待子女。其实，"严"是一种期待，是要求子女持之以恒地坚守一种正确的人生观念，要求子女做人做事要一以贯之。

和、孝、序、爱、法：现代家风的基本内容

少年儿童研究：大力开展家风建设，首先要明确现代家风内容是什么，然后才能说清楚如何建设。传统文化中仁义礼智信等内容虽然还有许

多合理意义，但毕竟需要注入时代内容，那么现代家风基本内容应该是什么呢？

龙宝新：现代家庭家风起码要提倡和崇尚5个字：和、孝、序、爱、法。这些内容虽然有交叉，但各有侧重。

家庭是个组织，因此家庭生活的主题首先是个"和"字，这应该成为现代家风建设的主旋律，是支持家庭得以存在的第一根支柱。"和"，包括和谐、和睦、和顺、和爱等意思。家庭是个小宇宙，家和万事兴，没有和，家庭的一切都不复存在；没有和，维系着家庭生命的线就会断开。

家庭中怎样致"和"？集权、一言堂，强压大家服从，只能达到表面的"和"，不是真正的和。但如果家长没有一点儿权威，想达到和，估计可能性也不大，因为适度的家庭权威是家庭致"和"的必需条件。古典名著《红楼梦》中，贾政治理如此大的荣国府，治家很严，往往受到批判，但仔细想来还是有其合理性与必要性的，因为过去的家庭很大，家长必须保持一定的权力、权威，必须严守纲常伦理、强化家法族规，没有这些制度性保证与权威力量的支持，封建大家庭很难维持，家庭的有序运转几乎不可能。所以，"和"，首先是建立在一定权威下的"和"，而不是一盘散沙、七嘴八舌，尽管今天家庭结构简单了，父母依然要保持一定的权威性，事实证明，权威型家庭子女成功概率更大。其次，更应该建立在家庭成员之间一定的民主和相互关怀之上，没有民主，缺少"爱"，只讲家庭共同利益不讲个人利益，"和"也是虚伪的。

少年儿童研究：在我看来，"和"可能是一种建设目标，当然意味着一种方法。但我国家庭过去崇尚"孝"为第一大德。今天家风中，孝应该处于什么样的位置呢？

龙宝新：是的，现代家风建设的第二个支柱是"孝"。孝在过去是家庭"第一大德"，我看在今天也应该是。虽然"孝"字里面的经济赡养功能现代已经没有那么重要了，但"孝"依然是中国人的宝贵遗产。过去常常听说中国是老年人的天堂，这一点很令西方老年人羡慕。

孝，无论在什么年代加以提倡估计都不为过，但是注意不要陷入那种愚忠愚孝之中。其实，古代正统儒家思想中也不主张愚忠、愚孝，只是在诸如《二十四孝》之类的蒙学读物中出现了类似于"郭巨埋儿"之类的不正确的孝道观。所以，今天依然要大力提倡孝道，要有两种意识：第一，要从正统的传统思想中提取孝的观念，比如《孝经》中提倡的当父母意见不正确时要"争"；再如，《大学》中把孝作为德的一种并指出了道德的相互性——"为人君，止于仁；为人臣，止于敬；为人子，止于孝；为人父，止于慈；与朋友交，止于信。"第二，我们更要强调父子之间的道德主体是父亲，《论语》所说的"其身正不令而行，其身不正，虽令不从"就是这个道理。只有这样才能正确理解孝，才能建立真正的孝道，其实是我们不可能回到古代所说的孝道、孝统中去了。

少年儿童研究：那么第三个字应该是"序"字了，是不是可以理解为规则、规范？

龙宝新：现代家风建设的第三个关键词应该是"序"。其实，"孝"中也有"序"的内涵，"和"中也有"序"的要求，但之所以还是要单独拿来说说，其原因就在于"序"具有独立的价值内涵。序，就是顺序、秩序，还包括一定的等级性。我们讲，家庭也罢，社会也罢，总是有一定的顺序、先后，否则的话，将会是一盘散沙，家风建设无从谈起。家庭成员之间确实主要是亲情关系、权利平等关系，但有没有优先权呢？我想是有的。比如，长辈在做出决策、发表意见中首先具有优先权，因为无论是从保证决策的正确性，还是保证家庭高效运转角度来看，优先发表意见或者意见的优先地位总是不会被忽视的。在家庭生活中，家庭成员的"序"及"排序"的意义就在这里。在家庭成员中，爷爷奶奶应该被尊重，因为他们具有年轻人无法知道的知识与经验，在指导下一代成长过程中具有指导性、权威性，尊重长辈就是尊重知识经验，它是家风建设的重要性所在。反过来，未成年人也有优先权，那就是：在成长方面，应该优先受保护。在联合国《儿童权利公约》中有一个原则就叫"儿童利益最大化"。试想，如果家长失去了权威，缺失在决策方面的优先权，如何保证儿童利益的最大化、最优化呢？

少年儿童研究：我们知道，美国学者米德的"后喻文化"观念一经提出，便为许多人追捧。怎样理解才是一种适度的、合理的？

龙宝新：今天很多人喜欢说"后喻文化"，就是前辈向后辈学习。这没有什么问题，但许多人对之都做了机械性的、过度的理解：似乎老年人总是不如年轻人。事实上，今天处于"三喻"并存时代，年长者与年轻一代各有自己的优势。在智育方面，年轻人视野开阔，思维活跃，创造性强，敢于突破陈规陋习，但经验明显不足；而年长者经验丰富，知识比较扎实，思维缜密，但有时候会有点保守。因此，倡导年轻人与老年人之间优势互补，倡导相互学习的风气至关重要。

但在家风建设、道德建设方面，总体来说，我觉得还是年长者应该处于主导作用。知识的价值在于创新，后代的知识、信息、技能更新快，但道德就不一定是这样了。历史上常常会出现道德滑坡的状况，就是后代不如前代；但很少听说知识滑坡。因此，在家风建设方面，"前喻文化"应该在家庭生活中积极倡导。

少年儿童研究：第四个支柱是"爱"字，但爱的含义很宽泛，是否能够作为一种独立的价值观？

龙宝新：现代家风的最核心价值就是"爱"，即家庭成员要将"爱"视为第一相处准则。爱，首先是关心、体贴，老一代要关心下一代，下一代要关心老一代；同辈之间相互关心、爱护、体恤。父辈、祖父辈爱护子辈、孙辈似乎不成多大问题，但子辈、孙辈对待父辈、祖父辈却是一个问题。

其次就是如何表达爱、实施爱，这是方法性问题。今天，在独子化、少子化年代，往往存在着溺爱问题。什么是溺爱，有两个标准：一是爱超过了孩子所需，二是爱没有了原则。爱往往是给予，但并非越多越好，多了就营养过剩。比如，有的家长自己舍不得吃，舍不得穿，一味地满足孩子，不让孩子受罪。这表面上看是爱，其实是溺爱，溺爱虽然不是害，但起到了"害"的作用。没有原则的爱是可怕的，有的家长对孩子物质上无限制满足，精神上没有要求，甚至把精神上的要求视为爱的敌人，这就是大问题。爱，是给予，但更多的是一种要求，宽严相济是爱的艺术性所在。

所以，爱非常重要，但更要让孩子学会爱，后者相对于前者更重要。爱是相互的，爱要有度，核心是如何用合理的方式表达爱，学会爱，让"爱"成为现代家风建设主旋律。爱的教育，是让子女在爱的心灵主导下选择做人、做事的立场。

当然，下一代对上一代的爱也要有原则、有立场。在今天物质条件改善的情况下，老年人更多地需要得到重视、敬重，不要忽视老年人的感受，关爱老年人是一个家庭文明水准的体现。这一点就包含在"孝"里。爱在家风建设中更为基础，它适用于所有人，包括家里与家外。爱家人，同时也要爱外人，爱这个世界。这是民胞物与的思想，人间大爱的精神其实就是对家庭文化向外推衍的结果。当然，大爱里还包含着宽容、谦让精神，没有爱，哪来宽容？凭什么要宽容别人？有了这些风范，家风很可能改变整个社会的风气。

少年儿童研究：我很同意家风中应该有个"法"字，时至今日，我们依然能发现许多家庭没有底线，这或许就是您所说的"法"的缺失。"法"来源于规则，但不同于规则，因为规则是能够谈的，而"法"是不能够商谈的。是这样吗？

龙宝新：当代社会是一个法治社会，但仍然有一些家长不注重法，没有法律意识，把孩子视为自己的私物，以为养老的事、孩子的事、老婆的事都是自己的事，别人无权干预。这是不良家风的祸根之一。

法的内涵丰富，本质上是权威性和公平公正性。也就是说，法是底线，是刚性要求，谁都不能违背；家长在法律面前与孩子是平等的，没有特权。家长之所以能够成为家长，因为他一定是家庭规范和社会规范的带头执行者。这就是前面提到的责任主体。

当然，讲"法"，是在讲"情"与"德"基础上说的。我觉得，"情"还是家庭第一调节系统，情就是我前面讲的爱；其次是"德"，再次是"法"。"法"是保证，是底线；"德"是关键，是常规；"情"是灵魂。讲情，重义，守法，是家庭生活与家风建设的根本任务。

少年儿童研究：我觉得家风中还要强调"根"字，就是要让父母知道：

家庭教育不仅要培养社会主义的接班人，还要培养一个热爱"家"、建设"家"的"家里人"。

龙宝新：我知道，你比较重视"根"字，把家庭视为一个人精神发育之根、道德成长之根，心灵归宿之根，大力提高家庭的归属感、亲密感、凝聚力，让孩子们意识到家庭是一个人成长的精神需要、心理需要，是幸福和谐的港湾。这一点我比较同意，但这主要是社会和家庭成员对家庭本身意义的认识，不大属于家庭文化本身的内容，因此没有列举在我的家风核心范畴之中。

重塑现代家风：国家、社会和学校要共同承担，各负其责

少年儿童研究：家风是中国文化系统中独特的风景，在当今社会中具有十分重要的意义，但我个人感觉受到欧风美雨的影响，家风受到了极大的挑战？

龙宝新：我想，在当代有三股力量阻遏着家风的发展：一是西化思想；二是对传统的误读、误解；三是家庭结构自身的变化。

中国文化本身就是一个包容性较强的文化体系，需要吸收东西优秀文化成果。西方思想中有许多可以充实和发展中国传统思想的精华，但是也存在许多不良的东西，与中国文化本质上格格不入的东西，比如西方基督教思想中，宣扬家"原罪说"、人都是上帝的子民、上帝面前人人平等，把人的出生、教育、结婚、死亡等都交给教堂。

由于我们对西方思想中有关自由、平等、民主等的不当理解，导致了近代新文化运动以来的反传统运动，对包括传统家风在内的许多优秀文化进行了根本性的颠覆。

从内部看，传统家风所体现的儒家治家精神有一定问题，比如过分讲"前喻"而忽视了"互喻"和"后喻"，强调了父权而忽视了子女的权利，强调了男性主导而忽视了女性平权。但我想，随着近代以来的文化发展，这些问题大致都已经不再是矛盾的主要方面了，而突出的问题反倒是对西方民主、平等、自由的错误理解和独生子女时代所造成的家庭权利下

移而导致的秩序颠覆。

少年儿童研究：那么，到底如何才能更好地建设家风呢？我们应该怎么办？

龙宝新：在大力倡导和践行社会主流价值观念的今天，要重塑家风，需要从三方面来着手与努力：一是要充分重视家风在家庭建设中的重要作用，父母带头践行主流价值，注重家庭本身的教育功能与文化功能。二是全社会共同努力，守护家庭，严整家风，保卫家风古训，强化孩子的行为规范，弘扬积极正向的传统家风。三是加强政府责任。前两者我不想多说，我觉得政府的责任很大，可以作为的地方很多，比如逐步开放二胎政策、改变家庭构成。加强父母的教育，我建议一对青年夫妇在打算生育孩子之前要有两个证：一个是准生证，一个是父母资格证。我还建议：国家要设立两个节日，一是家风日，在这一天，社会要大力宣扬文明家风；还有一个是家教日，在这一天社会要大力倡导家教，让全社会都重视家教。

第十章

寓教育于平凡的生活当中

厨房教育是最真实的生活教育

——访郝向荣

> 郝向荣，北京社会生活心理卫生咨询服务中心资深咨询师，国家职业心理咨询师二级，从事儿童、青少年的心理教育和家庭教育工作20余年。

在厨房里教育孩子是对其生活技能的培养，这已被大家熟知，那么厨房教育的背后又有什么更深层的解读呢？郝向荣老师将为您——作答。

厨房是孩子体验生活的最佳场所之一

少年儿童研究：厨房是家庭中不可或缺的场所，但在家长的印象中，这里更注重进行技能的教学。您有何看法？

郝向荣：中国家长普遍有这样一个判断，认为小学阶段的孩子年龄还太小，不适合下厨房，至于厨房里的教育更应该是长大以后的事，并且认为厨房教育就是烹饪技术的教育和学习。其实不然。能不能在一两次厨房体验活动中学会某个厨艺技巧并不重要，关键是厨房劳动的体验过程和对孩子的心理影响。这些容易为家长所忽视。

少年儿童研究：厨房体验有什么特别之处吗？

郝向荣：厨房体验实际是对生活的体验。有些父母，总认定"全面"照顾孩子是自己"义不容辞"的责任，处处"包办代替"，剥夺了孩子学习的机会。长此下去，孩子不仅可能手脚笨拙，还可能产生依赖性，丧失独立做事的自信心，对今后的生活也可能产生负面影响。要知道，孩子一旦被剥夺了尝试的机会，也就等于被剥夺了犯错误和改正错误的机会，厨房里的劳作是每个人都需要进行的常规劳动，毕竟民以食为天，如果一个人连自己的"天"都不能照顾好，又何谈下一步的成功呢？

少年儿童研究：在厨房体验中，家长需要注意哪些方面？

郝向荣：厨房教育强调的是过程体验，要让孩子的尝试取得成效，必须注重循序渐进，注重孩子不同年龄段的不同特点，要了解孩子的个性，并尊重他们各自的兴趣喜好以及心理需求。一开始让孩子做一些难度较小的尝试，以便孩子取得成功后自信心上升。接着再渐渐增大尝试的难度，目的是让孩子在失败和挫折中培养不向困难低头的精神。特别强调孩子的种种尝试必须出于自愿，勉强或强迫只会事与愿违或事倍功半。

比如我国的家庭喜欢在一些重要的节假日吃饺子，这就是非常好的机会。孩子三四岁时和家人一起在面板上玩面，揉、搓、摁面团和面子儿；再大一些时，除了玩面外还可以当"运输大队长"，把擀好的片儿"运"到包饺子的桌面上来；还可以自己试着包几个"特色饺子"，煮熟后自己尝尝，孩子会因完成劳动而产生一种成就感，孩子在这样其乐融融的家庭厨房活动中，感受到的是家庭的爱和温馨。

此外，家长一定要坚持这样一个原则：在厨房，孩子能参与进来的事情，一定要让他参与进来。比如，收拾厨余垃圾、择菜、准备餐具、洗碗、做点简单的饭菜等。也许，刚开始孩子做不好，浪费很多时间而弄得满地都是、一片狼藉……但当孩子掌握规律之后，这些情况就会不断减少或消失。到那时，孩子不仅会掌握必要的厨房操作能力，而且还会提高自理能力、时间管理能力、自制力等。

对于10岁以上的孩子来说，家长还可以利用假期的时候，找一天的时间，让他们来当家，即家里的所有家务都由他们来做，让他们也来感受一下家长的辛苦。这样，以后不用家长提醒，他们就会自动自发承担力所能及的家务了。

让孩子增强归属感才是厨房教育的核心

少年儿童研究：在与很小的孩子相处的过程中会发现，他们之中有大部分人喜欢进厨房玩耍，这是由于依恋父母的缘故吗？

　　郝向荣：依恋只是一方面内容，小孩子喜欢进厨房和家长一起玩耍，是喜欢用生活中真实的厨房工具进行模仿学习。在与父母交流中获得知识或技巧，并获得来自家长的积极评价。少儿期孩子的自我认同是最简单的，也是最强烈的，而厨房作为一个特定的学习场景，有太多机会能够让孩子建立自我认同。

　　我曾经接触过这样一个案例：7岁的男孩琨琨过生日，他在超市里选择了煮蛋器。妈妈问他为什么喜欢这个，琨琨说："我自己用煮蛋器就可以给爸妈做早饭了，这样你们才更喜欢我。"而妈妈对此给予了及时表扬，孩子对家事的责任心在快乐中被培养起来。

　　少年儿童研究：有这样一个有趣的现象，在孩子小时候，他们乐意帮助大人做一些家务，但是慢慢长大后就开始厌烦做家务，这其中除了学业较忙等客观因素之外，孩子的劳动心理是否随着年龄增长有所变化？"不爱劳动"甚至成了现在孩子的一个标签。

　　郝向荣：很多家长经常诉苦："现在的孩子一点责任心都没有，家里的家务他们一点都不管，甚至连油瓶倒了他们都不扶！"

　　他们把这种现象归纳为当代孩子们的一个共有特点，即没有责任感。但在这里，我要为这些孩子喊冤了，现在的孩子之所以变成这样，往往是由家长一手造成的。

　　相信大多数的家长对这样的场景应该很熟悉：

　　孩子小时，妈妈在扫地，孩子跑过来对妈妈说："妈妈，我来帮你扫地吧？"妈妈头也不抬地对孩子说："你还小，这些事情你做不了，去玩你的玩具去吧！"

　　妈妈在洗碗，孩子拉着妈妈的衣角说："妈妈，让我来帮你吧！"在孩子的强烈要求下，妈妈终于同意了孩子的要求，但由于孩子没有洗碗的经验，一不小心把碗打碎了一只。这时，妈妈厉声对孩子说："只会给我添乱，去，一边玩儿去！"等等。

　　孩子的这种行动一直处于被拒绝的状态，他们的责任心也在这些小事中一点点消失了，因为孩子的归属感没有得到满足。

每个人都希望自己归属于某一个团体，能够被这个团体中的其他人所接纳和肯定，更希望自己在团体之中能占一席之地，从而在这个团体中获得个人安全感。

孩子也是如此。但他们的这种感觉常常因为父母的某些行为而得不到满足。例如上面事例中，家长因为孩子小，就不让孩子为家庭做贡献；或者因为孩子洗碗时把碗打碎，就厉声斥责孩子，这都是忽视孩子归属感需求的表现。

当孩子归属感的需求被忽视时，他就会没有安全感，进而会对家庭这个团体失望，逐渐变得没有责任感。不仅如此，当孩子的心理归属感得不到满足时，他们甚至还会变得不肯与家长合作，故意忽视家长的要求。例如，家里要来客人了，妈妈为了收拾屋子忙得满头大汗，便请求孩子过来帮忙，这时，没有归属感的孩子不但不会心疼妈妈，还会故意装作没有听到妈妈的话。

由此也可以看出，孩子并不是天生懒惰，或者没有责任感，当他们的心理归属感得不到满足时，才会有如此不佳的表现。

因此，在日常生活中，家长要让孩子时刻感觉到他是属于家庭这个集体的，并给他们提供一些机会，证明他们对家庭是有所贡献的。例如，当孩子把客厅收拾干净时，家长要真诚地向孩子表示谢意："因为你的帮忙，家里变得整洁多了。"这会让孩子产生这样一种感觉：我是有用的，全家人都需要我。这样，孩子今后就会更加积极地为家庭做一些力所能及的事情，同时，这也是孩子归属感得到满足的表现。

少年儿童研究： 在厨房里跟孩子一起做家务时，家长给孩子讲道理或者给出自己的意见，孩子更能接受，这是为什么？厨房这种场景赋予了当事双方怎样的心理状态？

郝向荣： 儿童在三四岁时便可以开始在父母的指导下学做一些最简单的家务活，如在用餐前帮助大人把餐具摆放端正等，尽管有时候仅仅是象征性的，他们干完了大人还得重来一遍。但长此以往锻炼下来，儿童的动手能力就自然而然出类拔萃了。孩子在家长表扬和接纳的教育环境中建立了良好的亲子关系，双方在此环境下更容易进行有效的沟通。

厨房教育是让孩子走入真实生活的教育

少年儿童研究：厨房工作其实是琐碎且繁杂的，把真实的生活展现给孩子，对其发展有何意义？

郝向荣：第一，在家长看来繁杂的厨房工作，在孩子眼中未必是这样。厨房是家庭中最热门的游戏场所，如果玩得尽兴，家务就是一种游戏。

第二，家长要意识到，让孩子下厨房，学做菜不是主要的，重要的是孩子今后多数会成为父母的帮手，做家务的次数也会增加，他们不会讨厌做家务。而家事绝非婆婆妈妈的事，也绝非琐碎、难登大雅之堂的事，家务劳动是人类发展的必要事务。小孩子用双手敲敲、打打、切切、煸煸，也等于是在经历疼痛、辛酸、得意、快乐等不同而丰富的情绪，这种经历能够使他们对自己所拥有的能力更加自信。如果孩子远离家务，视家务为畏途，那么在他的成长过程中是会留下缺憾的。

第三，做人就像做菜，要能吃苦、做事细心并力求完美——学会了做菜其实也就学会了做人。如果一个孩子从小就知道干好属于自己的一项工作是多么有价值的事情，那么在他成长的过程中就不会因为这种或者那种不顺意，而摒弃自己能够把握的幸福。

除此之外，厨房劳作实际上是对今后生活的演习。家庭环境每时每刻都在影响着孩子的心理健康。一个和谐的家庭、一个夫妻双方同时都配合进厨房的家庭会给孩子轻松的氛围，对于孩子的身心发展是非常重要的。这一切有助于孩子形成健康的婚恋态度，对于日后组织家庭、同家庭成员分担家务与合作极有好处。

少年儿童研究：那么在厨房教育的过程中，有哪些是需要家长注意的？

郝向荣：一是不要低估孩子。父母在考虑给孩子分配家务时，很容易走入的第一个误区就是低估孩子的能力。

二是干家务的动力是什么。有的父母把金钱作为回报，来让孩子做家务，这是个人的爱好和选择。每个孩子期待的回报都不一样，但很重要的一点是，你要教会孩子的是责任感，而不是去贿赂他们。在所有的回报中，肯定和赞许是孩子最喜欢的。当孩子认真地完成了一项工作后，不要忘了告诉孩子，他做得有多好。

三是不要用固有观念误导孩子。有一句话是"君子远庖厨"。这类说法有些过时，要是孩子连自己都无法照顾好，更无法照顾别人了。尤其对于男孩而言，随着人们观念发生了翻天覆地的变化，"出得厅堂，入得厨房"也成了评价男性为潜力股男的标准。在很多女人心目中，一个会做出一桌好菜的男生具有特别的魅力，不仅能分担家务活，照顾自己，还能照顾别人。能够术业有专攻，并且享受平凡生活带来的美好才是真正的君子所为吧。

关注孩子"看不见"的学习

——访李辉

> 李辉，香港大学教育学院终身教授、幼儿教育研究生课程统筹主任、博士研究生导师，世界学前教育联会香港分会执委，美国儿童心理学会会员，出版《婴儿心理学》《学前教育学》《香港幼儿园校课程发展研究》《中国独生子女教育百科全书》等著作及论文共 110 部（篇），为牛津大学出版社系列幼儿园教材套之主编。目前在香港大学教授青春期心理学、儿童心理学、课程论、语言发展等课程。

按照大多数人的理解，学习是一个很普通的日常概念，就是学校的学习和书本知识的掌握。在这样一个知识经济的时代，所谓的家庭教育内容也大多是围绕孩子的学校学习而展开，那些与之无关的家庭日常活动则因为算不上是学习，自然不会引起家长的特别关注。

但是，这只是传统意义上的学习，是我们对儿童学习的偏见和浅见。为帮助广大家长全面、深入地理解孩子的学习，香港大学教育学院的李辉教授，为我们重新定义了学习的概念。在他看来，孩子的学习可分为两大块：一是看得见的学习，主要是与学校教育有关的学习；二是看不见的学习，主要是课外隐性学习。而隐性的学习正是家长最容易忽视，也是最需要关注和指导的。

儿童的学习不仅是知识的学习，还包括技能的掌握和情感、意志、态度的塑造

少年儿童研究：家庭教育和学校教育之间的界限本来很清晰，学校教

育以知识教育为核心，家庭教育关注孩子的性格养成和身心成长，家校合作、共同关注学生的成长。但现在很多家长认为只有学校的学习才是最重要的事情，家庭中的其他琐事都和孩子教育无关，所以拼命为孩子安排各种课业补习。您对此的看法是什么？

李辉：其实这就是家长的学习观出了问题。学习观是教育心理学中最核心的问题。对于学习的本质，概括而言，当前国际心理学界有三种理论倾向：结果论、过程论和活动论。

持结果论的学者认为，儿童的学习必须产生一定的结果（某种变化）才能被称为学习。这种结果（某种变化）包括能力、情绪、态度以及其他行为的变化。我认为，学习始终不单是行为上的变化，脑部也会因为学习而产生相应的生物、化学变化。学生的学习目标应该是三方面的：知识（knowledge）、技能（skill）、态度（attitude），英文简称是 ASK（求知）。所以，儿童的学习不能简单以考试论成败，除了知识的学习，还有技能的掌握和情感、意志、态度的塑造。现实生活中那种用分数来看学习，不理过程，只看结果，就是典型的"以成败论英雄"，是非常不科学的。

过程论这一流派的学者是从学习活动的操作过程角度去定义学习的。他们主要强调学习是一个过程，强调学习过程中存在着不同的步骤和阶段，倾向认为学习的过程比结果更重要。过去，香港教育改革的领导人也是持这种学习观。教育局曾经在 2006 年推出"求学不是求分数"这一电视广告，广泛宣传他们的"新教育理念"：求学只是在于学习这个过程，而学习的结果即分数并不重要。

没想到，政府这个宣传广告立刻引起轩然大波。广告推出以后，每天都有校长、老师和家长打电话到教育局投诉。因为很多学生都学会了用这句美丽的口号来"劝喻"家长和老师：你看，教育局都说了，求学不是求分数，你就不要再逼我们学习和做功课了，也别再看考试成绩了！也有很多学生写信去反问教育局："如果我成绩不合格，可否升班？""如果求学不是求分数，那么求什么？""难道会考证书上不再写成绩，只写老师的评语吗？""谁说求学不是求分数？没有分数，你们教育局如何监管学校教育质量?"

结果，在一片反对声中，教育局只好"从善如流"，在广告语里加了一个字，从而平息了这场风波。新推出的口号是："求学不只是求分数"。一字之差，实际上是教育立场的180度大转变，以前是简单否定教育结果、只以过程论英雄，现在是承认求学是要追求分数（结果论），但也要看学习的过程（过程论），所以就变成了两种学习观的折中了。

少年儿童研究：这个故事发人深省。看来，学习是一个看起来简单而实际上却非常复杂的词语。作为普通家长怎么理解学习这个概念呢？

李辉：家长可以参考第三个流派也即活动论学者的意见。学习作为人类的一种认识活动，既包含过程，也包含结果，单纯强调结果或是过程的说法都是片面的。活动论学者认为学习是传递和掌握社会文化历史经验的活动，它经历了从外部到内部的转化过程，是经历了行为、认知结果、内心三种变化的一种活动。

而且，学习本身是一个广义的概念，凡是由个体经验引发个体的适应变化都算是学习。儿童在成长过程中的每个心理发展和技能的获得，都是一种学习。比如，婴儿学会喝水，孩子学会说话，这都是学习。家长如果只把学生在校学习当作学习的话，就犯了以偏概全的错误，是错误的学习观。

少年儿童研究：实际生活中，家长似乎更关注狭义的学习，很少从广义的学习角度来关注孩子的成长，人们常说的高分低能，是不是只关注了狭义的学习？

李辉：是的。高分低能指的是在学校教育中能够取得好的成绩，但是在实际生活中表现较差，在生活自理能力、人际交往能力、创新能力等方面达不到应有水平。这一根源在于家长和老师的错误学习观，是他们狭隘的学习观影响了孩子的全面健康发展。

学习是非常复杂的心理现象，人生就是一个不断学习的过程

少年儿童研究：既然学习是一个非常复杂的心理现象，您能不能和家

长解释一下学习到底有哪些内涵和意义呢？

李辉：现有的学习理论大多以偏概全，难以展示人类学习活动的全貌。为此，我综合现有的研究成果，提出一套新的学习理论，叫"多层多维多段系统学习观"，将学习分为 5 个层次、5 个维度和 5 个阶段，最终形成一个由 5 × 5 × 5 = 125 个方块组成的学习魔方，以描述这一复杂的心理现象。

首先，学习本身具有 5 个不同的层次，反映了不同进化序列的动物的学习和人类的学习之间巨大的差异性，将人类与动物的学习分开。

第一层次是动物与人共有的简单学习，是基于"刺激—反应"模式的各种条件反射式学习，强调重复、练习、刺激和强化。例如，婴儿一听见"再见"这个词就会举起手晃晃，虽然他并不一定知道这个动作的真实含义，但经训练以后形成了这种"刺激—反应"模式的条件反射。

第二层次是人类才具有的以语言文字为载体的中层次学习。例如，幼儿可以看图识字，读书学习，而动物就不能掌握人类的文字并以此展开学习。

第三层次是在校学生的高层次的学习，包括许多不同方面，例如品德学习、技能学习、知识学习、审美学习等。这就是广大家长最关心的学校教育中的学习，包括语文、数学、常识等各科的学习，以基本知识、基本技能为核心。

第四层次是各个专业或职业领域的学习，主要是指大专以上的专业或职业学习，以职业或专业训练为目的。

第五层次是人工智能的学习，这是认知心理学和计算机科学相结合的产物，其基本原理是模拟人脑的学习方式，产生所谓的人工智能。这种学习，源于人脑，但超越人脑，是学习的最高层次。

其次，学习活动又包括学习的过程、方法、内容、结果、品质等 5 个维度。学习的过程是"从学习的发生到持续再到结束的全过程"，应该包括尝试与错误、顿悟、同化、顺应、模仿、练习、思考等各种认知活动。例如，学习书法一般先从描红开始，这就是模仿。而学生在解答数学难题时，经常苦思而不得其解，最后突然灵光一闪，然后豁然开朗地发现"原来如此"，这就是顿悟。英语口语的学习，就需要反复练习，完全没有捷径可走。

学习的方式所涉及的就是"学习的策略或方法"问题，例如重复、背诵、记忆、练习、操作、做中学、玩中学、记忆策略、学习策略。要真正把握学习活动的本质，还必须弄清学习者的学习策略或方法。

学习的内容所涉及的是学习的对象或者"个体从哪里学习"的问题，人类可以通过操作实践活动获得亲身经历的"直接经验"，也能通过语言、媒体等获得他人经历过的"他人经验"，还能以语言、媒体掌握所遗留下来的"社会文化历史经验"，更能以自己的主观世界（自己的心理活动）为加工对象，获得"内省经验"。例如，俗语说"没吃过猪肉，还没见过猪跑"，吃猪肉就是直接经验，在书本上或电视上见到猪跑就是间接经验。听人讲述吃"小香猪"的经历就是"他人经验"，而在这些经验的基础上反省和总结一下自己对猪的看法就是"内省经验"。

学习的结果是指学习后产生什么样的变化或者后果。学习不仅能带来内在的认知结构的改变，也能带来外部行为的改变，同时，还会带来其他心理结构的改变，例如儿童的需要结构、情绪结构等都可能由于学习的结果而发生改变。

而学习的品质所涉及的是儿童在学习中的个别差异问题。有的孩子学起来快而准，有的慢但也很准，这就是学习品质的差异。如全班40名学生，学习风格不同、学习品质不同，其结果自然不同，最终都会反映在学习成绩上。

最后就是学习活动按年龄划分又可简略分为五大阶段：婴儿阶段（0—3岁）的学习、幼儿阶段（3—6岁）的学习、学生阶段（7—18岁）的学习、职业阶段（19—60岁）的学习和退休阶段（60岁以后）的学习。处于人生向上发展阶段的学生在学校中的学习与一般成人在职业阶段的学习不仅有不同的规律，更有不同的特殊意义。而老年大学的学员们并不是在追求什么职业阶段的学习，所以，他们的学习完全是以个人兴趣为主导，更无须以分数论成败。

隐性的学习更多是发生在家庭和课外，父母是最重要的指导者

少年儿童研究：您讲了这么多理论，可否结合实际情况谈一下？

李辉：在我看来，孩子们的学习可分为两大块：一是看得见的学习，主要是与学校教育有关的学习。二是看不见的学习，主要是课外隐性的学习。具体来讲，学校教育是一种正规的学习，有看得见的课程、教材和教法，师生必须在规定的时间和空间范围内完成指定的学习内容。课外隐性学习则可超越这些时空的限制，以生活经历为载体，以兴趣为导向，实现随时随地、无处不在的学习。以我们所处的宇宙为例，肉眼可见的物质其实只占宇宙质量的10%左右，而不可见的暗物质却占90%。儿童的学习也是这样，家长和教师可以看到的学习其实只是10%左右，儿童更多的学习是看不见的，是隐性的。

少年儿童研究：看不见的学习对孩子成长有什么重要意义？孩子最终成为什么样的人是不是更多取决于看不见的学习？新闻中的一些报道，比如复旦大学投毒案，是不是就是在看不见的学习方面出了问题？

李辉：看不见的学习对孩子健康成长的影响和意义是非常深远的。例如，我们常说中国学生高分低能，然后据此来怪罪中国的学校教育只会培养怪胎。其实，这是一桩天大的冤案。学校主要是传授知识的地方（看得见的学习），而生活技能的掌握和情意态度的塑造都是要靠看不见的学习来完成，靠家长和社会的教育。高分低能并不完全是学校的错，家长要反省：为什么孩子考试能考满分，却不会自己煮面吃？为什么孩子（甚至包括某些大人）谈起汽车头头是道，可连个汽车轮胎都不会换？这就是缺乏实际操作经验，缺乏体验式学习，没在生活中学习。这就不能怪老师，要怪只能怪家长，没有给孩子锻炼和学习的机会。

还有，情感、意志、态度等非智力因素的培养和塑造，更是家庭教育的核心内容，是先天遗传和后天家教的共同结果。据复旦大学投毒案中被告交代，他是因为室友过于自以为是，想在愚人节整他，于是投毒杀人。

如果所说属实，这只能反映他心理变态、人格缺陷，而不能说明复旦大学的教育出了问题。这里必须指出的是，人格的塑造主要有赖于家庭教育，而不是学校教育。因为学校是共性教育的场所，家庭才是个性教育的主战场。所以，从这个意义上讲，人们常说的"父母是孩子的第一任老师"虽属老生常谈，但其中别有深意。因此，我建议所有的父母，要承担起教育孩子的责任，不要把责任完全推给学校，"养不教，父之过"，是也。

少年儿童研究：孩子更多的学习是看不见的，是在家庭日常生活中的各个场景发生的，这对家庭教育有什么启示和指导吗？

李辉：我们前面讲的学习的 5 个层次、5 个维度和 5 个阶段，看起来比较复杂难懂。所以，为了帮助家长理解和记忆，我把儿童的学习简单划分为七大类：最常见的是第一种——上课学习，然后就是社会观察学习、体验/游戏学习、能力培养学习、社区学习、学徒式学习、自学。

家长和老师通常都忽略了后面六大类的学习，眼睛只盯在了上课学习，所以就出问题了。例如，体验/游戏学习，是通过儿童的游戏和日常生活体验来学习的，是以问题为本的学习，虽然不一定有清楚的学习目标，但却更具弹性和活力。让孩子走进厨房，体验一下煮饭的乐趣，比传统的教育更接近儿童现实的生活经验。又例如学徒式学习，可以让孩子拜师学艺，琴棋书画，骑射舞武，都可以学。这样在师傅的教导下，孩子可以很快掌握某种技能，是非常有效的学习。还有自学，这也是我们常忽略的。曾经风靡全国的"杜郎口经验"，其成功的秘诀就是靠学生的自学，因为他们是农村普通学校，缺乏好的老师，于是就大规模推动学生自学，每人一本教学参考书，人手一块小黑板，硬是把成绩搞上去了。

还有，最重要的社会观察学习。这种学习无时无刻不在进行中。在家里，父母如何相处，亲子如何互动，成人的一举一动，无不被孩子"观察"到，看在眼里，记在心上，落实到行动中。这种学习往往是无计划的、意外的，但是持续稳定的、不间断的、多方面的、分散。这种非正规式学习其实对孩子的身心发展影响是深远的。它具有时间弹性，以自发为主导，以兴趣为兴奋点，自然发生的、随时进行，就像宇宙中的暗物质，虽然看不见，却是宇宙的核心物质，构成宇宙基本的秩序。

少年儿童研究：现在，我对儿童的学习有了新的认识。您能不能用一句话总结一下今天的主题？

李辉：儿童的学习看得见，儿童的学习看不见，学习的功夫在课外！

访谈 摄影教育是透视儿童生活的窗口

——访董靓、刘建昌

> 董靓,全国青少年摄影教育指导委副秘书长、中国摄影家协会教育委员会基教部部长助理、北京儿童摄影学校顾问。中国摄影家协会会员、中国新闻摄影学会会员,青少年摄影教育理论工作的开创者。在《中国青年报》《中国教育报》《中国日报》等主流媒体发表了大量的摄影作品,主持全国规模最大的青少年摄影比赛——理光杯"我是中国小记者"摄影大赛,主编《青少年·小记者摄影教程》《青少年·小记者简明摄影教程》《第三只眼》《咔嚓,孩子眼中的世界》《新闻摄影》等青少年摄影教材,近年来指导了全国 1500 多所学校开展摄影教育。
>
> 刘建昌,中国摄影家协会会员,中国摄影家协会教育委员会委员,全国青少年摄影教育指导委员会主任,北京市朝阳区三里屯小学(北京儿童摄影学校)专职摄影老师。2006 年在纪念中国摄影家协会成立 50 年纪念会上荣获"突出贡献摄影工作者"称号,2012 年获得全国特色教育优秀教师称号,2013 年、2014 年连续两次获得北京市优秀教师奖。

随着数码相机及具有照相、摄像功能的手机、iPad 等工具的普及,我们的生活也发生了巨大变化——从过去的文字时代过渡到图文并茂的时代,日常生活越来越信息化、图像化。与此相关的问题是,我们如何运用好手头的摄影工具,记录好日常生活,让生活变得更加多姿多彩,进而通过摄影来教育孩子,越来越成为家长的必修课。

对于大多数人来说,摄影的记录性是第一性,远远超越了艺术性,摄

影越来越成为人们理解生活、创造生活的工具

少年儿童研究：实践、记录、思考是人类生活的一个基本逻辑，实践是根本，思考是对实践的进一步把握，而记录则是架起实践与思考之间的桥梁。人类早期是通过记忆力和想象来完成这一任务的；后来发明了文字，文字成为重要的记载工具；再后来，发明了摄影技术，但胶卷时代的摄影还只是奢侈品，主要的功能是纪念，只有到了数码时代，摄影才真正走进寻常百姓家。我想问的是，对于平常老百姓来说，摄影到底意味着什么？这可能是理解摄影教育的出发点。

董靓：的确如此，人是意义的动物，就是说人是根据自己的意图创造生活、记录生活、理解生活。没有记录，人们无法进一步理解生活。人最初是通过文字记录生活的，其实文字也算是一种视觉记录。摄影是记录工具的大跨越。摄影的第一属性是记录性，其次才是艺术性。对于大多数人来说，摄影的记录性远远超越了艺术性，摄影之所以被广泛地应用，其实都是记录功能的体现。只是长期以来我们习惯把摄影艺术连在一起表述，给大家造成了摄影只是一种艺术创作手段的模糊印象。所以，我们评价摄影作品的时候，首先需要考量的就是摄影者的记录意识，青少年摄影教育也是以通过摄影的手段强化孩子的记录意识为根本出发点的。

少年儿童研究：数码时代和互联网空间里，为什么那么多人都喜欢在自己的"空间"、平台上晒自己的"作品"？这反映了什么？

董靓：我认为，"晒"是一种心理需求的反映，为什么那么多人喜欢晒自己的"作品"，其实是希望自己的"记录"能够得到分享。分享不仅会让人更快乐，深层次原因还在于让人获得存在感。文字时代，人们能够分享的主要是故事，而今数码时代带来的全景式展现的事实本身的图像更有助于分享。当然，不是说语言文字已经不重要了，而是说图文并茂的故事才更受青睐，才能得到更多的点赞和传播。因此，"晒"出的作品其实就是每个人对自然、人生、社会中真善美的理解。但为什么有人"晒"出的作品受人欢迎，而有人的作品让人不屑，甚至令人作呕？这就说明人的记录行

为也需要教育，这是摄影教育的奥妙所在。

摄影教育包含很多内容，但从根本上说是生活教育的一部分，帮助孩子理解生活的美丽、生命的内涵和生存的价值

少年儿童研究：在理解摄影与生活本真关系基础上，我们可以谈谈摄影教育了。我知道，您很长时间以来，主要从事摄影教育实践推广及相关研究，其背后的原始动机是什么？

董靓：著名未来学家阿尔文·托夫勒在其著名的《第三次浪潮》一书中就曾指出：人类社会正在孕育三种文盲：文字文化文盲、计算机文盲和视觉文化文盲。前两种文盲大体通过目前的教育都已消除，而视觉文化文盲可能还不同程度地存在着。在儿童时代开展摄影教育，正是避免视觉文化文盲产生的一种有效手段。这应该我是和同人在基础教育阶段大力推广摄影教育的原始动机。

少年儿童研究：我觉得摄影教育包括两方面内容：一是教会孩子学习摄影技术的教育，这似乎是最简单的、最狭义的摄影教育。二是围绕摄影活动如何让孩子过着更有意义生活的教育，它是一种生活教育。我不知道这种理解是否正确，您是怎么诠释摄影教育的？

董靓：需要指出的是，我们这里所说的摄影教育特指少年儿童的摄影教育，因为传统的摄影教育主要指高校开设的摄影和成人摄影技术教育。这个提法算是我们首创的。

长期以来，摄影教育一直被简单地定义为摄影技术的学习。当然这跟原先摄影技术确实是一个有儿点门槛的技能或者艺术创作手段有关。不难想象，傻瓜照相机出现之前，摄影是多么高大上的技术啊！但是随着数码相机的出现，摄影创作的技术难度已经大大下降，原先的摄影教育概念已经悄然改变，越来越与人文教育和综合素养教育融合了。

把摄影教育定义为生活教育是有道理的，与我们对摄影的人文性理解是一致的。通过镜头会促使孩子关注生活、理解生活、创造生活。非常巧

合的是，提倡生活教育的大教育家陶行知先生早在 1934 年主持制订的《淮安新安小学第六年计划大纲》的第 25 条是这么规定的：学会摄影和冲洗晒印照片。在摄影器材和摄影技术还远离常人的时代，先生的提法的确非常前瞻，但也从侧面证明了摄影和生活必将紧密结合的历史发展趋势。

少年儿童研究：在摄影教育行动中，您感觉摄影给孩子们带来了哪些显著的变化？

董靓：这些年我的足迹已经遍及祖国的大江南北，深入 1500 余所学校。各实验区的行动已经充分证实，在少年儿童中开展摄影教育的意义重大，很多家庭因开展摄影教育而受益颇多。通过摄影教育，让孩子透过镜头看世界，拍出成人所没有的纯真的视觉效果。这不仅是照片本身给我们的震撼，更重要的是孩子本身的变化。最为欣喜的是，孩子的综合素质得到了极大的提高，他们对生活和社会的理解更加丰富了。在坚持摄影创作过程中，孩子们普遍形成了记录意识、坚持意识、积累意识。

家庭摄影教育包括两方面内容：一是父母对孩子及家人的影像记录行为，并通过这些影像资料对孩子开展教育；二是指导孩子掌握摄影技巧和工具使用方法，以家庭成员、家庭生活为中心的摄影行为

少年儿童研究：我觉得与摄影最近的是家庭，家庭不仅是摄影教育的主阵地，家长还是摄影教育的主导者之一。家庭应该如何开展摄影教育？

董靓：人的第一生活空间是家庭，因此家庭也是摄影教育的重要场所。我觉得，家庭摄影教育应该围绕着家庭的影像创作行为和相关影像资料的运用而开展，家庭摄影教育是一个广义的概念，主要应该包括两方面内容：一是指导孩子掌握摄影技巧和工具使用办法，以家庭成员、家庭生活为中心的摄影行为；二是父母对孩子及家人的影像记录行为，并通过这些影像资料对孩子开展教育。

对于第一点应该不难理解，比如家庭出游，家长不要光顾着给孩子照照片，还应该把相机交给孩子，让他当主角，尝试去拍摄。家长可以跟孩子一起探讨摄影问题，发现生活中值得拍摄的作品，切磋摄影技艺，不断提高摄影技术和拍摄效果。

第二点也非常重要。利用家庭影像资料，尤其是儿童本身影像资料对孩子开展教育非常有效。比如：让孩子看自己的成长记录，会使孩子在心里产生感恩意识，提高对生命的理解。让孩子看看父母成长记录、家庭亲友的照片，会有助于孩子完整理解父母、亲戚，理解整个家庭史，增强孩子的责任意识。

少年儿童研究：孩子的发展阶段不同，摄影教育方法也会相应的不同。从一个完整的角度看，家长应该如何根据孩子的发展阶段开展摄影教育？或者说，每个阶段开展摄影教育的重点会有哪些不同？

董靓：根据皮亚杰的认知发展理论和我们的实践经验，我们将少年儿童摄影教育大致分为三个阶段：0—3 岁为视觉素养教育阶段，3—10 岁为鼓励拍摄阶段，10—18 岁为技术普及阶段。

第一阶段主要为儿童构建一个良好的视觉学习环境，为孩子创设一个富有视觉活动的、令孩子愉悦的积极氛围，比如可以选择与家庭教育相关的摄影印刷品、海报和照片来装饰房间。第二阶段的主要任务是尽可能让孩子尝试用简易的拍摄工具（比如玩具相机）获取影像资料，同时辅之以看图说话、图片欣赏等教育活动，目的在于让孩子产生摄影冲动。到了 10 岁以后，有条件的家庭可以对孩子进行基础摄影知识的普及，有意识地引导孩子拍摄家庭题材的作品（如全家福、家庭出游、父母肖像等），引导孩子树立摄影的人文意识，帮助孩子建立正确的人生观、价值观。同时，对于拍摄的作品要进行加工、编辑、整理，引导孩子有意识地对摄影产品进行再创造，可以辅以文字说明，形成一个个小小的"摄影集"。这个过程也是家庭情感与文化传递的最佳过程。

少年儿童研究：摄影教育对于不同的孩子意义不同，有的孩子希望把摄影变成自己的特长；有的孩子甚至希望自己未来能从事这方面的工作，如记者、摄影师等；但对于多数孩子来说，摄影只是一般的技能而已。为此，您有什么建议？

董靓：基础教育阶段的一切教育使命都是为了培养孩子的基础知识、基本技能、基本态度，摄影教育也是一样。其主要目的不是培养未来摄影家或摄影工作者，更多的是培养最基本的摄影知识和技能，通过摄影进一步培养孩子的影像意识，进而提高其人文素养。

当然，基于个人的兴趣爱好，有部分孩子希望走上专业道路，这无可厚非，我们相信一部分孩子从小打下的摄影基础对他们未来的职业发展肯定是有帮助的。所以，与义务教育阶段不同，高中阶段开展的摄影教育就体现了职业定向的色彩，帮助那些有志于摄影工作的孩子可以更好地进行专业提升。

摄影教育是综合素质的教育；学校开展摄影教育需要"立足小课堂，走进大自然，面向全社会"，同时还要家校之间紧密合作

少年儿童研究：刘老师在中小学从事了很多年的摄影教育，是中小学摄影教育的拓荒者，集这么多年的实践与思考，您对摄影教育有何独到的理解？

刘建昌：20世纪80年代初，我在北京市燕山少年宫接触摄影并开始担任专职摄影辅导员，从那时开始算起我的摄影教育生涯已有30多年了。我对于摄影教育的理解也越来越深刻。

首先，我觉得摄影教育是综合素质的教育，它集合了摄影和教育两个方面。摄影是人类历史发展中，人们在生存过程中运用工具技术和智慧，科学地创造出获取影像的实用技能；而教育是促进人类文明发展的必然过程，其真谛是育人。因此，摄影教育既是技能教育，也是美育，它是多元的、动态的，带给学生的不仅是知识、能力，更多的是令他们难忘的愉悦感受和梦想，是培养学生综合能力的一种很好的素质教育。

其次，我将中小学阶段开展摄影教育的理念归结为：立足小课堂，走进大自然，面向全社会。课堂很小，主要在于解决摄影的技术性问题；自然很大，为摄影提供了丰富的舞台，打通了摄影与自然的关系；社会很广，

为孩子摄影提供了深厚的土壤，打通了摄影与人的关系。

少年儿童研究：对于家长而言，如何配合学校鼓励孩子从事摄影活动，提高摄影素养呢？

刘建昌：我也认为家庭是开展摄影教育的重要渠道，同意你们对于家庭摄影教育的理解。这里我主要想谈谈家庭是如何鼓励和支持以摄影为职业取向的孩子的。

首先，家长要进一步提高对摄影价值的认识。摄影不仅是个技术工作，可以学到相应的知识、技能，同时摄影还是个磨炼人的活儿。为了拍摄一幅美景，往往要起早贪黑，体会"踏破铁鞋"的感觉。正是这个过程，会磨炼孩子的意志品质，提高学生的自立自强、团结协作精神。

当然，摄影不仅对非智力因素的培养有帮助，对于知识学习也很有好处。摄影课是以其他学科为基础的一门综合课，反过来会对其他学科产生积极影响，特别是对语文学科，因为摄影首先是看的艺术，看是通过眼睛到脑子的过程。那么观察的能力一定是要用心的。语文是用心说话，而摄影是用影像说话的语言，语言是要学习的。只要向家长说明白了，让学生在学习摄影的过程中尝到了甜头，就会成为他学习中的促进剂。

其次，家长要积极配合学校，为孩子创造相应的条件。摄影，首先需要器材、设备，如果孩子爱上了摄影，必备的物质条件需要跟上。摄影需要时间，尤其是周末和寒暑假，可能会耽误一些文化课的学习，这就需要家长解放思想。摄影需要走出家庭，需要家长放手。摄影不可能在家里、学校里、小区里完成，需要走进自然，走进寻常人家，深入社会，这既是挑战，更是机会。当然，放手不是放纵不管，安全是至上的，自我保护是必须的，这是一种辩证关系。

举个例子吧。近30年的教学实践，让我印象最深的是，在学校社会实践考察采风团中连续担任三届团长的陈一墨同学。数次的外出，都是那样的艰难，爷爷奶奶的不放心，自身的健康，包括实践过程中与他人的矛盾，这一切不仅没有让他退缩，反而成就了他。在选择中学时，凭着自信，在没有约定的情况下，他竟赢得了北京人大附中刘彭芝校长的面试。3年初中之后，又是他毅然决然地离开人大附中，独自飞往加拿大。记得在机场给我的电话是："人大附中的学生太强了……但是，我知道了我要什么。"他通过自己的努力，满意地考取了加拿大哥伦比亚大学金融学院。这一切的获得与摄影中的收获不无关联。

旅行给孩子提供了丰富的生活场景

——访红杏

> 红杏，人文地理摄影师，旅行作家，亲子户外旅行、户外养育倡导者实践者；出版《户外养育新理念》《体验无止境》《最后的天堂》等图书；新浪新鲜旅·旅行达人，携程旅行家、搜狐教育频道专家，为《时尚旅游》《山野户外》《妈妈宝宝》等期刊撰稿。

从女儿张佳禾（小驴佳佳）4 个月开始，她就带着女儿出去旅行。女儿佳佳的足迹已至全国 27 个省（市）、自治区，走过中国五大藏区。境外旅行至亚洲、北美洲、大洋洲、非洲、欧洲。2011 年佳佳成为酷讯旅游体验师，2012 年起担任 Everkid 儿童户外教育品牌形象代言人。她提出了"旅行教育＋户外体验式教育＋户外运动"三合一教育模式，2012 年创办了 Everkid 儿童户外教育品牌。

对于要不要带孩子去旅行，有支持派与反对派。但是事实是越来越多的父母带孩子走在了旅行的路上。从理论上分析，我们不得不说，旅行是一种最直观的让孩子认识世界、了解生活的方式，但是父母在带孩子旅行的过程中也确实存在一些应当注意的问题，父母们也有许多的困惑。为此，我们采访了红杏老师。她既有带自己的孩子旅行的经验，又把带领儿童开展户外活动当作了一项事业。希望她的分享能够给父母们一些帮助。

在实景课堂中学习的知识，孩子更容易记住；通过旅行来体会在生活中遵守规则的意义，孩子更容易理解与接受

少年儿童研究：对于带孩子出行，有人说要带孩子去旅行，有人说千万不要带孩子去旅行。您从女儿佳佳很小的时候就带着她去旅行，您怎么看这两种说法？

红杏：反对带孩子去旅行的一个很重要的理由是认为孩子小，什么都记不住。其实这只是成年人的理解。我们都有这样的经验：有些小时候经历的事情我们至今还记得，但是成年后经历的一些事情我们可能已经记不起来了。

拿我女儿来说，在她 1 岁生日的前一天，我们带她去的云南。那天晚上很冷，我们就给她把鞋脱了用炭火盆烤脚。到她 2 岁半的时候，一天她自己洗漱把刚刚换上的衣服弄湿了。我埋怨她，她就说："我有办法。"我们家里有一个小的吹热风的设备，她自己跑过去把它打开烤自己的衣服。这个机器买了好几年了，但是我从来没有想过用它来干这类事情。我就问她是怎么知道的。她就说"烤脚丫""爬山"。看来她是从 1 岁的生活经历中积累了经验，并且用到了自己的生活中。

在旅行的过程中多给孩子拍照片，是留住孩子记忆的一种重要方法。日后，父母可以和孩子一同复习这些东西。这时，曾经经历的东西孩子就会回忆起来。这种回忆对孩子的记忆非常有帮助，而且一家人在一起看着照片讲一些东西非常有意义。如果不出去旅游，对于孩子来说，总是经历相同的生活场景，孩子就失去了许多机会。

少年儿童研究：同样是一次旅行，父母如何引导，与孩子收获大小是不是也有关系呢？

红杏：是的。我们带佳佳出去的时候会在不同的时机给她解读一些东西。在佳佳即将年满 7 岁那年的秋天，我们去了一趟离北京不远的河北易县。对于佳佳这个年龄的孩子来说，抗日战争只是一个偶尔从大人口里听说的抽象词汇，而那段历史又是所有中国人都有必要知道并且不应当忘记的。给佳佳讲述这段历史，就从河北易县的狼牙山开始了。小学课本上有关于狼牙山五壮士舍身跳崖的故事。给佳佳讲述五壮士的故事时，顺便加入了一些知识点：勇士和壮士、烈士这几个词汇的区别，也算是上了一堂语文课。这种实景课堂中的学习，孩子会更容易记住所学的知识。

下山的路上，我们发现了一处"九姑奶奶庙"，让佳佳知道了什么是"送子观音"；看到了卖荆花蜜的小摊，顺便买上一瓶，在路边又认识了荆花。一天下来，孩子和我们一起长了不少见识。

少年儿童研究：：如果旅行中父母经常给孩子讲一些知识，会不会让孩子厌烦？这样的学习会对儿童形成负担吗？

红杏：父母要注意观察孩子的反应。佳佳有时候也会不愿意听，一般她也不激烈反抗，但是你会发现她的眼神已经游离了。这个时候父母就不要讲了。

这里讲的只是知识性的学习，对于孩子来说，旅行还可以学习到许多其他的东西。重要的是让孩子学习一些规则，培养规则意识。

旅行，会形成一个集体。有集体在，对遵守规则的要求就更强。在家中，由于人少，加之利益与亲情的关系，对于规则的要求往往不是太强烈，但是集体生活就不同了，如果没有规则，往往无法行动。旅行中，父母要有意识地抓住机会培养孩子此方面的意识与能力。

比如让孩子学习餐桌礼仪、认识遵守礼仪的重要性。如果是吃自助餐，父母要提醒孩子拿取适量的食品，不能太贪心，也不能在食品盘里翻来翻去地挑选；盛到自己盘子里的食物，不要再放回公用食盘。如果是跟很多人一起吃桌餐，父母就要提醒孩子不要无节制地拿取自己想吃的食物而不顾及别人；每人一份的食物，除非别人放弃，否则不要多吃多占。

这些生活细节的培养，会让孩子懂得在集体中要学会克制自己。如果我们总是脱开生活的场景给孩子讲道理，会让孩子感觉是说教。让孩子通过旅行来体验这些规则，体会在生活中遵守这些规则的意义，孩子就更容易理解与接受。

旅行就是要体会出门在外的生活，而不是家庭生活的延续；父母的好意，往往会延误孩子适应能力的增长速度

少年儿童研究：对于一般家庭来说，假期带孩子外出，也是成年人休息的机会。您觉得在与孩子一同旅游时，孩子的需要与成年人的需要应当如何关注？

红杏：这就要看成年人安排这次旅游的目的是什么。父母是把孩子当作一件随行的行李，还是父母是陪着孩子来玩的。有的父母往往会从自己的爱好出发制订出行计划，完全忽略了人父人母的身份。父母如果是打算带着孩子出去，而且是号称为孩子而出行，就不要先想到自己喜欢什么样的目的地。

当然能够兼顾更好。其实有些项目孩子也是可以参与的，只是成年人要关注到孩子的存在，让孩子参与进来。比如成年人喜欢的购物，孩子也可以参与，可以让孩子了解汇率，这样，孩子一点儿也不会影响父母的购物，还能帮父母。如果父母的英语不好，可以让孩子问问价格，进行英语对话。也许此件事会调动孩子学习英语的兴趣。购买服装时也可以就款式、价格、颜色等征求孩子的意见，让孩子学习购物技能。

旅行给孩子提供了不一样的世界，父母是值得在带孩子长见识方面付出一些时间、付出一些成本的。

少年儿童研究：带孩子旅行，一切都是在路上，吃、穿、住都是旅游中要解决的问题。面对这些问题，有些父母可能会知难而退，有些父母因为做得不正确，给亲子旅游带来了错误的旅游体验。您认为在带孩子旅行的过程中，需要注意的问题是什么？比如在饮食上，有的父母会给孩子带很多零食，或是孩子不爱吃旅游餐就给孩子吃方便面等方便食品。您觉得这种方式可取吗？如何解决孩子吃不惯的问题？

红杏：对于我来说，可能不存在这样的问题。我在佳佳7个月的时候就带着她去了藏区。我们是开着车去的。第一个晚上因为到达目的地的时间很晚了，找不到酒店，我们就吃了路边摊。给孩子吃的是小摊上卖的面片，只是让卖家煮得软一些。出来的时候，我在车上带了一后备厢的矿泉水，准备给孩子冲奶粉用。但是当地的老百姓很热情，早就烧好了从河中取的水给我们。我虽然心中有顾虑，但是没好意思拒绝。于是佳佳就开始与我们一起吃当地的饭，喝当地的水。

现在我们出去，没有她不能吃的东西。关键是对于她来说，这些不是她需要用意志力克服的困难，而是一种享受。每到一地，她就会想找一找当地有什么好吃的，要尝一尝。她是发自内心地喜欢这样的生活。

对于从小没有出去过的孩子来说，可能会有这样的问题，但是我觉得也与父母的主观想法有关。有些父母一想到要带孩子去旅游，首先想到的就是孩子吃不惯怎么办，有了不太积极的主观判断，并且会在出发之前采买许多的食物。父母的言行首先给了孩子错误的心理暗示。父母的好意，往往延误了孩子适应能力的增长速度。父母也要以身作则，不要坐到桌子前就当众大声说"又是XX菜呀""太难吃了"等等。

少年儿童研究：如果父母在出发前告诉孩子，不管是吃团餐还是吃当地的食物，也是旅行经历的一个重要内容，是只有旅行才能体验到的，孩子可能就会对这个问题有正确的心理准备。

红杏：是的。有些父母总是想让出行中的孩子能够尽量保持在家中的习惯，比如在家里有睡午觉的习惯，出了门了也希望中午能让孩子睡一觉。其实这个问题孩子是可以克服的，稍微打破一些生物钟是没有问题的，反而会增加孩子的抵抗力、适应性。旅行就是要体会出门在外的生活，而不是家庭生活的延续。如果出来了什么都还是跟在家里一样，就大大削弱了旅行的意义。

当然对于旅行中出现的许多问题都应当有预案，比如我的包中永远都会有饼干之类的食物，预备万一堵车之类的情况出现。但是这只是预案，是为了以防万一的。

旅行提供了让人密切接触的机会，也给了父母观察孩子如何与同伴相处的机会，父母要很好地利用

少年儿童研究：您对于孩子出游穿什么样的服装很有研究，能够给父母们一些建议吗？

红杏：孩子的衣服除了好看，更要注意其功能性。纯棉的衣服不太适

合已经会走路和奔跑的孩子在进行大量运动时穿着。因为在孩子出汗之后，它们很难迅速干爽。

很多童装风衣甚至羽绒服的面料都用的是像塑料布一样毫不透气的所谓糖果色漆光尼龙，衣服颜色绚丽很吸引人。不过运动后，就会发现孩子内衣的后背和腋窝处全湿了。买这类衣服时，可以攥着拳头裹进去待几分钟，如果出汗了就说明它的透气性很差。

孩子旅行一般要穿运动鞋。运动鞋也分不同的类型，要根据去的地方不同选择是否要有防水功能的运动鞋，有攀爬的活动就要给孩子选择鞋底纹较深的徒步鞋或者登山鞋。需要注意的是，鞋底硬得无法折弯或是软得能折弯超过90度的鞋子，都不适合孩子。

袜子的选择也很重要。纯棉袜是正确的选择。穿比较厚重的徒步鞋要配比较厚实的纯棉线袜，它能很好地防止鞋子磨脚。

旅行中还要给孩子带一个属于自己的包，让孩子感到自己是一个独立的旅行者。孩子的包里可以装一包餐巾纸，擦汗或者便便急的时候用得上；可以装一些钱，让孩子买矿泉水或者零食时用，甚至在走失的时候可以用来付电话费及车费；装上一小瓶止痒药膏、一片创可贴，以备孩子被蚊子叮咬或是受点儿小伤后可以自己处理；包的带子上还可以带个口哨，以便孩子和父母走失或距离太远时可以使用；可以带个放大镜，便于孩子观察植物或昆虫。

少年儿童研究：人们说"选对旅伴，成功一半"，您也提出过"旅伴比目的地重要"。父母带孩子旅游，如何给孩子选择伙伴？是同龄的孩子一同出游好，还是年龄有差异的好些？

红杏：如果旅程只是一两天，不必介意同行的是什么样的伙伴。这也给孩子提供了一个接触不同性格的人的机会。比如碰到个性比较张扬的孩子，恰恰可以让孩子学学人家的那种表达。有了冲突也没关系，我们不能让孩子在人际关系上处于一种无菌状态。孩子长大了不可能接触的都是与自己一样的人，都是自己喜欢的人。

在孩子的人际交往上，我一直主张交叉交际，即年龄交叉、性格交叉。

混龄交际也是父母需要给孩子补上的一课。孩子在学校中往往是与年龄相仿的同学交往，旅游可以给孩子一个混龄交往的机会。在一个有年龄差异的团队中，年龄小的可以学习与比自己年长些的孩子相处，可以和大哥哥大姐姐学一些新游戏，可以在和大孩子的交往中，提升自己的语言能力。对于年龄相对大的孩子来说，与年龄小的孩子相处，可以学习照顾比他小的孩子，可以锻炼自己的管理能力，还能让自己的爱心有所释放……父母最好让孩子从小拥有"无龄感"，别因为自己的年龄刻意地只去寻找适龄的伙伴。

对于长途旅行来说，如果是很多的人在一起，问题不大；如果是自由结合的小团体，旅伴不是太合拍的话，矛盾就会比较多。孩子之间的矛盾甚至会影响大人之间的关系，这种情况下就要考虑一下旅伴的问题。

如果是跟旅游团的话，要提前问问同团里是否也有带孩子的团友，毕竟大的旅行社都是有不止一个团在一个时间段出行，可以选择一下团友。如果团队中能有年龄相仿的小朋友，那一路上相当于给孩子结上了伙伴。

由于旅行提供了让人密切接触的机会，在旅行中，人们会在一个相对长的时间段中表现出自己真实的一面。父母在平时可能没有机会观察孩子如何与同伴相处，也就不太容易发现孩子人际交往中的问题：孩子会与伙伴交往吗？在与人交往中有哪些问题？需要父母帮助吗？旅行给父母提供了这样的机会，父母要很好地利用。

少年儿童研究：孩子旅游的时候总是喜欢购物，而且出去旅游也要鼓励孩子给长辈、同学买一些礼物。有些父母会嫌孩子乱买。旅行中您会给孩子零花钱吗？

红杏：有些父母可能会怕孩子在旅行中乱花钱，但是事实上这是一个必须经历的过程。对孩子花钱能力的培养开始得越早越好。因为孩子小的时候不会看中太贵的东西，试错的成本也就比较低。如果父母迟迟不给孩子这个权利，等到父母管不了的时候，也许孩子会花很大的代价学会花合适的钱买合适的东西。

为了锻炼孩子，也为了减少亲子之间为此发生矛盾，父母给孩子一个固定的额度会比较好。开始的时候可以分天给，慢慢地可以按一个行程一次性把钱给孩子。

少年儿童研究：您现在创办了 Everkid 儿童户外，组织亲子旅行。您以什么样的理念主导这些活动？

红杏：我是学习视觉艺术的，需要去偏远的地方拍摄一些专题，所以在有孩子之前，我就热爱户外运动。有了孩子后，有了一些带孩子旅行经验的积累，体会到了这些活动对儿童成长的益处。我相信全天下的父母都和我一样，希望孩子健康、独立、聪明、自信，有能力面对各种困境与竞争，有能力让自己活得更好，有能力让世界更美好，所以 2011 年就创办了这个机构，想让更多的家庭分享我们的经验，让更多的孩子受益。

我们将国外先进的"体验式教育"与"户外教育"有机结合，引进瑞士先进的儿童户外教育理念，与日本最大的自然学校管理集团独家合作，在国内首创了"Everkid 儿童户外教育"系列课程。比如说带孩子去露营，我们也把它设计为课程，会从中提炼出一些知识点，在活动中完成这些目标。每一个活动都会有方案，有课件。带孩子游学，也有主题，去武夷山就以茶文化为主题，去神农架就做与金丝猴和自然生态的主题。如果徒步也会选择不同环境下的徒步，比如火山徒步、梯田徒步等。在活动中让孩子进行团体合作，学会在团队中承担一些责任是我们进行所有的活动都会坚持的。我们还会针对每个孩子的状态与孩子进行沟通，与父母沟通。

少年儿童研究：旅行，给孩子提供了许多不同的生活场景，在这些场景中学习，会让孩子有在实践中学习的感觉，可以说是一种实习。谢谢您的分享。

访谈 养宠物有助于培养孩子的责任心

——访马紫月

> 马紫月，英国阿伯丁大学心理学硕士；多加之光（北京）健康科技有限公司联合创始人、CTO。

喜欢小动物的孩子有很多，是否让孩子养，各家都有自己的考虑。实际上，养宠物会在一定程度上培养孩子的责任心，但在养的过程中需要父母的引导。如何引导才能达到好的效果？为此我们采访了长期从事青少年心理咨询工作的心理学硕士马紫月。

养宠物不是单凭着简单的兴趣就可以的。除了坚持，还有一个给予爱、接受爱的过程。养宠物肯定是有助于培养责任心的

少年儿童研究：孩子养宠物可以培养责任心是从几方面来体现的呢？

马紫月：责任心是发自内心地为某人或某事承担责任的愿望。

责任心主要体现在两点：一是坚持、勇于面对的精神，二是爱。一个人如果珍爱自己珍爱他人，才会坚持去做他要做的事情。养宠物也是如此。养宠物不是单凭着简单的兴趣就可以的。除了坚持，还有一个给予爱、接受爱的过程。养宠物肯定是有助于培养责任心的。

少年儿童研究：有责任心地去做一件事情确实需要坚持，但与爱的关系如何体现？

马紫月：责任心其实是与爱和自尊感紧密相连的。这种爱和自尊，通常指向对自我的接纳、对自我价值与能力的认可，是一个人人格形成的核心。儿童的自尊感建立的过程，来自成年人尤其是养育者能否支持孩子最初要求独立的愿望，敏感地回应孩子的情感需求。

发展心理学家马斯洛提出，人在满足其较低的生理的需要、安全的需要后，会发展出较高层次的需要——爱与归属的需要，以及尊重的需要。当一个孩子感到自己的情感需求（爱与支持）是被接纳的，他倾向于接纳自己，并相信自己是可爱的。那么在与他人交往的过程中，也会倾向于爱他人、接纳他人，并因着这种情感而付出努力。同样地，当一个人在成长过程中感到自己的意志是受到尊重的，他有权利去决定自己要做的事情，也就可以发展出能力去理性决定什么是他应该遵从的东西。

在孩子成长过程中，如果能够得到父母无条件的爱与接纳；另一方面，父母从孩子儿童幼年时期起就支持和鼓励孩子做一些力所能及的事情，当孩子需要的时候，提供适当的帮助和引导。这实际上就向孩子传递了哪些是他们的强项，哪些是需要加强之处的信息，使孩子发展出一种对自己能力的肯定和实事求是的评价。孩子的自我价值感和独立性就会不断增强，从而建立坚持做事的信心和责任感。

少年儿童研究：以上所说的几个方面，在养宠物中是如何体现呢？

马紫月：孩子养哪种宠物？为什么要养？养的过程中要承担哪些方面的事情？宠物的习性如何？养的过程中遇到问题如何解决？解决这些问题的过程就是在培养孩子做事的认真仔细。承担责任不仅是把某件事情做下去，还包括如何去做、怎么样做好。因为这是自己要做的，所以不仅是坚持，在坚持之前还要了解如何对这件事负责任。

然后就是如何坚持。孩子很容易觉得小动物比较可爱时就会担负起照顾的责任，过几天新鲜劲过了，就把照顾宠物的责任扔给别人。

少年儿童研究：很多家长不希望孩子养宠物就是有这个担心。

马紫月：孩子做事不能坚持的原因有很多。第一，在做某件事之前不了解。第二，某些事情孩子不知道意味着什么。第三，他不知道该如何去做。所以父母不能简单地说你要养你就要负责，你自己的事情你自己要做好。所以，对于坚持不下来的孩子我们不能一味批评他没有责任心，也许是因为他之前对养宠物这件事情没有了解清楚。所以对自己要做的事情提前了解也是培养孩子责任心的重要部分。

少年儿童研究：所以让孩子在养宠物之前要做足功课。

马紫月：首先要让孩子充分了解要养的宠物，比如上网去查宠物的习性，到有宠物的亲戚、朋友家进行了解，学习一些相关的知识，和父母一起挑选宠物用品，这都是培养责任心的过程。

少年儿童研究：有的家长对孩子养宠物的态度是：你连自己的事情都没有管理好，就不要养宠物了。这种想法是不是有局限性？也许孩子养宠物对他责任心和自理能力也会有所帮助呢？

马紫月：有些事情是相辅相成的。有的孩子处理不好自己的事情是真的不知道如何具体去做。比如让一个刚上学的孩子每天收拾好书包、文具，这对我们是一个很简单的事情，而对一个六七岁的孩子来说，根本不知道把书包收拾好意味着什么。他就觉得这是一件很麻烦、没有意思的事情。对孩子来说，有趣的、能找到自我认同的事情才会愿意做。

如果让孩子认识到你会有一个伙伴，它的生命是掌握在你的手中，你会和它有所交流，它会因为你生活得很好，同时它也会让你有了更多的生活内容，孩子就会意识到这件事情对他是有意义的，他才会坚持。

少年儿童研究：所以我们要让孩子了解，不能只做有趣的，也要做那些单调的、刻板的但对你有益的事情。

马紫月：可以把养宠物当作一个小课题让孩子参与进来，孩子是整件事情的责任人，但父母要给予指导。尽管养宠物的过程中可能会感到累、麻烦，但由于有了共同的努力，从做事的角度，帮助孩子养成独立的精神，当孩子愿意独立去做事，就会愿意承担责任。

责任和权利是不可分的。很多孩子特别是青春期的孩子特别想要权利，但不想承担责任。实际上没有离开权利的责任，也没有离开责任的权利。当希望孩子承担责任的时候，首先要给他能决定事情、参与事情的权利。

少年儿童研究：在养宠物的过程当中，孩子的权利体现在什么地方呢？

马紫月：首先，他能够决定养哪种宠物。当然，如果是不适合的种类，如果对某种动物的毛发过敏，父母就要和孩子商量如何解决而不是简单地制止。然后是如何养。怎样给宠物搭窝、给宠物喂什么食品、宠物生病了该如何处理，甚至在这个过程中要付出多少金钱，都要一起讨论。这都是孩子有权利参与、决定的事情。

少年儿童研究：在心理咨询的过程中，你有没有接触过有关孩子养宠物的案例呢？

马紫月：有这样一个例子。有个孩子养了一只乌龟。乌龟通常不会像猫啊狗啊那样时时和人亲近，所以家长和孩子都对乌龟有些疏于照顾。有几天忘了换水，小乌龟的眼睛出了问题，上面蒙上了一层白色的膜（白眼病），不光是看不见还有可能影响消化系统。于是孩子和家长就带着乌龟去了宠物医院。解决方法就是要给乌龟上药，否则会有生命危险。孩子按照医生的指导，每天两次给乌龟泡药，用针管给乌龟的眼睛上药，整个过程做下来是很不容易的，但孩子坚持了下来。本来预计乌龟一个月才会痊愈，但在孩子的照顾下不到两周就好了。家长觉得孩子的行为完全出乎意料，因为这是一个做事很拖拉的孩子，居然能坚持每天给乌龟按时上两次药，还进行一次药浴。这就是因为孩子对乌龟的爱而产生的责任感。父母由此发现在其他方面的事情孩子也是可以做到的。在鼓励和信任之下，孩子作业拖拉等问题也开始有所改善。原来这个孩子的妈妈觉得孩子干什么都不行，经过这次事情，无论是母亲还是孩子，都从中寻找到了改变的契机。

有些宠物，比如猫、狗等，它们对小主人的爱是无条件的。借用心理学词汇就是孩子感到的是无条件的积极关注。在孩子的感受中，有时父母可能会因为自己表现好才会表达爱和赞赏，但宠物对小主人则是无条件的。孩子会由此感受到自己是一个有价值的、被重视的人，就有可能避免那种漠视自己生命和他人生命的现象出现。孩子感受到自己的情感、自己的价值被无条件地关注和接纳，就倾向于认同自己是可爱的、被重视和被接纳的。他的自我价值和自尊感就会提高，一方面相信自己有能力去坚持做好一件事，并在做事的过程中产生更多的自我肯定和愉悦感。这种感觉会帮助孩子愿意去设法克服做事比如养宠物过程中遇到的困难和挫折并坚持下去。另一方面，当孩子感到自己被爱和关注，也就倾向于把这种爱和关注投射到宠物身上。他们通过付出爱、给予和利他的行为，建立起一种与宠物、进而与他人的积极的关系，并在这种关系当中感受到自我价值的体现，进而更加促进孩子愿意付出努力和承担起对生命，或者是一段关系的责任。

当然这也需要家长的引导，因为有些内向的孩子会感到只有宠物才能给他爱。家长不能因为自己没有时间管孩子，给孩子养个宠物让他们彼此做伴儿，不能让孩子走入跟人没有联系的极端。因为对于很多在成长过程中有过情感缺失，或没有和父母建立起安全依恋关系的孩子，比如孩子不是在父母身边长大，或者父母因为工作忙而疏忽了对孩子情感需求的支持和回应，有的父母只是通过给孩子养宠物，来代替自己对孩子情感的亏欠，却没有合适的引导。孩子很容易把自己缺失的情感需求完全和宠物建立连接，倾向于认为自己只能从宠物那里获得理解和爱，从而更加封闭自己，不能够在一个社会化的环境中接纳自己，也就不可能相信自己的价值和坚持做好一件事情的能力，因为他的价值只体现在和宠物的关系之中了。因此，孩子也就难以建立起除照顾宠物之外，对其他事情的责任感。

养宠物只是培养责任心的一个方式，对孩子的接纳、尊重和爱才是最根本的，学会面对、学会承担才是培养孩子责任心所必需的

少年儿童研究：有的孩子因为对宠物的喜爱，会调动积极性为宠物做很多事情，很有责任心，但是在别的方面还是没有什么改善。家长如何利用对宠物的责任心来激发其他方面的责任心？

马紫月：首先家长要相信孩子是有责任心的，这对孩子就是鼓励，孩子会觉得自己是被接纳的，就会相信自己能够做到。前面已经分析过，责任感不仅仅是一个把事情坚持做完的能力和品质，它其实是和信任、接纳、价值感和自尊感紧密相连的。

很多父母认为孩子是缺乏责任感的，所以要培养责任感。其实真的是这样吗？心理咨询中有个有趣的现象叫作"事实不重要原则"，就是这件事

情本身是什么样并不重要，因为每个人都会因为自己的经历、性格、看问题的角度和处理问题的方式不同，对同一件事就会有不一样的理解。可能在父母的眼中孩子总是不能坚持做完一件事情，或是遇见事情就退缩，是缺乏责任感。而在孩子那里，他们可能只是不知道该如何完成，不知道遇到一些困难和让自己感到枯燥的事情该如何坚持下去，或者担心自己做不好事情而受到责骂，等等。

所以，父母不妨"改译"自己对孩子一些行为的理解。例如当孩子不能坚持做完一件事的时候，相信孩子是想完成此事，只是缺乏信心和克服困难的方法。这种态度就给孩子传达了这样一个信息："你是一个有责任感也有能力的孩子。只是在发挥责任感和能力方面需要一些帮助。"孩子感到自己是被接纳的、有价值的，就会发展出坚持做好一件事的信心和愿望。当他遇到困难或感到枯燥时，也愿意把这种困难和心情拿出来和父母分享而不是担心受到责罚，父母也就知道应当在什么地方给孩子帮助和鼓励，引导和促进孩子更好地完成这件事情。这个过程会反过来增加孩子的信心和自我价值感，使他乐意在更多的事情上做到坚持和承担责任。

少年儿童研究：相信孩子这方面能做好，其他方面也能够做好。

马紫月：对，但父母的这种方式不是一种策略，而是真正相信孩子、理解孩子，不是为了让孩子有责任心、坚持把事情做好才采取这种态度，而是真心去理解、接受孩子。

少年儿童研究：有的孩子会养电子宠物。这种非实体的宠物饲养，会对培养孩子的责任心有帮助吗？

马紫月：可以培养孩子做事的坚持精神。比如电子猫，如果两天不打扫卫生会滋生苍蝇，几天不给喂水猫就跑了，如果要继续这个过程的话就要重新养一只了。但养电子宠物能否培养责任心则很难说，因为饲养者和电子宠物之间没有感情上的交流，那种无条件的爱不会产生。当然也要看家长的引导，至少我们会坚持做一件事情。而且即使是电子宠物，对很多孩子来说，没养好也会有些淡淡的焦虑的。

养宠物只是培养孩子责任心的一种方式，对孩子的接纳、尊重和爱才是最根本的，学会面对、学会承担是培养孩子责任心所必需的。

养宠物虽然有助于培养孩子的责任心，但也只是对部分孩子适用的方式。毕竟不是所有的孩子都喜欢养宠物，甚至有的孩子还害怕动物，关键还是要看家长如何用适合自己孩子的方式去培养孩子的责任心。接纳孩子、理解孩子、尊重孩子、给孩子权利才是最重要和必需的。

少年儿童研究：也就是说，养宠物对培养孩子的责任心会有帮助，但不是唯一的培养方式，也不一定适用于所有的孩子。如果家长只是单纯给孩子养个宠物不进行任何引导，对某些特别内向、敏感的孩子来说还会有不利的后果。他们有可能只和宠物而不是人建立亲密的关系。所以，家长要根据具体情况进行引导和调整。家长对孩子的爱和尊重比一些形式都重要。

马紫月：是这样的。

传统节日是丰厚的教育资源

——访孙云晓

> 孙云晓，中国青少年研究中心家庭教育首席专家，研究员，首都师范大学特聘教授，国务院表彰的教育科学研究专家，中国教育学会家庭教育专业委员会常务副理事长。

元宵节是中国的传统节日，这个节日象征着团圆和狂欢，和其他传统节日既有共性也有自己独特的色彩。如何让这个节日在家庭教育中有所作为？

传统节日的核心是传统的中国文化

少年儿童研究：提到元宵节，可能大家第一反应就是吃元宵、看花灯、猜灯谜。在这样一个传统节日，我们应该赋予它什么新的教育内容？

孙云晓：传统节日的核心是传统的中国文化。民族的节日是一个民族文化的标志和象征。一个不尊重本民族文化的人，也不会为其他民族文化所尊重。我最近刚参加完中国作家协会代表大会，大会讨论了一个非常重要的问题：文化自信。党的十八大以来，习近平总书记曾在多个场合提到文化自信，传递出他的文化理念和文化观。他指出："文化自信是更基础、更广泛、更深厚的自信。""文明特别是思想文化是一个国家、一个民族的灵魂。无论哪一个国家、哪一个民族，如果不珍惜自己的思想文化，丢掉了思想文化这个灵魂，这个国家、这个民族是立不起来的。"一个民族没有文化自信是不可能有底气的，根基也不牢。中国的父母特别需要让孩子为自己是一个中国人而骄傲，为自己伟大的民族和灿烂的历史文化骄傲。因为任何一个人都不应该是无源之水、无本之木，所以过好我们的每一个传统节日都很重要。父母应该看到，中国的民族节日是非常丰厚的教育资源。

少年儿童研究：要怎么利用这种资源？孩子了解这些故事和传说，有什么意义呢？

孙云晓：传统节日是让孩子体验民族文化的最好时机。节日对儿童来说就是一个充满快乐的日子。元宵节我们会包汤圆、吃元宵、看灯会、猜灯谜，这些事情对孩子都是很有吸引力的，但是光吃、光看、光玩儿还是不够的。有的孩子可能还会问"为什么要做这些事情"所以，父母还要帮助孩子探究这些历史和风俗。

元宵节在中国有2000多年的历史。元宵节的来历有很多传说。这些传说有宗教的色彩，也有民俗的东西。比如有一个是有关汉代人物东方朔的传说：相传汉武帝有个宠臣名叫东方朔，善良又风趣。他为了救一个名为元宵的宫女设计让汉武帝传令京都家家都做汤圆，一齐敬奉火神君；再传谕满城点鞭炮、放烟火，通知城外百姓，正月十五晚上进城观灯，杂在人群中消灾解难。正月十五日长安城里张灯结彩，思念家人的元宵终于和亲人团聚。后来汉武帝便下令以后每到正月十五都做汤圆供火神君，全城挂灯放烟火，这天叫作"元宵节"。

中国的节日或者说中国的文化，最突出的特点是"和合"文化，讲包容、合作、和谐。元宵节也包含着团团圆圆、家庭和睦、社会和谐等因素。我们也不一定让孩子确认这些传说哪些是真的哪些是假的，历史就是这样传承下来的，伴随着各种传说，其中有民心的向善向乐。我们的目标是培养孩子了解自己民族的历史，热爱自己民族的文化，拥有文化自信。怎么才能让孩子对民族的文化有深刻的记忆呢？单纯地讲述要热爱传统文化很重要是不行的。我们可以让孩子了解古人是怎样表达对节日的愉悦的心情。在古诗词里都有很多记载，唐诗宋词中也有关于元宵节的描述。

宋代词人辛弃疾写的"东风夜放花千树，更吹落，星如雨""众里寻她千百度，蓦然回首，那人却在灯火阑珊处"；欧阳修的"去年元夜时，花市灯如昼。月到柳梢头，人约黄昏后"等都是描写元宵节的千古名句。通过唐诗宋词中美好的意境让孩子感受到我们的文化是如此优秀，可以用几十个字就能表达得非常深刻而且千古流传。家长挑选出一些有关元宵节的、非常经典的古诗词让孩子品味，也是孩子了解中国传统文化的一种形式。

另外还有一种形式就是了解历史人物，比如传说中的汉武帝、东方朔等。了解他们是什么样的人，在历史上起到了什么样的作用，等等。同时了解这么丰富的历史是如何被记录下来，西汉是一个什么样的时代。作为一个中国人来讲，我认为对汉唐气魄要有一个最基本的了解。所以传统节日是孩子了解历史，把握民族文化精髓的一个很好的机会。

儿童教育就是生活教育

少年儿童研究：节日对孩子来说肯定和平常的日子不一样，但是现在的节日对他们来讲也许没有那么多新奇的东西。节日里这些玩儿的、吃的平常日子里很轻易就能得到了，家长如何在这种日子里进行教育呢？

孙云晓：元宵节这天大家都要吃元宵或者是汤圆。这些食品可以是买来的，也可以是自己包的。元宵、汤圆这种食品不是日常经常食用的食物，对孩子还是有新鲜感的。孩子如果学会了自己做元宵，对他来讲也许受益终身。我有一个在日本发展的朋友学会了包饺子。最多的时候，他包了300多个饺子，外国朋友都很喜欢，也很期待。这就是饮食文化在人际交往当中起到的作用。另外，孩子不会做家务，可能会成为他人生中一个很大的缺憾。让孩子参与做，掌握一门技术，这种记忆对孩子来说也是很难忘的。甚至还可以有创造性，比如说可以尝试不同的馅儿，多种实验，多种尝试。

少年儿童研究：通过元宵节，也可以让孩子了解中国不同地区不同的饮食文化、不同的民俗。应该让孩子了解到我们国家很大，饮食很丰富，民俗也很丰富。这一切都是互相包容，而不应该是互相对抗的。

孙云晓：对，应该让孩子了解到世界很大，各地的华人都在过元宵节，但是他们过的形式是有所不同的。比如我在南方的时候，有一年元宵节吃到了种菜馅儿的汤圆，这是我在北方的时候没有吃过的。

儿童教育本来就是生活教育，但是现在有一种倾向是反生活教育。反生活教育会导致孩子的畸形发展。我前两天看了一个新闻，一对年轻夫妻闹矛盾。男孩儿出差的时候，女孩儿不会做饭，在家里吃了一个星期的麦当劳。而且吃完饭之后，快餐盒子也不扔，都堆在家里。这样的家庭很难是一个和谐的家庭。全国妇联有一个调查，发现今天父母教育孩子有四大困难，第一个困难就是不知道怎么教育孩子。实际上中国父母是把自己最大的优势抛弃了，这个优势就是生活教育。如何做饭，如何理家，其实就是一种很好的教育。

2016年11月29日被美国候任总统特朗普提名为交通部部长的赵小兰就出生于非常传统的中国家庭。赵小兰于2001—2009年担任劳工部部长，是美国历史上第一位华裔部长，也是内阁中第一位亚裔女性。2002年1月18日，赵小兰的妹妹赵小美为纽约州消费者保护厅厅长，成为纽约州政府中职位最高的华人。

赵家姐妹的成就在很大程度上归功于成功的家庭教育。与赵家交往甚密的老布什就曾经对太太芭芭拉说：应该向赵家学学如何管教孩子。

赵家虽然有管家，但要求孩子自己洗衣服和整理房间，闲暇时，还要承担家务琐事。每天上学前，孩子要负责检查游泳池的设备，捞取脏物。周末，要把两英亩大的院子里的杂草拔掉。几个姐妹还自己动手一尺一寸地铺成了家门前120英尺的车道柏油路面。因为孩子们记住了母亲的话：家园！家园！这个园地是一家人的，每个人都有责任！

元宵节作为一个节日，还有一个团圆的含义。父母应让孩子了解到：家很温暖，每个人都要为这个家做出自己的贡献，承担一份责任，不要单纯做一个享受者。孩子担负的责任不要求很累，很繁重，但是要是长久的。比如说可以是拿报纸、浇花等家里的一种日常活动。在家里没有责任岗位的孩子，让他有责任感是很难的。不能让孩子认为：只要学习努力了，就是对这个家最大的贡献。

过节也要找到适合儿童的方式

少年儿童研究：传统节日是不是生活教育的好时机？

孙云晓：父母好好生活，就是好的教育。好好生活，就是要积极生活，善待一切。我有一个布依族的朋友，他对春节印象最深的就是：每年春节他妈妈都要做七彩饭给家人吃。七彩饭需要准备各种原料，用到一年四季不同的农作物和其他植物，要在不同的季节收集不同的东西。制作过程非常复杂。首先将上好的糯米淘净晒干，同时到山里采摘各种有利于身体的植物，熬成红、黄、蓝、橙、黑等颜色，之后将洗净的糯米分别浸泡于各类植物染料中。待各种鲜艳的色彩已深深浸透米质，米的颜色已彻底改变，再将它拿到水边淘洗干净，然后放到甑子里蒸熟。这种七彩饭会给孩子留下终生难忘的经历。这就是一种好的家庭教育。

元宵节吃汤圆、元宵，对孩子来讲，也可以看作过节的一种仪式。现在一年四季都可以吃到汤圆、元宵，买着很方便，但是家里面如果有孩子，家长就要有教育意识，很多过节的民俗做父母的可能已经很清楚，但是孩子并不是很了解，父母就有责任传承这种文化。

少年儿童研究：也就是说，父母在节日之前要做些准备。

孙云晓：做任何事情都要找到适合儿童的方式。我最近有过一个比较失败的体验：亲戚带着上小学三年级的孩子到北京来玩儿。我给他们当导游，去了故宫和长城。到了故宫的时候，我发现孩子不喜欢。孩子说："哎呀！一个大房子又一个大房子。"他就不想再往里面走了。后来我想这不是孩子的问题，是大人没有带着孩子做好功课。其实，有的书专门讲故宫的掌故，如果孩子看过这样的书，就会比较有兴致地到故宫进行各种探究。儿童的旅游要用儿童的方式，儿童过节也要找到适合儿童的方式。

元宵节也是一样，在过节的前一段时间，要给孩子找这个节日的各种绘本和书籍或者相关资料。父母可以根据孩子的年龄来准备。10岁前的孩子，在给他们讲睡前故事的时候，也可以有意识地寻找有关节日的故事和传说。这样就会让孩子对这个节日有所期待。

还可以让孩子和其他小伙伴进行交流，比如说自己家做汤圆，请别的小朋友来品尝，或者和小朋友一起做各种各样的汤圆。因为这个时候还处于假期，可以在元宵节这一天或者这几天，多一些小伙伴间的交流。孩子们可以在一起吃汤圆、做汤圆，也可以进行一些猜谜语等跟元宵节有关的活动。家长要尽量给孩子创造一起交流玩耍的机会，节日就会变得很儿童化。这样的元宵节就会给孩子留下非常美好的印象。家长要用心设计，让孩子对元宵节有丰富的体验，孩子才会对传统节日有所理解，才会有过节的积极性。

有的家长会抱怨，说孩子并不重视传统节日，认为孩子根本就对元宵节不感兴趣，汤圆都不爱吃。如果家长把元宵节仅仅当成一个让孩子吃汤圆的节日，就激发不起孩子的兴趣。家长要学会寻找食品之外的东西，满足孩子交友的需要、体验的需要和创造的需要。

第十一章 | 信息时代学做媒介的主人

新媒介对教育的挑战

—— 访卜卫

卜卫，中国社会科学院新闻与传播研究所研究员，媒介传播与青少年研究中心主任、国家社科基金项目"大众媒介对青少年的影响"主持人。

新媒介改变了儿童的学习方式

少年儿童研究：多年来您一直在进行媒介研究，今天我想和您探讨一下父母和学校如何面对新媒介的问题。现在计算机、互联网已经大量进入家庭和教室，您认为它们是否会对学校或者家庭教育构成威胁？

卜卫：它们确实给教育带来了挑战。我们把电视、广播、报纸等媒介称为传统媒介，而把计算机、互联网等媒介称为新媒介。根据我的研究，来自新媒介的挑战至少要有三个方面：第一个是对学习方式的挑战。过去我们谈到学习，大多是指学生在教师的指导下进行课堂学习。但是当我们面对互联网和计算机的时候，这种学习方式就显得很狭隘了。因为孩子可以从互联网上获得大量的教育资源，也可以与机器、网络进行交互学习。因此，他们几乎不用花很多力气就可以了解世界上每个角落发生的事情。这就对教师和父母提出了挑战，即成年人应该教会孩子怎样使用互联网，或者说使用互联网来做什么以及怎样处理信息，等等。

少年儿童研究：我们发现在使用计算机和互联网方面，儿童往往走在了许多成年人的前面，这让成年人感到恐慌。

卜卫：这是新媒介带来的第二个挑战。在信息时代，年轻人可能成为知识的富有者，而老年人则可能是知识的匮乏者。在这种情况下，传统的师生关系、亲子关系有可能发生巨大的变化。在信息时代，学生们可以互教互学，教师的概念可能会发生根本的变化，过去以教育为中心，以课堂为中心的教育方式将发生改变。互联网进入家庭以后，父母在孩子面前的"家庭教师"角色也将发生变化。孩子开始要求与父母平等相处，共同参与，一起探索和学习。同时，教育还面临着另外一个挑战，那就是接触了计算机和互联网的孩子将变得越来越个性化和国际化。

少年儿童研究：为什么在互联网上儿童的个性化和国际化更能得到体现呢？

卜卫：人的个性化是有条件的，其中最重要的条件就是有权利和机会选择自己的生活。在互联网上，儿童有越来越多的可选择的机会。比如，他们想看报纸，可以在网上自由选择各种报纸，而不必再等待父母给他们订的那几份报纸。他们还可以在网上搜索到许多他们最感兴趣的信息，或者他们去发布自己认为很重要的新闻或其他信息，这些活动都可以帮助儿童认识到自己的重要性。在这样的条件下他们可以按照自己的意图生活，而不是按照别人的意图安排自己的生活。同样，孩子上了互联网，他们可以跨越国家、民族、种族的界限，寻找自己所需要的东西；他们创造的作品也可以发给世界上各国的朋友。这样就会使孩子越来越国际化，帮助他们理解世界上不同国家的文化。

计算机教育要忽略"知识"

少年儿童研究：您认为父母和教师面对这些挑战应该做些什么呢？

卜卫：根据我们的研究，很多成年人鼓励孩子学习计算机或进入互联网主要是看中了它们具有强大的知识学习功能。按照传统的教育观念，父母和教师总认为孩子学习知识越多就越成功。但学习知识只是互联网学习的功能之一。对于儿童来说，更重要的是要学会如何处理信息、如何有效地进行交流和培养电脑素养及科技熟练度。

少年儿童研究：信息时代，每个人都要面临无数信息的选择。

卜卫：是的，人要依赖信息，但又不能被动地和信息生活在一起，而应该学会选择，即应该具有批判、选择和处理信息的能力，这样才能有效利用信息。而这种能力恰恰是要父母和教师教会孩子的。

少年儿童研究：也就是说要教会孩子学会学习？

卜卫：对。应该说是新时代意义上的"学习"。计算机和互联网只是为我们提供一种学会学习的可能。如果成年人不破除传统的学习定义，计算机就有可能变成压迫儿童的工具。多年以来，我国的计算机教育者不断演练教学法，把电脑用在一对一的教学上，由使用者来控制进度。实质上，这是以更高的效率向孩子头脑里灌输更多的信息。但成年人却很少想过这个问题：信息不是知识，也不是思想。

少年儿童研究：可是我们长期以来一直在进行远程教育，比如使用一些视听设备或者电视等。

卜卫：这些教学方式更加强化了教师的主动性和学生的被动性。因此，我建议父母和教师首先要树立新的儿童计算机教育观念，即买计算机不是为了让孩子掌握一门知识，而是让孩子喜欢探索未知的世界，增长探索的经验，让孩子有一个准备接受新知识、新技术的心理状态。

少年儿童研究：这好像是当前许多父母和教师欠缺的地方。许多人一提起买计算机，或让孩子上互联网，总是更注重孩子学了多少知识。

卜卫：计算机教育要忽略"知识"，应将注意力集中在孩子的科学兴趣、探索精神方面。儿童的发展，不在于现在能学多少知识，而在于将来学习的潜力有多大。

少年儿童研究：我们知道，和互联网相比，阅读是一种独享式的活动，电视是一种被动的观看，这些媒介缺少参与、交流和探索。刚刚您谈到有效地交流，我认为面对新媒介，这种能力是很重要的。请问该怎样培养儿童有效交流的能力？

卜卫：儿童交流能力的培养，主要表现在两个方面：一是"访问"，一是"表达"。使用新媒介进行"访问"和"表达"是孩子学会发现问题、主动提问、积极寻找答案的过程。它需要儿童的创造性、平等意识、参与和探索精神。网络上的交流是自由的，成年人在鼓励他们交流的同时也要帮助他们充分认识社会和自我。

少年儿童研究：您所说的电脑素养是否是指一个人懂得多少电脑知识或者是否会使用某种软件？

卜卫：许多人都会有这样的误解。电脑素养实际上是指一个人是否真正能从计算机中获益的能力，这种能力与科技熟练度有关。科技熟练度是指一个人在多大程度上勇于尝试他不会的东西。不具有科技熟练度的人，怕出错，怕向人求援；相反，具备科技熟练度的人习惯在键盘上做各种尝试，直到问题解决为止。这是需要教育者积极引导孩子的一个方面。

少年儿童研究：面临新媒介的挑战，以教师为中心、以课堂为中心的教育方式将发生改变。您认为在新的挑战面前教师的重要职责是什么？

卜卫：未来的好教师将不仅仅向孩子指出在信息高速公路上的哪个地方可以找到信息，还要会艺术地向学生提问、启发和鼓励学生。教师的主要任务是帮助学生发现、组织和管理知识。在未来社会，成功的教师将是一个"教练"、学生的伙伴和具有创造性的人。

少年儿童研究：我相信在这种情况下，师生的关系也会发生很大变化。

卜卫：对，教师会更加尊重学生的自主精神，更加尊重学生的人格。

少年儿童研究：教育方式的改变也会进而改变亲子关系的。过去孩子一直处于被教育者的地位，但随着计算机和互联网进入家庭，父母与孩子的关系会发生很大的改变。

卜卫：当父母和孩子坐在计算机前面的时候，或者当他们一起在互联网上冲浪的时候，他们是真正需要相互学习的朋友。美国麻省理工学院媒介实验室的帕博特教授说："我们从来没有像现在这样需要以孩子为师。"

少年儿童研究：对于父母来说，这是新媒介带来的挑战，也是来自孩子的挑战，您认为这时父母最应该做的是什么？

卜卫：重要的是建立新的家庭学习文化。其实每个家庭都有着自己的学习文化，只是我们常常没有机会去意识它、检讨它或者改进它。计算机或网络进入家庭，给我们带来的是个好的机会，可以帮助我们认识、反省自己的家庭学习文化，同时改变不适宜的家庭文化。其实互联时代的到来、新媒介的出现，最重要的就是需要人们改变过去的思维方式以及教育观念，要真正把孩子当成一个教育的主体。联合国教科文组织的一本书《学会生存——教育世界的今天和明天》中曾经说过："未来学校必须把教育的对象变成自己教育自己的主体"，"受教育的人必须成为教育他自己的人"。要改变这样的教育关系，其内涵就是尊重。

少年儿童研究：这的确是新媒介对教育提出的新挑战，需要所有的教育者好好反省。

卜卫：是的，新媒介向不合理的教育体制提出了挑战，教育不可能不回应这种挑战。在我看来，目前的教育工作者还对此准备不足。人们更多的是排斥大众传媒，认为大众传媒应该承担"败坏道德"和"导致学习成绩下降"的责任，却缺少对传统教育模式的反思。西方学术界早在20世纪20年代就开始研究电影对青少年的影响了。以后又研究了广播、卡通漫画、电视、流行音乐、电子游戏，最近又开始研究计算机和互联网。而我们的一些教育者却很少关注这些。更让人感到遗憾的是，一些教育者还想徒劳无功地把大众传媒纳入传统教育模式的轨道。所以，从这个意义上说，我认为我们的教育需要一场新的革命。

访谈

让媒介成为儿童成长的有利工具

——访卜卫

> 卜卫，中国社会科学院新闻与传播研究所研究员，媒介传播与青少年研究中心主任、国家社科基金项目"大众媒介对青少年的影响"主持人。

在一两岁阶段，多看电视的儿童比较聪明，语言表达能力较强；在10—12岁，接触印刷媒介较多的儿童有较好的学习成绩

少年儿童研究：电视作为一种重要的媒介手段已经在孩子的生活中占据了重要的位置，孩子们的课余时间大多数与电视结伴。多数家长对于孩子们钟爱的电视是持否定态度的，认为它导致了孩子成绩下降，而对于孩子在书和电脑（不包括电脑游戏）上花费时间他们却很认可。对于这个现象，您怎么看呢？

卜卫：平时生活中孩子可以接触到的媒介，包括书、报纸、杂志、广播、电视、电影、互联网等，我们可以将它们给孩子的影响分为正面影响和负面影响。但什么是正面影响，什么是负面影响，不同的人可能有不同的定义。

比如对少年儿童可以在网上自由发表言论，有人会认为这是正面影响，因为儿童多了一个渠道发表自己的意见，而儿童表达意见是儿童的权利，网络在这点上具有"赋权"的意义。但也有人会认为这是负面影响，认为不经过成人筛选，儿童发表些在他们看来"没有意义"或"无聊"的言论，这对儿童影响不好。又比如少年儿童上网游戏或聊天，有人会认为儿童有了新的娱乐工具，这是正面影响。但大多数人可能看它是负面影响，认为

"耽误时间""影响学习成绩"或"可能交上不良朋友"。所以当我们提到互联网影响时，可能是正面影响，也可能是负面影响，可能是对学习的影响，也可能是对儿童社会化方面的影响，等等。你所说的现象，主要是家长对于书、电视、电脑等媒介的刻板印象造成的。

实际上，不管是哪一种媒介，都是人在生活中的工具，它是一个中性的东西。它本身并不具有好影响或坏影响，它的影响取决于使用者的情况，即使用者是怎样的人、使用的目的是什么、经常接触哪些内容、如何理解和应用媒介信息等。

媒介对儿童的影响是间接的，它通过许多因素起作用，包括儿童年龄、性别、家庭经济状况、家庭关系、家长文化程度、家长媒介接触行为、伙伴关系、社会关系、教师态度、在班级中所处地位等。在一两岁阶段，多看电视的儿童比较聪明，语言表达能力较强；在10—12岁，接触印刷媒介较多的儿童有较好的学习成绩。电视等媒介对不同年龄的孩子影响是不同的。就家庭关系而言，家庭关系不正常的儿童更喜欢接触暴力内容，并且更容易模仿暴力行为。他们不喜欢看充满爱意的童话片或动画片，因为这些内容是他们生活中缺少的东西。但生活在一个正常的家庭里的儿童，喜欢接触暴力内容并发生模仿的概率就小得多。所有这些因素都可能在儿童的媒介接触时发生影响，只不过影响大小不同。所以，如果说媒介对儿童有影响，这个影响就是媒介因素与儿童的生活因素共同发生作用的结果。

少年儿童研究：对于那些"网络成瘾"和"电视成瘾"的孩子，父母对他们采用与电脑、电视隔绝的方法并不科学吧？

卜卫：你说得对。网络这种媒介一出现，很多成年人觉得这对孩子来说简直是洪水猛兽。其实，20世纪以来，任何一种媒介的出现，人们在最初的时候都有同样的担忧。比如从20世纪20年代初的电影，到后来的流行音乐、电视，每一样新媒介出现人们总会有这样和那样的担心。

但是少年儿童在不同的发展阶段，有着与成人不同的身心发展需求。儿童一定是出于某种需要才看电视、上网。儿童接触媒介主要是为了满足伙伴交往、逃避现实、娱乐、社会学习等几类需要。除此之外，还包括

"发现自己需要的信息""享受成年人的自由""认识我崇拜的人"或"与他人通信、扮演与现实不同的新角色""课外学习或研究感兴趣的问题""感受新鲜刺激"等需要。

依据调查研究表明，少年儿童在满足不同需要的时候会选择不同的媒介。在他们需要放松、需要有人做伴、觉得寂寞的时候，首选的两种媒介是电视和网络。然而对这两种媒介上瘾的少年儿童多数在现实生活中不太成功，他们有强烈的逃避失败现实的需要。他们以看电视为由，试图忘记现实生活中的问题和烦恼，或者以认同电视中角色和故事情节的方式，在白日梦中自我陶醉。上瘾的结果也与电视、网络的高参与感和高投入感相关，尤其是网络（主要是网络聊天和游戏）。

还有一个很重要的原因，就是大人们即便不上网，不看电视，也照样可以从其他的渠道获得各种所需的信息。而对于生活单调的孩子们来说，那是他们了解社会、参与社会的一个重要窗口。因此成人一味隔绝孩子与媒介之间的联系并不科学，重要的还是要教会他们怎样使用。

关心儿童的生活，发现儿童生活、学习、交往中可能遇到的障碍，帮助儿童在现实生活中获得成功和快乐，这是避免媒介包括互联网负面影响的最好的办法

少年儿童研究：您觉得如何才能让孩子正确、科学地使用网络？这是很多父母关心的话题。

卜卫：首先，作为家长要学习新的与网络教育相适应的观念。在大多数父母看来，儿童使用互联网最好是为了学习和提高学习成绩，或是从娃娃抓起学习一门技术，如果上网聊天或游戏，就不正常了。我以为这种看法有两种误区。第一，根据《儿童权利公约》，儿童有使用媒介的权利，儿童也有闲暇和休息的权利，因此，在他们的娱乐时间里，上网聊天或游戏是正常的。况且调查已经显示，上网聊天或游戏与学习成绩并不一定是冲突的关系。第二，儿童使用互联网，不仅是为了学习或学习成绩，互联网

还有许多功能可以用于培养儿童的科学兴趣、探索精神、平等参与精神、创造精神等，这些都对儿童的发展有至关重要的意义。

其次，要学习应用互联网的安全规则和相关知识。大众媒介作为一种无法回避的事物，想将它们与少年儿童隔绝是不现实的，因此，网络的安全显得很重要。很多父母不了解网上安全规则或技术措施，但所有父母，尤其是年龄较小儿童的父母更应该学习这部分内容，以保证监护权能有效地实施。当然这部分内容也可以与孩子一起学习，这也有助于促进亲子关系的和谐。

最后，除了学习，父母和教师还应该关心儿童的生活，发现儿童生活、学习、交往中可能遇到的障碍，帮助儿童在现实生活中获得成功和快乐，这是避免媒介、包括互联网负面影响的最好的办法。

少年儿童研究：社会是个大环境，媒介上的不良信息是无法避免的，因此教会孩子分辨非常重要。但是怎么"教"才是最有效的？如何做才能给孩子最大帮助呢？

卜卫：首先，父母要在家庭中营造一个好的氛围，用父母的实际行为告诉孩子：媒介是我们的工具，对于工具不能过分依赖，在需要的时候去使用它，而不要沦为工具的奴隶。

其次，要严格控制孩子看电视的时间，不要看过于喧嚣、暴力、刺激、容易吓坏孩子的电视节目。孩子喜欢的节目父母要陪着一起看，告诉孩子应该从中学到哪些有益的东西，摒弃哪些无意义的东西。和孩子一起看并对电视节目进行讨论，使孩子知道电视节目是拍出来的，不一定是完全真实的生活，要有选择地接受。孩子喜欢的电脑游戏，家长也要尽量了解其内容后再做评判。

要帮助孩子正确区分真、善、美和假、恶、丑。如有些卡通片，把猫刻画成又笨又馋的"坏"角色，而老鼠则聪明伶俐且力大无比，老鼠总是战胜猫，而现实情况则正相反，这不利于孩子正确的是非观念的养成。电视中经常会出现暴力凶杀场面和色情场面，家长不必难堪，也不必让孩子"闭眼"，也不必忙着按遥控器换频道。家长应该和孩子互相交谈，让孩子明白有些节目是虚构的，是不符合现实的。有些东西父母可以拿来做反面教材，教孩子区分美与丑。

同时很重要的是：家长应该让孩子多体验丰富多彩的生活，如利用节假日带孩子出去旅游，带孩子拜访亲友，让孩子参加户外各种集体活动，等等，从而让孩子了解娱乐的方式有很多种，不只是上网和看电视。

很多父母喜欢拿看电视作为奖惩的手段，达到什么要求奖励看电视或者犯了错误惩罚不让看电视，这样不好，因为它会给孩子一种错觉，让孩子误认为看电视是希望通过电视达到某种满足，但看电视本身并不能使人满足。而是通过看电视得到的知识、观点、观念能够让人在某种程度上顿悟或者提升，这才能让人感到收获和满足。电视在这个过程中只是起到一个工具的作用，而远远不是目的所在。

总之，通过有效控制可以使孩子在娱乐中既学到东西，同时也可以避免电视对儿童造成的负面效应。

链接：中青网少年儿童网络安全规则

1. 在网上，不要给出能确定身份的信息，包括：家庭地址、学校名称、家庭电话号码、密码、父母职业、家庭经济状况等信息。如特别想给出，一定要征询父母意见或好朋友的意见，没有他们的同意最好不要公布，如果公布要让父母或好朋友知道。

2. 不要自己单独去与网上认识的朋友会面。如果认为非常有必要会面，则到公共场所，并且要父母或好朋友（年龄较大的朋友）陪同。

3. 如果遇到带有脏话、攻击性、淫秽、威胁、暴力等使你感到不舒服的信件或信息，请不要回答或反驳等，但要马上告诉父母或通知服务商。

4. 未经过父母的同意，不向网上发送自己的照片。

5. 记住，任何人在网上都可以匿名或改变性别等。一个给你写信的"12 岁女孩"可能是一个 40 岁的先生。

6. 记住，你在网上读到的任何消息都可能不是真的。

7. 当你单独在家时，最好不要让网上认识的朋友来访问你。

8.经常与父母沟通，让父母了解自己在网上的所作所为。如果父母实在对计算机或互联网不感兴趣，也要让自己的可靠的朋友了解，并能经常交流使用互联网的经验。

9.控制自己使用网络的时间。在不影响自己正常生活、学习的情况下使用网络。最好平时用较少的时间进行网络通信等，在节假日可集中使用。

10.切不可将网络（或电子游戏）当作一种精神寄托。尤其是在现实生活中受挫的青少年，不能只依靠网络来缓解压力或焦虑，应该在成年人或朋友的帮助下，勇敢地面对现实生活。

访谈

家长应理性认识电子游戏

——访马红亮

> 马红亮，陕西师范大学教育技术学专业副教授，硕士生导师，研究方向为网络远程教育和教育网络游戏。

家长对电子游戏总是持有"能不玩就不玩"的态度，但是对于成长在电子时代的孩子而言，电子游戏已经成为伴随他们生活的一部分，那么就需要家长转变观念，理性认识电子游戏。马红亮副教授的客观分析会为您了解电子有戏提供丰富翔实的参考。

电子游戏本身并没有罪过

少年儿童研究：马老师您好，现在电子游戏种类庞杂，部分家长对其了解有限。您能为我们概括一下什么是电子游戏吗？

马红亮：家长首先应该了解电子游戏的普遍定义。电子游戏是指用户通过计算机、平板电脑、手机和游戏机等终端设备进行游戏的一种娱乐方式。通常，电子游戏按照是否需要联网可分为单机游戏和网络游戏两大类，按照游戏的玩法可分为角色扮演类、射击类、策略类、运动类、冒险类、动作类、棋牌类、音乐舞蹈类及大型多人在线角色扮演类等。

少年儿童研究：很多家长认为电子游戏容易让孩子陷入其中，对身心不利。实际情况是这样吗？

马红亮：这种担心和顾虑是完全可以理解的。目前，市场上的电子游戏产品不计其数，良莠不齐，既有许多经典的"好"游戏，又有许多充斥着色情、暴力、血腥的"坏"游戏。俗话说，近朱者赤近墨者黑，"好"的电子游戏自然对青少年有好的影响，"坏"的电子游戏自然对青少年有坏的影响。在这一方面，电子游戏与电影、电视、书籍等媒体是相似的。

少年儿童研究：不好的游戏主要会从哪些方面影响玩家呢？

马红亮：我们以玩暴力游戏为例。有关研究表明，玩暴力电子游戏是形成攻击性和暴力行为的重要危险因素。美国爱荷华州立大学心理系的杰出教授和暴力研究中心主任 Craig A. Anderson 博士长期致力于暴力电子游戏对玩家的影响研究。他发现，与非暴力电子游戏相比，玩暴力电子游戏更容易令心跳加速和血压升高；引发攻击思维；唤醒攻击性情绪，使玩家的挫折体验增强，表达出的敌意也更多；诱发攻击性行为，玩过暴力游戏的儿童，在与同伴相处时，更容易表现出攻击性倾向，与老师争执，喜欢群体打架；此外，还会减少亲社会行为。人们在玩暴力游戏之后，在帮助同伴方面反应变得迟钝。玩暴力游戏的时间越长，这种效应越明显。

少年儿童研究：也就是说，玩电子游戏的风险还是很大的？

马红亮：电子游戏这种新的媒体技术是一把双刃剑，既有积极的作用也有消极的作用。这是电子游戏的生产商、制造商的责任，而不是电子游戏这种新媒体技术本身的罪过。这就如同核技术一样，不能简单地将核技术贴上"好"和"坏"的标签，关键在于我们怎么应用这种技术造福人类。

电子游戏对青少年的发展有独特促进作用

少年儿童研究：电子游戏对青少年有"魔力般"的吸引力，大多数情况下，电子游戏以何种机制引发玩家兴趣？

马红亮：其实这个问题就是学术上所讨论的动机问题。对于玩家玩电子游戏的动机问题，国内外的相关研究比较多。例如，Cheryl K. Olson 调查了 1254 名公立学校的 7-8 年级的学生，他们平均年龄 12—14 岁。经过研究，他总结概括了学生们玩电子游戏的三类动机：社会动机、感情动机、智力和表现动机。

社会动机包括和同伴在一起的时候有共同的话题，游戏中竞争所带来的乐趣，教同伴玩所带来的快乐，结交新朋友（包括游戏之中和之外）、领导他人的机会。情感动机包括调节情绪（放松自己、缓解愤怒、忘记烦恼、消除孤独）、沉浸体验（指快乐地和完全地投入一个目标驱动的活动中）。智力和表现动机包括挑战和成就感（升级就是一种成就表现）、表现创造性（修改游戏而创建新的游戏内容）、扮演不同的身份以及好奇、发现和学习。

如果我们从马斯洛（Maslow）的需求层次理论分析玩家这些动机，那么就可以看到电子游戏其实能满足玩家各种不同层次的需求，比如自我实现的需求、美的需求、知的需求、自尊的需求、归属与爱的需求、安全需求等。也就是说，电子游戏吸引玩家的地方很多，而且不同类型的电子游戏对玩家的吸引力不尽相同。即使是同一款电子游戏，对不同玩家也具有不尽相同的吸引力。

少年儿童研究： 与传统游戏相比，您认为电子游戏的优势是什么？

马红亮： 传统游戏应该指的是现实游戏。它和电子游戏有各自的特点，但两者本质上是一致的，都是一种包含体验和参与的娱乐活动，一般都包含有规则、互动、目标等游戏的基本元素。现实游戏是儿童成长过程中不可或缺的一种娱乐活动，电子游戏的优势是能创建各种各样的虚拟空间，例如太空的、奇幻的、唯美的、历史的等，这些虚拟空间是现实游戏所不具备的，所以当玩家在这些虚拟空间中扮演角色时，很容易被吸引。

另外，玩一些电子游戏，并不需要现实游戏中所需要的身体技能，也不会遇到现实游戏中所面临的一些危险，却能走进非常逼真的、魔幻的或不可能的物理环境中，进行一些现实游戏中无法体验的活动。

还有，电子游戏中往往有丰富的奖励机制和结果反馈机制，在虚拟世界中，玩家往往能体验到自己行动或决策所带来的后果，甚至玩家还能决定或改变整个世界的命运。

少年儿童研究： 电子游戏与传统游戏差别很大，为玩家提供不同的体验，提高不同方面的能力。那么电子游戏具体从哪些方面提高个人素质呢？

马红亮： 这个问题应该准确地表述为："好"的电子游戏在哪方面能提高个人素质。也就是说，并非所有的电子游戏都能提高个人素质，"坏"的电子游戏反而会给青少年的成长带来负面的影响。

威斯康星大学麦迪逊分校学习科学的 David Williamson Shaffer 博士在《计算机游戏如何帮助儿童们学习》一书中曾经指出，电子游戏能帮助儿童像专业人士那样思维。当前学校教育存在的问题是过于关注书本知识及相应的标准化考试，而忽略了学生在学习过程中解决实际问题——"做中学"的重要性，而当孩子们玩诸如《模拟城市》或者《俄勒冈之旅》（Oregon Trail）的电子游戏时，他们可以了解城市规划或者美国西部，这些游戏让孩子们有机会创造性地操纵虚拟世界，可以培养学生的创造力和创新能力，这些能力在当今竞争激烈的全球经济中比以往更加重要。

英国学者 Angela McFarlane 等人在调查了 800 名小学三年级至六年级的学生和中学一年级至三年级的学生后表示，玩电子游戏能发展他们的团队协作技能；中学四年级至五年级的学生则认为玩电子游戏不仅能培养他们的决策技能，还能发展他们的团队计划和协作的技能。

少年儿童研究：您能为我们具体举一个例子来说明这种素质是如何提升的吗？

马红亮：我曾是一款运行在《魔兽争霸》中的团队生存类地图——《亡者之夜》的老玩家。这款网络游戏只适合于 10 人以下的多玩家一起来玩，它的最大特点是"协作"。在游戏中，只有与其他玩家通力协作才能完成游戏的所有任务，才能通关，享受到最后胜利的喜悦。而且，这款游戏中的协作相比我们在课堂上开展协作学习中的协作，有过之而无不及。

我曾将这款游戏中的协作与协作学习的五大要素：积极的相互依赖、小组成员的促进性交互、个体责任、人际交往技能、小组反省进行过比较，发现这款游戏非常有效地体现了这五大要素。

例如，玩家们在这款游戏中有着共同的目标和任务，那就是在 15 波的怪物袭击中生存下来。在完成共同目标和任务的过程中，玩家们扮演着各自的角色，比如重装机枪兵、喷火兵、医生、爆破兵、侦察兵、狙击手等，每种角色都有各自的特长，也有各种的缺点，只有各种角色相互配合、相互取长补短组成一个团队才能完成共同的目标和任务。尤其在团队配合中，大家需要各司其职、物资共享、相互照应、相互帮助。合作的时间长了，大家都有一种"战友"般的情谊。

少年儿童研究：家长总认为孩子去网吧玩网游是不好的行为，根据您上述对电子游戏的总结，孩子也可以随时自己玩游戏。那么网游跟单机游戏相比，对青少年的影响是否有很大差异？

马红亮：大型多人在线角色扮演类网络游戏的故事情节往往不如单机版的 RPG 即角色扮演游戏或冒险类游戏那么浓厚。可以说，只有背景故事，没有严格的一步步预设的需要玩家体验的故事情节。网络游戏中只有大量的、不同难度的各类任务，而且许多任务玩家可以选择做，也可以选择不做。尽管每一个任务具有一些类似故事情节的描述，然而绝大多数任务之间的关系非常松散，并没有彼此密切的联系，前后的因果关系也不是很紧密，很难构成类似电影一样的完整的故事情节。即使是当前流行的网络游戏《魔兽世界》中的故事情节也具有这样的特点。

然而，网络游戏中确实有交互式故事情节，这种故事情节就是完全由玩家主导、完全由玩家谱写，有时候精彩程度不亚于好莱坞电影中的故事情节，因此深受青少年玩家喜爱。

我曾看过全球最大的太空星战网络游戏《EVE》（星战前夜）的一份战报，发现它的故事情节跌宕起伏、引人入胜，而这些完全由玩家与玩家的互动决定。这一点是单机游戏所不具备的。也就是说，与单机版的角色扮演类游戏不同，推动网络游戏中的故事情节向前发展的不是某一个玩家，而是众多的玩家。

我想，网络游戏与单机游戏的这一点不同，使得他们对青少年玩家的影响存在着差异。简单的理解，单机游戏可以看作游戏设计者对玩家的影响，而网络游戏除了这一影响之外，还有玩家相互之间的影响，而后一种影响可能在某些方面对青少年的影响更大。这也从某一方面说明网游对青少年为什么具有如此强的吸引力。

家庭拥有调整电子游戏作用的功能及措施

少年儿童研究：青少年进行电子游戏的过程，一般都不在家长的监督范围内，孩子的自控能力有限，那么如何让孩子及时从游戏中抽离？在游戏设计过程中是否有相关的保护措施？

马红亮：2007年新闻出版总署与教育部、公安部等8部委在全国网络游戏中推行针对未成年人的防沉迷系统。防沉迷系统采用实名认证。所有通过实名认证确定为未成年人身份的用户均纳入网络游戏防沉迷系统。

未满18岁的用户将受到防沉迷系统的限制。在游戏过程中，系统会提示累计在线时间；累计游戏时间超过3小时，游戏收益（经验、金钱）减半；累计游戏时间超过5小时，游戏收益为0。

另外，防沉迷系统还有查询系统，主要面向家长，便于家长了解未成年子女是否在使用某一款网络游戏或者查询本人的身份信息是否被他人使用。目前，许多大型的网络游戏开发商，纷纷在其网络游戏产品中，设计开发有相应的防沉迷系统。尽管防沉迷系统还有一些不足，不过这对于防止未成年人沉迷网络游戏，已经向前迈进了重要的一步。家长可以实时关注这些信息的动态，为孩子尽量营造良好的游戏环境。

少年儿童研究：即便如此，家长仍然会担心游戏的内容会对孩子有误导。

马红亮：的确如此，即使是没有暴力色情的、颇具教育价值的严肃游戏，如《模拟城市》(Simcity) 和《文明》(Civilization) 等，直接应用于教育领域时也会出现一些问题。

例如，城市规划者 Kenneth Kolson 就指出，《模拟城市》潜移默化地告诉玩家，市长是全能的和权力无限的，而政治、种族以及民族在城市规划中无足轻重。在男孩和女孩俱乐部使用《模拟城市2000》的过程中，Barab 教授和其同事就发现，尽管学生们毫无疑问从探索供需关系、人口增长和税收中学习，但是他们同时也形成了关于城市如何形成、发展以及演变的幼稚观念。

还有一个例子，一名6岁玩家认为，当城市有电时人们开始移居到他的城市中，因为人们想在黑暗中借助光线看到东西。类似的情况在《文明》中也有体现。这就如同如果将历史题材的游戏《三国志》应用于历史课的教学时，尽管可以培养学生的决策能力等，但不可避免地会形成一些错误的历史认识。

少年儿童研究：您能否提供一些适合家庭的电子游戏方案？

马红亮：无论在学校教育还是家庭教育中，我们都需要精心设计一些以教育为直接目的的教育类电子游戏。当然，从纯娱乐角度而言，家长也可以选择一些绿色的电子游戏，并和孩子们一起玩，这样就类似于和孩子们一起进行亲子游戏一样。

作为一名教育工作者，我向各位家长推荐一款美国亚利桑那州立大学教师学院的Sasha Barab教授主持设计开发的一款针对9—16岁儿童的教育网络游戏——《拯救探索亚特兰蒂斯》(*Atlantis Remixed*)。这款教育网络游戏先后被很多国家和地区的中小学教师以"自愿性质的"在自己的课堂教学中使用，其中许多教师已经是持续使用这款教育网络游戏多年。这款游戏也适合家长和自己的孩子一起在家中探索。目前，这款游戏是免费开放的，但只有英文版，因此适合我国初中生和高中生中英语比较好的学生玩，如果家长也参与其中的话，需要有一定的英语基础。

少年儿童研究：中国家庭中孩子是游戏主体，家长很少参与其中，一定程度上造成了家长对电子游戏的误读。在新媒体与家庭共生的大环境下，家长应对电子游戏持何种态度？

马红亮：实际上，目前电子游戏已经成为父母和孩子冲突的主要来源之一。孩子们喜欢电子游戏，而父母们的态度至少很矛盾，持支持态度的就非常少了。为此，美国心理分析学会会员Kourosh Dini博士在《电子游戏与沉迷：父母指南》中有较好的建议。

第一，电子游戏可以变成一种健康的活动，重要的一点就是父母需要参与。这样父母将能直接了解到孩子们是如何玩的，以及游戏吸引人的地方在哪里。父母也能够与孩子们一起享受一段亲子游戏的时间。

第二，在购买一款游戏之前，父母要确保自己已经阅读了这款游戏的在线评论，或者已经亲自玩了这款游戏，或者至少观看了游戏玩法的一些视频。

第三，浏览电子游戏包装盒上的 ESRB 分级标准，看看是否适合孩子玩。不过在中国这种分级还没有推广施行。

第四，和孩子签订一份有关学习和游戏等方面的协议，如果孩子没有达到相关要求，可以限制或取消游戏时间，直至达到相关要求。

一方面，只有父母客观地看待电子游戏，并积极与孩子一起参与一些健康的绿色游戏，电子游戏在家庭建设方面的潜在积极作用才能发挥出来。另一方面，我们还是应该意识到，无论父母是否愿意让电子游戏进入家庭生活中，电子游戏都已经成为当今社会一股非常强大的并对青少年成长具有重要潜在影响的力量。

家长需引导孩子合理利用微博

——访潘祥辉

> 潘祥辉，浙江大学传媒与国际文化学院博士后，浙江传媒学院副教授，浙江省青年社科学者。主要从事媒介制度变迁，媒介社会学以及政治传播学研究。

现今，微博风行成为一种社会现象，广大家长、青少年在热衷微博的同时可能会对微博的发展、特点以及微博在教育中的影响及作用产生疑问。潘祥辉老师将对这些问题逐一解答，让您和孩子更加理性、正确理解地使用微博。

微博出现是互联网发展及用户需求的必然结果

少年儿童研究：潘老师您好，我们都知道任何事物发展都有其规律，媒介发展也不例外。在您看来，微博的出现是媒介发展变迁的必然吗？

潘祥辉：作为一种社交媒体，微博的出现有其必然性。对信息传播便捷经济的渴求是人类自古以来追求的目标，因为这能够大大改善生活，也符合人类求简求易的心理，互联网满足了这些要求。

微博是依托于互联网的，也最能体现互联网的特质和功能。它在中国的出现大概在2010年，从技术的角度来讲，更加具有"网络性"和互动性，可以提供即时的反馈，克服传播的单向性，而且可以社区化，将现实中的交际网络搬到网络空间中来；从受众体验的角度看，微博使用门槛更低，可长可短，老少咸宜；而且微博可以根据自己的兴趣建立交流圈子，即时互动。

　　我们也要看到，微博的出现表面上是媒介技术演进的结果，实际上也是商业化、市场化发展的结果，准确地说，微博是互联网的商业化与我们的需求共同作用的结果。当然，这也是全球化发展的结果，因为人类的需求、技术以及市场都是没有国界的。只要人类的需求以及市场的创新不被人为地扼制，我们就会发现，类似于微博这样的便捷的交流工具早晚都会出现。中国的微博能够得到发展普及是一件幸事，它显示了中国的进步和开放。

　　少年儿童研究：微博在很短时间内受到大众追捧，您认为最重要的原因是什么？

　　潘祥辉：微博最大的特点就在于它是一种自媒体。所谓自媒体，就是每一个人都是一个信息源，都是一个传播者，也都有一个传播渠道，每一个人都可以做自己的新闻发言人。在传统媒体时代，传播渠道稀缺，媒体数量有限。但是有了微博以后，我们每个人都可以创办一个媒体，而且几乎不需要什么成本，也没有那么多的限制。麦克卢汉所讲的"媒介是人体的延伸""媒介即信息"在微博得到了实现和落实。

　　并且，微博与其他媒体相比有特殊性。一是平等，微博是一个草根媒体，在微博世界中人人平等；二是反馈性强，不需要经过更多的中介，在一定程度上是保证了信息传播的真实性；三是受众选择的主动性，你可以选择收听谁，不收听谁，没有人强迫你；四是圈子化，你可以和你兴趣相投或者志同道合的人成为好友，成为粉丝或互粉。

对微博功能和使用动机的排序不同，是青少年与成人使用微博的明显差异

　　少年儿童研究：青少年对微博十分热衷，您认为原因何在？

　　潘祥辉：中小学生对微博的热衷我认为有以下几个原因：一是图新鲜，赶时髦。青少年对新生事物总是比较敏感，也充满好奇心；二是模仿使然，孩子受到成年人或周围人的影响，希望自己不要落伍，能够融入成人或者朋友的圈子里而开设了微博；三是受到老师或家长的鼓励或指导。有些老师或家长希望微博能够更好地实现"教学相长"或拓展学生的表达能力写

作能力，鼓励学生触网开微博；四是青少年自身对信息、娱乐及交际的内在渴求。微博上可以看到很多有趣的东西，可以找到自己的偶像，也可以找到自己的朋友，还可以在微博上"吐槽"发泄，等等。

少年儿童研究：您提到的几点原因也部分存在于成年人的微博使用情况中，那么青少年用微博与成年人最大的不同是什么？

潘祥辉：青少年使用微博和成人使用微博有共性，但还是有不少差异的，最明显的就是对微博的不同功能和使用动机的排序。青少年不太会想做舆论领袖，对社会热点或事务的关心度不及成人，而和同龄人的互动他们会更多地选择 QQ 交友。我想微博吸引他们的最大的一点就是他们可以和自己远在天边的偶像零距离地接触，这是 QQ 难以实现的。

负面言论、碎片化阅读是微博使用中产生的正常现象，需要家长及时引导

少年儿童研究：部分家长对孩子使用微博有所抵触，原因是对微博负面言论的担心。您也谈到，在微博上评论转发是言论自由的一种体现。由于微博浏览方式公开的特点，孩子上微博就不可能避免负面信息。您是怎样看待这个问题的？

潘祥辉：我觉得家长对微博的抵触可能更多地担心孩子玩微博会"玩物丧志"，分散心思，这个担心就和担心他们上网玩游戏会耽误功课是一样的。在家长看来，玩游戏也好，玩微博也好，都是"上网"，而网络总是充满危险与诱惑的，所以家长们很警惕。

但是微博毕竟和游戏不一样，和上不良网站更不一样。因为它是可控的，不关注的人或机构，无法将信息推送给你。即使有推送，还可以拉黑。而且，不管是新浪微博还是腾讯微博，他们本身是一个强大的媒体平台，有着很强的过滤能力和自律性，也受到有关部门的监管，色情、暴力的信息肯定是要拦截的。所以对于青少年而言，微博还是挺干净的。

至于是否会受到负面言论的影响，我想也未必。青少年有自己的兴趣爱好，如果他对一些东西不感兴趣，也不会去关注，就谈不上影响。当然，这个过程当中，家长可以发挥作用，去引导释疑。比如看看他关注了哪些

人，哪些是可以容忍的，哪些需要引导，哪些需要支持，家长应该有个数。据此还能够了解孩子的兴趣所在，对于家庭教育是有益的。家长的担心可以理解，但"堵"肯定不是个好办法。应该说只要让孩子上网，就存在受到负面信息影响的可能，但不能因此而禁止孩子上网。

少年儿童研究：微博信息庞杂，并且会形成舆论导向，让家长孩子都裹挟其中。您怎样看这个问题？

潘祥辉：西方的社交媒体如 facebook 或 twitter 主要是一种社交工具，但是在中国，因为传统媒体普遍传播失灵，作为新媒体的微博就承担了信息发布和意见表达的功能，因而具有了媒体属性，这应该说是一种中国特色。包括一个热点事件，一个热门词汇，只要在微博上发酵、流行，就能够形成一种主导性的舆论场，将很多人裹挟其中，它来得快，也去得快。

如果孩子们上微博，可能也会卷入这个舆论场中。但如果只是作为一个观察者，或只是低度参与者的话，也没有多大关系。微博是观察社会的一个窗口，让孩子在这个窗口上观察社会，也是一个机会。一般而言，高中生会开始对一些社会性议题感兴趣，家长和学校老师需要引导得当。相比较而言，小学生、初中生对社会舆论的感知和参与会比较弱一些。

少年儿童研究：很多家长还会忧虑，微博上碎片化的信息会带给孩子很大影响，影响他们的专注，包括会降低阅读的深度，只关注低层面、肤浅的浏览。您怎样看待这个问题？

潘祥辉：这个问题要视情况而定。微博是一种即时媒体，信息呈现更加"短平快"的传播特点。相对而言，学校知识的传授先易后难，循序渐进，所以青少年的教育当然应该以学校教育为主，这是一种系统化的知识传播体系，而微博上的知识应该是一种补充。后者的信息虽然不成系统，但更具有时新性和生动性。两者如果相得益彰最好，如果反客为主，过于沉迷于微博世界，确实是有害的。因为微博再好，也不能完全替代学校的教育。不过目前微博成瘾还没有明确研究。

如果从纯技术的角度看，微博作为媒介技术，它本身是中立的，到底说它好还是不好，取决于我们怎样使用它。微博赋予了我们使用者很大的主动性，所以完全可以做到为我所用。对于青少年而言，如果把微博作为启发思考、拓展个人知识的平台，合理适度地使用它，那么微博的正面作用将远远会大于负面作用。

此外，据我的观察，目前针对青少年的心理特点与信息需求的微博内容还不多，真正能够吸引青少年，对他们富有教益的博主也不多，如果有，那倒是好事情。孩子关注这样的微博，有人免费为他们排忧解难也是好事。

微博是检验家庭及学校教育的途径之一

少年儿童研究：家庭作为社会组织的最小单位，微博对其影响界定并不很清楚。微博上出现的情况更多是：个人——个人，个人——某一群体——社会，跳过了家庭组织。但是孩子的媒介教育部分是在家庭中进行的。这是这种媒介的缺陷还是特点？

潘祥辉：微博本身是拓展我们交际圈的，而不是专门用来凝固家庭关系或增进成员团结的。微博的社会功能就是"去部落化"，将陌生人世界整合成一个地球村，打破既有的圈子，重新形成新的圈子。就孩子而言，它实际上将孩子从家庭的圈子中拔出来，嵌入更广阔的世界。

我们知道，孩子社会化的途径主要有三个：家庭、学校和社会。社会环境又可以分为两种：一种是实体的社会环境，有了互联网以后，还要加上一个，即虚拟社会环境，或者说虚拟信息世界。随着媒介化时代的来临，虚拟世界对孩子的影响越来越大。微博的出现，使我们的社会交际无远弗届。以前的孩子只能和父母亲戚、老师同学以及左邻右舍交往，他的人际接触和交往圈子是十分有限的。但是到了自媒体时代，他可以在网上和远在天边的人交往，和陌生人交往，成人的世界他们也可以轻易地观察到，甚至介入进去。

少年儿童研究：那么我们怎样理解家庭与微博的关系？

潘祥辉：对于家庭教育而言，微博的出现意味着家庭的影响不是唯一的，学校教育的影响权重也在下降。家长和老师们告诉孩子的信息需要放到其他信息源那里进行检验，如果家长讲的和他们从自己的信息渠道那里观察到的一致，那么他当然深信不疑。如果不一致，那么他就会怀疑或迷惑：为什么社会上有这么多问题？为什么现实不像书上讲的那么美好？就重新调整自己的认知。所以在有了微博，信息渠道和交际渠道多元化，家长们就必须正视这样的现实，而不能当鸵鸟。这个时候家长和老师的释疑就很重要，要辩证地让孩子看待社会、因势利导。如果担心孩子受负面信息的影响，一味地给他们营造"美好的单纯世界观"，显然是不现实的，这和温室里养花的道理一样。

少年儿童研究：媒介素养是近年教育中经常提到的问题。在您看来，使用微博应该具有哪些素养？微博可以培养哪些素养？

潘祥辉：从言论自由的角度来看，微博上是自由度最高的。但自由和责任是一体两面，玩微博不能只讲自由不讲责任。所以守法、负责任是最为重要的媒介素养。有人把微博当成了一个恶意谩骂、人身攻击的地方，这不仅是"缺德"的表现，也是没有媒介素养的表现。

在微博的发言虽然是隐身的，但一定要想到这些发言，别人是会看到的，写日记可以信口开河，但微博不可以。就像现实中的人际交往一样，要尊重别人的人格权，平等待人。也要有起码的法律意识，在微博上发言特别要注意不要侵权，如不要侵犯人家的隐私权、名誉权，也不要诽谤、造谣、传谣。这些都是最基本的媒介素养。实际上，既然微博是一个媒体，那么一些传统媒体的传播伦理同样适用于微博传播。

微博时代另外一个很重要的素养就是辨别能力。我们面临的不仅是信息短缺的问题，更是信息泛滥的问题。那么，培养和增强自己的辨析能力、选择能力就很重要。这就像看书一样，那么多的书，哪些书是有益的，哪些书营养价值不高，需要明辨是非。而微博世界的良莠不齐使得这种能力更加重要。在这方面，家长也可以多给孩子一些帮助。

第十二章

今日教子，父母要有现代意识和科学精神

教育的核心在于培育两颗种子

——访陈会昌

> 陈会昌，北京师范大学心理学院发展心理研究所教授，博士研究生导师。国务院关心下一代工作委员会儿童发展中心专家委员会委员，他提出的"尊重平等教育理论"和"幼儿社会化"理论与多种干预措施，曾在全国12个省（市）的200多所中小学和幼儿园进行实验，产生了深远的社会影响。

陈会昌教授主持的一项研究对208个普通孩子从2岁起开始跟踪研究，目前已经进行了19年。最近此项研究的一系列成果陆续发表。关于孩子成长最需要主动性和自制力这两颗种子是这项研究的核心发现。

孩子成长最理想的状态就是两颗种子都发达，达到和谐、平衡发展

少年儿童研究：我注意到在您的研究报告里，提到两颗种子时，把自控力称作第一颗种子，把主动性称作第二颗种子，这两颗种子在孩子身上的存在，是否具有明显的顺序性呢？

陈会昌：在我们的研究中通过反复测量发现，这两颗种子在孩子身上的存在和发展是互相独立的，并没有明显的顺序性。所以，孩子身上会出现一颗种子强、另一颗种子弱的情况，也就是说如果一个孩子的自控力强，并不能代表他的主动性强，或者主动性弱。在这项研究中我们把孩子的自控力看作一个维度，孩子的主动性是另外一个维度。此外，我们把情绪看作孩子的第三个维度。这三个维度基本构成了孩子的个性，即人格的全部。最后还有第四维度，那就是年龄，在不同的年龄，孩子个性会有不同的差

异和变化。

少年儿童研究：多年从事儿童教育和研究，我们有一个发现：中国现在的教育特别是家庭教育很容易走极端。比如改革开放以来，很多父母认为自由和民主极为重要，所以对孩子就很放纵；后来发现孩子出现了缺乏控制力和责任感等一系列的问题。我一直在想，教育是否还应该需要一种平衡？比如从教育角度来讲两颗种子的话，是否意味着在培养孩子的过程中要注重培养两颗种子都发达的孩子，从而达到一种平衡的教育？

陈会昌：孩子成长最理想的状态就是两颗种子都发展得比较好，达到和谐、平衡的发展。但在培养孩子两颗种子的过程中需要注意方法和基本原则。例如，对于孩子自控力的培养，我们应该坚持以下原则：(1) 不要轻易对孩子做出整体性评价，如"你真笨"或"你真聪明"。(2) 父母和教师不要说"你看看你，再看看人家"这样横向比较的话。(3) 对孩子的失控行为要有惩罚、批评、说理、引导、冷落、暂停、取消权利等多方面措施，放任自流是不正确的。(4) 在孩子做错事后激发他的悲伤、内疚、自责、羞愧等负面情感。(5) 保持家庭成员间教育的一致。(6) 教育艺术的秘诀体现在教育者与被教育者的情感关系中。(7) 在具备基本的自控能力之后，就要注意培养孩子的独立性。(8) 父母具有较好的情绪和行为控制力是正确实施教育的前提。

在坚持这 8 条原则的情况下，我们就可以采用 10 种方法来培养孩子的自制力：(1) 父母做到关爱、敏感、尊重、平等，这是让孩子顺从和合作的前提。(2) 令行禁止，让孩子做到规则内化。(3) 强化。强化可采用三种方式：物质奖励、活动奖励、精神奖励。(4) 认知训练。认知训练中，孩子的亲身体验比父母的说教更能让孩子明白遵守规则的重要性。(5) 暂时冷落。这比打骂孩子更有教育效果。(6) 引导。让孩子学会共情和站在别人的角度反思。(7) 暂停。让孩子独自在一个房间里待一会儿，进行反思。(8) 取消权利。孩子犯错后取消游戏等权利作为惩罚。(9) 忽视。这对于孩子故意引起大人注意的错误行为最有效果。(10) 回报的惩罚，让孩子明白所受惩罚是自己做错事的回报。

当然，需要强调的是：在培养儿童自控力时，必须根据儿童的天性和具体情境，适时、适当地采用上述一种或几种方法，效果才可能比较好。

儒家思想对于孩子的独立性、创新性发展是有束缚的

少年儿童研究：我国的儒家学说强调中庸、不偏不倚，强调这两颗种子的发展是否也有这样的内涵？

陈会昌：我国的儒家文化对孩子身上的两颗种子有一定的正面影响，特别是有利于自控力这颗种子的发展。但是儒家思想经过 2000 多年的演化，许多内容变得不利于主动性的培养。中国传统文化强调崇尚权威、吃苦耐劳、自制和规矩，比如："头悬梁，锥刺骨""十年寒窗苦""枪打出头鸟""出头的椽子先烂"等，而对于孩子的独立性、创新性的发展，儒家思想是有束缚的，这对中国的科学发展有负面影响。心理学家在美国的一些中小学对犹太人、白种人、东亚人、非洲后裔等学生进行了智力测量，结果发现东亚人和犹太人在智商得分上没有差别，但到目前为止，犹太人获得诺贝尔科学奖的人数相当于华裔的 40 倍，他们的人口却是我们的 1%。所以有人曾经总结，相信犹太教的人更具有创造性，这可能就反映了文化和宗教对教育的影响。

少年儿童研究：是因为犹太教更鼓励孩子的创造性和主动性吗？

陈会昌：曾经有人做过实验，问儿童是否相信他们看到的魔术师变的魔术是真的，结果发现，生活在基督教家庭的儿童，较多相信魔术是真的，而生活在犹太教家庭的儿童相信的人较少。其中的原理是什么，研究比较少。有人认为，犹太教既鼓励人们的热情，又鼓励人们的理性。

少年儿童研究：你们的研究总结了诺贝尔奖获得者和其他高成就者的 6 个心理条件，其中有 5 个条件都与主动性有关，只有一个条件与自控力有关。现在社会上在讨论家规、家训、家风，我国这些家规、家训、家风固然有很多优良的传统，但似乎也存在缺陷，那就是在培养人的主动性和创造性方面偏弱，而对自控性要求过严。这样的家教是否会影响一代人的创造力？

陈会昌：可以说这是限制中国儿童主动性发展的一个重要因素。孩子主动性的种子是天生就有的，但因为中国的教育环境和文化环境对主动性给予的鼓励和支持不够，所以主动性的种子难以茁壮成长。比如中国现行的高考制度是在教育环境上限制了学生的创新性，而中国的家规、家训、家风又从家庭和文化环境上限制了孩子的主动性，因为中国的父母强调不管孩子长到多大，都得听父母的话。所以，我们需要一种新时代的家规、家训、家风，让孩子的这两颗种子都得到发展。

遗传基因对人的行为存在某些不可改变的作用，在训练和教育孩子的过程中要考虑孩子的遗传基础

少年儿童研究：世界经合组织有一个 PISA 项目（国际学生评估项目），它是针对接近完成基础教育的 15 岁学生进行的，可以考察学生的基础知识、综合分析、创新能力。2009 年上海市 10 万名 15 岁的中学生代表中国参加这个测量项目，结果成绩名列世界第一。成绩公布之后轰动世界，美国总统科学顾问发表文章说："这是我们第一次看到中国学生智力测验的资料，它完全否定了我们以前认为中国孩子只会读死书、死读书的看法，他们在数学和科学领域完全有能力成为创造性人才的。"（2013 年 12 月，经合组织公布了全球 65 个国家和地区的 2012 年 PISA 测试结果，上海学生在数学、阅读、科学三个科目中继续排名第一。）中国孩子取得这样的成绩，是跟他的自控力种子强有关，还是与两颗种子都相关？

陈会昌：主要是跟自控力的种子有关，因为现在中国的教育是让学生学习规定的、整齐划一的知识，并严格要求掌握，这对于基础知识的学习非常有帮助。PISA 项目的测试比较侧重于基础知识，所以中国学生在 PISA 项目中取得的成绩很好。但中国目前面临的问题是，良好的基础知识并没有发展出良好的科学成果，中国人目前在本土还没有获得过诺贝尔科学奖，获得诺贝尔科学奖的几位华人大多是在中国读完中学之后到国外去读大学和研究生的，有些甚至是在中国念完大学才出国的，比如杨振宁等。

少年儿童研究：这种现象是否可以这样解释：这些获得诺贝尔奖的华人，在中国时自控力的种子获得了很好的发展，然后到了西方国家，主动性的种子又得到了充分发展，所以才取得了这样的成就。

陈会昌：可以这样说，因为国外允许孩子主动性种子迅速发展，像中国的科学巨匠钱学森、钱三强都是这样的情况，他们都是上完大学后到国外留学，归国后又从国外带回来了一些良好的习惯，然后在中国继续坚持研究，才取得一系列的成就。所以，只要给予中国孩子主动性种子的成长环境，中国人也一样能做伟大的发明创造，但是现在中国的教育环境难以给孩子这样的土壤和机会。

少年儿童研究：斯坦福大学的沃尔特－米歇尔教授，在1972年做了著名的关于延迟满足的棉花糖实验。您如何评价这个实验？

陈会昌：这个实验首先有重要的理论意义。研究证明了人的自控力的存在，而且通过对孩子很小的时候的自控力测量可以预测他们的将来。起初，这项研究只是观察孩子的行为，后来研究者开始思考这些行为背后的生理机制和遗传机制。我们过去都认为，儿童的自控能力是可以随意训练的，习惯是可以任意培养的，而越来越多关于延迟满足的研究发现，遗传基因对人的行为的确存在某些不可改变的作用，在训练和教育孩子的过程中也要考虑孩子的遗传基础。

少年儿童研究：虽然延迟满足的实验证明了自控力种子培养对孩子发展的重要性，但目前国内对延迟满足的训练也存在一些争议，比如有些人就强调，应该给孩子充分的爱，对孩子延迟满足的训练是在为难和压制孩子的天性。

陈会昌：这是无稽之谈，现在网络上的确有很多父母把爱和自由作为对孩子教育的核心，我们把这些父母称作"爱与自由派"。目前这个派别在网络上的势力相当强大，但我很怀疑，这些父母在他们的孩子上小学之后，发现孩子缺乏良好的学习习惯、控制力差、不能遵守纪律时，他们是否还会无动于衷。有些父母在孩子上学前给予了太多的放纵，忽视孩子自控力的培养，当孩子上小学后，父母就陡然"变脸"，因为上了小学之后就开始存在孩子间学习成绩方面的比较了，比如别人家的孩子考了 100 分，自己家的孩子考了 50 分，父母就会放下原来对孩子宽容的态度：每天孩子回到家，他们就开始劈头盖脸地问："你什么时间做作业？"在这种情况下，我担心这些父母会从一个极端走向另一个极端。

少年儿童研究： 对孩子延迟满足的训练从什么时间开始合适呢？

陈会昌： 根据现有的研究结果，从孩子 1 岁半左右，就可以开始进行延迟满足的训练。而在孩子 1 岁半之前对他进行训练，可能会使孩子负面情绪过多，快乐体验减少，这对孩子的心理健康也不太有利。此外，对儿童延迟满足的训练也要循序渐进，刚开始时不要过于严格，也不要在每件事情上都要求孩子延迟满足。

习惯培养的过程应该是两颗种子结合的过程

少年儿童研究： 我有一个问题特别想向您请教一下，儿童两颗种子的培养和习惯培养之间有什么样的关系？

陈会昌： 儿童自控力培养与习惯培养息息相关，外在的训练和培养很重要。但主动性的培养不像自控力的培养那样通过训练和强化就能产生明显效果，因为主动性是内在品质，特别是在对物和做事情的本能兴趣上。

我们用学习来举例子，父母可以对孩子的学习习惯进行培养，比如学习时要坐姿正确、放学后要及时完成作业等，这都是对孩子自控力的培养。孩子能否热爱学习，能否对学习产生浓厚兴趣，则不是靠训练产生的。在这方面，我主张做到"激发"和"保护"。比如，幼儿都喜欢问"这是什么""为什么"等问题，这其实就是孩子的学习动力，这种动力对孩子上学后的学科知识学习有很大帮助。父母引导孩子发问并积极解答孩子的困惑，就是对孩子学习主动性的激发和保护，而那些强迫幼儿读书、练字的训练，可能会压抑儿童的学习主动性。

少年儿童研究： 在我们做家庭教育研究的过程中，发现过这样的现象，有些孩子在刚开始的时候对某项艺术和技能非常感兴趣，比如喜欢运动、绘画、音乐等，但即使这个天赋和兴趣再大也可能中途夭折，因为任何美好的艺术或技能在学习的过程中都会遇到困难，有些孩子在遇到困难时就选择了放弃。但也有些父母在发现孩子的困境时给孩子创造轻松的环境，陪伴孩子克服困难，鼓励孩子坚持下去，孩子就可能把他学艺的行为慢慢变成了习惯。这是否可以说：一个人的兴趣如果在父母和老师的鼓励下持续下来，这个过程本身也就是习惯的培养呢？有些孩子在把感兴趣的事情变成习惯之后，才得到持续性的发展，这是否可以说在主动性方面也是需要养成习惯的？

陈会昌：这个习惯培养的过程应该是孩子两颗种子结合的过程，是孩子主动性和自控力共同作用的结果。比如一个孩子喜欢弹钢琴，这是他的内在兴趣，是他本身喜爱的，这就是他的主动性。这让他在刚开始因为自我欣赏而努力学琴，但他在不断学习和考级的时候会遇到困难，感觉枯燥，这时就需要第一颗种子也就是自控力的推动。父母的鼓励更多是在给他自控的力量，这就是两颗种子的结合。当然，孩子学琴到了一定境界后，父母的鼓励和指导可能就没有效果了，就需要完全依靠孩子主动性种子的力量了，比如郎朗13岁时就拿到了柴可夫斯基青年音乐家比赛的银奖，这时已经是主要依靠他的第二颗种子了，小时候家人那种严格管教的作用就慢慢退居其次了。

少年儿童研究：我经常看到天才夭折的现象，就是孩子在学习的过程中，肯定会遇到一个坡度，但这个时候父母的急躁和老师的不耐烦，可能会让孩子丧失兴趣，选择了放弃，这样的孩子很多。这是否说明，即使面对天才，没有好的教育方法也可能导致他半途而废？或者说孩子两颗种子的发展与父母和老师的态度有很大的关系？

陈会昌：天资好的孩子到了您所讲的爬坡阶段，所需要的已经不再是父母、老师的要求、命令和督促，他们需要的是启发和引导，因此父母本身的修养就很重要。比如父母的音乐修养，能否让孩子有更多体会、感受和体验。郎朗在13岁时弹肖邦的第二钢琴协奏曲，这是肖邦19岁时写给自己的初恋情人用来表达思念之情的，但郎朗从未有过恋爱经历，怎么找到那种思念的感觉呢？郎朗的爸爸就说："那你就去体会对妈妈的思念吧。"

那时郎朗的妈妈远在东北，郎朗就把对妈妈的感情融入弹琴中，果然取得了成功。郎朗是属于情感型的人，他能够体会这种情感的力量，这种特点不是每个人都具备的。所以父母能否根据孩子的特点采用科学的教育方法很重要。

在培养孩子的过程中，需要把认知、情感和行为习惯相互融合，缺一不可

少年儿童研究：您讲的两颗种子实质上都是在讲人格的培养。我们连续十年做了关于习惯与人格培养的课题，有一些发现和思考，比如在儿童时期，孩子对很多道理不是特别明白，但他会按照或遵从父母或教师的要求来坚持做正确的事，这些事情会逐渐影响到他的人格。在成年之后呢，人的辨别力很强，他如果认识到哪些行为错了，就会改变自己的行为。关于人格与习惯的关系是否可以说：在儿童时期，习惯决定人格；在成年以后，人格决定习惯？

陈会昌：这样讲有一定的道理，但不能绝对化。有些成年人的价值观已经非常明确，但他的行为却很难做到。比如，很多人明明知道锻炼身体是有益健康的，但就是不愿意迈开腿去锻炼。再如，很多人都知道应该用温和、宽容、商量的态度来对待自己的家人，但是他很多时候却控制不住情绪。从这个角度讲，成年以后，仍然需要培养习惯，养成良好习惯是一个持续终生的话题。

而在儿童时期，孩子的习惯决定人格，这从行为主义心理学派来看是正确的，但如果从其他流派的角度可能会有不同看法。例如，在孩子道德培养方面，各个学派有不同观点。心理学把道德分为道德认识、道德情感和道德行为。行为主义学派强调培养孩子的道德行为习惯，认为道德品质无非是一系列良好道德行为的叠加。认知学派认为，孩子道德的培养要建立在认知基础上，父母在培养孩子的道德行为之前，必须先让他明白道理，不仅成人要给儿童讲道理，儿童之间还要彼此讨论、学习、模仿，这是培养良好道德的前提。精神分析学派则认为，人在没有情感支持的情况下，道德是没有基础的，一切道德行为都是从负面情感开始的，比如当孩子因

不合理的要求或错误行为而遭到父母批评时，内心会产生内疚感，这种内疚或羞愧是他把自己不道德的行为转化为道德行为的前提。

这三个学派各有各的道理，父母和教师需要把这三个方面相互融合，才能构成培养儿童良好道德的充要条件，三者缺一不可。这个道理同样可以推广到人格方面，从这个角度讲，决定儿童时期人格的，不仅有习惯，还有认知、情感因素，从环境角度，还有小环境、中环境、外环境和大环境因素。

少年儿童研究：在《习惯的力量》这本书中，麻省理工学院的学者提出习惯的养成需要三个关键环节：第一是暗示，第二是惯常行为，第三个是奖赏，他们认为习惯的养成是这三个环节相互作用，同时也用很多例子来证明这个观点，您觉得他们的观点成立吗？

陈会昌：这个观点还是从行为主义的角度来说的。他们说的暗示应该也有指示、建议的意思。一个孩子被大人所建议和命令，教他怎么做，这是第一步；第二步是让他尝试去做，这是惯常行为；第三步是孩子做完事情后的奖励，这奖励不一定是大人给的，还包括自己的满足感、同伴的认同等，从行为主义角度来讲，这个过程在心理学上是说得通的。

少年儿童研究：我们在习惯研究的过程中提出了6个步骤，也就是6个环节，分别是：提高认识、明确规范、榜样教育、持久训练、及时评估、形成环境，认为培养孩子的好习惯大致需要按照这6个环节来进行。

陈会昌：我觉得，这六个步骤一般来讲是对的，但可能不是缺一不可的，也不是连续的不可调换位置的。比如，儿童的某些行为习惯，可能仅仅通过模仿别人或替代性强化就能形成，并不需要经历上述6个步骤。

少年儿童研究：我们还有一个观点，好的习惯是人的解放而不是枷锁。很多人一提出习惯就认为是束缚，但我不这样认为，我觉得坏习惯才是枷锁。

陈会昌：当然可以这么说，养成坏习惯最终的结果肯定是导致自己不自由。

少年儿童研究：在进行家庭教育时，父母会关心具体该如何操作，我觉得您提出的两颗种子的观点是认识和帮助孩子成长的一个有效的工具。前面我们提到在培养孩子自控力方面可以养成很多习惯，在孩子主动性方面是否也可养成一些好习惯呢？

陈会昌：在孩子主动性方面的确也可以养成很多好习惯，比如在孩子求知欲的方面，当孩子有学习和探索的兴趣时，他们的探索和追问行为，如果得到的是父母的鼓励，并和孩子一起查阅知识，孩子就可能会养成求知、探索的好习惯。

少年儿童研究：在您公布的研究成果中，针对自控力提出了很多具体的方法，但在培养主动性方面的具体方法相对较少。其实，无论是父母还是教师，在培养孩子主动性方面也是有许多可为之处的。

陈会昌：的确，我提到了儿童的主动性需要激发，但具体怎么做，没有详细阐述。以后可以尝试去总结一些具体的原则和方法。

虽然儿童的主动性不像自控力那样，可以通过各种方法来训练和强化，但父母还是可以通过激趣、启思、导疑等措施激发和保护孩子的主动性。在激发孩子主动性方面，父母要做的第一件事情就是"尊重天性，顺其自然"，尊重孩子自身的特点，了解孩子的先天优势和劣势，不要对孩子进行不符合天性的、强迫的、填鸭式的、揠苗助长的教学方式。

两颗种子都发达成就人的一生

少年儿童研究：您的家庭教育对您的人生产生了什么样的影响？

陈会昌：我的家庭是一个充满爱的家庭。我的祖母在村里是最疼爱孩子的母亲，从来不打孩子；我的父亲也继承了祖母的仁爱，对孩子很慈祥，极少体罚孩子。在这个环境中，我们家里兄弟姐妹的人格都得到了良好发展，也都非常孝顺。

少年儿童研究：您发展到今天一定有很多成功的因素，如果从习惯方面来说，哪些好习惯有助于您取得今天这样的成就？

陈会昌：我有一个特点，就是做什么事情都会以本行业最前列、最权威人物作为参照的榜样。我在读书时有快速阅读的好习惯，很快地就能掌握书里最重要的东西，能及时抓住一本书的主题思想。别人看完一本书可能需要半个月，而我仅需要两三天。我还有一个动笔的习惯，就是自己思考的有价值的东西，一定要总结，并且写出来。

还有一个重要因素就是勤奋，我不仅自己写作，而且承担了许多国外著作的翻译任务。这些译著的出版，更多应该归结于勤奋。在对待学术问题上，我的另外一个优点就是认真严谨，在翻译的过程中，我会争取用最严谨的语句来表达，有时候我会用半天甚至一天的时间来思考一句话，我觉得这是一个认真严谨的好习惯。

少年儿童研究：是否可以说您取得这么高的成就是因为两颗种子都发展得比较好？

陈会昌：可以这么说，尤其是主动性的种子比较突出。我9岁的时候准备和同学一起组织一个小乐队，当时家里条件艰苦，父母工资低，在攒了许久之后，还差几块钱。在实在等不及的情况下，我就偷偷地拿了母亲两块钱，去买了一把二胡。二胡买来以后，也没有老师教，全靠自己摸索，自己照着音乐书练指法，听着收音机自己学曲调，经过自学，我就能拉刘天华和阿炳的乐曲了。

我的主动性还体现在外语学习上。初中时学习俄语，我自己买来俄文的《真理报》，对照词典查生词。强大的学习动力和自控力使我的俄语学习达到了较高水平，高中之后，我甚至不用上俄语课，因为俄语课本发下来一看，比我自学的内容还简单。正是因为俄语在中学打下了良好基础，以至于13年后参加研究生考试时，我的俄语考试成绩依然是全上海第一名。

语言学习在某些方面是相通的，有了俄语的底子和兴趣，我的英文也学得非常好。虽然英语的学习起步较晚，30多岁才开始学英文，但通过自己的勤奋努力，英语学习还是取得了良好的发展，现在我所翻译的国外心理学著作大部分是英文的。至于俄文，到现在我仍然没有丢，还在翻译俄文的学术著作。

少年儿童研究：您的经历或许是对两颗种子对人的发展具有决定性作用的最好证明。谢谢您接受我们的采访。

正确的教养方式有助于培养爱学习的孩子

——访邹泓

> 邹泓，北京师范大学心理学院教授，博士研究生导师，主要研究领域为发展心理学、社会性发展与健康人格教育、青少年心理发展评价与咨询等。

孩子的学习成绩成为如今很多父母关注的首要问题。中小学开学前后网络上流传的一则微信很准确地体现了这一点："又到开学季，不谈学习时，母慈子孝，连搂带抱；一谈学习，鸡飞狗跳，呜嗷号叫。"当父母不关注孩子的学习时，亲子其乐融融；当学习提上日程时，亲子关系就变得剑拔弩张。

学习是孩子的重要任务。爱学习本是孩子的天性，当孩子初来人世时，带着天生的好奇心，努力探索着未知的世界，这就是学习。那时候学习是孩子的自发行为。但是什么时候学习变成了一件让人痛苦的事情，给孩子造成压力，让父母焦虑？想让孩子爱上学习，父母可以有所作为吗？

学习有苦也有乐，父母的鼓励让孩子产生克服困难的勇气

少年儿童研究：现在孩子的学习成绩成了很多家庭的晴雨表，很多亲子冲突也因为孩子的学习问题而起。一些父母尤其是学习成绩不尽如人意的孩子的父母，会觉得孩子的学习态度有问题，孩子不爱学习，为此很是焦虑。有人提出孩子不爱学习是因为孩子学习的时候不快乐，应该让孩子快乐学习；也有人提出学习本就是一件枯燥的事情，快乐学习是对于孩子的一种误导。您怎么看这个问题？

邹泓：学习是一件苦乐交织的事情，不能绝对化。我不太赞成学习是痛苦的，也不能说学习总是快乐的。

首先，对于学习者来说，发现未知世界的过程就是一种快乐。初期的学习受好奇心驱使，是从兴趣出发，往往体会到更多的是求知的快乐；当然，在探索的过程中，也会遇到困难，会有挫折，甚至会感到痛苦。但是，当克服了困难，获得了新知，习得新技能时，又会体会到学习的乐趣，体会到探索知识本身的快乐。

其次，在学习的内容上，人各有所好，各有所长。比如有人擅长数学，有人擅长阅读和写作，有人擅长艺术。一个人在学习自己感兴趣或者擅长的科目时，从兴趣出发，容易发挥潜能优势，崭露头角，并能体验到成就感、自豪感，感觉是愉悦的。但是学生在学校学习，不可能只学习自己感兴趣或擅长的学科，要按照教学要求学习。学生在学习自己不太擅长的学科时，则需要付出更多的努力，有时还会备受煎熬，会品尝到失败的苦果，难免会感到痛苦。

少年儿童研究：父母如何做才能让孩子在与困难遭遇的时候，仍然能够坚持学习，有克服困难的信心与勇气？

邹泓：父母首先要学会鼓励孩子。当孩子在学习中遇到困难的时候，直接的表现就是学习成绩的下滑。这个时候，孩子是迷茫的、焦虑的。不了解孩子成长规律的父母往往会指责孩子，以为是孩子学习不努力才会出现这样的后果，一味督促孩子花更多的时间学习。这种做法既没有给孩子实际的帮助，比如帮助孩子找到学习中的问题——学习方法不当，或是学习中存在一些知识上的断层，等等；也没有在精神上给予孩子鼓励。孩子孤独无助还要忍受父母的指责，而这一切都是"学习"惹的祸，孩子怎么能爱它，从中享受到快乐。

正确的做法是在孩子失败的时候父母不嘲笑他、不指责他真笨，也不拿他和别的孩子相比较。因为当父母拿一个孩子与其他孩子比较的时候，往往是拿孩子的不足和其他人的长处比。

父母要承认孩子是千差万别的，孩子发展的速度有快慢之分，能力的展现有早晚之分，聪慧的程度有高低之分，优势擅长的领域也有所不同。如果父母看不到孩子的个体差异，盲目要求孩子全面发展，样样都要做到最出色，可能会勉为其难。其实，对于有些孩子，只要他努力了，会收获什么样的结果，父母也不必强求。

孩子大脑的发育具有很大的可塑性和个体差异性，受早期经验和环境的影响。发育慢一些或者在某些方面有发育障碍的孩子与同龄人一起学习，会面临更多的问题。例如有些孩子有注意缺失障碍，或者有阅读困难、数学学习困难等问题，导致学习成绩不良，并不是他智商低或者学习不够努力。遇到这样的情况，父母打骂、指责孩子都是没有用的，解决不了问题，还会伤害孩子的自尊心、自信心，让孩子对学习失去兴趣、信心。

父母一方面需要找有经验的老师或是咨询机构对孩子的问题进行诊断，针对孩子的具体情况提供切实有效的帮助；另一方面要对孩子给予合理的期望，允许孩子在此阶段走得慢一些。孔子提出的"因材施教"，实际上也是说教育要承认个体差异，尊重个体差异，尊重孩子的发展速度和学习方式。

少年儿童研究：生活中我们会看到，当孩子在学习中遇到困难的时候，开始往往会很努力，为了改变付出了很多，但是仍然没有效果。这个时候，孩子可能就会放弃努力。

邹泓：许多孩子都会遇到这样的问题，如果父母能够有正确的态度，给予孩子适时正确的引导，孩子可能就会平稳地度过这一时期，对学习仍然保有兴趣。正确的做法是父母首先要有信心，不放弃对孩子的鼓励。因为孩子的发展从量变到质变会有一个过程，这个过程对于孩子来说也是痛苦的，暂时看不到努力获得的结果，父母的鼓励对于孩子来说无疑就是让其坚持下去的力量。

对于孩子来说，找到学习的意义比让孩子感受到学习的快乐更有利于他加大对于学习的投入。积极的教养方式注重让孩子找到学习的意义。

少年儿童研究：您很强调父母对于孩子的鼓励，这是不是就是您提出的父母积极的教养方式的一种体现，而父母采取这样的教养方式有利于孩子加大对于学习的投入？

邹泓：是的，学生的学习投入是环境因素与个体因素共同作用的结果。在众多的环境因素中，父母的教养方式对孩子的学业成就有着潜移默化的影响。父母的教养方式是一种与教养有关的、稳定的态度和信念的综合体。研究表明，情感温暖、行为指导、自主支持、父母参与、民主等积极的教养方式可以促进孩子的学习投入，而责罚、控制、剥夺、冷漠、专制等消极教养方式容易引发孩子的不良情绪，对孩子对学习的投入产生负面的影响，甚至导致其学习倦怠。

在父母积极的教养方式下，对孩子是有要求、有目标的。这种目标并不是简单要求孩子考多少分，考上什么样的大学，而是希望孩子能追求幸福，追寻有意义的人生，追求卓越，做最好的自己。

家庭教育是潜移默化的教育。孩子的学习方式之一是观察学习。孩子时刻在观察着父母的言行，听到父母赞扬什么批评什么，目睹父母遇到困难时是迎难而上还是逃避退缩，这些都是学习。因此，父母要求孩子成为什么样的人，自己要率先垂范。比如父母遇到困难不畏惧，不退缩，不达目的不轻言放弃；在做事的过程中有计划、有目标、有毅力，力求做到最好，勇于探索，敢于创新，不因循守旧，这些生活中的点点滴滴，就是在向孩子传递一种积极的生活态度。

父母是孩子的榜样，是孩子的第一任老师。父母如果是一个优秀的人，一个充满了仁爱之心、具有社会责任感、勤奋好学、睿智博学，富有创造性、具有探险精神、乐观向上的人，就会给孩子以正向的引导，引导孩子学做一个优秀的人、一个有益于社会的人。孩子就会崇拜父母，热爱自己的父母，就会行有目标，成为一个对社会有意义的人。父母正是通过对孩子潜移默化的影响让父母的希望变为孩子的一种自觉追求。一个人要自食其力，独立于世，并对社会有所贡献，就需要有知识有才华。而学习是获得知识和才华的唯一途径。这样孩子就找到了学习的意义。对于孩子来说，找到学习的意义，比单纯感受到学习的快乐更有利于他加大对于学习的投入。有些父母过于功利，会给孩子设定诸如"考上名牌大学"等目标。这样的设定可能往往会事与愿违。

孩子在生活中的学习态度也会迁移到课堂学习，父母可以通过在日常生活中培养孩子正确的学习态度，进而影响到孩子的课堂学习态度

少年儿童研究：做人的学习有利于孩子知识的学习，那么生活技能的学习与课堂学习是什么关系呢？

邹泓：学习是为了更好地生存，更好地适应社会。这种学习既有知识性的学习，也有生活技能的学习，不同领域的学习态度和学习能力是可以互相迁移的。有人说，生活即学习。孩子的学习不仅限于课堂。比如孩子早期的游戏、日常的生活都是一种学习。这些学习同样会遇到困难，也需要付出努力，并不都是快乐的，有时也要经历一些痛苦，也要承受某些方面自己不如别人，忍受别人对于自己的嘲笑或冷落，甚至有时候不得不承认自己是一个失败者。在这个过程中，孩子学会了如何学习，学会了选择，懂得了坚持什么、放弃什么。他们在生活中的学习态度和学习能力将会迁移到课堂学习上。

少年儿童研究：您的意思是说，父母可以通过在日常生活中培养孩子正确的学习态度，进而影响到孩子的课堂学习态度，而不是对孩子的学习态度培养无所作为，或是眼睛只盯着孩子的课堂学习，以为只有这样，才能促进孩子正确的学习态度的养成。

邹泓：是的。比如培养孩子的自理能力，一开始父母要示范引导帮助孩子，给他尝试的机会，允许失败，不断加以鼓励。如果孩子的能力暂时达不到，父母就要先降低对孩子的要求，让他小步前进。当孩子第一次完成任务的时候，父母是鼓励、引导还是批评、指责，都会影响孩子日后对待学习的态度。生活的智慧也是一种智慧，这种智慧会迁移到孩子的课堂学习当中。

少年儿童研究：现在的一些父母忽略了孩子在生活中的学习。对于孩子很多需要学习自己做的事情往往是包办代替。他们以为孩子做家务、和

同伴交往与学习成绩没有关系，因此不需要。

邹泓：其实孩子生活能力的培养与心理发展是息息相关的。俗话说"心灵手巧"，在培养生活技能的过程中，孩子锻炼了手眼协调能力，发展了感知觉能力、注意力、观察力等，也促进了思维的发展，培养了计划性、条理性、灵活性和创新性，更重要的是增强了孩子的独立性和自主性，让孩子更加乐观自信。这些能力和品质都会影响孩子的课堂学习，进而影响其学业成绩。

和同伴交往也是儿童生活的重要内容。在学习如何与同伴交往的过程中，孩子学会推测别人的想法，体会他人的感受，明白自己喜欢的别人有可能不喜欢，知道人与人之间是有差异的（如身体相貌的差异、智力的差异、性格的差异、家庭背景的差异等），学会站在别人的角度考虑问题，学会解决冲突、协商妥协等。这种社会交往的智慧使他对人性的理解更深刻，在阅读文学作品的时候，对作者的情感能够感同身受，更容易理解作品，写作文的时候生活素材更鲜活，对于人的心理活动的描写也更细腻。同伴同样有榜样示范激励的作用，人际交往的学习对孩子的学业学习也起到了促进作用。

少年儿童研究：现在有些父母会替孩子扫除生活中遇到的一切障碍，但是学习中又希望孩子一切都能自己解决，要有毅力，等等。这些素质不可能天然具备，需要在生活中培养。

邹泓：生活中遇到问题如何解决、如何选择、如何做决定，这些都可以锻炼孩子的问题解决能力和决策能力，而这些能力也会影响到孩子的知识学习、课堂学习，父母更应当关注。如果在生活中孩子的态度是积极向上的，对于学习的态度也会是积极的。

现在有些父母对于孩子实际上有两种不同的标准，生活方面希望一切都由父母来包办，事无巨细地帮助孩子料理得很好，却忘记了在生活中孩子如果没有遇到过任何挫折、体验过失败，在学习中一旦遇到困难就会一败涂地。而在学习方面，父母又希望孩子自己解决问题，而且父母也确实不可能代替孩子，如果孩子没有能力做出明智的选择，遇到挫折的时候不能勇敢地面对，当他看不到希望的时候也不可能朝着目标坚定地走下去。

　　学习与其他问题包括做人是分不开的。孩子的生活习惯、生活态度都会迁移到学习中。如果父母只关注孩子的学习，就剥夺了孩子的生活体验，孩子不知道学习的意义，也会让学习变得枯燥无味，进而厌倦学习，体会不到学习的快乐。

访谈

父母要勇于承担在孩子学习成长中的责任

——访万平

> 万平，北京市特级教师，东城区史家胡同小学语文教师、班主任，北京市小学市级学科教学带头人。曾获全国优秀教师、全国优秀中小学班主任、北京市少先队优秀辅导员、北京市优秀青年教师、北京市人民教师提名奖、北京市首届中小学十佳班主任等荣誉称号。

万平老师是一位长期工作在教学一线的教师。28年来，她将自己的智慧与爱无私地献给了孩子们。"以自己的努力，使每一个学生都获得益处，以至对他的一生产生积极影响"是万平老师的不懈追求。前不久，我们专程采访了她，就社会上对基础教育的一些存疑以及孩子在学习过程中父母的责任等话题进行了探讨，她带给我们一些来自一线教师的真切而清晰的认识。

好学生的背后通常有出色的家长

少年儿童研究：小学阶段，孩子变化很大，家长对孩子们的关注点会有什么不同吗？

万平：小学阶段是儿童重要的生长和学习发展时期。这个阶段，孩子的变化是很大的，而对孩子的关注，更应该是和孩子成长需求与发展相关的。事实上，由于家庭人文环境的不同，每一个家长对自己孩子的关注点是不同的，这从每天家长接孩子见面后的第一个询问就能反映出来——"今天高兴不高兴呀？""老师表扬你了吗？""考试多少分？"……

其实，家长的关注点各异是情理所在。但是作为老师最担心的，是家长只关心孩子是否高兴。因为对孩子情绪的关注，不应该是关注点的核心重心甚至全部。家长关注的重心还应该有意识地与孩子的学习进程相关、与孩子在集体中的成长状态相关，与儿童身心成长的需求相关。

我们在这一点上基本上是有共识的：好学生的背后通常有非常出色的家长。其实，如今的家长每天放学后要为孩子做不少事情：记事本要签字；孩子读书，家长要听并签字确认；要适时地检查孩子的背诵情况；帮孩子准备学具、收拾书包；必要时填写学校回执；当学生交费时，父母也要给孩子准备清楚；有的家长还要回复老师在记事本上写的留言……这些最常规的事情就已经够家长费心的了。

而一些优秀的家长除了关注自己孩子分内的事情外，还会想到孩子班集体的一些事情。比如，开学了，有的家长就会让孩子将洗手液带给大家；还有的家长会参与班里的博客，与教师共同进行班级文化建设；等等。不论怎样，一个家长，对班级关注的程度越深，他的孩子很可能就越优秀。

少年儿童研究：有的家长认为，现在学校给家长的负担太重了，是学校在推卸责任。您怎么看？

万平：所谓学习，重要的是"习"，孩子自己慢慢去吸收理解和记忆知识，能够自己举一反三地运用知识。所谓"为理解而教""学以致用"就是这个意思。但遗憾的是，现在的孩子没有足够的时间来温习巩固新知，"学"的时间刚刚够，"习"的时间则没有。旧的还没消化完，新的又续上了……

比如学拼音 a 、o、e，不可能上一节课就全会了，回家要"a"上多少遍才行。而书写、记忆、拼读更是要一定的功夫的。在我们小的时候，学完这项内容，至少还有自习课，老师也会帮助孩子复习，孩子在学校就有充分的习得时间。现在教材改革，知识密度很大，课程开得比较广博，孩子吸收的比较杂。老师在课堂上讲述各种知识，启发孩子的感悟，出发点是好的，但是没有留给孩子巩固和复习的时间。因为课时不够，甚至连指导孩子在课堂上写作文的时间都没有。

无奈，复习和巩固的任务，自然放到家里了。所谓负担，大多是用来习得的时间。所以从某种意义上讲，每个家庭都成了学校生活的延续，是一种配合学校为孩子发展共同努力的过程，家长也应该客观地看待这个问题，没有这个认识，就会简单地认为是学校给家长的负担太重了……

以前的整个社会环境和现在大不一样，其一，家里少有电视，更没有那么多的课程，孩子也没有那么重的书包，更不用说游戏机和网络了。其二，少有择校现象，升学的压力并不大。现在，这些情况都出现了。面对这样的社会现状，家长也必须与时俱进，认清自己在孩子的学习成长中所应当担负的一份责任，燃起与孩子共成长的热情，探讨成长的一些规律，为孩子发展做出自己的努力。

孩子习惯养成的过程就是家长自我解放的过程

少年儿童研究：看来，好学生背后是好家长，家长费了多少力，在孩子身上都能体现出来。

万平：没错，不仅出力，家长还要有水平。有的家长也没少费力，可孩子还是不尽如人意，所以家长还要适当学习和接受必要的培训。学习与生命同行，教师、家长都要与儿童共成长。

如果孩子特殊一点，比较调皮，家长付出的心血会更多，很不容易。现在，要让孩子不仅具备某种特长，而且要全面发展，那实在是真够难的了。

我经常利用班级博客和家长沟通。孩子的能力有高低，有的孩子抄不完记事本，我就把内容放到博客上，家长看到后督促孩子完成各项任务。博客中还有单元学习测试的解析，以便家长知道孩子的学习在班里处于什么位置。我还有规律地定时给家长一些信息，包括班级生活的情况、小干部培养等，让家长做教育教学的知情者。

学习知识是重要的，但是学习知识的过程，把知识变成能力的过程是更关键的，除此以外，儿童的身心和谐健康更是须臾不能够放松的。我们通过以上的方式的努力，是希望家长能够配合学校教育，在老师的核心力量带动与影响下，一同见证孩子自身的进步。

少年儿童研究：您谈到家长的教育水平，在小学阶段主要体现在什么方面？

万平：家长一定要意识到习惯培养的重要性。有的家长比较情绪化，今天看孩子成绩不好，就着急上火，明天孩子成绩好了，就大松心了。这样一曝十寒是没法帮助孩子养成好习惯的。换句话说，习惯培养，有一个最初的养成阶段，这个阶段是极为艰苦的，一点也不能松劲儿。一旦习惯在孩子心里生根，逐渐长成大树，家长就不再用费那么多心思了。如果家长总是不能帮助孩子养成好习惯，就只好不断重来，不断费力。

举个例子来说。收拾书包是一年级就要养成的自理习惯，在最初可能要盯上几个星期，甚至更长时间，家长必须很具体地指导孩子，辅导孩子，敦促孩子，绝不放松，直到孩子有了能力并能够坚持直至成为自觉习惯为止。

我用8个字概括为：科学，有序，积累，有恒。

可是，现在不少孩子在4年级了还不能独立地收拾好书包，那应该就是家长在最初没有真正落实这个习惯的培养，事实上，这一壶水根本就没有烧开……

再如，我们听写，总有孩子要出错，只是一点点的错，很可惜。所以我会我问孩子：你的听写是怎么复习的？孩子说：我看了看。您可以想一想，第二天考试，仅仅看看，就能记住了吗？我们不排除有的孩子真的聪明，但是更多时候，看一看是无法落实的。所谓"勿畏难勿轻略"，所以，一定要动笔写一写。这个要求落实了，孩子复习起来就成为认真的习惯了。有的家长怎么也意识不到这一点，孩子看一看就看一看，他也不会不要求孩子写一写，孩子是否真会了，家长也就意识不到，所以，孩子的错误就频频出现……这些，都是学习习惯培养的细节啊。

少年儿童研究：看来，一二年级时的习惯的养成特别重要，家长应从各方面加以培养。

万平：如果孩子一入学，家长就有意识地培养习惯，这就带动了孩子学习的整体的良性循环。家长开始没有费心，后来自然要操心，该干的时候没干，后来花10倍的工夫可能也干不好。习惯的养成是很客观的——你没有养成好习惯，很可能就养成了不良的习惯。不良习惯一但养成，要推倒重来，就太不容易了。

在习惯养成的过程中，有这样几个关键数字：21，49，81，108。比如，想让孩子有写字的正确姿势，就要坚持仔细检查21天，给孩子打好基础。之后，每隔2天、3天、5天检查一下，坚持个49天不松劲。这样，孩子的正确书写姿势基本就确定了。在咬牙坚持到81天，可以一个星期只查一次……孩子自然习惯于正确的书写了。

所有的习惯都是一种坚持经营的结果。孩子到五六年级，如果已经形成好习惯，家长基本就不用太管了，当然也不能完全不管，因为人都是有惰性的。习惯的培养是第一步，习惯的建设是第二步，习惯的巩固是第三步，最终习惯成自然，父母再关注孩子的状态、积极性，进一步提高要求。这是第四步。

总之，习惯的培养、构建、形成、优化，最终成为自然的过程，就是一个家长从最初的一点一滴不放松，到后来相应的自我解放的过程。优秀的人越来越优秀，差的人越来越差的根源就在于此。

要诚心诚意地对待学习

少年儿童研究：有人认为现在的孩子不能吃苦，您是这样看的吗？

万平：学习其实就像爬山，学习上的苦是很多人不愿意承受的，比如抄书，想抄得一个字不错，就要真的很踏实，有定力，静下心来抄，这是一个吃苦的过程，也是一个自我成就的过程。我常和高年级的孩子说，中国从来没有像现在这样，强化科学与知识的力量，现在就是一个全民学习的时代，大家似乎都在学海中游泳，你想游得远，就要多用力多吃苦并且有耐力。古人说，书山有路勤为径，学海无涯苦作舟。古人的话应该是不错的，而所谓的"快乐"，更应该是战胜自己之后的真正的快乐。

少年儿童研究：孩子智力水平有差异？家长如何正确看待？

万平：这则要借鉴多元智能的观点。我们首先要明确，每个孩子都是独立的个体。第二了解孩子擅长什么，弱点是什么，然后扬长避短。如果孩子下了很大功夫，成绩还不能提高，那么家长就要面对现实，实事求是。

这也是人的一种勇气。这需要教师和家长人性化的沟通。同时，老师要给孩子提供适合的展示机会，孩子心里就平衡、和谐了。

少年儿童研究：有的孩子在一二年级，学习成绩不够好，家长不着急，认为以后可能有后劲，或者觉得别人可能是高分低能，是这样的吗？

万平：一二年级的习惯培养特别重要。一般来说，三年级时学生成绩分化比较明显，在此之前，父母不能盲目乐观，一定要求孩子诚心诚意地对待每一节课，每一次作业，每一天的学习。

所谓的高分低能，在小学不是这样的。孩子成绩好，各方面的能力相对会比较强。我们从来不能够回避好成绩背后所付出的努力和家长对孩子学习习惯精心培养。只有家长和孩子都认真努力了，优秀成绩自然会体现出来的。成绩仅仅是冰山的一角，最重要的是水下面的冰上要足够的支撑……

少年儿童研究：有的家长认为，小学低年级重复性作业太多了。

万平：从现在的教学进度看，我觉得重复的作业还不够，远远达不到确保孩子可以真正掌握的数量。我教四年级，我也可能让学生写好几遍生字。我对学生说：你写几遍能保证不再出错？你自己试试。如果一遍就记住了，那是你的本事，没有人要求你写10遍，你若是写10遍都记不住，非得100遍才记得住，那就写100遍，这叫功夫到，滞涩通。最终的学习目的是要会，并且写不错。怎么做能达到这个目标，怎么做就是合适的，并没有一个统一的标准。

我觉得，人不能够有贪心——少付出多得到，对学习不诚恳，却又想要好成绩。其实，要想获得好成绩，就别想偷懒，要勤奋。写3遍能会，就3遍，写5遍会，就5遍。不想花功夫，又想获得好成绩，这不是学习问题，是热的品质问题了。总之，要想优秀到什么程度就要做出什么程度的努力，功不唐捐。

家长和老师及时沟通教育理念最重要

少年儿童研究：现在有的家长说老师的责任心不如以前了，能这么理解问题吗？

万平：我不赞成这个观点，绝大多数教师是优秀的。原来对老师的要求少，给的时间多，老师在一定的时间内做的事情都能做到位。现在是给老师的时间少，对老师的要求极多。人的精力是有限的，每个老师也有自己的生活。老师承担了文化传承的历史使命，是神圣的天职，但是退一步说，这也还是一份职业。在八小时之内，老师能认真讲课，批改作业，向学生明确要求，保证孩子的活动安全，完成学校的必要量化任务。做到这些，应该算是完成了自己的工作。

有时，我们要求教师做的是心理医师要做的事情，一些本不是教师应该承担的责任也落在教师的身上……20世纪的老师，面对学生，可能根本无须使用"小红花"之类的评价手段，现在老师则通过打电话、写家长信、开博客等方式和家长沟通，每一天都很辛苦，加之科研、教研……单方面说老师不尽职，是还不理解老师的工作。

少年儿童研究：一些家长给老师送礼，希望老师多关注自己的孩子，您从老师的角度，怎么看待？

万平：这个问题很实在。我是这样看的：一方面，一些小的礼品若是家长从心里表达对老师的一份谢意，是可以接受的。特别是一些礼物有着很好的纪念意义，更要好好珍惜。但是切记礼尚往来。否则就不合适了。其实，送礼对谁都是一种负担，如果家长能积极配合教师教育好自己的孩子，不让老师为孩子付出太多的精力和心血，甚至因为自己的孩子而影响到别的孩子。那么，一个优秀的孩子本身就是给老师最好的礼物，这是老师求之不得的。

另一方面，孩子这么多，老师不一定都照顾到。现在不少家庭都比较富裕，有的孩子回家说：老师今天没夸我。家长就会想：老师是不是不重视我们的孩子呀，要是送点东西，老师是不是和我孩子更亲近一点呢？于是就动送礼的心思。这时家长的送礼是为了获得一种心理上的安全感。很多老师在这方面也是有考虑的，有些礼要是不收的话，家长很可能不放心。

我就曾经遇到过毕业班家长送礼，当时真不敢第一时间让他拿回去。

但是等这个班毕业的时候，我用适当的方式把礼物"完璧归赵"。家长心里也就明白：哦，原来不用这样做（送礼），老师也可以很好地对我的孩子啊。正因为这样，我才和很多家长在孩子毕业以后，成了特别好的朋友。君子之交其淡如水……这才是家校和谐的美好境界。这也是我们追求的。

少年儿童研究：您觉得家长和老师多长时间沟通一次比较好？

万平：有话则长，无话则短。我们班是用记事本，如果这段时间要解决一个密集的问题，老师和家长就会天天在记事本上交流意见。如果孩子表现良好，就不用写什么。当然，这一切要建立在教师不忽略孩子的前提下。我就建立一个不忽略的原则，就是过一段时间，把孩子名字默一遍，把后面几个孩子的情况回忆一下。不是所有的老师都这样，家长不能太被动，老师忽略你的孩子就等于忽略了你的根本利益。这时有必要的话，可以主动给老师打电话，或者在记事本上写几句，稍微让老师留意。

少年儿童研究：小学阶段的孩子，由祖父母照看的比较多，您觉得这种隔代教育对孩子成长有什么不好影响吗？

万平：父母一定参与孩子的教育，不能把一切都交给老人。老年人的整个行为方式都是慢一点儿的。而孩子，一旦上学，就面对的是快节奏的学习生活，一下子会很难适应，我们假设孩子在一直在一个比较慢节奏的环境中，已经形成了散、慢、拖、磨的思维、行动机制，你忽然让他快起来，集中起来……很不容易的！

说到孩子常见的磨蹭问题，我认为有时候是一种"焦虑代偿"行为。成年人都有这样的体会，有一件重要的有点儿难度的事情要做的时候，就很容易想着做一些煮饭、搞卫生等其他杂事。为什么？觉得自己又没有闲着，减少因拖延做重要事情而产生的心理愧疚。孩子也是如此，面对比较高的学习压力，孩子不是特别有情致和兴趣的时候，他会先收拾书包，喝水，等等，这就是压力下的代偿行为。所以，学校作业要有趣味，学习要有阶梯性，不要让孩子太累。这是老师和家长要共同努力的事情。

愉悦与鼓励是兴趣持久的两大动力

—— 访姚萍

> 姚萍，美国罗格斯大学（Rutgers University）临床心理学博士，北京大学心理学系讲师。

在素质教育越来越被重视的今天，家长非常注意培养孩子各方面的兴趣。有的孩子在学龄前就开始报各种兴趣班。到了小学阶段，兴趣班所包括的范围更为广泛。如何让孩子的兴趣长久坚持下去，也是许多父母关心的问题。

孩子在选择某项兴趣学习之前，父母要和孩子一起多做准备

少年儿童研究：姚萍老师您好！很多父母除了希望孩子功课好之外，也能有一些其他特长。但有的孩子兴趣转移很快，有的孩子没有坚持下去的恒心。如何看待这种情况？

姚萍：首先，家长要认识到儿童的兴趣是多变的，很多孩子开始的时候，受好奇心的驱使，对某些兴趣课程有尝试的愿望，但不是很了解，一旦开始学习，有的孩子就发现原来没有自己想的那么好玩，没意思。

兴趣的维持需要孩子具备一定的能力。兴趣有几个阶段，最初是探索尝试阶段。家长在这个时候要鼓励孩子去尝试。如果孩子做起来不费劲，有这方面的天赋，能从中获得更多的乐趣，也能得到一些来自外界的肯定，孩子可能就会继续下去。如果反过来，孩子的能力有些不够，也没发现什么进一步的乐趣，或是觉得付出的努力、精力太多，影响了其他方面的学

习，孩子就有可能放弃。

少年儿童研究：也就是说能力、乐趣、益处、付出的精力构成了兴趣能否持续下去的条件。很多家长比较尊重孩子的选择，发现孩子失去了最初的好奇心之后，或是发现对孩子来说难度比较大的时候，不再要求孩子继续下去。但家长也会担心，孩子总是变来变去会不会对他的毅力培养有负面影响？

姚萍：这个问题很好。孩子的兴趣在改换的时候是有艺术性的。比如说孩子学某种东西，报了一年或一个学期的班，孩子半途突然说不想学了，那么父母要告诉孩子：原定的时间段一定要学完，而且要态度认真地学，还要照常按原定的时间去练习。让孩子知道对一件事情要负责任，要有坚持。这是一种很好的品质上的培养。

少年儿童研究：如果孩子非常坚持不想再学呢？

姚萍：那要看孩子拒绝的程度。要有一个心理的界限。如果只是发发脾气，怕辛苦怕累，父母就要说服孩子坚持下去。如果对孩子产生的困扰太大，孩子觉得自己很努力但没有成效，自信心或是自尊受到了影响，这种情况下就要尽快撤了。也就是说，看看继续学下去对孩子产生的困扰有多大。

通过这样的事情，也让孩子学会了在选择的时候要深思熟虑，而不是随意地选。要了解清楚了再去做。特别是已经上了小学的孩子，在做选择之前可以先去看看：学的过程是怎样的？听听已经学过的孩子的想法。孩子参与到决定当中，才能决定自己是否想学，对相应的学习要求有所了解，才会考虑自己是否可以做到。

当孩子不愿坚持的时候，父母要认真寻找原因

少年儿童研究：我们也做过一些调查，很多孩子最初都会报各种各样的兴趣班，但能够坚持下来非常少。有些孩子长大之后，回过头来看看小时候的经历，会有些后悔，有的会埋怨父母：如果当时我能坚持下来，现在不就多些爱好了吗？父母如果要求严一些，我不就坚持下来了吗？

姚萍：父母在孩子不想继续学的时候，要多做些研究：孩子为什么不想继续学？是什么原因导致的？孩子刚开始投入到一件事的时候，可能很有兴趣，当到了一个平台期的时候，就不能仅仅靠兴趣支撑了，而是需要坚持。到了这个阶段，孩子会觉得无聊，因为没有进展，乐趣也越来越少，很难感受到学习带来的成功与好处。难度可能在加大，需要付出的努力也越来越多。家长这时候需要了解孩子的具体情况，而且要告诉孩子：很多人在学习过程中都会遇到类似的情况，只要坚持下去就会上一个新的台阶。要让孩子有这种心理准备，也可以让孩子和有过同样情况的孩子接触一下，他就会有新的感受，这是比较有效的方法。家长多些鼓励，走过这个阶段孩子的兴趣可能就又回来了。

当然，如果有的孩子真的是因为天赋的原因，这个时期很难越过，经过孩子自己的思考后，觉得已经非常努力，但还是有很大的差距，家长也不要强求。但不管是否坚持，家长都要做认真的考量。比如考级是很多孩子都经历过的，如果家长就是为了让孩子的兴趣坚持下去，就可以把标准定得低一些，也许别的孩子一年就可以考过的级别，可以告诉自己的孩子3年考过也没关系，按照孩子自己的速度来定他的进步。孩子没有了太大的压力，才会继续坚持学下去。相反，如果家长急功近利，总是对孩子说"你看你和谁谁一起学的，人家都考过了，你怎么就不如人家"，听了这种话，孩子就会压力更大。

少年儿童研究：家长的选择和调节是很重要的。

姚萍：对，家长心态放平和，就会给孩子很好的影响。孩子压力小，有时反倒更容易坚持。

少年儿童研究：除了给孩子鼓励之外，还有没有其他的方法让孩子兴趣持久？

姚萍：孩子要能从其中获得乐趣、感觉愉快这很重要。做的越来越好是其一，得到外界的肯定，有机会表现也是很重要的一部分。孩子可以据此获得积极的体验强化。

少年儿童研究：也有这种情况，孩子实际上没有坚持下去的决心，但家长一定要坚持，孩子畏惧家长，最后也坚持学下来了。家长尽管用的是高压政策，但他会说：我这样是对的，幸亏我逼他学下来了。

姚萍：我个人不太赞成这种做法。因为这种做法可能会对孩子心理造成不好的影响。本来这些爱好的学习过程中，孩子应该保持相对愉悦的心情，如果仅是遵从父母的愿望去学，孩子就有可能感受不到乐趣。有这样一个例子，虽然比较极端，但很能说明问题：一个小姑娘很聪明，为了上重点学校，家长要求她钢琴要考过 10 级。这个孩子不是很喜欢练钢琴，她更想用练钢琴的时间学其他感兴趣的东西。父母坚持考完钢琴 10 级就可以不用继续练了。然后这个孩子就按照父母的要求练钢琴，甚至超过父母规定的时间，稍稍提前考过了 10 级。但之后这个孩子把与钢琴有关的书和琴谱全部烧掉，再也不碰钢琴。这个孩子完成了父母的要求，但这件事对她心灵的伤害不容小视。尽管孩子有这个能力，但高压的方式的确不是家长应该采取的。

少年儿童研究：家长面对这种与孩子的冲突时，应该怎么做？

姚萍：家长要看看想要孩子达到的目标在哪里。如果只是一般的培养一个兴趣，只是为了在素质方面做些提高，就没有必要提特别严格的要求。可以先给孩子打个基础，等孩子长大一些，基本上是到青春期的时期，如果愿意进一步发展，他自己很快就可以投入进去。这样在心理状态上就不会和家长产生对抗情绪，也有利于亲子关系。

如果有的孩子比较散漫，自我管理能力比较差，没有清晰的想法，就需要别人来帮助他约束行为，这种孩子，家长可以管教得多一些。

少年儿童研究：也就是说，我们要看孩子的性格，不是所有的孩子都用一种方法。

姚萍：对，有的孩子可能不是很清楚自己到底有什么兴趣。这样的孩子家长就要帮他选择，甚至给予一定的、孩子能够承受的压力。

父母要尊重孩子的个性差异

少年儿童研究：为什么有的孩子对很多东西都有兴趣涉猎，而有的孩子好像不知道自己的兴趣爱好是什么呢？

姚萍：我只能说只这是个体差异造成的。有人兴趣广泛，有人基本没什么特殊兴趣，有人对一两项事物有很专一的兴趣，所以对孩子要有正确的认识。

少年儿童研究：有的家长也明白，兴趣转移确实是孩子的一个特点，但又担心，孩子兴趣总是变来变去，如果不加以干涉的话，孩子可能确实很快乐，但也可能会什么都学不好，一事无成。家长希望在不是给孩子很大压力的情况下让孩子的兴趣相对集中、持久一些。

姚萍：孩子兴趣的变化是再正常不过的，是孩子的天性。但如果随着孩子的性子不做任何引导，尽管孩子学了许多东西，也可能没什么成果。不论是孩子还是家长实际上都是希望有所收获的。有些孩子虽然没天赋，但时间花得足够，也可以学得不错。这种小小的成功从心理学上，对孩子会有一个很好的支持，是孩子自我感觉良好的一个来源。

如果有那么一两项兴趣能坚持下来，能够达成一定的水平，孩子又感觉良好，比如能在大众面前弹弹琴或是在小范围展示一下才艺，对人际关系或是孩子自信心建立都有很大的好处。从社会适应角度来看也是一件很好的事情。

少年儿童研究：家长如何帮助孩子发现哪个更适合呢？

姚萍：首先看孩子学习的速度。可以和同伴比较一下，自己孩子的进步有多快？老师对他的评价如何？这样，就可以把兴趣和能力加在一起去培养。很多孩子刚开始的时候会选择好几样，因为家长也不太清楚孩子的潜力在哪里。孩子学过几项东西后，就可以比较哪种学起来比较快，孩子自己也会有比较，他也能找到自己比较喜欢哪个。

少年儿童研究：有的孩子兴趣多变，家长在尊重孩子的时候可能也会有疑惑，从孩子成长的长远来看，这种频繁的变换对未来的成长有没有不好的影响？

姚萍：这样的孩子也有可能会形成一种他自己的风格，也许他将来找工作就会经常从这变到那，行业也会更换，他的稳定性就比别人低很多。

少年儿童研究： 那这算是一种不好的习惯吗？

姚萍： 当然这是由不同取向的价值观决定的，他自由选择维持一种生活状态，也可能就是他所喜欢的，他适合这种自由自在的状态。

经常变动和比较稳定的人享受的人生是不一样的，可能这种人的生活经历、阅历更丰富多彩。他愿意享受这样一个过程。可能有的单位不喜欢这样的员工，那他可以自谋职业，他可能不在乎经济地位，而在乎人生体验丰富。前提是家长和孩子都要认同这种价值观，家长要有这种思想准备，而且要告诉孩子有可能出现的后果。

少年儿童研究： 也就说兴趣稳定持久的孩子将来在生活中所做的选择也会相对稳定。

姚萍： 是的，所以家长要想清楚，孩子未来是什么样的？能不能接受？如果父母希望孩子将来各方面比较稳定，那么现在就不能轻易让孩子频繁变化。如果对此没有要求，就没有关系。最应该避免的是，现在对孩子的一些行为不进行纠正，以后又对孩子的多变多有埋怨。所以家长要把现在的养育和未来的发展联系起来看待，以此对孩子进行教育。家长应该有预见能力，知道和孩子一起选择生活模式和未来的发展趋势。

父母的教育智慧是发挥隔代教育积极作用的关键

——访迟希新

> 迟希新，北京教育学院校长研修学院副教授，博士，北京市中小学骨干班主任培训项目负责人，主要研究领域是德育。

隔代教育是一些家庭不得不面对的现实问题

少年儿童研究：现实生活中，很多祖辈都参与孩子的生活和教育，有些城市的调查显示40%的小学生由老人照看，您觉得这是有中国特色家庭状况吗？

迟希新：我认为这是具有中国特色的家庭生活状况，可以这样理解，它是一种不得已而为之的现实。

不过，据我观察，没有40%这么高的比例。以北京为例，生长在北京的年轻人，成家后会有老人帮助照看孩子。而那些工作后才在北京生活的人，他们的父母远在家乡，不可能都来北京，所以我觉得城市家庭还是以三口之家的核心家庭为多数。但是，随着越来越多的独生子女成家，和老年人生活在一起的比例会越来越多。

少年儿童研究：您是如何看家庭成员增多对孩子成长的利与弊呢？

迟希新：我们很难明确划分大家庭对孩子成长的利和弊，这和家庭成员的素质、教育理念和方法有很大关系。如果父母责任心强，协调沟通的能力比较强，会化解两代人在教育观念和方法上的冲突，把劣势减少，让优势凸显出来。但是，有的家庭做不到这样，所以很难一概而论。

在分析这个问题时，我们可以从几个视角来考虑，第一是育儿的阶段性。在孩子不同的成长阶段，三代同堂的家庭对孩子的影响是不同的。在婴幼儿阶段，父母工作压力大，照看孩子的时间和耐心都不够，老年人有充足的时间和相应的育儿经验，可以把孩子生活照顾得很好。孩子上高中以后，父母往往在工作中又进入一个比较忙的时期，在单位是业务骨干，承担更多的工作重担。这时，如果有老人照看孩子，能减轻父母很多负担。而且，孩子已经长大，价值观和世界观相对稳定，老人的溺爱、教育观念陈旧等负面作用不会对孩子造成太大的影响。这样看来，孩子成长中的幼儿园和小学阶段，如果处理不好，隔代教养中那些不利的影响会表现得特别明显。

另外，还有需要考虑的是，父母到底最看重孩子那方面的成长。有的父母特别关注孩子的安全，生活中的吃穿住行，等等，那么他们会觉得有老人住在一起，会把孩子照顾得更周到，对孩子的成长更有利。还有的父母特别关注孩子自主性的培养，可能就会觉得，老人看孩子过于溺爱，对孩子成长不利。

因此，每个人在解读一个客观的事情的时候，必然受主观经验和感受的干扰，无形中把某些优点放大或者缩小。

家庭成员增多更考验年轻父母的教育智慧

少年儿童研究：老人参与孩子教育的方式是多种多样的，有的是居住在同一屋檐下，有的是孩子上学期间和老人生活在一起，休息日时回到父母家。您认为，父母该如何均衡这些教育影响呢？

迟希新：在孩子教育过程中，三口之家，父母做主体的教育状态应该是主要的，老人只是一个补充的作用。老人和父母教育观念有冲突，父母要去协调和沟通，做更多工作，这时特别考验年轻父母的智慧。我认为父母定期和老人交流，带孩子看望老人，但不是天天生活在一起，这样能够更好地发挥家庭这个大环境的教育功能。

当然，和老人住在一起，只要父母把问题处理好了，孩子就会自然面对。因为孩子实际上会更加遵从父母的权威性。父母不能传递给孩子混乱的信息，要考虑把老人和自己的教育思想结合好，减少冲突。

在三代同堂的家庭中父母提高教育素养是非常必要的。和老人生活在一起，会给父母减轻生活上的负担，但同时增加了精神负担。在处理孩子和老人关系上，需要更多的沟通和协调的能力，不是说老人帮忙干家务带孩子，父母就可以大松心了，完全不是这样的。父母要有这样的意识，和老人一起生活是压力增大了，要分配出更多的精力去协调彼此的关系，这种家庭结构对教育孩子也是一种挑战。

总之，老人介入了孩子的教育，会出现更多的冲突和差异。父母必须有更高的教育智慧来把握这些。

少年儿童研究：您认为祖辈教育孩子最不利的影响表现在哪方面？

迟希新：对孩子成长来说，最重要的是同辈交往，祖孙交往最大的不利是削弱和阻碍了孩子的同伴交往。我的观察是，孩子小时候，老人觉得孩子出去不安全，愿意把孩子放在身边，他是出于照看孩子的心理，可以理解，但是减少了同伴交往。同时，孩子习惯了被家里人呵护，事情都被安排好的情况，他根本不用自己费心处理人际关系，没有那么多的复杂局面需要面对。如果孩子习惯这样的状态，愿意在家庭里这样的小环境待着，可能就不愿意外出和陌生人交流了。

如果是三口之家，父母就必须把孩子放到集体生活的环境，孩子必须独自面对现实，和同伴交往。在同伴交往中，孩子获得的社会学习比和老人在一起学得更多。他能学会怎么合作，怎么让别人接受和喜欢自己，这在老人身边是不容易学到的。因为有老人在身边，孩子会感到更温暖和安全，但是有可能削弱了其他品质的形成。

隔代教育和父母教育，孩子的成长过程中，榜样的作用是不同的，父母的榜样作用比老人要更直接。从权威性来说，父母的在孩子心中比老人更强。就影响力而言，离他最近的人影响会更大，这和父母的责任心也是有关系的。虽然老人和父母都疼爱孩子，但是，他们的关注点是不一样的，父母更加关注孩子未来的成长、习惯等，老人认为只要健康成长就可以了，两代人对孩子的要求不一样。

少年儿童研究：看来，有老人参与的家庭教育，如果处理得好，是一种有效的补充，它取决于父母掌控的能力，对具体教育情形的分析判断和处理的能力。

父母不能把教育孩子的责任推给老人

少年儿童研究：家庭中每一个成员都是孩子可以模仿的对象，如果把家庭中的所有成年人都作为主体，给孩子施加影响，那么怎样理解祖辈和父母由于角色不同，孩子接受的影响就不同？

迟希新：谈到榜样作用，孩子会更模仿父母的行为举止，爷爷奶奶只是帮助他的人，呵护他的人。再有，对于不良行为习惯的矫正，父母的意识要强于老人。如果孩子有不良习惯，父母会比较坚决地制止孩子，老人更容易包容孩子。

人们常说：老小孩和小小孩是一样的。人老了以后，思想有一定的退化，判断和思考问题不会像年轻时那样理性和客观，有些老人的人格都会有些改变，不能作为一个强有力的教育者施加影响。

如果父母把教育的责任推给老人，从教育是否有效和合理的角度看，是绝对不可以的。每个人在事业发展期都会很累，但是父母的责任是不能推卸的，一定要考虑给孩子积极的影响。父母的示范是孩子性格最好的榜样，老人的处理问题方式不是一个孩子所应该模仿的。

少年儿童研究：您的意思是即使同一个人，在20多岁时养小孩和在40岁时养小孩是不一样的？

迟希新：在责任心方面，都是一样的，但是，根据埃里克森的人格发展心理学的观点，人生分为8个阶段，每个阶段要完成的任务是不一样的。每个阶段要完成的任务和特定年龄阶段的生理特点和心理特点是相一致的，人在这个阶段能做的事情，到下一个阶段未必能做得了。有时不一定是人们体力的局限，可能是人的心态不一样了。面对同样的情形，20多岁的父母可以在孩子面前欢呼雀跃，40多岁的父母的表现恐怕就完全不同了。

总之，家庭是由家庭全体成员及成员间互动关系组成的一个动态系统，儿童是家庭系统的一个组成部分。家庭系统对儿童社会化的影响主要通过亲子互动来完成，因此，以父母为主导的，三代人的良好互动会对孩子产生积极的影响。

少年儿童研究：感谢迟老师的分析和指导。

访谈 家庭教育：一个需要全民族重新认识、重新创造的领域

——访陈建翔

> 陈建翔，北京师范大学教育学部教授，教育学博士，家庭教育研究中心主任。研究方向为教育学原理和家庭教育。主要著作有：《堂下百句—禅教育与教育禅》《教育美学思想录》《家教新主张》《孩子的爸爸去哪儿了—父性教育四堂必修课》《教育哲学对话》《新教育：为学习服务》等。他在"百家讲坛"上作的名为《可怜天下孩子心》的讲座，引起了千万家长的共鸣和反思。

中国历来有重视教育的传统，而随着经济的不断发展，家庭教育也受到了政府、学校、家长等方方面面的重视。习近平主席在2015年春节团拜会上的讲话中指出："家庭是社会的基本细胞，是人生的第一所学校。不论时代发生多大变化，不论生活格局发生多大变化，我们都要重视家庭建设，注重家庭、注重家教、注重家风。"2015年10月20日，教育部发布的《关于加强家庭教育工作的指导意见》提出：各地教育部门和中小学幼儿园"要不断加强家庭教育工作，进一步明确家长在家庭教育中的主体责任，充分发挥学校在家庭教育中的重要作用，加快形成家庭教育社会支持网络"。家庭教育的春天似乎已经来到了。凡事越受到重视，责任也是就越大。家长和家庭教育工作者应当如何正确认识家庭教育的目标与价值，以确保家庭教育不偏离方向，起到正向的作用？

当今中国，家庭教育正在犯着一个严重的错误：许多家长和家庭教育专业人士把学校教育当作教育的唯一标准和模板，弃守家庭教育的独特属性和作用，不能按照家庭教育自身的特殊规律来教育孩子，使家庭教育成

为学校教育的延伸

少年儿童研究：家庭教育越来越受到政府及方方面面的重视，凡事都有两面性，当某个事物受到重视的时候，对于该事物来说是机遇也是挑战。作为家庭教育研究专家，您如何看待这个问题？

陈建翔：全世界范围内像我们国家这样重视家庭教育、用这样的精力做家庭教育的很少见。对这种现象应当分两方面说，一方面，因为我们有重视教育的传统，这肯定是好的；另一方面，也有一些隐忧，就是我们为什么要花那么大的精力去做家庭教育。我对于每种"社会潮流"都怀着很深的警觉。我经常讲伦敦马拉松赛时发生的一个事件：6000名选手只有1个人跑到了终点。原因并不是其他选手的体力出了问题，而是因为第二个选手在不该拐弯的地方拐弯了，于是后面所有的人就都跟着他跑离了正确的路线。跑到了错误的路线上，即使体力再好，也不可能跑到设定的终点。我觉得这是教育上非常可能出现的一种情况，就是出现了集体盲区、集体无意识。

我们这些从事家庭教育工作的人，当然希望家庭教育受到重视。但是凡事越是过分"热"的时候，我们越要保持清醒，要思考这样过度地做家庭教育对于我们的民族和国家的未来是好事还是坏事，对于孩子的成长是好事还是坏事。

少年儿童研究：您认为家庭教育越受到重视越需要正本清源，如果做事情的出发点就是错误的，越用力可能对孩子的伤害就越大？

陈建翔：我们面临的一个重要问题是：我们现在做的很多"家庭教育"不是真正意义上的家庭教育，而是学校教育！我们是按照学校的模式来做家庭教育，而不是按照家庭生活的特点、根据家庭和谐发展的需要对家庭成员进行教育，或者说，不是按照家庭教育的规律来做教育。很多人没有意识到这个问题。

当今中国，家庭教育正在犯着一个严重的错误：许多家长和家庭教育专业人士把学校教育当作教育的唯一标准和模板，弃守家庭教育的独特属性和作用，不能按照家庭教育自身的特殊规律来教育孩子，使家庭教育变为学校教育的依附、学校教育的延伸。这样的话，实际上我们就没有家庭教育！我这个话是实事求是的，不是危言耸听。

之所以会出现这样的问题，一个很重要的原因在于我们没有历史地看问题。因为学校教育是人类几百年来盛兴的事情，在教育形态中占了主要的地位。它的发展是与工业化联系在一起的。人类整个学校制度的设立都是和工业化的需要相联系的，工业化要求教育批量地制造人才，高效率地制造人才，要达到这一点，就不能不用学校教育的模式，否则就不能满足工业化对于人才的需求。生活于当代的人一出生接触到就是这样一种教育，所以很容易以为人类的教育就应该是这个样子的：人们要接受教育就要到学校去，到教室去，几十人在一起，听老师讲课，用统一的教材，要写作业，要考试，老师要给学生打分。但是如果我们把目光往前再穿越几百年，会发现人类原本没有这样的"学校"。学校教育是与工业化相伴而来的，它的历史合理性在于工业化的需求。即使这样，到了工业化的后期，它也肯定要变革。我们可以极端一点儿问："如果没有工业化，学校还是必需的吗？学校能不能不是这样的？"或者换一个问题问："教育能不能不是学校这样的模式？"如果我们纵观历史，会发现家庭教育才是教育的母体。

而家庭教育有自己的风格、自己的规律、自己的使命。现在很多人把学校教育的模式当作唯一权威的教育模式移植到家庭中来，这是一个很大的误区。

如果我们回归到真正的家庭教育，它就不应当像现在这么"热"，就应当回归于常态。

学校教育与家庭教育的基本任务和价值是不一样的。学校教育的目标是人才的培养，它要按照社会的需要去培养人才；家庭教育也会兼顾到人才的培养，但是它的主要任务是人格的培养

少年儿童研究：您的意思是说，家庭教育之所以这么"热"，是因为家庭教育做了许多学校教育应当做的事情，就是您说的"学校教育过度而家庭教育失责"。家长做了许多本不该做的事情；而该做的事情又没有认真去做。

陈建翔： 我们应当让家庭教育回归家庭教育本然的、应有的样子，学校教育回归学校教育本然的、应有的样子，不要互相替代和僭越。现在的家庭教育没有样子。我经常打一个比方：如果把家庭教育与学校教育比喻为一本从中间打开的书，家庭教育占一半，学校教育占一半。但现实是，我们把这本书合上了，家庭教育与学校教育重叠：家庭教育这一块是落空的，学校教育这一块被"加倍"了，也变得不正常了，加入了太多的期待、关注。学校教育失去了平常心，这种情况对家庭教育与学校教育都不利。

家长做了自己不该做的事情，实际上是帮了倒忙，花了那么多的时间、金钱、心血，不但对社会没有好处，对孩子没有好处，还可能加大了社会的混乱；自己该做的事情却没有去做。我想，我们应该恪尽职守，做好自己的本分。做好本分的前提是对学校教育的真相、家庭教育的真相有所了解。我们做理论研究的人必须在此方面有所贡献。

少年儿童研究： 您说的家庭教育的失责，是家长做了自己不应该做、不擅长做的事情，家长做得越多，对孩子的伤害越大。另外，学校承担了太多的责任和压力，比如把许多生活技能培养的责任也交给了学校，比如让孩子在学校学做饭，在学校学做针线活，也造成了学校的负担越来越重。

陈建翔： 是的，在此情况下，学校变得无所不包无所不揽。事实上学校教育与家庭教育的基本任务和价值是不一样的。学校的主要目标是人才的培养，它要按照社会的需要去培养人才。这样的人才是有一定的规格的。当然在这个过程中学校也兼顾了人性的涵养和人格的完善，但是它的主要工作还是人才的培养。家庭教育也会兼顾到人才的培养，但是它的主要任务是人格的培养。人格、人性的、生活技能的这些方方面面的含义更为开阔的教育，是家庭教育要做也擅长做的事情。这是学校教育与家庭教育的核心差别。

家庭教育与学校教育的差别很多，我们至少还可以列出一百项。这些需要我们去研究和重视。

例如，在教育涉及的时间尺度上，学校教育在人的一生中只占一个阶段，而家庭教育要比学校教育长得多；家庭教育的时间箭头是往前、往后无限延伸的。"隧道效应"是家庭教育中的一个独特的概念，它指的是每一个孩子身上出现的问题，都折射着家长身上的问题，而每一个家长身上出现的问题，都折射着他的前辈的文化传承和心理积淀。我们之所以用"隧道效应"来形容家庭教育的复杂性、深远性，就是因为家庭教育涵盖很长的历史。隧道很长、很黑、很复杂。长、黑、复杂，这些特点很好地代表了家庭教育的特殊性。因此，家长身上的问题，只在一代人身上分析，经常会得不到结果，因为它是家族文化的历史积淀。所以要想解决孩子的问题，就要解决家长的问题，而要想真正解决家长的问题，就不能不深入到这个"隧道"中，看看"隧道"里面发生了什么。所以我们做实际工作的时候，不仅要研究家长本人，还要跟随家长一起去探询他的家族文化，去寻找问题的根源。这样做往往有助于家庭教育中问题的解决。这是家庭教育独有的规律与特点。

另外，家庭教育又不是解决一代人的问题，还要解决下一代的问题，下一代还有下一代，就是说家庭教育无限地向过去和未来两个时间的维度延伸。

再如，从空间上讲，家庭教育也比学校教育要开阔得多。它涉及的人性、人格教育的内容要比学校深刻得多。

很多家长认为孩子入学前家庭教育是为学校教育做准备，入学后，家庭教育是学校教育的配合者，这样的认识是错误的，家庭教育有着自己独特的规律和价值

少年儿童研究：家庭教育没有真正承担起自己的职责，但是现在的学校做的许多事情，比如性教育等，也不是学校所擅长的。就像性教育，学校讲课的时候，是在一个固定的时间统一给学生上课，但是每个学生进入青春期的时间是不同的，对于有些孩子来说，这个时候讲解已经晚了，而有些孩子可能对这个问题的要求还不太迫切，但是学校不可能把此课程分多次上。但是在家庭中，父母就可以根据孩子的发育情况提供适时的教育。

陈建翔： 现在的学校教育对于天性教育、性教育、人际关系教育、生活技能教育等凡是有差异的、需要体悟的教育肯定都是不擅长的。

又比如，随机性也是家庭教育的特点。学校教育不太可能做到随机，因为它要按照教学大纲教学，要完成规定的教学任务，所以学校教育不得不是计划性的、强制性的，甚至是专制性的。但是随机恰恰是教育特别重要的一个特点，是人类教育的一个精华，这个优势可以在家庭教育中得到巨大的释放。因为家庭生活是非常丰富的，有众多的随机性存在；学校教育模式单一，也很枯燥，没有那么多的情景可现。家庭当中有无比多的情景，情景当中不同的组合就产生了无限多的随机性。学校教育为了教育学生会模拟很多生活情景，但这样的情景不可能再现生活的多样性，会让孩子感觉学到的东西并不能解决生活中的问题。

还有一个更大的差别：学校做的是知识的教育，它做不了智慧的教育，但家庭教育可以智慧的教育。

培养智慧是人生的当务之急，是人生最重要的功课。知识主要是能力，是工具，智慧的教育不仅是为了提高谋生的能力、改善谋生的工具，更是为了解决人为什么活着等终极问题。

少年儿童研究： 知识与智慧的区别是什么？

陈建翔： 知识本质上是可以证实的那些因果联系，但这些因果联系经常是局部的、片段的和有限的。知识的教育一般是向外的。智慧是内在的，智慧的教育一定是向内的。如果我们研究一下历史上那些最伟大的哲学家、教育家，比如老子、孔子、苏格拉底、柏拉图等，就会发现他们几乎都有一个共同的说法，那就是智慧是内在的。而我们现在所做的教育都是让孩子睁开眼睛向外看世界。中国的家长、教师绝对不会认为向内发掘能够获得什么，他们认为如果不向孩子的大脑塞进去什么，孩子就什么都没有。孩子一天没有学到新的东西，家长都会觉得恐惧。孩子一放下书包，大人就会问孩子今天学到了什么。

对于智慧的获得，许多人都有一个误解，以为给孩子知识，智慧就会自然生成，所以学校教育中没有智慧教育这门单独的课程。智慧的教育是非常重要的。培养智慧才是人生的当务之急，才是人生最重要的功课。知识教育主要是为了提高能力和掌握工具，而智慧的教育不仅是解决谋生的能力和工具的问题，而是解决人为什么活着等根本性的、终极的问题。这些问题仅有知识是解决不了的，必须靠智慧才能解决。这也就是为什么有那么多的青少年掌握了很多的知识、有了很好的能力，但是依然生活得很苦、很迷茫，生了无数种的精神疾病。

学校之所以做不了智慧的教育，是因为智慧的教育必须是个性化的教育，每个孩子的智慧类型不同，智慧的"小芽"出现的时间也不同，只能因材施教。但是学校无法按照此方式进行教育，因为它没有效率。而知识教育是齐步走的，不管你是否懂了，懂多懂少，反正我就这样讲、就讲这些内容。所以说起来知识教育是非常粗暴、专制的教育，它根本不管孩子智慧萌芽出现得早与晚，不管孩子的智慧属于什么类型。而家庭却有可能、有条件进行智慧教育。

少年儿童研究：如果家长认识到了智慧教育的重要性，也想对孩子进行此方面的教育，他们应当如何做呢？

陈建翔：我曾经提出了"隐教育"的概念，这个概念特别重要，大家都应该了解。我经常讲"天一半，人一半"。什么意思呢？就是做教育一定要天做一半，人做一半。卢梭提出了三种教育，第一种是完全的大自然的教育，第二种是大自然和人合作进行的教育，第三种是完全由人做的教育。我们现在的教育人做的事情远远超出了一半，几乎全包圆了。我们把大自然那么巧妙地构成的智慧浪费了，一点儿都发挥不了作用。

天这一半，当我们人类住手的时候，它就发挥作用了。人不能什么都做。所以老子提出"不言之教"，反复提醒我们要"无为"。首先，我们要知道我们进行的教育是有限度的，其次，我们要知道我们进行的教育要想发挥作用，必须与道保持一致，或者像卢梭说的那样跟随自然的脚步。

少年儿童研究：所谓"天一半，人一半"，是否可以理解为家长对孩子不能过度地教育，不能用人为的教育占据孩子的所有的时间，要给孩子留出自我成长的时间和空间？

陈建翔：对！这样的总结很好。曾有记者问我什么样的亲子陪伴是最好的。我说我们现在有几种亲子陪伴做得是不够的，比如说同龄人的陪伴，比如说大自然的陪伴，还有父母的陪伴，我们做得都不够。但是还有一种更重要的陪伴我们根本都不知道，我将这种陪伴称为"上帝的陪伴"。上帝什么时候陪伴孩子呢？就是孩子独处的时候。

人要做的教育是把孩子已有的东西引导出来。苏格拉底有一句话说得特别对，他说教师就是助产婆。助产婆自己不制造孩子，孩子是产妇本来就有的。还有一点是助产婆一定是产妇要生的时候才发挥作用，是把已经有的东西导引出来。英文的教育"education"就是向外引导的意思。所以西方的老师在进行教育的时候，一定要看看孩子有什么，他要做的是把孩子已有的东西牵引出来。但是我们的教育是灌输的，这样的做法就是认为孩子自己什么都没有。这两种做法，一个是由内向外的，另一个是由外向内的，是两种截然不同的教育。

少年儿童研究：灌输是一种教育者的主动行为，控制权在教育者手中，但是如果教育者要引导孩子，就要观察孩子，要发现孩子有哪些潜能，要以孩子为中心，以受教育者为中心。这还是儿童观的问题。

陈建翔：是这样。我们一定要尊重孩子，对孩子实施的教育一定要谨慎。我经常跟大家讲叠加态的问题。叠加态是量子物理学的基本概念，它讲的是两种以上的状态、性质、可能性叠加在一起，同时并存、混合作用的情形。它是世界的基本构造。当我们人类想去控制它的时候，就把它破坏了，变出了一个确定态，而其他的可能性消失了。人们往往误以为结果本来就是一个。孰不知，其他的一切也都发生了变化，用物理学的概念说就是发生了"坍塌"。同理，我们对孩子做的所有的操作都破坏他的可能性：我们对孩子所做的评估，对孩子说的每一句话，都在破坏他原本的形态。如果我们不知道这个道理的话，每天不知道要犯多少错误！所以我们在对孩子进行教育的时候一定要特别谨慎。

我们今天讨论这些是想告诉家长，自己应有主见，不要盲从于学校，要认识到家庭教育的独特性及优势，同时要尊重孩子的内在潜能。这些是做好家庭教育的前提。

同伴交往是儿童心理成长的必需品

——访周宗奎

> 周宗奎，教授，博士研究生导师。华中师范大学心理学院院长，青少年网络心理与行为教育部重点实验室主任，中国心理学会常务理事。 主要从事发展心理学和心理健康研究。近年来主持和参与各类重要科研项目30余项，包括国家自然科学基金项目"同伴交往对青少年情绪与行为适应的助长与抑制：追踪研究"、教育部人文社会科学重点研究基地重大项目"未成年人道德建设的心理学研究"等。

人际关系对儿童的性格发育的重要性是不言而喻的。孩子的人际关系包括两方面，一是和父母的相处，二是周围同伴和朋友的接纳和支持。周宗奎教授在儿童同伴交往方面有深入研究，将为读者提供有效的帮助和指导。

友谊比同伴接纳更有助于减少儿童的孤独感

少年儿童研究：儿童和同伴交往过程中可以形成两种关系：同伴群体关系和友谊关系。儿童从这两种关系中获得的社会需要的满足是不同的。生活中似乎有这样的情况：一个孩子在班里比较受欢迎，但是他自己觉得没有亲密的朋友。或者说某个孩子会有固定的一两个好朋友，但并不是群体当中受关注的人。怎么看待这种现象？如果想让孩子心理健康，是不是一定要两方面都要做得好？

周宗奎：儿童的同伴关系质量可以从同伴接纳和友谊质量两个方面来考察。同伴接纳反映了儿童被一个群体所接纳的程度，对应您所提到的同伴群体关系，比如全班同学对某个儿童的喜欢程度。同伴接纳取决于多方面的因素，包括儿童的学业表现、特长表现、人际能力以及教师对儿童的态度等。而友谊属于两个儿童之间的双向关系，它是两个儿童基于共同的理想目标和兴趣爱好等因素建立起来的。由于同伴接纳和友谊关系的基础不同，因而导致您所说的，受群体关注的儿童可能不会有满意的友伴，而拥有朋友的儿童也不必然被整个群体接受。

根据我们的研究，同伴接纳和友谊与儿童的行为和情绪适应问题都存在关系。教育工作者要鼓励儿童交良友，并通过各种因素提高班级群体对每个儿童的接纳水平，使每个儿童都获得归属感，促进其班级认同和集体自尊的发展。两者都有利于其学业和身心的全面发展。当然不一定要强求两个方面都很好，一个方面好了，可以对另一个方面起到补偿作用。

少年儿童研究：同伴群体关系和友谊关系对儿童心理成长分别有哪些不同的作用？从您的研究看，多数家长能意识到两者的差别吗？所谓交友的数量和质量是一个什么样的关系？

周宗奎：根据多年来对儿童同伴关系的研究结果，我们发现，同伴群体关系和友谊关系与儿童的行为和情绪适应问题存在很大关联。国内外研究表明，儿童不被群体接纳会导致他们厌学、辍学、在校品行问题（包括酗酒和打架斗殴），甚至导致青春期乃至成人期的反社会行为和犯罪行为。不被同伴接纳或缺乏朋友均导致儿童的孤独感高于那些被群体接纳或有朋友的儿童。受到群体拒绝还与儿童的社交焦虑以及抑郁等情绪问题有关。

友谊对儿童的影响更为直接。据国外以及我们的研究，友谊比同伴接纳更有助于减少儿童的孤独感，更直接推动儿童社会技能的发展。但友谊的影响有积极的，也有消极的，比如攻击儿童的攻击行为会被攻击性友伴所强化。因此，家长和教师要关注孩子的交友问题。

交友的数量和质量对儿童发展意义不同。我们鼓励儿童广泛交友，但前提是交一些品行良好的朋友，泛泛之交太多可能也会分散儿童太多精力。因此，我们支持儿童建立高质量的友谊，从而双方能够互相提供情绪支持、坦诚交流自身信息、建设性地解决冲突等，也有利于发展基本的人际技能。

少年儿童研究：在同伴群体中，儿童的社交地位有很大个体差异，而且儿童的同伴地位在很长时间内具有相当的稳定性。那些受欢迎的儿童和受排斥的儿童有什么显著性格特征吗？如果家长了解到这些，是否可以有意识地进行培养和避免？

周宗奎：儿童的性格和行为特征的确影响他们同伴地位的高低。那些宜人性高的儿童，喜欢与同伴交往，在交往中解决人际问题的能力较强，而有些孤僻退缩的儿童则经常受到同伴排斥。

家长或许可以通过与班主任和任课老师以及孩子本人进行交流，了解他们在班里的同伴交往情况，分析其原因，减少那些导致儿童遭遇同伴拒绝的因素。比如，有些儿童的身体攻击行为是导致其同伴地位低下的因素，教师和家长可以通过移情训练来降低其攻击行为，进而改善其同伴地位。

语言能力是提高儿童友谊质量的重要条件

少年儿童研究：语言能力是儿童较高友谊质量的重要条件，为什么？这种语言能力确切含义如何理解？您觉得家长可以从哪些方面培养孩子的语言能力？

周宗奎：首先，语言能力高的儿童能够准确表达自己的思想情感，能够轻松地与同伴展开思想交流，分享自己的各种经历与体验。因此，语言能力高的儿童能够打开自己的心扉，向同伴展示自己的精神世界，提供了让他人了解自己的机会。

其次，语言能力高的儿童也善于接收和理解同伴的言语信息，从而更为有效地了解同伴的兴趣爱好和需要，从而对自己做出调整，以更有效地展开同伴互动。

最后，语言能力高的儿童能通过各种修辞使得言语交流过程更富有吸引力。

这些因素都为儿童吸引同伴，建立友谊关系提供了基础，也是家长培养孩子言语能力时需要注意的几个方面。

少年儿童研究：有些家长认为孩子上课外辅导班就扩大了孩子同伴交往的范围，等于鼓励孩子交朋友了，您的看法是什么？

周宗奎： 当前还缺乏关于辅导班环境下儿童同伴交往状况的研究，因此，关于辅导班同伴交往对于儿童发展的意义没有定论。但依我个人之见，辅导班虽然提供了与其他同伴交往的机会，但儿童大多是通过辅导班学习了竞争，而非合作。我觉得儿童与大部分同伴正常交往的同时，有几个学习或活动上具有一致性的稳定朋友对其发展更重要。

少年儿童研究： 有些家长在某种程度上已经形成了一个圈子，他们孩子的各方面水平基本接近，生活习惯方面也很相似。所以，在孩子玩伴的问题上，除了几个自己认可的小朋友以外，对其他的孩子都表现出排斥的态度，认为某某喜欢欺负人，某某品行不好，或某某太娇气之类的。对于小学生而言，家长这样刻意为孩子选择朋友，是恰当的吗？

周宗奎： 家长引导并监督孩子的交友是非常重要的。研究表明，不良同伴群体，特别是不良朋友对儿童的发展会造成非常消极的影响，同伴群体的压力以及同伴间的模仿导致儿童对群体不良行为的趋从。但是，儿童毕竟在同伴交往中具有积极主动性，他们会考虑自己的需要和兴趣，父母刻意为孩子择友的做法，并不一定有好的效果。父母应当帮助孩子树立合理的择友观念，引导他们学习如何与朋友交往，帮助他们解决交往中遇到的问题，提高他们的交往技能。

网络交友无法促进孩子现实交往能力的发展

少年儿童研究： 当今家庭结构和居住环境变化，现在的孩子与二三十年前的孩子的同伴交往状况相比发生了很多改变，比如，城市独生子女没有兄弟姐妹；家庭搬迁增多，缺少了相对固定的邻居和玩伴；等等。您认为这些对儿童的交往是一种不利因素吗？

周宗奎： 兄弟姐妹是儿童最早的交往同伴，同胞交往使得儿童能够学习各种交往技能，比如，社会观点采择、移情能力、情绪支持和冲突解决技能等。兄弟姐妹间的交往也有助于减少儿童的孤独感。但是当前大多数家庭往往只有一个孩子，这种情况导致孩子缺乏与同胞交往以锻炼交往能力的机会，而且部分家长的过度溺爱导致独生子女的自我中心意识更强。

此外，家庭搬迁也导致儿童同伴关系的稳定性下降，儿童可能会比以往付出更多精力以建立新的同伴关系网络。

为此，教师要发挥班级对于儿童人际交往能力发展的意义，鼓励同学间积极合作，共同参与各种班级活动。家长要拿出更多时间与孩子交流，了解他们的想法和需要，弥补孩子从同伴那里没有得到的心理安慰和支持。

少年儿童研究：现在网络很发达，儿童有机会用新的方式结交朋友。网络交流和面对面的交流，对儿童心理发展是否有不同的价值？

周宗奎：网络发展给儿童的交友带来更多可能性，使其交友范围大大扩展。通过结交更多的网络朋友，可以在某种程度上降低他们的孤独感。但是，由于网络的匿名性，儿童也可能由于缺乏现实交往技能，而通过网络交友来满足归属感，这会使其现实交往能力得不到发展。再者，网络的虚拟性提高了交友的便利，但同时带来更多危险，使得很多不良分子趁机错误引导儿童，做出一些违法乱纪行为，因此网络交友更需要慎重。我个人的看法是，要鼓励儿童在班级和社区交一些品行良好、志趣一致的朋友，父母也要指导儿童的网络交友和交流，防止儿童沉溺于网络聊天。

少年儿童研究：在多年的研究中，您觉得还有哪些儿童交往问题是家长疏忽或者值得关注的？

周宗奎：首先是同伴欺负问题。一位家长因孩子厌学而苦恼，老师和家长多方面询问都找不出原因，最后，是这位同学的同伴揭示出了其中缘由：该生经常在学校受到某些同学欺负。国内外大量研究发现，同伴欺负导致儿童厌学、辍学，引发各种心理问题，严重者导致受欺负者自杀。因此，家长应主动和学校老师沟通和交流，了解孩子交友状况。

其次是同伴帮派，指那些由行为不良儿童组成的同伴群体。比如，有些儿童常常聚在一起吸烟、酗酒或欺负小同学；而有些儿童也经常相约一起泡吧玩游戏。这种不良的同伴群体对儿童的发展影响很坏，因为儿童一旦加入这种群体，就会受到群体规范的影响而产生从众行为，导致不良行为产生。

再次，同伴冲突需要引起重视。冲突是人际交往中经常遇到的场景，如何恰当解决冲突对于儿童维持和改善同伴关系具有重要意义。教育工作者和家长要引导儿童学会换位思考、学会用折中的方式解决冲突。

最后，根据我们最近一项研究，国内儿童在向同伴提供情绪支持方面的能力较低。比如，对他人的情绪理解和识别能力。因此，家长和教育工作者要培养孩子安慰、劝解处境不利同伴的能力，让他们学习如何从情绪上支持同伴渡过难关，这有利于提高儿童的同伴关系质量。

异性交往是青春期的必修课

——访梁凌寒

> 梁凌寒，首都师范大学心理咨询中心专职教师。

男女同学的交往和友谊，是一种合理的需要，不仅对身心发展有益，还可以提高孩子尊重、理解他人的能力，这对将来正确处理爱情和婚姻的问题，也是必要的准备。心理老师的分析将为大家提供更好的帮助。

青春期能和异性很好交往，长大后比较容易和别人建立长久的亲密关系

少年儿童研究：异性交往是孩子社会化过程中一项重要课程，你认为它对孩子心理成长的意义有哪些？

梁凌寒：生活中有一个矛盾的现象，青春期时，孩子想谈恋爱，家长反对；孩子20多岁了，父母又催促孩子赶紧恋爱结婚。孩子想和异性交往的时候，父母压制，孩子没有充分学习和异性相处之道的机会，不知如何恋爱，以致成年后容易受挫，心灰意懒。于是，家长非常着急。其实，如果在孩子青春期的时候，能把这些问题处理好，成年后自然比较容易和别人建立长久的亲密关系。

在孩子的心理发展过程中，先是在家庭中和父母学习如何与他人相处。当与家庭之外的同龄朋友交往时，并不明确先是同性交往，后是异性交往。在幼儿园和小学低年级的时候，孩子的同伴是不分性别的，没有刻意要和同性别的孩子玩。交往的差异，主要体现在男孩和女孩的兴趣不一样，女孩喜欢娃娃，男孩喜欢枪战。到了小学高年级，身体开始发育，有青春期的萌芽的时候，男生和女生的交往出现有意识的回避，比如有的女生会对男生特别不屑一顾、疏远。这一段，一般只有一两年，回避之后就变成一

种吸引和向往。

少年儿童研究：为什么会出现回避的阶段？

梁凌寒：因为身体有变化了，所以害羞，孩子怕别人发现这种变化。特别是女孩，开始发育时，有很多事情不明白，有些困惑。如果父母，特别是妈妈，能和孩子很好交流，告诉她这些是正常的，孩子感到自信和安全，就不会那么害怕别人注意到这些变化。如果在家里得不到这种指导和安慰，孩子就会有疑惑，想隐藏，比如，走路低头、含胸，觉得自己和其他同学不一样，等等。

古代的人，十五六岁就结婚生小孩。现在情况不同，十五六岁孩子的生理发育已经成熟，但家长关注的是学习，认为孩子不能和异性交往，这时孩子会很纠结，内心好奇渴望，又不敢表现出来。如果孩子觉得和异性交往是不好的，不能表达，心里就出现很大的压力和冲突，必然会影响以后人生的发展。所以，在这个阶段，父母一定要给孩子恰当的指导。

有的大学女生来问我：老师，我是不是有社交恐怖，我一看男生就脸红，特别紧张，不会说话。经了解，发现她青春期的时候没有学会怎么去和异性正常交往，从来没有交过异性朋友。到了大学，看别人都谈恋爱，她也很想谈恋爱，可是一见到就害怕，根本没法和别人发展恋爱关系。

我想到一个比喻，水手迟早要到大海里去航行，所以必须要学会游泳。孩子必须要学习人际交往，因为生活在社会里，交往是不可避免的。一个孩子在家庭里获得的交往经验，会影响他个性的发展，但是远远不能满足其社交的需要。根据马斯洛的需要层次理论，我们每个人都有爱和归属的需求，在家里得到的父母的关爱，到了学校，也希望有归属感。可以说，孩子每到一个新环境，都希望找到自己的位置，提升自信。为了达到这样的目的，孩子必须学会一些交往的原则和方法，比如，如何去理解别人的差异，如何与人合作，以及如何控制自己，等等。

和异性的交往能让孩子学习和理解差异，和同性的交往能让孩子更好

地接纳自己

少年儿童研究：家庭中的异性交往和同伴的异性交往是什么样的关系？

梁凌寒：在孩子发展的某一阶段，都可能对异性父母有一种特别感情。可以说，孩子第一个学会异性交往的人是家里的父母。对于女孩来说，如果爸爸的感觉是亲近的、安全的，会促进她的异性交往。如果父亲脾气暴躁，很疏远，女孩可能会觉得，男性是不好接触的。男孩也是如此。

少年儿童研究：同性交往和异性交往在孩子心理上分别有什么不同的心理意义？

梁凌寒：这两方面都是不可缺少的。我们上人际交往课，让大学生画自己的人际交往图，发现大多数都是同性的好朋友，但是也有个别女生的朋友多为男性，她说和女生交往太麻烦，她们太敏感了。

男女的交往是有差别的。女生之间交往时，会很在意彼此的关系怎么样，注重情感的连接。女生的心态是：这件事我不想做，如果你很想我去，我也会做。男生之间交往时比较注重一起做事情，不会花太多心思在感情上。和不同性别的人交往，孩子会学到不同的东西，使自身更完善。

和女性交往能使一个人学习和觉察情绪情感，先处理心情，再处理事情。心情很影响彼此的关系，关系会影响到效率。女生的想法是：我的心情好了，效率会提高，我也愿意做事情，和你一起完成这个任务。如果在纯粹男性的环境里，彼此要做什么事情就直说，有情绪不太会表现出来，不会让别人知道。对一个男孩来说，他如果能和女性很好相处，情商必然会提高，只有情商比较好，才能和女性有比较好的关系。同男性关系好，可以促进一个人更有效率地生活，把注意力关注在做事情上，而不是大家坐在这里聊了两个小时，什么问题也没解决。所以和男性交往能让人关注逻辑、效率和任务的完成上。

我们还可以从另外的角度探讨人际交往的意义。我们常说人和人需要尊重，其实，尊重最重要的是：你和我不一样的时候，我怎么尊重你。我们都喜欢喝矿泉水，吃饭时都选矿泉水，那就没有什么可体现尊重的价值。可是我喜欢矿泉水，你喜欢可乐，这是就需要尊重了。

可以说，异性的交往是学习尊重的最好途径，特别在青春期，也就是12岁左右孩子开始发育之后。这是一个很好的契机，学会知道彼此那么不一样，但是还能坐在一起聊天、交流和沟通，这就是理解和尊重的开始。

做一个形象的比喻，人和人之间是有差异的，女孩都像一个圆一样，男孩像正方形。我怎么才知道我是圆呢？因为我遇到了一个正方形。而且，通过异性交往能够认识到不仅圆是好的，正方形也是好的。

和异性的交往能让我们更好地学习和理解差异，和同性的交往则能让我们更好地接受自己。现在大学生中会有一个问题，刚上大一时，很多学生觉得很自卑，因为原来成绩很好，进大学后发现大家都很好，他们很失落。就好像某件事，别人能做，我也能做，似乎我的能力和价值就不值得一谈，没什么可说的了，因为优势体现不出来了呀！这是一种错误的观念。在这个社会上，不可能总是你有某种能力，别人没有，所以孩子要能做到，尽管大家都有这种能力，还很骄傲自己拥有这种能力。

其实，如果一个人到了新环境总是容易出现这种失落心态，就说明这个人不够自信，父母应该给予开导，这关系到一个人对自我价值的认同。青春期是建立自我同一性的一个阶段，这时和相似人的比较能让一个人找到自己的位置，学会自我认同和接纳。

少年儿童研究：以往我们更多从学业标准去衡量，在众多强手中如何找到自己的位置，实际在同性交往上也存在这种内心对自己的认同感。也许很多家长没意识到这个问题。

梁凌寒：孩子到了青春期，对自我认识的探索，是体现在生活方方面面的。孩子在小学时，特别重视老师和家长，愿意和父母诉说。到了青春期，孩子有变化，男孩更明显，要和父母拉开心理距离，不愿和大人说那么多，除非是特别感兴趣的事情。女孩虽然很重视和父母的关系，但也比以前变得疏远了。总之，孩子更愿意和同伴分享心事。

这个阶段，学习不是孩子最关心的事情，他们最关注的是同伴的交往和异性的交往。如果此时父母不鼓励孩子的人际交往，那么彼此之间就很难有共同的话题。因此，鼓励孩子的异性交往，不仅对孩子个人有好处，同时也能增进亲子的沟通和交流。

人际交往是需要学习的，孩子和同伴交往能修正家庭中的不利影响

少年儿童研究：人际交往的技巧是一定要学习的吗？

梁凌寒：人际交往的技巧是需要学习的。关于猴子需要安抚和依恋研究表明，小猴出生后喜欢毛绒的猴子妈妈，因为有温暖的感觉。其实研究者还做了进一步的工作。这个猴子的成长过程中没有别的同伴，只有钢丝和毛绒的两个"妈妈"。发育成熟后，它和别的猴子在一起时，研究者发现他虽然有生理冲动，但很难完成交配的过程，因为它从来没有见过别的猴子，没有办法完成正常的生理任务。研究者对实验进行改进，每天让小猴子有半小时和别的猴子相处的时间。再让它交配时，就会顺利一些。由此可见同伴交往的重要性。

在我接待的咨询中，有些学生诉说非常渴望朋友，但是不知如何交往，不知如何寻找话题，担心别人不喜欢自己等。了解他们家庭情况时，他们反映父母都是对生活很悲观的，不善于交往，自我中心的，没什么朋友。这些学生不希望自己和父母一样，希望有更多的人际交往，但往往不知如何开始。

其实，对这样的学生来说，只有家庭的影响是不足够的，特别是父母本身比较内向，他们更需要同伴的影响，心理才能变得更完善，而不是比父母更糟糕。同伴的影响可以修正一下家庭的不利因素。

如果孩子交友过程中出现冲突，回家寻求父母的帮助，这时父母的态度很重要，一方面，要接纳孩子的情绪，比如生气、委屈等；另一方面，通过这个情景帮助孩子理解：你是怎么想的别人是怎么想的。在中国，有时父母会贬低自己孩子，孩子以后就不愿和父母倾诉了。另一个极端是只强调别的孩子的过错，这样孩子就容易以自我为中心。父母要利用这些冲突，让孩子接受别人，也接受自己。

少年儿童研究：我们希望父母鼓励孩子正常地与异性交往，你觉得在不同年龄阶段如何把握正常和异常的尺度？

梁凌寒：在孩子小时候，父母不会把孩子的异性交往看得很严重，有时两家还开玩笑说"和你结成亲家吧"。为什么到了青春期，父母要区分正常和异常呢？其实，父母担心最糟糕的结果是：谈恋爱，性行为，女孩怀孕，等等，其次是影响学习怎么办。我认为父母会因为自己的焦虑和担心给孩子太多压力。两性的交往上有很多层级，一个小孩不可能今天喜欢一个人，很快就和他发生性关系。在现实生活中，孩子只是朦胧地好奇和向往，如果出生在比较健康的家庭中，孩子是有一定的辨别和控制能力的。

少年儿童研究：有的孩子整天发短信，是否正常？

梁凌寒：其实这并没有特别不正常。试想一下，父母年轻的时候，没有手机这样发达的通信工具，可能也是天天在写情书，或者坐在那里想，只是没有便利的条件做这件事而已。

如果孩子喜欢一个人，有这种冲动和向往，不是坏事，也不会影响学习。孩子有很大的可塑性，如果能把这种冲动转化成积极的力量，比如特别喜欢一个人，要怎么做才能吸引她，比如学习好，在班里显得很有能力，这种冲动就会有一个很好的出口。如果父母压制孩子，不理解，孩子内心有冲突和纠结，这时才会影响心理状态，影响学习。

有时，父母发现孩子对某个异性感兴趣，要做的不是限制孩子，而是反思自己和孩子的关系是否出了什么问题。因为，如果家里不温暖，孩子很容易到外面寻找一种精神安慰。

少年儿童研究：从大学生的情况看，目前有哪些突出的交往问题？这和以往的家庭教养方式的关系是什么？

梁凌寒：有一部分学生会很自卑和被动交往，这和以往家长过于强调学习是很有关系的。大学是住到学校的，有一些学习很好的孩子，觉得和陌生人住到一起，不知该说些什么，变得孤单退缩。还有一部分，特别以自我为中心，对别人的提议总是很不屑，根本无法理解别人的感受。总的来看，学生处理冲突的能力很不够。

　　还有一种值得注意的是同性恋，在一般人群中占 10%，校园里也差不多有这样的比例。目前，学生对这些似乎已经可以接受了，有的还告诉好朋友或父母。我想到一个美国心理老师的故事，这个男老师 12 岁时去理发，理好后，理发师用毛茸茸的刷子给他刷脖子里的头发。他突然就有一种性冲动，很害怕。不理解自己怎么会对一个男理发师有性的冲动。后来，他学习心理学发现，那些在幼年时没有得到太多触摸和身体接触的孩子，青春期发育时，身体会容易变得非常敏感。一些很平常的亲密举动，就容易引起性的冲动。如果没有正确引导，孩子也许觉得：我对同性有兴趣，很想亲近他。中国人对同性交往是非常肯定的，但是如果过于亲密的举动，也会让他们有生理的反应。如果孩子好奇，肯定会进一步尝试，孩子可能会想，我喜欢同性，我是同性恋。其实，他并不是同性恋，他只是在青春期发育过程中，生理变化很敏感，才会这样的。希望父母对此有一些了解。

当代儿童有能力影响成人世界

——访周晓虹

> 周晓虹，南京大学社会学院院长、教育部长江学者特聘教授、博士研究生导师，并兼任国务院社会学学科评议组成员、中国社会学会副会长、中国社会心理学会会长、教育部社会学教学指导委员会副主任、国家社会科学基金学科规划评审组专家。

少年儿童研究：今天的孩子(18岁以下的未成年人)和您那一代的孩子有什么不同？他们的成长环境存在着哪些明显的差异？

周晓虹：今天的孩子和我们那一代的孩子最大的不同是，他们已有能力影响成人世界，而我们那时是没有能力去影响长辈的。我的一个好朋友是南大中文系的教授，今年初我们几个一起争论对电脑的看法。其间，他突然对对方大喊了一声："不对不对，你的做法不对，我儿子说应该……"在过去的时代，我们引经据典时常常说："我爸爸(或我老师)说……"而今天却变成了"我儿子说"这样的例子在今天的生活中实在是不鲜见。我太太的导师(今年50多岁)所有的电脑知识除了自己钻研外，更多的也是受其上大学的儿子的影响。通常是，他儿子能玩到哪一步，他就能玩到哪一步。在对各种新器物的了解和使用方而，今天的孩子绝对起到了对成人的指导作用。

今天的孩子对生活有他们自己的理解，他们能够表达自己不同于成人的看法，因为他们对各种新事物、新知识的了解可能比成年人更便捷、更广泛。正是这种便捷和广泛，使他们拥有了超过成人的对信息的掌握方式和对事物的理解途径，使他们评判事物的标准不同于成人和成人的单一标准相对的是，他们的尺度是多元的，成人理解中的"错"，在他们那儿则不一定是错。

少年儿童研究：成年人和未成年人都要接受新环境的影响，他们对这种影响做出选择时有什么不一样？

周晓虹：面对新环境，未成年人总是把捷足先登者的经验作为自己获取知识的途径，他们对新环境具有较高的敏感性和接受能力，较少受旧有价值观和行为模式的束缚，受新环境影响时既有接触的便利性(语言、器物运用)，又在接触时不挑剔、不带老的观念，他们认为新东西是自然的、该接受的。

成年人面对一个全新的、自己所不了解的社会时，不但缺乏年青一代的敏感性和接受能力，而且因着旧观念的羁绊，他们对新环境也缺乏接受的认同感。即使在接触上不存在语言、器物方面的障碍(如懂英文、会电脑)，也难逃老观念的拘囿。总之，在接受新东西和抛弃旧包袱之间，成人的痛苦和艰难是不言而喻的。

少年儿童研究：在传统社会，孩子对成人世界的影响很小，而在现代社会，他们对成人社会的影响愈来愈大。成人社会是否接受了这些影响？是如何接受这些影响的？

周晓虹：在现代社会，成人和孩子同步接触信息，而且孩子们因对新事物具有较高的敏感性和接受能力、较少受旧有价值观和行为模式的束缚，以及在语言和器物(如电视、报刊、互联网络)接触上的优势而第一次获得了从媒介、广告、市场及生活本身取得信息的便利和对生活意义进行解释的权威，在对成人进行"文化反哺"(反向社会化)方面具备了可能性和现实性。

"文化反哺"作为一种与传统的文化传承(社会化)模式相对应的新型文化传承模式，在城市家庭，尤其是居住在城市中的移民家庭更为常见(如进城的民工家庭中)。我在做北京的浙江村的研究时就发现了这么一种现象，那里的家庭权力在父母40岁左右时就已经开始向八九岁的孩子交接了。这是在一般家庭里不常见的现象。为什么这种现象会出现在那种家庭呢？道理很简单，就是因为他们是移民家庭。在这种家庭中，子女对新环境有更深的认同，他们对新生活的把握(主要指对服装、鞋的新的流行款式的把握）以及他们与北京人交和的能力都强过他们的父母，因此，他们的父母尽管只有 40 岁多一点儿点儿，但还是将自己的权力—家庭的权力、决策的权力移交给了子女。

这种发生在子代与亲代、孩子与成人之间（这里的孩子也可认为是年青的一代）的"文化反哺"现象所涉及的内容和范围是极其广泛的，包括价值观的选择、生活态度的认定、社会行为模式的养成以及对各种新的器物的了解和使用，而且在文化的表层（行为或器物的层面）这种现象更为明显，如对新食物的选择、电脑的使用。

面对孩子们提出的新的价值观念和生活式样，成人世界经历了由最初的反对到逐渐认同的过程。1985 年父亲给了我 200 元钱做衣服，但有个前提，不准做西装。而到了 1988 年春节大年初一，父亲将我喊到他房里去，拿出一条领带问我能否教他打领带。仅仅 3 年，父亲就从不让做西装到自己也开始穿西装了。由此可见，年轻人对老年人的影响是非常快的。迪斯科最初进入中国时，咬牙切齿的是老年人，但跳到今天仍在公园里乐此不疲的也是老年人。总之，过去那种总是成年人影响孩子的社会化模式已发生了变化。在今天，晚辈已经开始影响老一代了。

少年儿童研究：在未来社会，孩子和成年人都面临着不断社会化的问题，在这种情况下，成年人应如何完善自己？

周晓虹：伴随着信息时代而来的"文化反哺"现象动摇了传统社会里长者为尊的地位，成人世界遇到了比以往任何时代都剧烈的来自子代的种种反叛和挑战。对此，成年人应该认识到，在社会文化的急速变迁中，既有知识和生活式样的过时和被淘汰是历史的一种必然，而没有旧观念、旧模式束缚的轻装上阵的年青一代凭着对新文化的敏感、认同以及接受能力的优势获得对成年人进行"文化反哺"的能力亦在情理之中。"文化反哺"造成了成人世界对新的社会变迁的顺应能力的提高，如果没有孩子的话，我们会显得很拙劣，顺应能力更差。

不过，"文化反哺"现象的出现并不意味着正常的社会化模式已可以退出历史舞台了。事实是，正常的社会化模式依然还起着作用，只不过不再是唯一的社会化模式了。原来的单一的社会化已经变成双向互动的社会化。一成年人在教育引导年青一代的同时，也受着年青一代的引导和教育。

　　社会在变，成年人的"在这个世界中扮演教育者"的意念也要改变。如果成年人能够意识到，在新世界中，我们的认识不一定全是正确的，我们与许多新事物也是刚刚接触，我们的理解能力和掌握能力有时甚至还不如我们的孩子，那么，在很多时候，成年人就不会轻易下判断，就不会直接对未成年世界构成压力，逼迫孩子按成人的思维去做出选择。认为在社会化中自己始终够当舵手，可能是成年人的自作多情，因为事实是，在急速变迁的社会中，成年人的许多经验已经无可奈何地过时了。

　　在肯定成人向孩子传导的合理性的同时，亦要肯定孩子向成人传导的合理性，这便是未来社会成年人完善自己的首要条件。